MÜNCHENER TEXTE UND UNTERSUCHUNGEN
ZUR DEUTSCHEN LITERATUR DES MITTELALTERS

HERAUSGEGEBEN VON DER
KOMMISSION FÜR DEUTSCHE LITERATUR DES MITTELALTERS
DER BAYERISCHEN AKADEMIE DER WISSENSCHAFTEN

BAND 132

# Neidharts Sommerlieder

## Überlieferungsvarianz und Autoridentität

VON

JESSIKA WARNING

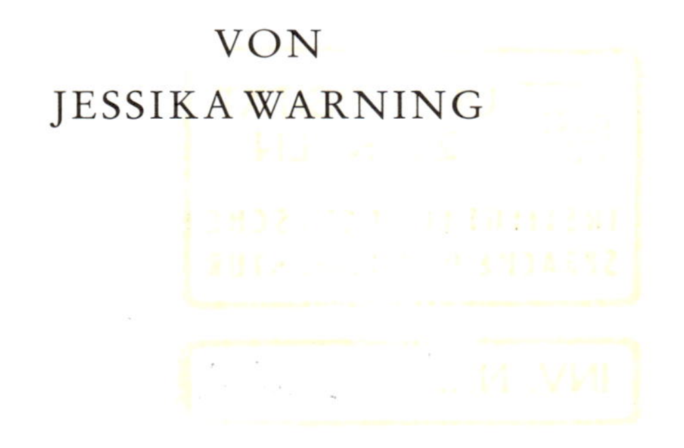

MAX NIEMEYER VERLAG
TÜBINGEN 2007

Das Vorhaben *Herausgabe deutscher Literatur des Mittelalters* wird im Rahmen des Akademienprogramms von der Bundesrepublik Deutschland und vom Freistaat Bayern gefördert.

Das Vorhaben *Herausgabe deutscher Literatur des Mittelalters* wird im Rahmen des Akademienprogramms von der Bundesrepublik Deutschland und vom Freistaat Bayern gefördert.

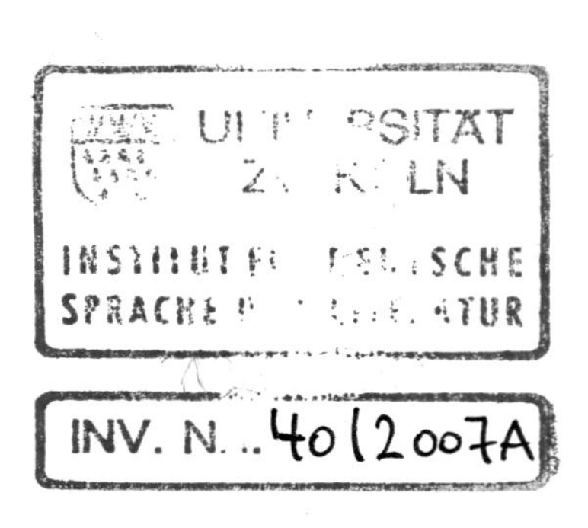


Bibliografische Information der Deutschen Bibliothek

Die Deutsche Bibliothek verzeichnet diese Publikation in der Deutschen Nationalbibliografie; detaillierte bibliografische Daten sind im Internet über *http://dnb.ddb.de* abrufbar.

ISBN 978-3-484-89132-6 ISSN 0580-1362



Gedruckt auf alterungsbeständigem Papier.
Satz und Druck: Laupp & Göbel, Nehren
Einband: Norbert Klotz, Jettingen-Scheppach

# DANK

Die vorliegende Arbeit wurde im Sommersemester 2004 von der Philosophischen Fakultät für Sprach- und Literaturwissenschaft II der Ludwig-Maximilians-Universität München als Dissertation angenommen. Für den Druck wurde sie leicht überarbeitet.

Mein Dank gilt allen voran Franz Josef Worstbrock. Er hat mir mittelalterliche Texte nahegebracht, er hat diese Arbeit angeregt und ihre Entstehung mit Rat und konstruktiver Kritik geduldig begleitet. Nachdrücklich danken möchte ich auch Jan-Dirk Müller für sein hilfreiches Koreferat und Burghart Wachinger für seine eingehende Gegenlektüre, die der Schlussredaktion noch zugute gekommen ist.

Der Kommission für Deutsche Literatur des Mittelalters der Bayerischen Akademie der Wissenschaften danke ich für die Aufnahme der Arbeit in die Reihe ›Münchner Texte und Untersuchungen zur deutschen Literatur des Mittelalters‹, Norbert H. Ott für die sachkundige Hilfe bei der Drucklegung sowie Daniela Zeiler für die herstellerische Betreuung.

Nicht zuletzt gilt mein Dank all denen, die mich aufmunternd unterstützt haben, wann immer der Reuentaler mir zu sehr nachstellte.

München, im September 2006 Jessika Warning

# INHALTSVERZEICHNIS

# I. EINFÜHRUNG

Neidhart ist die irritierendste Figur des deutschen Minnesangs. Zumindest die Geschichte der Forschung lässt ein anderes Urteil kaum zu. Sie hat sich an seinen dörperlichen Maskierungen gerieben und sich von ihnen zu immer neuen und einander widersprechenden Versuchen des Verständnisses herausfordern lassen, wie sie in vergleichbarem Maße andere Minnesänger nicht veranlasst haben. Allerdings waren es besonders die Winterlieder, die immer wieder die Aufmerksamkeit reizten, treffen in ihnen doch das System des hohen Minnesangs und sein dörperliches Kontrastfeld dermaßen hart zusammen, dass vornehmlich sie zur Herausarbeitung neidhartscher Merkmale wie der inszenierten Dissonanz, des provozierenden Bruchs oder der Parodie einluden. Die Sommerlieder traten als die anscheinend eher harmlose und damit auch eher periphere neidhartsche Spielart gegen die anscheinend charakteristischere der Winterlieder zurück. Eine aus der Analyse der Sommerlieder geschöpfte Begründung, die das Urteil oder Vorurteil über sie hätte tragen können, blieb allerdings aus. Die Analyse der Lieder und die Erarbeitung ihrer Poetologie dürfen daher als wesentliches Desiderat des Neidhartverständnisses gelten.

Eine Untersuchung neidhartscher Lieder steht freilich vor der Schwierigkeit, dass ihr Gegenstand nicht als distinkte Größe gegeben ist. Die höchst divergente Überlieferung bietet mit den unter Neidharts Namen erscheinenden Liedern eher Vexierbilder eines Œuvres denn ein umgrenztes Autor-Corpus. Die Frage nach diesem Corpus ist auch mit der Edition Moriz Haupts und seiner Nachfolger, die aus dem Vergleich der Handschriften und nach dem Urteil des Editors den Bestand ›echter‹ Lieder und ihren ursprünglichen Wortlaut zu gewinnen trachtet, nicht schon beantwortet. Haupt, ein vorzüglicher Kenner fast der gesamten Neidhart-Überlieferung, hatte eine eigene Vorstellung von ›echten‹ und ›unechten‹ Liedern, doch er begründete sie nicht. Folgt man den entschiedenen Vertretern der *New Philology*, kann die Frage nach einem Autor-Corpus indes nicht einmal gestellt werden, denn ihnen gilt der in den mittelalterlichen Literaturen grundsätzliche Abstand zwischen Werk und Überlieferung als schlechthin nicht messbar, gelten Werk und Autor als historisch nicht einholbare Größen, und danach wären nicht mehr wie in der klassischen Editionsphilologie Wertung und Reduktion von Überlieferungsvarianz zu fordern, sondern umgekehrt ihre Erfassung und Abbildung, und dies uneingeschränkt und mit gleicher Geltung aller Textzeugen.

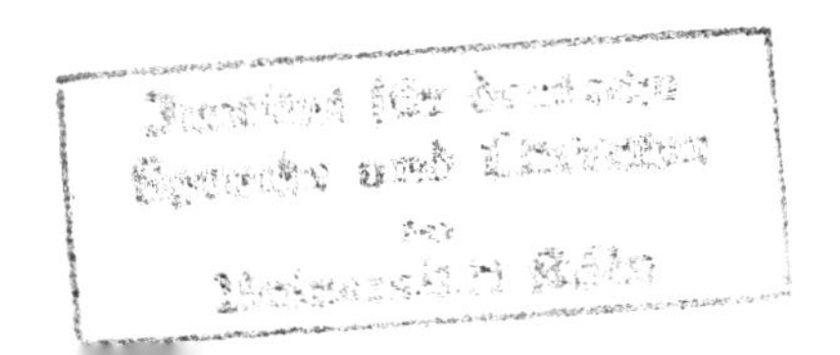

Anders als die *New Philology* postuliert, kann und muss Überlieferungsdifferenz, sofern sie sich zureichend merkmalhaft ausprägt, als historische Differenz verstanden werden. Auch wenn in den Handschriften der Neidhart-Überlieferung grundsätzlich nur Rezeptionsstufen von Texten vorliegen, liefern sie doch verschiedene Rezeptionsstufen, deren Art analysierbar und im Vergleich der Verschiedenheit ihrer Merkmale auch als poetologische Differenz bestimmbar ist. Ausgerichtet auf die Beobachtung poetologischer Differenz im Vergleich der verschiedenen Autorbilder der Handschriften zielt die Arbeit somit letztlich auf die Eingrenzung eines konsistenten ältesten Kerns, in der eine poetologische Identität erkennbar wird, die am ehesten als die neidhartsche gelten kann.

Da es um den Versuch der Annäherung an die Autoridentität geht, konzentriert sich die Arbeit auf die Untersuchung der ältesten Textzeugen, also der Handschriften B, C und R, berücksichtigt nicht die jüngeren wie etwa die Berliner Handschrift c, von denen für Problem und Programm der Arbeit wenig Aufschluss zu erwarten ist. Es versteht sich, dass eine poetologische Untersuchung der Überlieferung zwar häufig Aspekte der Textgeschichte berührt, von dieser jedoch als Aufgabe und im Verfahren grundsätzlich unterschieden ist.

## 1. Die Sommerlieder in der Forschung

Wenn in der Neidhartforschung das Interesse vornehmlich den Winterliedern gilt, so sind die Wurzeln hierfür schon in der frühen Neidhartforschung des 19. Jahrhunderts zu finden, aus der sich hinsichtlich einer Beurteilung der Sommerlieder bestimmte Tendenzen ablesen lassen.[1] Anzusetzen wäre bei der Untersuchung Rochus von Liliencrons, der als erster die Unterscheidung von Sommer- und Winterliedern einführte und diese über Merkmalskataloge beschrieb.[2] Den Eigenwert der Sommerlieder schmälert Liliencron schon dadurch, dass er eine enge Verwandtschaft des aufgrund seiner Bauart vermeintlich einfacheren Typus mit volkstümlichen Tänzen veranschlagt, während »das winterlied zu Neidhart selbst seiner persönlichkeit und geschichte« (sic!)[3] zurückleite. Die Sommerlieder definiert Liliencron vornehmlich über den Natureingang, demgegenüber ihm die Gesprächsszene sekundär erscheint: »das

[1] Für eine ausführliche Darstellung der Forschung zu Neidhart bis in die 60er Jahre vgl. den Forschungsbericht von Eckehard Simon: Neidhart von Reuental. Geschichte der Forschung und Bibliographie. The Hague/Paris 1968 (Harvard Germanic Studies 4).

[2] Rochus von Liliencron: Über Neidharts höfische Dorfpoesie. ZfdA 6 (1848), S. 69–117.

[3] Ebd., S. 79.

sommerlied [...] hat seinen charakteristischen punkt in der ankündigung und feier der frohen zeit, welche zur linde hinruft zu tanz und liebeslust [...].«[4] In den »bald lustigen bald sehnsüchtig tändelnden reden und gegenreden« der Szenen klinge dieser »zuerst angeschlagene frühlingston leise nach«.[5] Eine solche romantisierende Deutung blendet die sexuelle Deutlichkeit und Handgreiflichkeit der Szenen aus, ja verharmlost und harmonisiert den Typus, wenn LILIENCRON den Sommerliedern eine »unbeschreibliche anmut und naivetät«[6] attestiert.

Besonders LILIENCRONS Quellenthese – die Abhängigkeit der Sommerlieder von volkstümlichen Liedern und Tänzen – war in der zweiten Jahrhunderthälfte in verschiedenen Gestalten communis opinio, ohne dass sie aufgrund mangelnder Zeugnisse wirklich bewiesen werden konnte. So veranschlagte ALBERT BIELSCHOWSKY einen altgermanischen Frühlingskultus als Quelle für die Sommerlieder, an denen er das »Verschwinden der dichterischen Individualität«[7] beobachten wollte: Die »Wucht« des volkstümlichen Vorbildes nämlich habe »den Dichter in den altüberlieferten Bahnen« festgehalten.[8] Der Einfluss des Volksliedes wird dabei – stärker noch als bei LILIENCRON – vornehmlich auf den Natureingang bezogen, wodurch wiederum die Gesprächsszenen in den Hintergrund des Interesses rücken: »Ist doch die Ankündigung des einziehenden Mais, sowie die Aufforderung zur Festfreude der Hauptzweck des Mailiedes, ja ursprünglich sein alleiniger. Die dem Natureingange beigefügten Erzählungen sind das Accidentelle, das Essentielle bleibt der Frühlingshymnus.«[9] Eine Verbindung mit dem Volkslied bedeutete für die Sommerlieder also meist die Attribuierung der Begriffe ›Einfachheit‹ und ›Natürlichkeit‹.

Ein wesentliches Ziel der Neidhartforschung der zweiten Jahrhunderthälfte war das Bemühen, über eine Lektüre der Lieder auf das Leben des Dichters selbst zu schließen. So versuchten HERMANN SCHMOLKE[10] und RICHARD M. MEYER[11] durch eine biographische Lesung der Lieder deren Entstehungsfolge zu ermitteln.

---

[4] Ebd., S. 94.

[5] Ebd., S. 95.

[6] Ebd.

[7] ALBERT BIELSCHOWSKY: Geschichte der Deutschen Dorfpoesie im 13. Jahrhundert. I. Leben und Dichten Neidharts v. Reuenthal. Untersuchungen. Berlin 1891 (Acta Germanica II,2), S. 108.

[8] Ebd., S. 124.

[9] Ebd., S. 150.

[10] Leben und dichten Neidharts von Reuenthal. Programm des Gymnasiums zu Potsdam (1875), S. 1–31.

[11] RICHARD M. MEYER: Die Reihenfolge der Lieder Neidharts von Reuenthal. Berlin 1883. Ähnlich auch WILHELM WILMANNS: Über Neidharts Reihen. ZfdA 29 (1885), S. 64–85.

Dabei setzen beide die Sommerlieder insofern zurück, als sie sie in ihrer vermeintlich einfacheren, volkstümlichen Form zu »Lehrlingsstücken« aus der Jugend des Dichters deklarieren.[12] Schon bei Neidharts Zuhörern selbst hätten die Winterlieder »viel mehr Anklang [...] als die Reien« gefunden, so dass sich der Dichter »mehr und mehr den Reien ab- und den Winterliedern zugewandt« habe.[13] Den Höhepunkt dieser Tendenz bildet die Arbeit BIELSCHOWSKYS, der die Sommerlieder im Gegensatz zu den »höfischen« Winterliedern ebenfalls in Neidharts Jugendzeit verlegt. Mit SCHMOLKE behauptet er, der Dichter habe diese einfachen, volkstümlichen Lieder nicht, wie bis dato angenommen, bei Hofe, sondern als Dorfsänger den Bauern zum Tanz gesungen, was ihm dann den Gegensatz zu den ausdrücklich als »höfisch« apostrophierten Winterliedern ermöglicht.

Wenngleich der frühen Neidhartforschung ihre historische Bedeutung nicht abgesprochen werden darf, unterliegen ihre Ergebnisse doch den Beschränkungen eines aus heutiger Sicht veralteten methodischen Zugriffs: Die Lieder werden als unverfälschte Aussagen des Dichter-Sängers Neidhart gelesen, aus denen sich eine Dichterbiographie erstellen lässt. Die notwendigen neuen Impulse erhielt die Neidhartforschung schon um die Jahrhundertwende: So betonte FERDINAND SCHÜRMANN[14] eine parodistische Zielrichtung der Lieder, die nicht aus dem Volksgut, sondern »aus dem Boden subjektiver Ironie«[15] erwachsen sei und deren Publikum nur adliger Herkunft sein könne.[16] Vehement wurde auch die bis dato vertretene Volksliedthese in Frage gestellt, indem man auf die Abhängigkeit der Lieder von romanischen[17] und mittellateinischen Quellen[18] verwies.

---

[12] MEYER, S. 102.

[13] Ebd., S. 13. Dennoch hält MEYER (S. 131) die Sommerlieder poetisch für hochwertiger, was er jedoch gerade mit deren Geradlinigkeit und Einheitlichkeit erklärt, da er die Disharmonie der komplexeren Winterlieder nicht schätzt und damit in seinem Urteil der Ästhetik des 19. Jahrhunderts verpflichtet ist (so auch SIMON [1968], S. 43).

[14] Die Entwicklung der parodistischen Richtung bei Neidhart von Reuenthal (Beilage des Programms der Oberrealschule Düren). Düren 1898.

[15] Ebd., S. 7.

[16] SCHÜRMANNS Arbeit folgten zahlreiche Untersuchungen zu Parodie, Travestie und Satire bei Neidhart, z. B. FERDINAND MOHR: Das unhöfische Element in der mittelhochdeutschen Lyrik von Walther an. Tübingen 1913; JOHANNES GÜNTHER: Die Minneparodie bei Neidhart. Jena 1931; ULRICH GAIER: Satire. Studien zu Neidhart, Wittenwiler, Brant und zur satirischen Schreibart. Tübingen 1967.

[17] ANTON SCHÖNBACH: Die Anfänge des deutschen Minnesanges. Eine Studie. Graz 1898.

[18] Erstmals schon bei KARL MAROLD (Über die poetische Verwertung der Natur und ihrer Erscheinungen in den Vagantenliedern und im deutschen Minnesang. ZfdPh 23 [1891], S. 1–26). Vgl. auch WILLEM HENDRIK MOLL: Über den Einfluß der lateinischen Vagantendichtung auf die Lyrik Walters von der Vogelweide und die seiner Epigonen im

Einen weiteren wesentlichen Einschnitt bedeutete der Beitrag JOSEPH SEEMÜLLERS mit der These, die Geschichten um den Ritter von Reuental könnten »viel mehr stilistischer Natur [...] als biographischer« sein.[19]

In wichtigen Aspekten waren damit scheinbar gesicherte Annahmen der frühen Forschung in Frage gestellt. Während diese neuen Anstöße in einigen Punkten bald zu weitgehender Einigkeit führten (z. B. in der Annahme eines höfischen Publikums), wirkten andere eigentlich überholte Deutungsansätze beharrlich fort. Als nachhaltigstes Erbe des 19. Jahrhunderts ist wohl ein biographischer Positivismus zu nennen, der die Amalgamierung von Sängerrolle und realem Autor zu »Neidhart von Reuental« bis weit ins 20. Jahrhundert trug und sich bis heute in begrifflichen Undifferenziertheiten niederschlägt. Die für die Fragestellung dieser Arbeit prekärste Nachwirkung der frühen Forschung ist jedoch eine sich auch im 20. Jahrhundert hartnäckig behauptende Vernachlässigung der Sommerlieder. Diese schlägt sich im Wesentlichen in zwei Punkten nieder, die bereits aus den oben zitierten Arbeiten des 19. Jahrhunderts ablesbar waren: einer verharmlosenden Simplifizierung und einer Zurücksetzung hinter die Winterlieder. Diese Problematik soll im Folgenden anhand einiger signifikanter Arbeiten aufgezeigt werden.[20]

Noch zu Beginn der 30er Jahre verweist RICHARD ALEWYN auf die Ergebnisse MEYERS, wenn er die Mehrheit der Sommerlieder in die Frühzeit des Dichters setzt.[21] Die Sommerlieder seien erfüllt von »der Bejahung der Wirklichkeit, der Freude am Leben [...]. Wie jeder Mißklang, so fehlt auch jeder aggressive Ton, sei er spöttisch oder gehässig, wie er die Winterlieder erfüllt.«[22] Schon bei einer ersten Lektüre der Sommerlieder sind ALEWYNS Ausführungen schwer nachvollziehbar, ist doch etwa den heftigen Streitszenen zwischen Mutter und Toch-

---

13. Jahrhundert. Amsterdam 1925; JOHANNE OSTERDELL: Inhaltliche und stilistische Übereinstimmungen der Lieder Neidharts von Reuental mit den Vagantenliedern der »Carmina Burana«. Köln 1928.

[19] JOSEPH SEEMÜLLER: Zur Poesie Neidharts. In: Untersuchungen und Quellen zur germanischen und romanischen Philologie. Fs. Johann von Kelle. Prag 1908 (Prager deutsche Studien 8), Bd. 1, S. 325–338. Wieder in: HORST BRUNNER (Hg.): Neidhart. Darmstadt 1986 (WdF 556), S. 1–11, hier S. 1.

[20] Zur Neidhartforschung im 20. Jahrhundert vgl. den Forschungsbericht von SIMON (1968) und die Sammelrezensionen von URSULA SCHULZE (Neidhart-Forschung 1976–1987. Sammelrezension. PBB [Tüb.] 113 [1991], S. 124–153) und ULRICH MÜLLER (Neidhart-Forschung 1981–1988. Sammelrezension, 2. Teil. PBB [Tüb.] 113 [1991], S. 483–495).

[21] RICHARD ALEWYN: Naturalismus bei Neidhart von Reuental. ZfdPh 56 (1931), S. 37–69. Wieder in: BRUNNER (1986), S. 37–76, hier S. 52.

[22] Ebd.

ter ein ganz erheblicher »Mißklang« nicht abzusprechen. Vor allem der Ton des sommerlichen Natureingangs wird als Grundlage für die Verfasstheit der Sommerlieder insgesamt gedeutet. Diese Tendenz wird auch bei ECKEHARD SIMON deutlich, der in seiner Charakteristik des Typus auf die parodistische Zielrichtung der Lieder eingeht, in seinem Fazit dann aber feststellt: »Still, many Summer Songs are devoid of obvious travesty and because of the important role played by the introductory nature scene are light and lyrical in quality.«[23]

Ein noch deutlicheres Ausmaß erreichen derartige Vereinfachungen bei PETRA GILOY-HIRTZ:[24] In ihrer soziokulturellen Untersuchung zu Neidhart deutet sie die Sommerlieder, in denen Heiterkeit und Harmonie dominierten, als Mittel zur Erlösung von der bedrückenden Welt der Winterlieder. Indem sie die Sommerlieder als »Gegenwelt«[25] zu jener der Winterlieder definiert, erscheinen sie als sekundärer Typus, da sie als Reaktion auf ein anderes System verstanden werden. GILOY-HIRTZ betont zwar die Notwendigkeit, den Eigenwert der Sommerlieder zu würdigen, sieht diesen jedoch vornehmlich in der »Fülle ihrer poetischen Bilder und Stileigentümlichkeiten«[26], während sie ihnen einen Problemgehalt abspricht: »[A]ggressive wie schwermütige Töne«[27] seien ausgeschlossen, da Neidhart einen konfliktfreien »Raum des friedlichen und natürlichen Miteinanderumgehens«[28] schaffe. Die so vehement beschworene heile Welt mit ihrem »Zauber der Unbefangenheit, der Freude am Leben«[29] wird jedoch bei einer Analyse der Zeitklagen brüchig. Da diese Lieder nicht als Bewältigungsstrategie dienen können, schließt GILOY-HIRTZ unvermittelt darauf, dass die Sommerlieder in ihrer ursprünglichen Funktion versagen: »Die zur Idylle stilisierte sommerliche Welt kann nicht überzeugen, die Angst der Winterlieder nistet sich auch hier ein.«[30] GILOY-HIRTZ zieht eine divergierende Wirkungsabsicht der späten Sommerlieder nicht in Betracht und setzt in ihrem abschließenden Fazit nicht nur den Typus,

---

[23] ECKEHARD SIMON: Neidhart von Reuental. Boston 1975, S. 51.

[24] Deformation des Minnesangs. Wandel literarischer Kommunikation und gesellschaftlicher Funktionsverlust in Neidharts Liedern. Heidelberg 1982 (Beihefte zum Euphorion 19).

[25] So die Überschrift zum Kapitel über die Sommerlieder (S. 175).

[26] Ebd., S. 178.

[27] Ebd., S. 176.

[28] Ebd., S. 181f.

[29] Ebd., S. 183. GILOY-HIRTZ geht sogar so weit, die Sommerlieder nach Schiller als Form der Idyllendichtung zu sehen, da sie den Menschen »im Stand der Unschuld, d. h. in einem Zustand der Harmonie und des Friedens mit sich selbst und von außen« darstellten (Über naive und sentimentalische Dichtung. In: F. Schiller: Werke in drei Bänden. Hg. von HERBERT G. GÖPFERT. München 1966, S. 580; zitiert nach GILOY-HIRTZ, S. 183).

[30] Ebd., S. 187.

sondern auch dessen Autor herab: »Neidhart vermag die beiden Liedgattungen nicht durchweg zu trennen, sondern wird in den Sommerliedern sozusagen von seinem eigenen Instrumentarium eingeholt. Die Gelöstheit der Sommerlieder erweist sich auf der Folie der Winterlieder als nicht echt. Ihrer Intention nach sind sie wohl Bewältigung der in den Winterliedern zum Ausdruck gebrachten Bedrohung, tatsächlich jedoch können sie diesem Anspruch nicht gerecht werden.«[31]

Unter Bezugnahme auf GILOY-HIRTZ kritisiert auch JÖRN BOCKMANN[32] die zu beobachtende Simplifizierung und Zurücksetzung der Sommerlieder, kommt aber in seiner Deutung zu keiner überzeugenden Alternative: Der spezifische Wertetransfer der Texte liege in der Vermittlung höfischer *vreude*, welche durch die in den Liedern besungene *vreude* an der erblühenden Natur parallelisiert werde. Diese sei nun aber nicht mehr über den Ausdruck des Leidens, sondern über die Teilnahme an der positiv besetzten, naturalisierten und gegenbildlichen Dörperwelt vermittelt: Auch hier agierten die Frauen als Wertspenderinnen, nämlich als Vermittlerinnen der naturalisierten *vreude*. Diese werde vom Sänger in seinem Gesang aufgenommen und an sein höfisches Publikum weitergegeben. Eine Deutung des Sommerliedes als »Aufbewahrungsort naturalisierter Freude«[33] ignoriert indes wesentliche Textstrukturen. Mit der harmonisierenden Betrachtung der Dörperwelt[34] wird analogisiert, was es als zentrales Spannungsmoment herauszustellen gälte: die Differenz zwischen der bei Neidhart besungenen *vreude* und dem höfischen *vreude*-Programm.

Trotz dieser bis heute vorherrschenden simplifizierenden Interpretation der Sommerlieder darf jedoch nicht unberücksichtigt bleiben, dass es auch Gegenstimmen gibt. So sah schon HELMUT DE BOOR[35] den heiteren, Sommerfreude beschwörenden Natureingang gerade nicht als das charakteristische Element der

---

[31] Ebd., S. 189.

[32] Translatio Neidhardi. Untersuchungen zur Konstitution der Figurenidentität in der Neidhart-Tradition. Frankfurt a. M. 2001.

[33] Ebd., S. 171.

[34] Vgl. CLAUDIA HÄNDL: Rollen und pragmatische Einbindung. Analysen zur Wandlung des Minnesangs nach Walther von der Vogelweide. Göppingen 1987 (GAG 467), S. 199 Anm. 249: HÄNDL betont, dass die Ereignisse der Sommerlieder nur textimmanent, aus der Perspektive des Reuentalers, positiv bewertet werden könnten, während »auf der Rezeptionsebene dem für Neidharts Lieder als eindeutig höfisch klassifizierten Publikum nur eine negative Bewertung der in den SL dargestellten Welt möglich ist, die ebenso nicht-höfisch ist wie die in den WL dargestellte Welt«. Dass der Normbruch hier wie dort »mit den gleichen Mitteln erzeugt wird«, erscheint mir hingegen äußerst fragwürdig.

[35] HELMUT DE BOOR/RICHARD NEWALD (Hgg.): Geschichte der deutschen Literatur von den Anfängen bis zur Gegenwart. Bd. 2: HELMUT DE BOOR: Die höfische Literatur. Vorbereitung, Blüte, Ausklang. München [3]1953.

Lieder, da Neidhart hier noch keine wirklich neuen Bahnen einschlage, sondern, ähnlich wie Walther, mit vagantischen und volkstümlichen Elementen den vom höfischen Minnesang vorgegebenen Bezugsrahmen variierend erweitere. Neue Wege beschreite der Dichter vornehmlich mit den Gesprächsszenen, denn hier setze »das eigentlich Dörperliche in Neidharts Dichtung ein, das bewußte Durchbrechen und Verleugnen der höfischen Haltung nach Innen und Außen.«[36] Die groben Streit- und Prügelszenen sowie die »ungebrochene Triebhaftigkeit«[37] der Mädchen werden bei DE BOOR nicht positiviert oder heruntergespielt, sondern stehen im Zentrum seiner Interpretation: Sie verursachten das typische »unausgeglichene Nebeneinander«[38] von höfischer Haltung, wie sie sich vor allem im Natureingang terminologisch niederschlage, und dem Dörperlichen, wie es im Gesprächsteil durchbreche. In dieser »Dissonanz« sieht DE BOOR den eigentlichen »Neidharteffekt«,[39] wodurch sich eine Deutung der Lieder als »romantische Idealisierung des Einfach-Volkstümlichen [...], eine Art Rückkehr zur Natur« verbiete.[40] Die Bemerkungen DE BOORS, der den Problemgehalt der Sommerlieder erkennt, wurden jedoch zu wenig berücksichtigt. Bis heute erkennen nur wenige Arbeiten die dem Typus inhärenten Gegensätze und Spannungen.[41]

Nicht zuletzt der insgesamt vorherrschenden Verharmlosung der Sommerlieder ist es wohl zuzuschreiben, dass der Typus im Vergleich zum Winterlied ein fast durchgängig minderes Interesse erfahren hat. Hinsichtlich der nicht wesentlich divergierenden Zahl der Interpretationen zu einzelnen Winter- bzw. Sommerliedern ist dies auf den ersten Blick kaum erkennbar. Bei genauerem Hinsehen wird jedoch ein fundamentaler Unterschied deutlich: Eine Vielzahl der Einzelinterpretationen der Winterlieder hat die Zielsetzung, typusrelevante Verfahrensweisen wie die des Bruchs oder des Rollenspiels der Sängerfigur aufzudecken. Die Mehrzahl der Einzelinterpretationen zu den Sommerliedern hingegen wählt gerade nicht solche Texte, die für den Typus repräsentativ sind, sondern setzt sich mit den vermeintlich interessanteren und komplexeren ›Sonderfällen‹ auseinander: den Kreuzliedern, den Zeitklagen und SL 22, dem Lied vom Spiegelraub.[42]

---

[36] Ebd., S. 362.

[37] Ebd., S. 363.

[38] Ebd.

[39] Ebd., S. 364.

[40] Ebd., S. 363.

[41] Z. B. JUTTA GOHEEN: Natur- und Menschenbild in der Lyrik Neidharts. PBB (Tüb.) 94 (1972), S. 348–378, hier S. 358, oder JAN-DIRK MÜLLER: Männliche Stimme – weibliche Stimme in Neidharts Sommerliedern. In: ANNEGRET HEITMANN u. a. (Hgg.): Bi-Textualität. Inszenierungen des Paares. Berlin 2001, S. 334–345, hier S. 344.

[42] Vgl. hierzu die Bibliographien bei SIMON (1968), BRUNNER (1986) und WIESSNER/SAPPLER (S. XVII–XLII).

Auch für Untersuchungen mit einer übergreifenden Fragestellung scheinen die Winterlieder oftmals das ergiebigere Textmaterial zu bieten. Ausschlaggebend dafür ist nicht zuletzt die Tatsache, dass diese vor allem (sozial)geschichtlichen Fragestellungen einen fruchtbareren Boden liefern: Das Auftreten der Dörper scheint hier im Vergleich zu den Sommerliedern von sozialer Brisanz zu sein, gesellschaftspolitische Anspielungen ziehen sich durch eine Vielzahl der Lieder, die Trutzstrophen werfen die Frage nach dem Verhältnis des Sängers bzw. Autors zu seinem Publikum auf. Arbeiten, die sich explizit mit dem Sommerlied auseinandersetzen, lassen sich demgegenüber meist von spezifisch literaturwissenschaftlich[43] oder kulturwissenschaftlich[44] ausgerichteten Fragestellungen leiten. Im Hinblick auf eine Poetologie der Sommerlieder als Typus kann man jedoch bis heute nur auf wenige Arbeiten zurückgreifen. Diese sind zudem oft der Beschränkung unterworfen, dass sie im Hinblick auf die Gattungsproblematik Sommerlied – Winterlied nicht hinreichend differenzieren. So lassen sich aus dem strukturalistischen Prämissen verpflichteten Beitrag »Die Umstrukturierung des Minnesang-Sprachsystems zum ›offenen‹ System bei Neidhart« von MICHAEL TITZMANN[45] zwar wesentliche Konstanten der Lieder Neidharts ablesen, die jedoch durch die Zusammenfassung von Sommer- und Winterlied zum ›System Neidhart‹ entscheidende Differenzen gerade nicht in den Blick bringen. Daher kritisiert KURT RUH[46] an diesem Ansatz, dass TITZMANN die Möglichkeiten seines Ausgangspunktes am Ende wieder verschenke: »Gerade der Ansatz der Transformation des Minnesang-Systems führt zur Einsicht, daß Sommer- und Winterlied zwei verschiedene Systeme darstellen, die erst auf Ebenen zur Deckung kommen, die für das System kaum mehr relevant sind.«[47] RUH macht es sich daher zur Aufgabe, die konstitutiven Merkmale der beiden Gattungen getrennt voneinander zu bestimmen. Bei der Typusbeschreibung der Sommerlieder gliedert RUH die Kreuzlieder, Zeitklagen sowie SL 22 als »Son-

---

[43] Z. B. HÄNDL oder HERMINA JOLDERSMA: The Eavesdropping Male: ›Gespielinnengesprächslieder‹ from Neidhart to the present. Euphorion 78 (1984), S. 199–218.

[44] Z. B. INGRID BENNEWITZ: »Wie ihre Mütter?« Zur männlichen Inszenierung des weiblichen Streitgesprächs in Neidharts Sommerliedern. In: ANGELA BADER u. a. (Hgg.): Sprachspiel und Lachkultur. Beiträge zur Literatur- und Sprachgeschichte. Rolf Bräuer zum 60. Geburtstag. Stuttgart 1994 (Stuttgarter Arbeiten zur Germanistik 300), S. 178–193; J.-D. MÜLLER, Männliche Stimme (2001).

[45] DVjs 45 (1971), S. 481–514.

[46] Neidharts Lieder. Eine Beschreibung des Typus. In: WERNER BESCH u. a. (Hgg.): Studien zur deutschen Literatur und Sprache des Mittelalters. Fs. Hugo Moser. Berlin 1974, S. 151–168. Wieder in: BRUNNER (1986), S. 251–273.

[47] Ebd., S. 253.

derfälle«[48] aus und beschreibt die verbleibenden Lieder der ATB-Ausgabe nach den Elementen Natureingang, Thematik, Minneschema und Sängerrolle. Die umsichtige und strukturierte Untersuchung wertet die Sommerlieder auf und sichert wesentliche Typusmerkmale. In ihrem reduzierten Textcorpus und ihrer Fixierung auf den höfischen Minnesang, vor dessen Folie die Lieder untersucht werden, bedürfen die Ergebnisse jedoch in mancherlei Hinsicht einer Revision.[49]

In ihrem Aufsatz »Literarisches Handeln als Medium kultureller Selbstdeutung« setzen sich CHRISTA ORTMANN, HEDDA RAGOTZKY und CHRISTELROSE RISCHER[50] zum Ziel, den Handlungscharakter von Neidharts Liedern herauszuarbeiten. Das Phänomen des Normbruchs entwickeln sie an den Winterliedern, da sich diese deutlich auf das Schema des klassischen Minnesangs beziehen. Im Anhang zu ihrer Arbeit finden sich Argumentationselemente des Typus Sommerlied. Diese explizit nur als »Überblick« bezeichnete Systematik wird parallel zu der der Winterlieder entwickelt und ist – was von den Autoren auch einschränkend bemerkt wird – im Gegensatz zu dieser nicht aus einer umfassenden Textanalyse hergeleitet. Dadurch ergeben sich notgedrungen Verkürzungen, aber auch Fehleinschätzungen, die vornehmlich das Verhältnis von Natureingang und Gesprächsteil betreffen. Daneben benennen die Autoren aber auch wesentliche Aspekte (z. B. die Ausführungen zum Rollenbild des Reuentalers), die bis heute Gültigkeit beanspruchen dürfen. Während die Zeitklagen in die Systematik einbezogen werden, bleiben die Kreuzlieder und SL 22 allerdings erneut ausgeschlossen.

---

[48] Ebd., S. 254.

[49] Eine Überarbeitung der RUHschen Typologie versucht BOCKMANN, der ebenfalls betont, dass die Poetik des Texttyps Sommerlied bis heute nur defizitär erfasst ist. Seine Analyse kann aber im Hinblick auf eine typologische Verortung der Sommerlieder, die er auf die Gesprächslieder beschränkt, nicht überzeugen. Dies liegt vor allem an Unklarheiten, die aus seinem theoretischen Ansatz resultieren: BOCKMANNS Überlegungen basieren auf narratologischen Modellen (dem auf GREIMAS zurückgehenden Aktantenmodell und dem Modell des doppelten Kursus, das die Identitätssuche des höfischen Helden beschreibt), die sich nur schwerlich auf nicht-narrative Texte übertragen lassen. Bei der Beschreibung der grundsätzlich dialogischen Struktur der Sommerlieder ergeben sich so Widersprüche: Um die narrativen Kategorien auf Neidhart applizieren zu können, muss BOCKMANN ein modifiziertes »identitätsthematisches Analysemodell« verwenden, in dem er die verschiedenen Textdimensionen im Dreischritt »Mitteilungsdimension« – »Prozesscharakter« – »Modellfunktion« untersucht. Die zentralen Kategorien seines Analysemodells (z. B. die herausgearbeitete »Typenmenge an Geschichten« wie Versionen-, Grund-, Suggestiv- und Tiefengeschichte) sind dabei weder in sich einsichtig noch nehmen sie deutlich Bezug auf seine Ausgangsmodelle.

[50] IASL 1 (1976), S. 1–29.

Einen gattungspoetologischen Ansatz wählt auch HILDEGARD JANSSEN[51] in ihrer ausführlichen Untersuchung der Sommerlieder. Anstoß ihrer Arbeit ist die Kritik an einem verengten Gattungsbegriff von Minnelyrik als subjektivem Ausdruck unmittelbarer Empfindungen, der auf das Paradigma des klassischen Minnesangs beschränkt sei. Zahlreiche mittelalterliche Liedarten könnten dadurch nur über die Begriffe Gegensatz, Parodie oder Durchbrechung auf den Minnesang bezogen werden. Um nichtsubjektive Lieder jedoch nicht ihres Eigenwertes zu berauben, zieht JANSSEN den auf ALFRED JEANROY (1889) zurückgehenden Begriff des *genre objectif* heran, unter den sie alle mittelalterlichen Lieder fasst, »in denen der Dichter nicht (oder zumindest nicht nur) seinen eigenen Gefühlen Ausdruck verleiht, sondern auch Empfindungen und Handlungen anderer Personen wiedergibt«.[52] Die Anwendbarkeit eines solchen Gattungsbegriffs will JANSSEN an den Sommerliedern Neidharts prüfen. Trotz des vielversprechenden Ansatzes kann die Durchführung aber aus mehreren Gründen nicht überzeugen: Ziel der Untersuchung ist es nämlich gerade nicht, die Lieder typologisch zu verorten, sondern lediglich über die Problematik des *genre objectif* einen neuen Zugang zu finden. JANSSENS Leitfrage ›Wie weichen die objektiven Lieder vom Minnelied ab?‹ stellt zudem wieder genau jene Rückkopplung zum Minnesang her, die sie doch selbst so vehement kritisiert. Ihre Ergebnisse bieten so weder in ihren inhaltlichen (Konkretisierung minnesängerischer Motive als gattungsbildende Konstante) noch in ihren formalen Aspekten (Beschreibung der Rolle des Dichters in den einzelnen Abschnitten des Liedes) wesentlich neue Erkenntnisse und bringen gerade in der Gattungsproblematik keinen Fortschritt.[53]

## 2. ›Neidhart‹ oder ›Neidharte‹? Überlieferungsgeschichtliche Probleme der Neidhart-Philologie und Editorik

Vor allem mit dem Hinweis auf die Typologien von RUH und ORTMANN/RAGOTZKY/RISCHER wird bis heute häufig die Bemerkung verbunden, über den Sommerliedtypus keine weiteren Aussagen treffen zu müssen, da dieser bereits ausreichend beschrieben sei.[54] So wegweisend und erhellend die beiden Beiträge

[51] Das sogenannte »genre objectif«. Zum Problem mittelalterlicher literarischer Gattungen, dargestellt an den Sommerliedern Neidharts. Göppingen 1980 (GAG 281).

[52] Ebd., S. 51.

[53] Erst nach Abschluss des Manuskripts ist erschienen: Deutsche Lyrik des späten Mittelalters. Hg. von BURGHART WACHINGER. Frankfurt a. M. 2006 (Bibliothek des Mittelalters 22). Die dort gebotenen Neidhart-Lieder (S. 18–95, Kommentar S. 635–685) konnten für den Forschungsabriss sowie die folgende Textanalyse nicht mehr berücksichtigt werden.

[54] Z. B. GILOY-HIRTZ, S. 177.

auch sind, so können sie eine erneute ausführliche Auseinandersetzung mit den Sommerliedern nicht ersetzten. Dies ist auch und besonders deshalb der Fall, weil beide Untersuchungen mit einem sehr begrenzten Textcorpus arbeiten: Sie beziehen sich auf die stark selegierende kleine ATB-Ausgabe, die nur einen Teil der unter Neidhart überlieferten Lieder bietet. Ihr Titel – »Die Lieder Neidharts« – vermittelt eine Sicherheit hinsichtlich der Bestimmbarkeit von Autor und Werk, von der jedoch angesichts der umfangreichen Überlieferung keine Rede sein kann: Eine Interpretation der Sommerlieder hat nicht nur der Komplexität des Typus, sondern auch der Überlieferung gerecht zu werden. Wie aber hat man ›Neidharts Sommerlieder‹ näherhin zu fassen? Die Kategorien ›Autor‹ und ›Werk‹ werden selbst zum Problem. Um den Untersuchungsgegenstand der vorliegenden Arbeit festlegen zu können, muss deshalb ein geeignetes Konzept von ›Autorschaft‹ erarbeitet werden. Dies soll vor dem Hintergrund der gegenwärtigen Diskussion um die genannten Kategorien erfolgen. Dazu seien die Extrempunkte der Auseinandersetzung zunächst kurz skizziert: Auf der einen Seite das auf das 19. Jahrhundert zurückgehende traditionelle Verständnis von Autor und Werk, wie es der ATB-Ausgabe zugrunde liegt; auf der anderen Seite die Thesen der sogenannten *New Philology*, die die Lösung des problematischen Verhältnisses von Autorschaft und Überlieferung in der endgültigen Verabschiedung des Autors sieht.

### 2.1 ›Neidhart‹ als editorisches Konstrukt

Die Neidhart-Editorik ist untrennbar verknüpft mit Moriz Haupt, der im Jahre 1858 die erste kritische Edition »Neidhart von Reuenthal« besorgte.[55] Ganz im Sinne seines Lehrers Karl Lachmann sah er das Ziel der Ausgabe darin, das originale Werk des historischen Dichters Neidhart zu rekonstruieren.[56] Anstatt aber das Original durch die Kontamination verschiedener Handschriften herzustellen, legt Haupt seiner Ausgabe – ähnlich dem moderneren Leithandschriftenprinzip – einen Überlieferungszeugen zugrunde: Die Riedegger Handschrift (R), die »nur selten willkürliche änderungen«[57] zeige und ihm als fast schon authentischer ›Neidhart‹ galt.[58] Mit der apodiktischen Feststellung »was in R nicht steht das hat keine äussere gewähr der echtheit«[59] ist R für ihn auch hinsichtlich des

[55] Neidhart von Reuenthal. Hg. von Moriz Haupt. Leipzig 1858. Nachdruck: Stuttgart 1986.

[56] Vgl. Haupt, Vorrede, S. V: Haupt plant »die echte gestalt der neidhartischen lieder nach kräften herzustellen«.

[57] Ebd., S. IX.

[58] Erwähnenswert ist, dass Haupt die Handschrift nie im Original einsah, sondern die Abschrift von Karl Benecke verwendete. Vgl. dazu Simon (1968), S. 30ff.

[59] Haupt, Vorrede, S. IX.

Textbestandes ausschlaggebend. Ohne dies näher zu begründen, scheidet HAUPT jedoch einige Strophen und Lieder aus R als »unecht« aus und ergänzt seine Ausgabe durch Lied- und Strophenzusätze aus den Handschriften C und c, wenn »kein innerer grund gegen ihre echtheit sprach, ton und inhalt dem dichter gemäss schienen«.[60] Auch in der Anordnung der Lieder folgt HAUPT nicht seinem Hauptzeugen R, sondern er teilt die Texte in Anlehnung an die Untersuchung LILIENCRONS in Sommer- und Winterlieder ein. Deren Reihenfolge wiederum orientiert sich am Bemühen, die Biographie des Dichtersängers »Neidhart von Reuenthal« chronologisch zu rekonstruieren, indem auf Lieder der »bayerischen« solche der »österreichischen« Zeit folgen.[61] Die HAUPTsche Ausgabe und die positivistische Deutungsrichtung des 19. Jahrhunderts treten so in eine enge Wechselbeziehung. Wo entsprechende geographische oder zeitgeschichtliche Aussagen ausbleiben, rücken andere Kriterien, stilistische oder handschriftliche, in den Vordergrund: So stammen etwa die ersten acht der 24 »bayerischen« Sommerlieder aus der Handschrift C und sind als »Jugendgedichte« in der dortigen Reihenfolge – abzüglich der dazwischen stehenden Winterlieder – aufgenommen. HAUPT reduziert die Neidhart-Überlieferung damit auf insgesamt 66 »echte« Lieder. Zu diesen ediert er in den Anmerkungen »unechte« Zusatzstrophen, in einem Anhang zur Vorrede 24 weitere »unechte oder zweifelhafte« Lieder aus den Handschriften R, B und C, zu diesen wiederum »unechte« Strophen im Apparat. Das so entstandene »Mehrklassensystem von ›unechten‹ Texten«[62] ist insofern besonders unübersichtlich, als HAUPT seine Echtheitskriterien nicht offenlegt. Der komplizierte textkritische Apparat erschwert die Benutzbarkeit und Verständlichkeit der Ausgabe zusätzlich. 1923 erschien die HAUPTsche Ausgabe in der Überarbeitung von EDMUND WIESSNER,[63] blieb hinsichtlich ihres konzeptionellen Zuschnitts jedoch unverändert. WIESSNERS Eingriffe in die Textgestalt beschränken sich auf eine Überprüfung der Überlieferung, die Textauswahl bleibt unangetastet. Wo er in der Textherstellung anderer Meinung war als HAUPT, vermerkte er dies in den Anmerkungen und in seinen im Folgejahr erscheinenden »kritischen Beiträgen zur Textgestalt der Lieder Neidharts«.[64] Die

---

[60] Ebd.

[61] In der Einteilung von Sommer- und Winterliedern sowie »bayerischen« und »österreichischen« Liedern folgt HAUPT LILIENCRONS Untersuchung (vgl. HAUPT, S. 104).

[62] GÜNTHER SCHWEIKLE: Neidhart. Stuttgart 1990 (Slg. Metzler 253), S. 37.

[63] Neidharts Lieder. Hg. von MORIZ HAUPT. 2. Auflage. Neu bearbeitet von EDMUND WIESSNER. Leipzig 1923. Nachdruck: Mit einem Nachwort und einer Bibliographie zur Überlieferung und Edition der Neidhart-Lieder von INGRID BENNEWITZ-BEHR, ULRICH MÜLLER und FRANZ VIKTOR SPECHTLER. Stuttgart 1986.

[64] ZfdA 61 (1924), S. 141–177.

Hinwendung zur Überlieferung dokumentiert sich auch an der Änderung des Fiktionsimmanentes und Historisches überblendenden Titels »Neidhart von Reuenthal« zu »Neidharts Lieder«. Deutlichere Abweichungen von HAUPT zeigen sich in der 1955 erschienenen *editio minor*,[65] die sich auf die ›echten‹ Lieder und die jeweiligen Zusatzstrophen beschränkt. WIESSNER schied weitere Lieder und Strophen als »unecht« aus und ließ auch die Reihenfolge der Strophen nicht unangetastet. Änderungen der Textfassung bedeuten häufig konjekturalkritische Eingriffe. Auch der Verzicht auf einen Lesartenapparat – WIESSNER vermerkt nur die Abweichungen von der HAUPTschen Ausgabe – bedeutet einen weiteren Schritt weg von der Überlieferung und hin zu subjektiven Kriterien der Texterstellung. WIESSNER betonte jedoch explizit, die kleine Ausgabe nicht als Ersatz, sondern als »Bereicherung« der kritischen Ausgabe und als Arbeitsmittel für den »akademischen Studienbetrieb« konzipiert zu haben.[66] Die WIESSNERsche Ausgabe wurde fortgeführt von HANNS FISCHER und liegt heute in der 5. Auflage, herausgegeben von PAUL SAPPLER, vor.[67] Die wesentlichen Änderungen gegenüber WIESSNER bestehen in der Aufnahme der überlieferten Melodien und der Einführung eines knappen Lesartenapparates. Die von HAUPT/WIESSNER als »unecht« ausgesonderten Zusatzstrophen zu echten Liedern sowie SL 30 sind in den Haupttext aufgenommen, durch den gewählten kleineren Schriftgrad ihrer Zweifelhaftigkeit jedoch nicht enthoben. Obwohl die Problematik der Echtheitsfrage in der Vorrede SAPPLERS erörtert wird, strebt er keine grundlegende Neugestaltung der Ausgabe an. Die vom Herausgeber vorgenommenen »Akzentverschiebungen«[68], durch die eine größere Nähe zur Überlieferung gewährleistet werden soll, bewegen sich in engen Grenzen und bedeuten keine grundsätzliche Veränderung.[69]

---

[65] Die Lieder Neidharts. Hg. von EDMUND WIESSNER. Tübingen 1955 (ATB 44).

[66] Ebd., Vorwort, S. 5.

[67] Die Lieder Neidharts. Hg. von EDMUND WIESSNER, fortgeführt von HANNS FISCHER. Fünfte, verbesserte Auflage hg. von PAUL SAPPLER. Mit einem Melodienanhang von HELMUT LOMNITZER. Tübingen 1999.

[68] Ebd., Einleitung, S. XXI.

[69] So erscheinen die von WIESSNER als »unecht« oder »zweifelhaft« ausgeschiedenen Lieder und Strophen (z. B. WL 21) nicht mehr in eckigen Klammern, das Urteil WIESSNERS wird jedoch noch im Apparat vermerkt. SL 30 – von HAUPT und WIESSNER ausgeschlossen – erscheint ebenfalls nicht mehr in eckigen Klammern, jedoch immer noch in kleinerem Schriftgrad. Die HAUPT/WIESSNERschen Echtheitsentscheidungen werden von SAPPLER zwar kritisiert – etwa bei den Trutzstrophen, deren Rollencharakter HAUPT unterschätzt habe (vgl. S. XX) –, im Textteil dennoch markiert. Auch hinsichtlich des Wortlauts macht SAPPLER trotz kritischer Bemerkungen nur sehr vorsichtige Eingriffe zugunsten der Handschrift: »Mitunter etwas gewagte Konjekturen, oft an zentralen Stellen, die für

Die Überarbeitung der Ausgabe kann damit das grundsätzliche Problem der HAUPT/WIESSNERschen Edition nicht beheben: Indem sie eine autororientierte anstatt einer unvorgreiflich überlieferungsorientierten Ausgabe vorlegen, erheben sie den Anspruch, das originale Werk des Autors zu liefern. Bei aller punktuellen Überlieferungskritik steht dabei aber das entscheidende Problem, unter welchen Bedingungen man überhaupt von einem Lied als einem neidhartschen sprechen kann, überhaupt nicht zur Diskussion. Die Frage nach dem methodologischen Verhältnis von Überlieferung und Poetologie blieb ihnen auf dem Boden ihrer Vorstellungen von Aufgabe und Möglichkeiten der Philologie fremd. Wer nun aber über eine Analyse der Überlieferung die Spur Neidharts zu finden sucht, kann nicht von einer Ausgabe ausgehen, die bereits eine Art ›fertigen‹ Neidhart zu liefern meint. So wurde auch schon seit den 70er Jahren Kritik an den Prämissen der HAUPTschen Ausgabe laut. Besonders die Aussonderung großer Teile der Überlieferung als unechte ›Pseudo-Neidharte‹ wurde nachdrücklich hinterfragt.[70] Editorischen Niederschlag fand diese Skepsis in der 1975 erschienenen Neidhart-Ausgabe von SIEGFRIED BEYSCHLAG:[71] BEYSCHLAG gliedert die Überlieferung in »zwei Stränge, den von der österreichischen Handschrift R vertretenen, und den der dem alemannisch-rheinischen Raum angehörenden Hss. A B C und den Bruchstücken G K O P«, fasst diese dann aufgrund der Dominanz von R und C zu einem R-Block und einem C-Block zusammen und präsentiert damit »letztlich zwei Gesichter des Dichters Neidhart«.[72] Innerhalb dieser Blöcke folgt BEYSCHLAG der Unterteilung in Sommer- und Winterlieder, deren Anordnung er jedoch unabhängig von HAUPT gestaltet. BEYSCHLAG legt der Reihenfolge der Lieder thematische Kriterien zugrunde, die in den Sommerliedern meist durch die jeweilige Gesprächssituation bestimmt sind.[73] Indem BEYSCHLAG den gesamten

---

WIESSNER nicht uncharakteristisch sind, bleiben meist erhalten, doch wird dieser Zug nicht ausgebaut. Eher wird versucht, in weniger zentralen Punkten den Text strophen- und liedweise etwas stärker auf einen jeweils maßgeblichen Zeugen zu beziehen« (S. XXIII).

[70] ECKEHARD SIMON: Neidharte and Neidhartianer. Notes on the History of a Song Corpus. PBB (Tüb.) 94 (1972), S. 153–197. Wieder (deutsch, mit Ergänzungen und Nachträgen) in: BRUNNER (1986), S. 196–250. GÜNTHER SCHWEIKLE: Pseudo-Neidharte? ZfdPh 100 (1981), S. 86–104. Wieder in: BRUNNER (1986), S. 334–354.

[71] Die Lieder Neidharts. Der Textbestand der Pergament-Handschriften und die Melodien. Text und Übertragung, Einführung und Worterklärungen, Konkordanz. Hg. von SIEGFRIED BEYSCHLAG. Edition der Melodien von HORST BRUNNER. Darmstadt 1975.

[72] Ebd., S. XII.

[73] Die Kapitel im R-Block: Mädchen und Ritter; Gespielinnen; Mädchen und Mutter; Die lebenslustige Alte; Zeitaktuelles. C-Block: Frühlingstreiben; Mutter und Tochter; Gespielin; Die tanzlustige Alte; Liebhaber; Zeitaktuelles. Die Reihenfolge der Lieder innerhalb dieser Kapitel begründet BEYSCHLAG nicht.

Liedbestand der älteren Handschriften präsentiert, folgt er einem durchaus modernen, weil überlieferungsnäheren Konzept. Damit beansprucht er nicht, den ›echten‹ oder gar gesamten Neidhart abzubilden. Zu kritisieren ist jedoch, dass sich BEYSCHLAG ganz auf den von HAUPT/WIESSNER/FISCHER erarbeiteten Wortlaut in all seiner »Wahrscheinlichkeit und Fragwürdigkeit« beruft. Die WIESSNERschen Konjekturen sind in den Text eingearbeitet, ein Lesartenapparat fehlt.

Die Ausgabe BEYSCHLAGS erübrigt die Notwendigkeit einer umfassenden Neuausgabe der Lieder Neidharts somit nicht. Im Rahmen des Salzburger Neidhart-Projekts haben sich ULRICH MÜLLER, FRANZ VIKTOR SPECHTLER und INGRID BENNEWITZ dieses schwierigen Unterfangens angenommen.[74] Ziel des Unternehmens ist es, alles, was unter Neidharts Namen oder in einem eindeutigen »Neidhart-Kontext«[75] überliefert ist, zu dokumentieren. In zahlreichen seit den 70er Jahren erschienenen Publikationen des Projekts wird auf die Problematik vor allem der HAUPT/WIESSNERschen Ausgabe und ihrer Echtheitskriterien verwiesen.[76] Trotz dieser andauernden Diskussion wird jedoch bis heute eben jener Textbestand zur Grundlage der meisten Neidhartarbeiten erhoben.[77] Dadurch erfolgt die Beurteilung des Autors ›Neidhart‹ auf einer Basis, die keine überlieferungsgeschichtliche Verbindlichkeit beanspruchen kann. Vielen Autoren ist dabei die Problematik ihrer Vorgehensweise durchaus bewusst, ohne dass sie im Hinblick auf ihre Textbasis Konsequenzen zögen.[78] Andere operieren völlig un-

---

[74] Vgl. z. B. ULRICH MÜLLER: Überlegungen zu einer neuen Neidhart-Ausgabe. In: ALFRED EBENBAUER u. a. (Hgg.): Österreichische Literatur zur Zeit der Babenberger. Vorträge der Lilienfelder Tagung 1976. Wien 1977 (Wiener Arbeiten zur germanischen Altertumskunde und Philologie 10), S. 136–151; ders.: Neidhart – Das Salzburger Editionsprojekt. Einführung, Grundsätzliches, Textproben. Poetica 32 (1990), S. 43–67.

[75] ULRICH MÜLLER: Der Autor – Produkt und Problem der Überlieferung. Wunsch- und Angstträume eines Mediävisten anläßlich des mittelalterlichen Liedermachers Neidhart. In: FELIX PHILIPP INGOLD/WERNER WUNDERLICH (Hgg.): Der Autor im Dialog. Beiträge zu Autorität und Autorschaft. St. Gallen 1995, S. 33–53, hier S. 50.

[76] Eine Bibliographie zu den bisherigen Publikationen findet sich bei U. MÜLLER (1995).

[77] Eine Ausnahme bilden dabei einige Arbeiten, die einzelne Neidhart-Handschriften untersuchen (z. B. INGRID BENNEWITZ-BEHR: Original und Rezeption. Funktions- und überlieferungsgeschichtliche Studien zur Neidhart-Sammlung R. Göppingen 1987 [GAG 437]), überlieferungsgeschichtlich ausgerichtet sind (z. B. HANS BECKER: Die Neidharte. Studien zur Überlieferung, Binnentypisierung und Geschichte der Neidharte der Berliner Handschrift germ. fol. 779 (c). Göppingen 1978 [GAG 255]; EDITH WENZEL: Zur Textkritik und Überlieferungsgeschichte einiger Sommerlieder Neidharts. Göppingen 1973 [GAG 110]) oder sich auf die ›Neidhart-Tradition‹ berufen, also alle unter Neidhart überlieferten Texte als gleichwertige Textzeugen behandeln (z. B. BOCKMANN; PETRA HERRMANN: Karnevaleske Strukturen in der Neidhart-Tradition. Göppingen 1984 [GAG 406]).

[78] Vgl. dazu INGRID BENNEWITZ-BEHR/ULRICH MÜLLER: Grundsätzliches zur Überlieferung, Interpretation und Edition von Neidhart-Liedern. ZfdPh 104 (Sonderheft 1985),

befangen mit den Begriffen ›echt‹ und ›unecht‹ und blenden die Problematik des Autor- und Werkbegriffs aus. Dadurch ergibt sich ein gefährlicher Zirkelschluss, denn die Edition, die dieses selektive Autorbild vermittelt, wird Grundlage einer Interpretation, die eben dieses Bild immer wieder bestätigt.[79]

## 2.2 Zur Problematik der etablierten Kategorien ›Autor‹ und ›Werk‹

Die andauernde Beliebtheit der ›kleinen‹ Ausgabe dürfte gerade in dem Punkt begründet sein, der ihr größtes Problem ist: Sie bietet einen zwar im oben skizzierten Sinne theoretisch-methodologisch defizitären, dafür aber übersichtlichen und recht homogenen ›Neidhart‹, wie ihn sich HAUPT vor über 150 Jahren konstruiert hat. Wirft man jedoch einen vergleichenden Blick auf die Überlieferung, so wird die Problematik der Ausgabe besonders deutlich: Der ›Autor‹ und sein ›Werk‹ erscheinen als kleiner Ausschnitt aus einer breiten Überlieferung, die sich bis ins Spätmittelalter erstreckt: 25 handschriftliche Quellen aus drei Jahrhunderten und drei Drucke aus dem 16. Jahrhundert bezeugen den Erfolg eines Autors, dessen Name schon bald für eine eigene Gattung stand. Der ›Autor‹ Neidhart verselbstständigt sich dabei zunehmend als Figur der Tradition. Angesichts dieses Befundes ist es kaum möglich, mit HAUPT eine klare Grenzlinie zwischen ›Echtem‹ und ›Unechtem‹ zu ziehen. Die Vorstellung eines fest umrissenen ›echten‹ Œuvres des historischen Dichters Neidhart ist mit den Prämissen moderner Mittelalterphilologie nicht mehr vereinbar. Nicht erst seit, jedoch zunehmend mit den Thesen und Forderungen der *New Philology* sind die Begriffe ›Autor‹ und ›Werk‹ grundsätzlich problematisiert worden. Diese Auseinandersetzung kann hier nicht ausführlich referiert, muss aber in ihren wichtigsten Eckpunkten skizziert werden.

S. 52–79, hier S. 60: »Man weist in einer Anmerkung oder einer einleitenden, zumeist aber recht beiläufigen Bemerkung auf die Probleme der Überlieferung hin, zeigt damit seine Kenntnis der Lage, klammert dann dies im folgenden aus und interpretiert munter die Haupt-Wießnersche Fassung, also nur eine philologische Schreibtisch-›Konstruktion‹ [...].« Die Verfasser bezeichnen genannte Vorgehensweise als »salvatorische Neidhart-Klausel«.

[79] Vgl. auch THOMAS BEIN: Zum ›Autor‹ im mittelalterlichen Literaturbetrieb und im Diskurs der germanistischen Mediävistik. In: FOTIS JANNIDIS u. a. (Hgg.): Rückkehr des Autors. Zur Erneuerung eines umstrittenen Begriffs. Tübingen 1999, S. 303–320, hier S. 319: »Im Prozeß des nachträglichen Neu- und Umordnens von Texten mittels philologischer ›Autorschaftssiebe‹ bleiben viele Texte in den oft zu engen Maschen hängen und verschwinden vom Schreibtisch des Literarhistorikers, weil dieser dort meist nur Editionen liegen hat: die Zusammenstellung dessen, was durchgesiebt wurde. Auf dieser Grundlage werden dann die Autorprofile bestätigt, die bereits zur Konstruktion der Siebe Verwendung fanden, und auf dieser Grundlage wird Literaturgeschichte geschrieben.«

Gemeinsames Anliegen der Vertreter der *New Philology* ist es, die Mittelalter-Philologie durch neue, meist poststrukturalistischen Konzepten verpflichtete Fragestellungen zu öffnen und dadurch die Berechtigung des Faches, das besonders in Amerika zurückgedrängt zu werden droht, neu zu begründen. Eigentlicher Initiator der Diskussion war BERNARD CERQUIGLINI, der mit seinem provokant formulierten »Éloge de la variante«[80] einen Frontalangriff auf die ›alte‹ Mittelalterphilologie startete. Aufgegriffen wurden seine Thesen in einem Sonderband des »Speculum« mit dem Titel »New Philology«.[81] CERQUIGLINI setzt an bei der Spezifik mittelalterlicher Texte, auf die die traditionellen Kategorien ›Autor‹ und ›Werk‹ nicht applizierbar seien: Die Vorstellung eines Autors als originärem Schöpfer eines klar definierten, genuinen Œuvres erscheint ihm als Anachronismus, der mit der Realität der mittelalterlichen Handschriftenkultur nicht vereinbar sei: »L'auteur n'est pas une idée mediévale. [...] [U]n anachronisme que l'on dirait fonctionnel s'attache à l'expression ›auteur mediéval‹«.[82] Die Vorstellung eines geschlossenen, autorisierten Textes habe sich erst durch die Möglichkeiten des Buchdrucks und die juristischen Konsequenzen von Urheberrechten entwickeln können, Verhältnisse, die erst ab dem 18. Jahrhundert anzusetzen seien. Mittelalterliche Texte hingegen seien aufgrund ihres ständigen Wandels im Überlieferungsprozess durch Unfestigkeit geprägt. Als nicht autorisierte, sondern frei verfügbare Texte seien sie offen für immer neue Eingriffe gewesen, so dass die Varianz zum konstitutiven Merkmal werde. Da kein Original als Parameter anzusetzen sei, müssten die einzelnen Überlieferungszeugen als prinzipiell gleichwertige Fassungen betrachtet werden:

> La variance de l'œuvre médiévale romane est son caractère premier, altérité concrète qui fonde cet objet, et que la publication devrait prioritairement donner à voir. Cette variance est si générale et constitutive que, confondant ce que la philologie distingue soigneusement, on pourrait dire que chaque manuscrit est un remaniement, une version.[83]

Ins Zentrum der Kritik rückt damit die Editionsphilologie des 19. Jahrhunderts, die sich im Bemühen um die Rekonstruktion eines ursprünglichen Autortextes gerade nicht der Varianz, sondern deren Reduktion verschrieben hatte. Ein solches

---

[80] BERNARD CERQUIGLINI: Éloge de la variante. Histoire critique de la philologie. Paris 1989.

[81] Speculum 65 (1990).

[82] CERQUIGLINI, S. 25.

[83] Ebd., S. 62. CERQUIGLINI widerspricht sich selbst, wenn er einschränkend bemerkt: »Poser ce principe [...] n'interdit certes pas, ensuite, de proposer une typologie des variantes, ne serait-ce qu'afin d'examiner le degré et la nature de la variabilité propre à chaque œuvre, ou à chaque type d'œuvre« (S. 62). CERQUIGLINI verrät nicht, wie er ohne Parameter eine Typologie der Varianten erstellen möchte. Man darf darin eine Fehlleistung sehen, mit der die Essentialisierung des Begriffs der Varianz sich selbst diskreditiert.

Vorgehen wird von CERQUIGLINI scharf verurteilt, da es nichts mit der mittelalterlichen Realität zu tun habe, sondern lediglich die subjektive Auswahl des Editors widerspiegle und damit eine »théorie, souvent implicite, de l'œuvre«[84] bleibe. Durch die Reduktion der Varianten werde gerade das wesentliche Merkmal mittelalterlicher Texte, ihre Varianz, ausgeblendet. Die Suche nach der autorisierten oder autornächsten Fassung hält er für sinnlos, da die Verbindung von Autor und Text bedeutungslos sei angesichts der ständigen Beweglichkeit der Texte:

> Qu'une main fut première, parfois, sans doute, importe moins que cette incessante récriture d'une œuvre qui appartient à celui qui, de nouveau, la dispose et lui donne forme. Cette activité perpétuelle et multiple fait de la littérature médiévale un atelier d'écriture. Le sens y est partout, l'origine nulle part.[85]

Den damaligen Verhältnissen könne man daher nur gerecht werden, indem man die Unfestigkeit und andauernde Beweglichkeit, die »mouvance« der Texte, darstelle. Aufgrund der Prozessualität dieser »récriture incessante« sei eine Darstellung einzelner Varianten im herkömmlichen Fußnotenapparat nicht ausreichend, denn: »La variante n'est jamais ponctuelle.«[86] Um alle Textvarianten gleichzeitig sichtbar zu machen, sei der zweidimensionale Buchdruck ungeeignet, lediglich die modernen Mittel der Informatik, die elektronische Datendarbietung, könne die Texte in ihrer »variance« angemessen darstellen.

Die Thesen CERQUIGLINIS sowie weiterer Vertreter der *New Philology* sorgten für eine rege wissenschaftliche Diskussion, die bis heute andauert. In ihrer Polemik gegenüber der traditionellen Editionsphilologie und ihrer Radikalität bezüglich der Verabschiedung von Autor und Werk muss sie sich jedoch Kritik gefallen lassen, die vielerorts bereits deutlich formuliert wurde[87] und hier nur in einigen wichtigen Punkten skizziert sei:[88]

---

[84] Ebd., S. 43.

[85] Ebd., S. 57.

[86] Ebd., S. 111.

[87] Vgl. v. a. KARL STACKMANN: Neue Philologie? In: JOACHIM HEINZLE (Hg.): Modernes Mittelalter. Neue Bilder einer populären Epoche. Frankfurt a. M./Leipzig 1994, S. 398–427. Aus der umfangreichen Literatur seien exemplarisch genannt: INGRID BENNEWITZ: Alte ›Neue‹ Philologie? Zur Tradition eines Diskurses. ZfdPh 116 (Sonderheft 1997), S. 46–61; DIETMAR RIEGER: ›New Philology?‹ Einige kritische Bemerkungen aus der Sicht eines Literaturwissenschaftlers. In: MARTIN-DIETRICH GLESSGEN/FRANZ LEBSANFT (Hgg.): Alte und neue Philologie. Tübingen 1997 (Beihefte zu Editio 8), S. 97–109. WILLIAM D. PADEN (Hg.): The future of the Middle Ages. Medieval literature in the 1990s. Gainesville 1994; JOACHIM HEINZLE u. a. (Hgg.): Neue Wege der Mittelalter-Philologie. Landshuter Kolloquium 1996. Berlin 1998 (Wolfram-Studien, Bd. 15).

[88] Ich beschränke mich in meinen Hinweisen auf Fragestellungen zur mhd. Lyrik. Zu Fragen der Epik vgl. JOACHIM BUMKE: Autor und Werk. Beobachtungen und Über-

1. Dass die heutige Vorstellung von Autor und Werk nicht fraglos auf mittelalterliche Texte appliziert werden kann, ist eine richtige, aber keineswegs neue Erkenntnis: Spezifisch mittelalterliche Überlieferungsverhältnisse, die ihren Ausdruck in anonymem Liedgut, divergierender Autorzuweisung und Mehrfachfassungen haben, beschäftigen die Mediävistik nicht erst seit Beginn der 90er Jahre. Der Vorwurf der *New Philology*, die ›alte‹ Mediävistik stehe bis heute auf dem Stand eines auf das 19. Jahrhundert zurückgehenden, positivistischen Autor- und Werkbegriffs, ignoriert die Ergebnisse mediävistischer Forschung mehrerer Jahrzehnte.[89]
2. Die von der *New Philology* postulierte Notwendigkeit der Verabschiedung des Autorbegriffs wird gerade durch die mittelalterlichen Verhältnisse selbst in Frage gestellt: Selbstnennungen, Bilanzstrophen, Dichterfehden, Literaturexkurse und nicht zuletzt das Autorprinzip zahlreicher Handschriften bezeugen das Vorhandensein eines mittelalterlichen Autorbewusstseins.[90] Die weite Verbreitung anonymer Überlieferung, besonders bei frühen Zeugen wie den Carmina Burana, erschüttert diesen Befund nicht, sondern verweist vielmehr auf ein »Nebeneinander zweier Diskurstypen, einem Diskurs mit Autor und einem Diskurs ohne Autor«.[91]
3. Die Vorstellung einer universellen Varianz lässt sich schwerlich mit den spezifischen mittelalterlichen Überlieferungsverhältnissen in Einklang bringen. Varianz geht immer aus einem Rezeptionsakt hervor, im Verlaufe dessen die der Rezeption zugrunde liegende Textgestalt neu fixiert wird.[92] Diese Rezeptionsergebnisse werden in der Folge zur einzig verfügbaren Quelle, so dass sich im Verlauf der Überlieferung »ein ständiges Rückwirken von Rezep-

---

legungen zur höfischen Epik (ausgehend von der Donaueschinger Parzivalhandschrift Gd.). ZfdPh 116 (Sonderheft 1997), S. 87–114.

[89] Vgl. Stackmann (1994), S. 402, der in diesem Zusammenhang insbesondere auf die Verdienste Tervoorens und Schweikles verweist.

[90] Vgl. hierzu u. a. Stackmann (1994), S. 403f.; Helmut Tervooren: Die Frage nach dem Autor. Authentizitätsprobleme in Mittelhochdeutscher Lyrik. In: Rüdiger Krohn (Hg.): *Dâ hoeret ouch geloube zuo*. Überlieferungs- und Echtheitsfragen zum Minnesang. Beiträge zum Festcolloquium für Günther Schweikle anläßlich seines 65. Geburtstages. Stuttgart/Leipzig 1995, S. 195–204, hier S. 200.

[91] Tervooren (1995), S. 202.

[92] Vgl. Albrecht Hausmann: Reinmar der Alte als Autor. Untersuchungen zur Überlieferung und zur programmatischen Identität. Tübingen/Basel 1999 (Bibliotheca Germanica 40), S. 15: Sich von der Vorlage unterscheidende Rezeptionsergebnisse bedeuten nicht, »daß die daraus entstehende Varianz bewußt oder willkürlich herbeigeführt wurde, weil man den Text für grundsätzlich verfügbar bzw. ›unfest‹ gehalten hätte; es bedeutet lediglich, daß aufgrund bestimmter Umstände verschiedene Rezeptionsmöglichkeiten eines Textes aktualisiert wurden.«

tionsprozessen auf die Textgestalt« ergibt und es zu einem »Verschmelzen von Reproduktion und Rezeption« kommt.[93] Die Unterschiede zwischen Vorlage und Bearbeitung aber stehen damit in einem bestimmten zeitlichen oder räumlichen Verhältnis zueinander. Überlieferungsvarianz muss somit »grundsätzlich als historische Differenz erkannt werden; ihr Begriff kann das Merkmal der Gleichwertigkeit nicht aufnehmen«.[94]

4. Die editorischen Forderungen der *New Philology* stehen ebenfalls im Zeichen einer nicht haltbaren Essentialisierung universeller Varianz. Die Aufgabe des Editors wird dadurch beschränkt auf die bloße Darstellung der Beweglichkeit der Texte. Durch die elektronische Visualisierung textlicher Varianz scheint nicht viel gewonnen, da die tatsächlichen Überlieferungsverhältnisse mittelalterlicher Texte eher verschleiert als offengelegt werden: Die gleichzeitige Darstellung aller Varianten impliziert Synchronie, wo keine herrschen kann.[95] Zudem stellt sich die Frage, wie der Benutzer mit einer solchen ›Edition‹ umzugehen hat, wenn er mit einem Meer von Varianten konfrontiert wird, deren prinzipielle Gleichwertigkeit er nicht hinterfragen soll. Die Antwort der *New Philology* auf die LACHMANNsche Prämisse eines stabilen, eindeutig rekonstruierbaren Originaltextes ist mit der Beschränkung auf eine undifferenzierte Darstellung der *variance* nicht befriedigend gegeben.
5. Aus der Einsicht in die Unmöglichkeit der verbindlichen Rekonstruktion von ›Autorfassungen‹ und ›Autorœuvres‹ folgt noch nicht die endgültige Verabschiedung des Autors. Bei weiten Teilen der Überlieferung ist ein historischer Autor voraussetzbar. Die Frage nach diesem Autor muss jedoch wesentlich vorsichtiger beantwortet werden, als das in der Vergangenheit oft der Fall war. »Wer nach dem Autortext eines in der Volkssprache abgefaßten Werks aus dem Mittelalter fragt, verfälscht damit noch nicht die historische Wahrheit. Er muß nur beachten, daß die Bindung der Überlieferung an den vom Autor herrührenden Text sehr verschieden sein kann.«[96] Die Aufgabe des Editors darf sich deshalb nicht auf die reine Abbildung der Varianz be-

[93] Ebd., S. 16.

[94] FRANZ JOSEF WORSTBROCK: Der Überlieferungsrang der Budapester Minnesang-Fragmente. Zur Historizität mittelalterlicher Textvarianz. In: HEINZLE (1998), S. 114–142, hier S. 129.

[95] Vgl. auch RIEGER, S. 102: »Die Simultaneität aller Textvariationen auf einer Festplatte täuscht leicht über deren zeitliche, kulturelle und räumliche ›différence‹ hinweg, vor deren Hintergrund textliche Variationen erst eigentlich erklärt zu werden vermögen.«

[96] STACKMANN (1994), S. 413. Zum komplexen Verhältnis von Autorschaft und Überlieferung im Mittelalter vgl. grundlegend BURGHART WACHINGER: Autorschaft und Überlieferung. In: WALTER HAUG/BURGHART WACHINGER (Hgg.): Autorentypen. Tübingen 1991 (Fortuna Vitrea 6), S. 1–28.

schränken, sondern liegt in der Auswertung der Varianten als Indikatoren historischer Differenz mit einem erheblichen »Wert für die Bezeugung eines autornahen Textes«.[97]

## 2.3 Möglichkeiten einer Annäherung an den historischen Autor

Trotz des schwierigen Verhältnisses von Autorschaft und Überlieferung scheint es keineswegs angezeigt, vor einer Annäherung an den Autor gänzlich zu kapitulieren. Wie aber kann man beiden Seiten, dem Autor und der Überlieferung, gerecht werden? Dass dies möglich ist, hat ALBRECHT HAUSMANN am Falle Reinmars des Alten[98] gezeigt: An einem historisch relevanten Kernbestand von Liedern untersucht er die programmatische Identität der Texte. Die Vorstellung, die diese beim Leser über ihren Autor evozieren, fasst er in das rezeptionstheoretische Konzept der »Autorkonkretisation«. Aus HAUSMANNS Ansatz lassen sich gewinnbringende Erkenntnisse auch für Neidhart ziehen. Einzelne Handschriften vermitteln unterschiedliche Vorstellungen von einem Autor, da sie unterschiedliche Liedcorpora überliefern. Aufgrund der breiten Überlieferung ist dieser Sachverhalt bei Neidhart besonders offenkundig: Die zahlreichen Überlieferungszeugen präsentieren z.T. stark divergierende Autorbilder, zumal sich der Liedbestand in einigen Fällen – etwa bei den Handschriften B und C – in keinem Fall überschneidet. Dem jeweiligen Autorbild werden dabei gerade in der Neidhart-Überlieferung

> besondere Konturen verliehen [...]. Dieser Sachverhalt scheint darauf hinzuweisen, daß eine Autor-Figur Neidhart keinesfalls erst auf die Legendenbildung des Spätmittelalters zurückzuführen ist, sondern daß bereits relativ früh die Redaktoren bzw. Sammler an Neidhart-Profilen arbeiteten, die sich an einer mehr oder minder festen Vorstellung von einem Autor Neidhart und dessen Liedern orientierten.[99]

Durch solche Vorstellungen werden »Autor-Bilder unterschiedlicher Prägnanz produziert und rezipiert«,[100] die jedoch noch in keinen direkten Zusammenhang

---

[97] Stackmann (1994), S. 420. Zu editorischen Konsequenzen vgl. auch ders.: Varianz der Worte, der Form und des Sinnes. ZfdPh 116 (Sonderheft 1997), S. 131–149. Ders.: Die Edition – Königsweg der Philologie? In: ROLF BERGMANN/KURT GÄRTNER (Hgg.): Methoden und Probleme der Edition mittelalterlicher deutscher Texte. Tübingen 1993 (Beihefte zu Editio 4), S. 1–18.

[98] Vgl. oben Anm. 92.

[99] EDITH WENZEL/HORST WENZEL: Die Handschriften und der Autor – Neidharte oder Neidhart? In: JOHANNES SPICKER u.a. (Hgg.): Edition und Interpretation. Neue Forschungsparadigmen zur mittelhochdeutschen Lyrik. Fs. Helmut Tervooren. Stuttgart 2000, S. 87–102, hier S. 92.

[100] Ebd., S. 98.

mit dem historischen Autor gebracht werden können. Dennoch galt jedes der Liedcorpora zu seiner Zeit – zumindest für den jeweiligen Schreiber – als neidhartisch und muss somit als Ergebnis spezifischer Rezeptionsvorgänge ernst genommen werden. Die einzelnen Handschriften nämlich erzeugen

> bei nachfolgenden Rezipienten – beim Zeitgenossen ebenso wie beim modernen Interpreten – Vorstellungen über ihren ›Autor‹, und sie erweisen sich gerade in ihrem Variantenreichtum als von vorgängigen rezipientenseitigen Vorstellungen über diesen ›Autor‹ beeinflußt. [...] Unter dieser Perspektive ›produziert‹ erst der Text für den Rezipienten den Autor.[101]

Die überlieferten Handschriften zu Neidhart geben also als Rezeptionsergebnisse keine direkte Auskunft über den produzierenden Autor Neidhart, was den Versuch einer vollständigen Rekonstruktion des realen Autors und seines Werkes illusorisch macht. Dennoch stellt sich die Frage, ob der historische Autor tatsächlich völlig hinter einer Fülle einzelner Autorbilder verschwindet und sich unserem Zugriff endgültig entzieht. Betrachtet man die einzelnen Handschriften im Sinne der *New Philology* als gleichwertige Zeugen, so müsste man diese Frage bejahen. Gerade bei der sich über mehrere Jahrhunderte ziehenden Neidhart-Überlieferung wird jedoch deutlich, dass die einzelnen Textzeugen für eine weitestmögliche *Annäherung* an den historischen Autor nicht gleichermaßen aussagekräftig sind: So repräsentieren etwa die Pergamenthandschriften des 13. Jahrhunderts ältere Rezeptionsstufen als die umfangreiche Sammelhandschrift c aus dem 15. Jahrhundert. Die vorliegende Arbeit wird sich deshalb mit jenen Liedcorpora beschäftigen, die schon sehr früh als ›Neidhart‹ rezipiert wurden, und wählt daher die ältesten Hauptzeugen R, C und B.[102] Da sich diese drei Handschriften in ihrem Sommerliedbestand überschneiden, wird eine weitere Differenzierung möglich: Die gemeinsamen Töne nämlich gehen auf eine Überlieferungsstufe zurück, die noch vor diesen Handschriften anzusetzen ist. In dieser Textschicht *RC/RB[103] lässt sich die älteste uns zugängliche Schicht dessen fassen, was im 13. Jahrhundert als ›Neidhart‹ rezipiert wurde. Nicht die Rekonstruktion des Autors selbst ist damit das erste Ziel dieser Arbeit, sondern die Untersuchung dessen, was auf der ältesten erreichbaren Überlieferungsstu-

---

[101] Hausmann, S. 26.

[102] Zu den ältesten Zeugnissen gehören auch die Handschriften M (Carmina Burana) und A (Kleine Heidelberger Liederhandschrift), deren Überlieferung zu den Sommerliedern jedoch rudimentär ist: M überliefert nur eine Strophe zu SL 11 am Ende eines lateinischen Liebesliedes, A bringt lediglich eine Strophe zu SL 9.

[103] Bei *RC/RB handelt es sich nicht um ein Corpus, das als Sammlung vorgelegen hätte, sondern es bezeichnet eben eine durch R und C bzw. durch R und B repräsentierte, ihnen vorausgehende Textschicht.

fe als Neidhart galt. An dieser Größe sollen dann in einem zweiten Schritt die Positionen der verbleibenden Lieder der Handschriften, die ich als Gruppen B, C und R bezeichnen möchte, gemessen werden. Neidhart lässt sich so in der historischen Differenz vierer Überlieferungsstufen beschreiben.[104] Ein solches Herausarbeiten einzelner Autorbilder ist nur möglich über ausführliche Textanalysen, deren Ziel es sein muss, rekurrente Strukturmerkmale – sei es auf formaler, lexikalischer, semantischer oder pragmatischer Ebene – zu bestimmen und im Hinblick auf die sich daraus ergebenden Autorbilder zu deuten.

Auch die Ergebnisse, die die Rekonstruktion der ältesten Überlieferungsschicht bietet, erlauben freilich keinen direkten Zugriff auf den historischen Autor, denn auch diese bleibt eine Rezeptionsstufe, die nicht als authentischer ›Neidhart‹ veranschlagt werden darf. Es scheint mir aber dennoch legitim und sinnvoll zu sein, die Frage nach dem historischen Autor am Ende der vorliegenden Untersuchung zu stellen und damit den Schritt zu wagen von den einzelnen Rezeptionsstufen, den Autorbildern, hin zur Ebene des produzierenden Autors. Damit kann und darf nicht der Anspruch verbunden sein, ein fest umrissenes und vollständiges Autorprofil im Sinne eines ›echten‹ Œuvres zu präsentieren. Gelingt es aber, auf der ältesten Überlieferungsstufe, die doch mehr bietet als die Autorbilder einzelner Handschriften, distinktiv rekurrente und damit invariante Textmerkmale auszumachen, die letztlich einem jeden Rezeptionsvorgang vorausgehen, sollte es möglich sein, anhand dieser die Konturen einer Autoridentität nachzuzeichnen.

## 3. Zur Bestimmung des Untersuchungsgegenstandes

Die vorliegende Arbeit wird sich auf die Sommerlieder beschränken. Dies rechtfertigt sich zum einen aus der oben dargelegten forschungsgeschichtlichen Vernachlässigung des Typus. Zum anderen ist eine solche Beschränkung methodisch legitim, da das gewählte Verfahren durchaus an nur einem der beiden Typen exemplarisch vorgeführt werden kann. Sommer- und Winterlieder sind beide als relativ feste, rekurrente Typen überliefert. Zwar werden sie in den meisten

[104] Vgl. auch E. und H. WENZEL, S. 100: »Eine Möglichkeit wäre, das Oszillieren der textgenerierten Autor-Figuren, die überlieferungsspezifischen ›personae‹ und deren Funktionen im Kontext der Gesamt-Überlieferung zu untersuchen, mit dem Ziel, frühere und spätere Schichten unterscheiden zu lernen. Wir gehen davon aus, daß wir am Ende eines solchen Arbeitsprozesses durchaus die Möglichkeit haben könnten, die unterschiedlichen Autor-Bilder in den einzelnen Überlieferungszeugnissen zu differenzieren und abzugrenzen.«

Handschriften vermischt überliefert, doch den jeweils sehr verschiedenen Anordnungen lassen sich keine spezifischen Beziehungen zwischen ihnen ablesen. Auch inhaltlich bestehen zwischen den Typen keine signifikanten Konnexe, durch die sich der eine nur durch den anderen verstehen ließe: Sommer- und Winterlieder beschreiben jeweils eigene Systeme.[105] Eine Beschränkung auf die Sommerlieder verstößt damit nicht gegen wesentliche Befunde der Überlieferung. Diese sollen daher zunächst für sich befragt werden auf eine eruierbare Neidhart-Identität. In einem zweiten Schritt könnte man dann von diesen Ergebnissen her die Winterlieder einbeziehen und nach Gemeinsamkeiten und Differenzen fragen. Zu welchen Hypothesen sich ein solches Verfahren vortreiben ließe, soll nach dem Durchgang durch die Sommerlieder in einem abschließenden Ausblick auf die Winterlieder erörtert werden.

Im Folgenden werden die beiden Typen über eine kurze Matrix bestimmt, so dass sich der Untersuchungsgegenstand hinsichtlich der genauen Zahl der Sommerlieder im Anschluss genau bestimmen lässt.

## 3.1 Typenbestimmung des Sommerliedes

Eine Bestimmung des Typus hat über die Festlegung jener Merkmale zu erfolgen, welche Sommer- und Winterlied einerseits voneinander, andererseits aber auch vom höfischen Minnesang unterscheiden. Die im Folgenden genannten Merkmale sind für Sommer- bzw. Winterlieder typisch und distinktiv, ohne dass alle immer gleichzeitig realisiert werden müssen.

Sommerlied:

1. Als offensichtliches formales Kriterium erscheint die Bauform: Im Gegensatz zum klassischen Minnesang und zum Winterlied stehen die Sommerlieder nicht in der Kanzonenform, sondern sind unstollig gebaut.
2. Charakteristisches Merkmal der Lieder ist ihr sommerlicher Natureingang.
3. Der oft schon im Natureingang eingeführte Tanz wird im Gegensatz zu den Winterliedern nicht zum Gegenstand der anschließenden Szene, sondern zum ersehnten Ziel, bleibt also futurisch.
4. Die dem Natureingang folgende Gesprächsszene operiert mit bestimmten milieubezogenen Figurenkonstellationen (Dörper).

---

105 Das schließt natürlich nicht aus, dass es zwischen diesen Systemen zu Berührungen kommen kann, wie dies vor allem bei den ›späten‹ Liedern – den Zeitklagen bei den Sommer- und den *werltsüeze*-Liedern bei den Winterliedern – der Fall ist.

Winterlied:

1. Die Bauform der Lieder ist die Kanzone.
2. Die Lieder setzen ein mit einem winterlichen Natureingang.
3. An den Natureingang schließt sich eine Minneklage, die mit topischen Versatzstücken des hohen Minnesangs operiert.
4. In der sich anschließenden Dörperszene schildert der Sänger seine Erlebnisse mit den Dörpern. Die Beschreibung ausgelassener Tänze beschränkt sich dabei auf wenige ›frühe‹ Lieder, während zumeist die Konkurrenz und Übermacht der Dörper im Mittelpunkt steht, die die Erfolglosigkeit des Sängers verursachen.

Die Abwandlung einzelner Merkmale ist bei der Konstanz anderer als Variation zu deuten und schließt das entsprechende Lied nicht aus dem Typus aus. Im Hinblick auf die Sommerlieder kann dies exemplarisch an den beiden Kreuzliedern SLL 11 und 12 verdeutlicht werden, die bisher fast ausschließlich als politische Lieder, aber nicht als Sommerlieder untersucht wurden. Beide Lieder sind 1. unstollig gebaut, setzen 2. mit einem sommerlichen Natureingang ein und thematisieren 3. den sommerlichen Tanz als zukünftiges Ereignis, erfüllen damit immerhin drei der vier distinktiven Sommerliedmerkmale. Eine Analyse dieser Lieder müsste also von der Überlegung geleitet werden, weshalb die sonst typische Gesprächsszene ausbleibt bzw. wodurch sie ersetzt wird.

### 3.2 Die Neidhart-Corpora der Handschriften B, C und R

Im Folgenden sollen die drei der Untersuchung zugrunde liegenden Handschriften B, C und R kurz vorgestellt werden. Die Einführungen sind dabei bereits auf die Zahl und Stellung der Sommerlieder pointiert, so dass der Untersuchungsgegenstand abschließend genau definiert werden kann.[106]

#### 3.2.1 Die Weingartner Liederhandschrift (B)[107]

Die Weingartner Liederhandschrift lässt sich auf Anfang des 14. Jahrhunderts datieren und ist vermutlich in Konstanz entstanden. Die 156 Blätter bzw.

[106] Die aktuellste und ausführlichste Darstellung der großen Lyriksammelhandschriften A, B und C sowie der einzelnen Neidhartcorpora von B, C, R und der übrigen Neidhartzeugen bietet FRANZ-JOSEF HOLZNAGEL (Wege in die Schriftlichkeit. Untersuchungen und Materialien zur Überlieferung der mittelhochdeutschen Lyrik. Tübingen/Basel 1995 [Bibliotheca Germanica 32]), auf den die folgenden Ausführungen wiederholt zurückgreifen.

[107] Zur Beschreibung und Charakterisierung der Handschrift vgl. genauer HOLZNAGEL, S. 121–139.

312 Seiten umfassende Sammelhandschrift enthält überwiegend Minnelyrik. Hinsichtlich ihres Aufbaus ist zwischen einem Grundstock und zeitlich nahe beieinanderliegenden Nachtragsschichten zu unterscheiden.[108] Der Grundstock, der sich aufgrund einer breiten Parallelüberlieferung mit C auf eine gemeinsame Quelle der Stufe *BC zurückführen lässt, umfasst 25 Autorcorpora. Neben kleineren Sammlungen des Donauländischen Minnesangs (z. B. Dietmar von Aist, Albrecht von Johansdorf) liegt der Schwerpunkt der Sammlung auf Reinmar und Walther, aber auch Friedrich von Hausen, Heinrich von Veldeke, Hartmann von Aue und Heinrich von Morungen sind mit zahlreichen Strophen vertreten. Diese ›klassische‹ Ausrichtung ist jedoch auf den Grundstock beschränkt, denn durch die auf unterschiedliche Quellen zurückgehenden Nachtragsschichten wurde »das literarische Programm der Handschrift zum einen erweitert und zum anderen aktualisiert«[109]: Neben der Neidhart-Überlieferung finden sich Corpora von Wolfram, dem Jungen Meißner, die Lehrgedichte Winsbecke und Winsbeckin, der Marienpreis Ps. Gottfrieds von Straßburg und die Minnelehre Johanns von Konstanz. Diese Namen verdeutlichen, dass die Handschrift »eine retrospektive Minnesangssammlung mit einem deutlichen Interesse an zeitgenössischer Literatur«[110] verband.

Das Neidhart-Corpus[111] findet sich ab der 9. Lage der Handschrift. Dabei setzt es, wie bereits das vorhergehende Wolfram-Corpus und alle folgenden Sammlungen, nicht mit der im Grundstock üblichen Überschrift und Autorminiatur ein, sondern mit einer Freiseite. Die Neidhart-Sammlung gehört somit der Nachtragsschicht an und geht wohl auf andere Quellen zurück als der *BC-Grundstock, denn keines der überlieferten Lieder findet sich im Neidhart-Corpus der Handschrift C. Eine andere Quelle ist auch insofern wahrscheinlich, als das hinter *BC erkennbare Sammlerkonzept,[112] das sich in der klassischen Ausrichtung des Grundstocks in B niederschlägt, den Minnesang Reinmarschen Stils favorisierte und an Neidhart kein Interesse gehabt haben dürfte. Innerhalb der Sammlung setzt Holznagel zwei verschiedene Quellen an: Während die Töne B 1–58 auf den Schreiber des Grundstocks zurückgehen, lässt sich ab B 59–82 eine zweite Schreiberhand erkennen, die eine später dazugekommene neue Quelle ausgewertet haben könnte. Über die Quellen selbst lassen sich keine näheren Aussagen treffen.

[108] Holznagel (S. 124f.) macht insgesamt fünf Schreiber aus.
[109] Ebd., S. 138.
[110] Ebd., S. 139.
[111] Vgl. ebd., S. 335–343.
[112] Vgl. ebd., S. 232ff.

Aufgrund der fehlenden Autorsignatur geht HOLZNAGEL von einer Sammelüberlieferung »Neidhart und Neidhartiana«[113] aus, da nicht sicher sei, ob die Strophen »überhaupt als Eigentum Neidharts angesehen wurden«.[114] Das Corpus umfasst nämlich neben Liedern, die in anderen Handschriften Neidhart zugeordnet werden, auch solche, die C Konrad von Kirchberg bzw. Goeli attribuiert. Ich möchte die Sammlung im Folgenden dennoch als ›Neidhart-Corpus‹ bezeichnen, und das aus folgenden Gründen: Die Lieder stehen in einer eigenen Gruppe und sollten, ebenso wie alle folgenden Sammlungen, wohl noch eine Überschrift und Autorminiatur erhalten. Alle vorausgehenden Liedcorpora richten sich nach dem Autorprinzip, so dass wohl auch für diese Sammlung *ein* Autor angenommen wurde. Die Prämisse eines Neidhart-Corpus basiert dabei keineswegs auf der Annahme, dass tatsächlich alle Lieder auf den Autor Neidhart zurückgehen. Entscheidend erscheint vielmehr, dass die Sammlung als Neidhart-Corpus konzipiert war und als solches rezipiert wurde. Für unseren Zusammenhang ist das mögliche Eindringen von Goeli-Liedern in das Neidhart-Corpus sogar besonders interessant, da sie Aufschluss darüber geben, was B als Neidhart definierte: Ob nun Neidhart oder Goeli der Autor war, die Lieder werden in B angesichts der sie umgebenden, eindeutig Neidhart zugeschriebenen Lieder eben diesem zugeschlagen, d. h. nicht als eigenständige Produktion eines anderen Dichters anerkannt. Vermutet man in Goeli tatsächlich einen Nachdichter,[115] so bezeugt die Aufnahme seiner Lieder, dass er inhaltlich mit dem konform geht, was B als ›Neidhart‹ auffasst – anders als in der Handschrift C, in der Goeli ein eigenes Corpus zugeschrieben ist.

Die Handschrift überliefert insgesamt nur zwölf Töne, die allesamt mit einem Natureingang beginnen. Dabei sind die Sommerlieder mit einer Zahl von sieben in der Mehrheit. Der Natureingang bestimmt auch die Anordnung der Töne, da es sich bei B 1–34 um Winterlieder, bei B 35–82[116] um Sommerlieder handelt. Auch innerhalb der Winter- bzw. Sommerliedreihen lässt sich eine redaktionelle Bearbeitung erkennen, da die Lieder durch formale[117], vor allem aber inhaltlich-motivische Kriterien verknüpft sind.[118] Die Winterlieder B 1–11, 12–22 und 23–29 umkreisen die Themenbereiche ›erfolgloser Dienst‹ und ›Konkur-

[113] Ebd., S. 122.

[114] Ebd., S. 338.

[115] Zur Goeli-Problematik werde ich bei der Untersuchung der entsprechenden Lieder nochmals zurückkehren.

[116] Eine Ausnahme stellt lediglich der Ton 47–51 dar.

[117] So weist H. BECKER (1978), S. 25f., die in B durchgängig zu beobachtende Tendenz zum formalen Strophenanschluss nach.

[118] Vgl. auch H. BECKER (1978), S. 24ff.

renz durch die Dörper‹, wobei die Schwerpunkte verschieden gesetzt sind.[119] Die Sommerliedreihe B 35–46 beginnt mit zwei Mutter-Tochter-Dialogen (B 35–41 und B 42–46), während die Lieder (B 47–51,[120]) B 52–58 und B 59–63 ›Streit um die Tanzführung‹ thematisieren. B 64–68 (der sogenannte Fassschwank) und B 69–77 (das Lied vom Rosenkranz) sind jeweils Sängermonologe. Schwerer anzuschließen ist B 78–82, in dem wie bereits in B 35–41 eine tanzlustige Alte zu Wort kommt. Eine Verknüpfung ließe sich über die auch in diesem Lied recht ausgeprägte Sängerrolle erkennen. Schon dieser erste Überblick macht deutlich, dass wir es bei B mit einem kleinen, aber hinsichtlich der Liedtypen sehr heterogenen Corpus zu tun haben.

### 3.2.2 Die Große Heidelberger Liederhandschrift (C)[121]

Die Große Heidelberger Liederhandschrift entstand Anfang des 14. Jahrhunderts in Zürich. Es handelt sich dabei um eine reine Lyriksammlung, die in einem Grundstock und mehreren Nachträgen von insgesamt etwa elf Schreibern 140 Autorcorpora umfasst. Das Konzept der Sammlung zielt darauf ab, das »gesamte Spektrum der volkssprachigen Lyrik von den Anfängen bis um 1300 möglichst umfassend zu dokumentieren«.[122] Dieses Interesse an Vollständigkeit schlägt sich auch im Umfang der rund 6000 Strophen umfassenden Sammlung nieder. Im Vergleich zu A und B bietet C zum einen eine deutlich höhere Anzahl an Autorcorpora – nur 39 der 110 Grundstockautoren sind in A oder B namentlich vertreten. Zum anderen sind die Sammlungen der gemeinsam tradierten Dichter in vielen Fällen wesentlich umfangreicher, so vor allem bei Reinmar, Walther und Neidhart. Die Offenheit des Sammlerinteresses schlägt sich ebenso in der großen Vielfalt verschiedener Liedtypen (z. B. Tagelied, Pastourelle, Leich, Sangspruch, religiöse und didaktische Texte) nieder, die in A und B zum Teil nur peripher überliefert sind. Während der Minnesang der klassischen Zeit gut repräsentiert ist, liegt der Schwerpunkt der Sammlung auf der späteren Minnelyrik. C ist bei einigen bedeutenden Autorcorpora abgesehen von Streuüberlieferung singulärer Überlieferungszeuge (z. B. Gottfried von Neifen, Burkhart von Hohenfels, Ulrich von Winterstetten).

---

[119] So steht die Bedrohung durch die Dörper in B 1–11 im Vordergrund, während B 12–22 vornehmlich Minneklage bzw. Minnelehre ist. B 23–29 vermischt beide Themenfelder, während B 30–34 (C: Konrad von Kirchberg) die Dörperthematik völlig ausblendet.

[120] H. Becker (1978) nimmt an, dass das Winterlied durch den Vers B 47,6 *ich brach blůmen dvrch den tratz* in die Sommerliedgruppe gestellt wurde. Zudem verbinde es die Thematik des Tanzes mit seiner Umgebung (S. 25).

[121] Zur Gesamtanlage von C vgl. Holznagel, S. 140–207.

[122] Ebd., S. 171.

Bei einer so definierten zeitlichen Schwerpunktsetzung überrascht es nicht, dass Neidhart das zweitgrößte Liedcorpus der Sammlung stellt. Es umfasst insgesamt 209 Strophen, die zum Grundstock von C gehören. Da sich keines der Neidhart-Lieder in A oder B findet, muss das Corpus auf Quellen zurückgehen, die »unabhängig von der *AC- und *BC-Tradition im Umlauf waren«.[123] Eine Beschreibung der Neidhart-Sammlung ist der Beschränkung unterworfen, dass die Handschrift zwei Lücken nach den Blättern 274 und 276 aufweist. Über die alte Strophenzählung von Schobinger und Goldast (289 Strophen) lässt sich der beträchtliche Verlust von 80 vollständigen und drei unvollständigen Strophen rekonstruieren. Von drei verlorenen Liedern – allesamt Winterliedern – finden sich einige Verse im Anhang zu Melchior Goldasts 1604 erschienenen »Paraenetici veteri«.[124] Über eine Untersuchung der Goldastschen »Hypomnemata« versucht Lothar Voetz[125] den Textverlust noch genauer zu rekonstruieren, indem er Goldasts Notizen zu den einzelnen Liedern – z. B. Personen- oder Ortsnamen – auf Parallelen zur Neidhart-Überlieferung anderer Handschriften prüft und auf diesem Weg Strophen und Lieder rekonstruiert. Abzüglich der unvollständig überlieferten Lieder (SL 11, SL 14, WL 4) geht Voetz von einem Verlust von insgesamt neun Tönen aus, von denen er nur zwei nicht bestimmen kann.[126] Ist die Textrekonstruktion Voetz' auch mit einigen Fragezeichen zu versehen – wie er im Übrigen selbst zugibt –, so sind ihre Ergebnisse für die vorliegende Arbeit doch insofern von Bedeutung, als sich unter den von Voetz rekonstruierten Liedern keine Sommerlieder befinden. Der Verlust einer großen Zahl von Sommerliedern, der die Aussagekraft der Untersuchungsergebnisse doch einschränken würde, ist somit nicht anzunehmen.

---

[123] Ebd., S. 346.

[124] Paraeneticorum veterum pars I. Insulae 1604. Faksimile hg. von Manfred Zimmermann. Göppingen 1980 (Litterae 64). Vgl. auch Dietrich Boueke: Materialien zur Neidhart-Überlieferung. München 1967 (MTU 16), S. 11. Es handelt sich um die WLL 25, 31 und 36.

[125] Lothar Voetz: Zur Rekonstruktion des Inhalts der verlorenen Blätter im Neidhart-Corpus des Codex Manesse. In: Jens Haustein u. a. (Hgg.): Septuaginta quinque. Fs. Heinz Mettke. Heidelberg 2000, S. 381–408.

[126] Voetz trifft folgende – freilich spekulative – Einteilung: *C 34–36 = SL 11; *C 37–42 (unbekanntes Lied); *C 43–49 = WL 36; *C 50–54 = WL 1; *C 55–63 = WL 31; *C 64–73 = WL 23; *C 74–85 = WL 14; *C 86–93 (unbekanntes Lied); *C 150–153 = SL 14; *C 154–160 = WL 25; *C 161–166 = c 47 (?); *C 167–172 = WL 4.

Ironischerweise liegt der Verdacht nahe, dass gerade Goldast, der uns die einzigen Hinweise auf die Art der verlorenen Lieder gibt, selbst für das Verschwinden der Blätter verantwortlich ist, da er »für seine notorischen Bücherdiebstähle« bekannt war (Holznagel, S. 345 Anm. 63).

Die 209 überlieferten Strophen verteilen sich auf insgesamt 41 Töne, die sich in 14 Lieder mit winterlichem, 16 Lieder mit sommerlichem und 10 Lieder ohne Natureingang gliedern. Bei einem Ton (C 93) ist aufgrund der fragmentarischen Überlieferung keine Zuweisung möglich. Lassen sich einige der zehn Lieder ohne Natureingang noch einem der beiden Typen zuordnen, so finden sich andere, die sich einer Zugehörigkeit völlig entziehen: eine Minnekanzone mit Frauenpreis (C 20–22), ein Lied über das Ballspiel im Freien (C 189–191), ein politisches Reiselied (C 192–194 / ›WL‹ 37) und drei derb-erotische Lieder (C 195–197, 198–200, 201–205) außerhalb einer Sommer- oder Winterliedthematik. Aussagen über Anordnungsgrundsätze sind schon aufgrund des bereits erwähnten Blattverlustes schwierig. Die erhaltenen Töne lassen keine Ordnungskriterien, wie etwa die Trennung von Sommer- und Winterliedern oder Übereinstimmungen inhaltlicher Art, erkennen. Eine Gruppenbildung deutet sich allenfalls darin an, dass die Lieder C 189–212 eine Reihe ohne Natureingang bilden.[127]

Für den Typus Sommerlied lassen sich insgesamt 18 Lieder veranschlagen. Wie in R ist dabei der Mutter-Tochter-Dialog am häufigsten vertreten (C 100–108, 109–116, 206–209, 210–212, 222–226, 232–236, 260[a]–265, 266–271, 276–279, 280–284). Es folgen die Gespielinnengespräche (C 146–150, 173–181, 255–257) und Sängermonologe (C 237–239, 245–248, 258–260), darunter zwei Kreuzlieder (C 26–33, 217–221).

### 3.2.3 Die Riedegger Handschrift (R)[128]

Die Riedegger Handschrift ist Ende des 13. Jahrhunderts in Niederösterreich entstanden. Es handelt sich um den ältesten der hier untersuchten Textzeugen,[129] der der Entstehung der Lieder Neidharts auch örtlich am nächsten steht. Im Gegensatz zu den großen Lyrikhandschriften A, B und C haben wir es mit einer Sammelhandschrift epischer und lyrischer Texte zu tun: Das Neidhart-Corpus steht an dritter Stelle nach Hartmanns »Iwein« und Strickers »Pfaffe Amîs«. Die beiden Heldenepen »Dietrichs Flucht« und »Die Rabenschlacht« schließen die Sammlung ab. Der gesamte Codex wurde von einem einzigen Schreiber verfertigt, dessen hohe Professionalität auf einen Berufsschreiber

---

[127] Vgl. HOLZNAGEL, S. 347.

[128] Eine detaillierte Handschriftenbeschreibung findet sich bei HOLZNAGEL, S. 285–309.

[129] Ältester Textzeuge sind die Carmina Burana, die sich auf die Zeit um 1230 datieren lassen (vgl. HOLZNAGEL, S. 313ff.). Vgl. oben Anm. 102.

schließen lässt.[130] Über Auftraggeber und mögliche politische Implikationen der Handschrift lassen sich keine gesicherten Aussagen treffen. Bei einem die Sammlung abschließenden Blatt, das die niederösterreichischen Ministerialen Otto von Hakenberg und Albero von Kuenring nennt, handelt es sich wohl nicht um eine Widmung,[131] sondern lediglich um eine Federprobe.[132] HOLZNAGEL betont zudem, dass der Eintrag keine sicheren Rückschlüsse auf Besitzer oder Auftraggeber zulässt, da sein Verwendungszweck nicht mehr nachvollziehbar sei und sich zudem auch an anderen Stellen der Handschrift Namenseinträge fänden.[133] PETER JÖRG BECKER[134] und BENNEWITZ-BEHR[135] deuten diesen Eintrag dennoch als Indiz für ihre These, der Riedegger Codex repräsentiere die literarischen und politischen Interessen im Umkreis der Hakenberger und Kuenringer, was sich im Inhalt und in der Zusammenstellung der Texte manifestiere: Die Sammlung als ganze thematisiere »die Darstellung und Diskussion von Herrschaftsmodellen, deren unterschiedliche Realisierung und die daraus resultierenden Konsequenzen für die Betroffenen – dies immer unter dem Blickwinkel der laudatio temporis acti«.[136] Am Neidhart-Corpus versucht BENNEWITZ-BEHR die programmatische, gegen den Landesfürsten Friedrich den Streitbaren zielende Ausrichtung der Sammlung zu präzisieren.[137] Ihre Thesen bleiben jedoch hypothetisch, zumal die erkennbaren »politischen Reflexe wohl kaum ein solches Gewicht [hatten], daß sie die Neidhart-Sammlung

---

[130] Vgl. KARIN SCHNEIDER: Gotische Schriften in deutscher Sprache. Bd. 1: Vom späten 12. Jahrhundert bis um 1300. Wiesbaden 1987, S. 226f.: Die Annahme eines Berufsschreibers erlangt SCHNEIDER über eine ausführliche Analyse der Schrift. HOLZNAGEL (S. 288) verweist zudem auf den Aufbau des Codex aus zwei unabhängig voneinander entstandenen und erst nachträglich zusammengebunden Teilen, die möglicherweise bereits im Vorhinein »auf Vorrat abgeschrieben und evtl. erst auf Bestellung [...] zusammengefügt« wurden, was auf »eine professionell organisierte Abschreibetätigkeit und vielleicht sogar auf die Anfänge eines geschäftsmäßigen Vertriebes von deutschsprachigen literarischen Handschriften hinweisen könnte«.

[131] FRANZ PFEIFFER: Zwei ungedruckte Minnelieder. In: Germania 12 (1867), S. 49–55, hier S. 54.

[132] Vgl. PETER JÖRG BECKER: Handschriften und Frühdrucke mittelhochdeutscher Epen. Eneide, Tristrant, Tristan, Erec, Iwein, Parzival, Willehalm, Jüngerer Titurel, Nibelungenlied und ihre Reproduktion und Rezeption im späteren Mittelalter und in der frühen Neuzeit. Wiesbaden 1977, S. 57f.

[133] Zur Problematik ausführlich HOLZNAGEL, S. 290ff.

[134] P. J. BECKER, S. 58.

[135] BENNEWITZ-BEHR (1987), S. 297ff.

[136] Ebd., S. 298.

[137] Auf BENNEWITZ-BEHRS Ausführungen wird im Rahmen der Untersuchung der Zeitklagen (SLL 27–29) zurückzukommen sein.

tendenzhaft prägten«.[138] Zum anderen ist überhaupt fraglich, ob die von BENNEWITZ-BEHR postulierte Bedeutung von Herrschaftsmodellen als »Leitlinie zur Herstellung eines deutschsprachigen Sammelkodex [...] den Sammelkonditionen der Zeit um 1300« entspricht.[139] So führt HOLZNAGEL die Textzusammenstellung des Riedegger Codex weniger auf ein politisches als auf ein literarisches Interesse zurück: »Offenbar handelte es sich bei den Bestellern um hervorragende Literaturkenner, die bemüht waren, einen repräsentativen Querschnitt durch einen geschätzten literarischen Kanon zu erhalten.«[140]

Der Neidhart-Teil der Handschrift R umfasst 363 Strophen und 20 Nachtragsstrophen, die zusammen 56 Töne bilden. Die Sommerlieder sind mit einer Zahl von 22 gegenüber 34 Winterliedern in der Minderheit. Bei der Anordnung der Töne sind Gruppenbildungen von Sommer- und Winterliedern zu erkennen, daneben finden sich jedoch auch gemischte Gruppen. BENNEWITZ-BEHR versucht in einer ausführlichen Analyse, ein Ordnungsprinzip hinter der Tonfolge nachzuweisen. Während sie aber bei einzelnen Passagen Ordnungskriterien wie motivische, personelle oder lokale Übereinstimmungen durchaus plausibel herausarbeitet, lässt sich die Anordnung anderer Untergruppen »nur mit Mühe und unter Zuhilfenahme sehr vieler und z.T. divergierender Grundsätze erklären«.[141] Eine einleuchtende Lösung bieten die Beobachtungen HOLZNAGELS, der das Fehlen eines einheitlichen Ordnungsgrundsatzes darauf zurückführt, dass die Sammlung in mehreren Arbeitsschritten zusammengetragen wurde: Aufgrund unterschiedlicher Tintenfärbung, einer Veränderung des Schreibduktus und der Setzung der Reimpunkte kann HOLZNAGEL mindestens drei Abschnitte und damit mindestens drei Vorlagen für die Neidhartsammlung

---

138 SCHULZE (1991), S. 148.

139 Ebd., S. 148.

140 HOLZNAGEL, S. 293. Den Überlieferungsverbund Neidharts mit dem Schwankroman Strickers versucht HOLZNAGEL durch die gemeinsame »Tendenz zur Episierung und Konkretisierung« sowie die »Kombination von Komik und Gewalt« zu erklären, während die »grotesken Kampfhandlungen« eine Brücke zu den Heldenepen schlügen. Vgl. auch TITZMANN, S. 484: »Mit den verschiedenen epischen Typen verbindet ihn [Neidhart] das erzählende Moment seiner Lyrik, wobei sich vielleicht eine Gattungsaffinität zum Stricker andeutet, die den späteren Übergang von Lyrik zu Schwank in der N-Tradition ermöglicht.«

141 HOLZNAGEL, S. 304. Eine ausführliche Auseinandersetzung mit den Thesen BENNEWITZ-BEHRS ist im Rahmen der hier verfolgten Fragestellung nicht angebracht, da die aufgestellten Ordnungsgrundsätze nicht ohne eine ausführliche Untersuchung auch der Winterlieder diskutiert werden können. Verwiesen sei deshalb auf HOLZNAGEL, S. 301–305, und die Rezension von SCHULZE (1991), hier S. 144–148, die sich beide kritisch mit BENNEWITZ-BEHRS Thesen beschäftigen.

ausmachen.[142] Diese Erkenntnis legt nahe, dass die »passagenweise durchaus erkennbaren Ansätze einer sinnvollen Liedfolge auf die Anordnung der Töne in den Kleinsammlungen zurückgehen dürften, die der Schreiber von R bei seiner Tätigkeit benutzte«.[143]

Obwohl die Sommerlieder gegenüber den Winterliedern deutlich in der Minderheit sind, überliefert R im Vergleich zu allen anderen Pergamenthandschriften die größte Zahl. Am häufigsten vertreten sind die Mutter-Tochter-Dialoge (R 9, 22, 23, 25, 50, 51, 53, 56), es folgen die Gespielinnengespräche (R 10[144], 11, 15, 48, 54, 58) bzw. Mädchenmonologe (R 14/49, 57). Unter den Sängermonologen finden sich ein Lied dörperlichen Inhalts (R 52), zwei Kreuzlieder (R 12, 19), zwei Zeitklagen (R 8, 55) und eine Minneklage (R 37). R bietet damit nicht nur die meisten Sommerlieder, sondern ein besonders breites Spektrum an Liedtypen.[145] Lediglich das Schwanklied und Lieder derb-erotischen Inhaltes sind nicht vertreten.[146]

### 3.3 Textgrundlage der Untersuchung

Mit der Beschränkung auf die Handschriften B, C und R und der Anwendung der unter 3.1 vorgenommenen Typenbestimmung ergibt sich als Untersuchungsgegenstand der vorliegenden Arbeit eine Anzahl von 47 Sommerliedern, die in vier Gruppen untersucht werden sollen:

1. Der Überlieferungskern *RC/RB besteht aus insgesamt acht Liedern: Der Sommerliedbestand von R und C überschneidet sich in sieben Fällen. Dabei handelt es sich um die SLL 11 (R 12/C 26–33), 12 (R 19/C 217–221), 14 (R 15/C 146–150), 18 (R 56/C 276–279), 21 (R 51/C 109–116), 23 (R 53/C 100–108) und 24 (R 57/C 173–181). Mit dem in B und R überlieferten SL 17 (R 50/B 35–41) tritt ein weiterer Text hinzu.
2. Für die Untersuchung der Gruppe B verbleiben sechs Lieder: B 42–46, 52–58, 59–63, 64–68, 69–77 und 78–82. Keines der Lieder ist in der ATB-Ausgabe enthalten.

---

[142] Vgl. Holznagel, S. 294ff.: I: R 1–37 (dunkle Tinte); II: R 38,1–39,4 (rötlich-braune Tinte); III: R 39,5–R 58 (dunkle Tinte).

[143] Ebd., S. 304. Die These, die Anordnung der Töne gehe auf die entsprechenden Vorlagen zurück, wird durch den Befund gestützt, dass sich Abschnitt III aus einer Winterlied- (bis R 47) und einer Sommerliedreihe (R 48–58) zusammensetzt. »Sollte dieser Abschnitt auf eine selbständige Vorlage zurückgehen, dann hätte diese Quelle die Töne wie die spätere Handschrift c konsequent nach dem Natureingang angeordnet« (S. 305).

[144] R 10 (SL 28) überschneidet sich mit den Zeitklagen.

[145] Einen Überblick über die neidhartschen Liedtypen geben Schweikle (1990), S. 69–97, und Holznagel, S. 427f.

[146] Diese Beobachtung wird durch einen Blick auf die Winterlieder bestätigt: Neben solchen mit Dörperthematik finden sich auch *werltsüeze*-Lieder bzw. Altersklagen.

3. Die Gruppe C setzt sich aus elf Liedern zusammen, von denen acht in der ATB-Ausgabe zu finden sind: C 206–209, SL 1 (C 210–212), SL 2 (C 222–226), C 232–236, SL 3 (C 237–239), SL 4 (C 245–247.247ª.248), C 255–257, SL 5 (C 258–260), SL 6 (C 260ª–265), SL 7 (C 266–271), SL 8 (C 280–284).
4. Die verbleibende Gruppe R umfasst 14 Lieder, die allesamt in ATB enthalten sind: SLL 9 (R 9), 10 (R 11), 13 (R 49/14), 15 (R 22), 16 (R 23), 19 (R 25), 20 (R 48), 22 (R 52), 25 (R 58), 26 (R 54), 27 (R 8), 28 (R 10), 29 (R 55) und 30 (R 37).

Mangels einer überlieferungsgeschichtlich differenzierten Neidhart-Ausgabe[147] musste für die Texterstellung auf folgende diplomatische Abdrücke und Faksimiles zurückgegriffen werden:

1. Abbildungen zur Neidhart-Überlieferung I: Die Berliner Neidhart-Handschrift R und die Pergamentfragmente Cb, K, O und M. Hg. von Gerd Fritz. Göppingen 1973 (Litterae 11).
2. Die große Heidelberger Liederhandschrift (Codex Manesse). In getreuem Textabdruck. Hg. von Fridrich Pfaff. Heidelberg 1909. 2. verbesserte u. ergänzte Auflage hg. von Hellmut Salowsky. Heidelberg 1984.
3. Die Weingartner Liederhandschrift. Hg. von Franz Pfeiffer und Ferdinand Fellner. Stuttgart 1843 (Nachdruck Hildesheim 1966).
4. Die Weingartner Liederhandschrift. Transkription bearbeitet von Otfrid Ehrismann. Stuttgart 1969.

Die Hs. R wird buchstabengetreu nach der Faksimile-Ausgabe zitiert, nicht aber in strikt diplomatischer Wiedergabe. Der Text wird in Versen gemäß dem erkennbaren Strophenbau angeordnet. Die Abweichungen von der Handschrift, die regelmäßig vorgenommen wurden, berühren nicht ihren Wortlaut.

Folgende graphemische Eingriffe wurden bei der Wiedergabe des Textes des Faksimiles sowie der diplomatischen Abdrucke vorgenommen: Auflösung von Nasalstrichen und Abkürzungen, die den Usus der Zeit nicht überschreiten; Wiedergabe von *vn* durch *vnd*; Wiedergabe des Schaft-*ſ* durch rundes *s*; Großschreibung der Eigennamen, die bald groß, bald klein geschrieben sind; höher gestellte Buchstaben – nicht die übergeschriebenen *e*, *i*, *o*, *u*, *v* – sind auf die Zeile gesetzt; Einfügung moderner syntaktischer Interpunktion.

[147] Auf einen ursprünglich geplanten Anhang wurde im Hinblick auf die oben bereits erwähnte und in allernächster Zeit zu erwartende Ausgabe des Salzburger Neidhart-Projekts verzichtet. Auf diese sei der Leser zur erleichternden Gegenlektüre der folgenden Interpretationen verwiesen.

# II. DIE SOMMERLIEDER DES ÜBERLIEFERUNGSKERNS *RC/RB

Der erste Teil der Untersuchung widmet sich den Sommerliedern des Überlieferungskerns *RC/RB. Der Sommerliedbestand der Handschriften R und C überschneidet sich in sieben Fällen. Es handelt sich dabei um die SLL 11 (R 12/C 26–33), 12 (R 19/C 217–221), 14 (R 15/C 146–150), 18 (R 56/C 276–279), 21 (R 51/C 109–116), 23 (R 53/C 100–108) und 24 (R 57/C 173–181). Dazu tritt mit SL 17 (R 50/B 35–41) ein Lied der Schicht *RB. Zwischen den Handschriften B und C ergeben sich keine Überschneidungen, so dass wir insgesamt auf eine Zahl von acht Liedern kommen.

Im Folgenden sollen über das Aufdecken rekurrenter Merkmale poetologische Konstanten der Texte bestimmt werden. Dabei werden die beiden Schichten des Überlieferungskerns, *RC und *RB, zunächst in zwei Abschnitten untersucht, da sich nicht a priori behaupten lässt, dass beiden derselbe Merkmalssatz zugrunde liegt. Begonnen wird mit *RC. Bei der gewählten Anordnung der Lieder handelt es sich um eine interpretatorische Reihung, die sich nicht an der Reihenfolge der Lieder in den Handschriften orientiert. Als Ausgangspunkt der Untersuchung bietet sich SL 24 (R 57/C 173–181) an, das sowohl im Hinblick auf die Figurenrede als auch inhaltlich den typologisch einfachsten Fall darstellt. Vor der Folie dieses Liedes lassen sich dann die Differenzierungen der übrigen Gesprächslieder SL 14 (R 15/C 146–150), SL 21 (R 51/C 109–116) und SL 23 (R 53/C 100–108) beschreiben. In einem weiteren Schritt werden die inhaltlich deutlich divergierenden Kreuzlieder SL 11 (R 12/C 26–33) und SL 12 (R 19/C 217–221) analysiert. Das Hinzutreten einer völlig neuen Thematik, die auf eine Gattungsinterferenz von Sommer- und Kreuzlied hinausläuft, verspricht interessante Erkenntnisse hinsichtlich der poetologischen Struktur der Lieder. Die abschließende Untersuchung von SL 17 (R 50/B 35–41) wird zeigen, ob sich die beiden Schichten *RC und *RB bezüglich ihres Merkmalssatzes zusammenfassen lassen.

Da die Lieder des Überlieferungskerns jeweils in zwei Handschriften – R und C bzw. R und B – überliefert sind, ist es notwendig, Unterschiede zwischen den Fassungen im Hinblick auf eine poetologische Deutung der Lieder zu berücksichtigen. Analysiert wird zunächst die R-Fassung, die hinsichtlich Strophenzahl und Strophenfolge – in C sind zwei Lieder (SLL 14 und 11) vom eingetretenen

Textverlust betroffen – der verlässlichste Zeuge ist. Besonders bei den SLL 24, 23, 11, 12 und 17 ist es aufgrund verschiedener Varianten in Wortlaut, Strophenzahl und Strophenfolge nötig, nach einer Analyse der R-Fassung einen ausführlichen Blick auf Unterschiede der Fassungen C bzw. B zu werfen. Bei den SLL 14, 18 und 21 wird auf sinntragende Varianten im Fußnotenapparat eingegangen.

## 1. Die Überlieferungsschicht *RC

### 1.1 Die Gesprächslieder

#### 1.1.1 Sommerlied 24 (R 57/C 173–181)

SL 24 setzt ein mit einem drei Strophen umfassenden Natureingang[1], in dem der Sprecher die Ankunft des Sommers verkündet und preist: Im Wald erklingt der Gesang der Vögel (I,1–3)[2], die Linde steht in neuem Laubkleid (II,3–7) und es blühen Blumen, die mit Tau benetzt sind (III,1f.). Die Beschreibung des Vogelsangs impliziert einen Rückblick auf die leidvolle Zeit des Winters, wenn es heißt: *di habent ir trovren v̊f gigeben. / mit vrevden leben / den mayen!* (I,4–6). Das winterliche *leit* wird kontrastiert mit der sommerlichen *vreude*, dem Zentralbegriff des Natureingangs, die ebenso die Stimmung der Menschen bestimmt: *So hebet / sich an der strazze vrevde von den chinden* (II,1f.).

Obwohl der Natureingang mit drei Strophen recht lang ist, werden verhältnismäßig wenige Naturmotive genannt. Dies lässt sich vornehmlich darauf zurückführen, dass sich die Rolle des Sprechers nicht auf die Deskription des jahreszeitlichen Wandels beschränkt, sondern erweitert ist: In zahlreichen Appellen wendet er sich an *megede*, die aufgefordert werden, Paare zu bilden (I,7: [...] *ir schvlt ivch zwæien*), sich hübsch zu kleiden (III,4: *ir ziret wol den iwern lip*) und zu tanzen (III,5–7: *ir ivngiv wip / svlt reyen / gegen disem svzzen meyen*), um den Mai zu feiern (II,7: *ir habt den mayen holden*). Der Sänger fordert die Mädchen damit auf, die allgegenwärtige *vreude* im Rahmen eines gemeinschaftlichen Tanzes zu feiern. Mit der Aussage *wir svln den svmer chiesen bi der*

---

[1] Aufgrund der wesentlichen Bedeutung des Natureingangs bei Neidhart ist es nötig, dazu einige generelle Überlegungen anzustellen. Dies soll nach der Analyse der SLL 24 und 14 in einem kurzen Exkurs geschehen, nachdem die wesentlichen Kennzeichen des typisch neidhartschen Natureinganges an diesen beiden Texten exemplarisch bestimmt worden sind.

[2] Die Verszählung folgt WIESSNER/SAPPLER (W/S), die Nummerierung der Strophen der Reihenfolge in R. Falls WIESSNER/SAPPLER von dieser abweicht, wird dies eigens vermerkt.

*linden* (II,3) determiniert der Sprecher nicht nur den Treffpunkt dieses freudvollen Treibens, sondern suggeriert auch seine eigene Teilnahme.

Die Appelle des Sängers machen indes deutlich, dass mit der neu erblühten Natur nicht nur die Lebensfreude, sondern auch die Liebeslust des Menschen wieder erwacht ist. Dabei ist es vor allem das Motiv des Tanzes, das über sich selbst hinausweist und auch eine sexuelle Partnerschaft suggeriert, wie es die Begriffe *zwæien* (I,7) und *niht vngesellet* (III,3) implizieren. In deutlicher Beziehung dazu steht zum einen die Betonung der Körperlichkeit, die durch die Aufforderung *ir ziret wol den iwern lip* (III,4) erfolgt. Zum anderen werden die erotischen Konnotationen der Sängerappelle durch das Motiv des die Wiesen benetzenden Taus verstärkt, der sowohl in literarischer Tradition[3] als auch im deutschen Volksglauben[4] als Fruchtbarkeitssymbol fungiert. Der Natureingang ist somit bifunktional: Neben die Jahreszeitenansage tritt der Appell des Sängers, gemeinsam an der Feier der Natur teilzunehmen und die vom Sommer ausgelöste, naturhaft-sinnlich geprägte *vreude* im Rahmen des Tanzes auszuleben.

Die nächste Strophe setzt mit einem Sprecherwechsel ein, der durch eine inquit-Formel deutlich markiert ist (IV,3). Die zwei Strophen umfassende Rede eines Mädchens namens Uodelhilt zeichnet sich durch eine wiederholte Bezugnahme auf den Natureingang aus: Ihr Wunsch, mit einem Partner am Tanz teilzunehmen (IV,5–7: *an siner hant / ich sprvnge, / daz im sin hælz erchlvnge*), nimmt den unmittelbar vorausgehenden Appell des Sängers auf. Dass auch Uodelhilts Vorstellung von diesem *reyen* im Zeichen des naturhaft-sinnlichen *vreude*-Programms steht, wird deutlich, wenn das Mädchen hinsichtlich seines Partners den Wunsch äußert: *Swi hold / im daz hertze min vor allen mannen wære / [...] /, der mir lost div miniv bant!* (IV,1–4). Wird die Beschaffenheit dieser Bänder im Folgenden nicht näher spezifiziert – es könnte sich dabei um »ins Haar geflochtene Bänder«[5] handeln, die der Tanzpartner lösen soll – so impliziert das Lösen derselben doch das Verlangen nach Ungebundenheit, Befreiung und Sprengung jeglicher Fesseln. Zu denken wäre hier insbesondere an gesellschaftliche Einschränkungen, wie sie durch die *huote* verkörpert werden,[6] die jedoch nicht explizit angesprochen wird. Auf jeden Fall verleiht das Mädchen seinem uneingeschränkten Streben nach *vreude* Nachdruck.

[3] Vgl. Bruno Fritsch (Die erotischen Motive in den Liedern Neidharts. Göppingen 1976 [GAG 189], S. 43f.), der vor allem auf die antiken Schriften Plutarchs und Plinius' d. Ä. verweist, aber auch auf die »metaphorische Verwendung des Taus in der Liebesdichtung« im Hohelied.

[4] V. Stegemann, Art. »Tau«. In: Handwörterbuch des deutschen Aberglaubens. Hg. von Hanns Bächtold-Stäubli. Berlin/Leipzig 1927ff., Bd. 8, Sp. 683–93, hier Sp. 683.

[5] Janssen, S. 88.

Die Interrelation von Sänger- und Mädchenrede zeigt sich in der folgenden Strophe noch deutlicher: Wieder bezieht sich Uodelhilt auf den Tanz und zusätzlich auf die Aufforderung, sich dafür schön herzurichten: *Min har / an dem ræyen solt mit siden sin bewnden* (V,1f.). Dieser Schmuck ist für einen ganz bestimmten Partner intendiert, nämlich für denjenigen, der sie *zallen stvnden / wnschet hinze Riwental* (V,3f.). Der Schluss liegt nahe, dass es sich hierbei um eben jenen Partner handelt, von dem das Mädchen in IV spricht. Während seine Person durch das Ausbleiben einer Namensnennung seltsam verschleiert bleibt, betont Uodelhilt ihre bedingungslose Liebe zu ihm: *ich minn in, daz ist unwende* (V,7).

Das unverhohlene Bekenntnis zum geheimnisvollen Partner aus Reuental verdeutlicht den Willen des Mädchens, ungeachtet aller möglichen Hindernisse am Tanz teilzunehmen. Seine Offenheit und implizite sexuelle Bereitschaft steht in scharfem Kontrast zur höfischen *vrouwe*. Um so ungewöhnlicher ist es, dass das Mädchen bei seiner ersten Erwähnung mit dem Attribut *vnwandelwere* (IV,3) eingeführt wird, ein Adjektiv, das eine Kardinaltugend des hohen Minnesangs aufruft, die *staete*.[7] Daraus resultiert ein seltsames Spannungsverhältnis, da *staete* im Gegensatz zu jener Liebesbeziehung steht, die sich im Lied abzeichnet: Die Begegnung des Mädchens mit dem Reuentaler steht im Rahmen eines erotisch konnotierten Tanzes. Die Verbindung der beiden ist also einerseits auf ein sexuelles Abenteuer angelegt, soll aber zugleich ein *triuwe*-Verhältnis im Sinne des hohen Minnesangs sein, das den Partnern das Attribut der *staete* zuweisen und die Bezeichnung *vnwandelwere* rechtfertigen würde.[8]

---

[6] So auch JANSSEN, S. 89.

[7] Vgl. etwa Hartmann von Aue, MFMT 206,1–4: *Sî hât mich nâch wâne unrehte erkant, / dô si mich von êrste dienen liez. / dur daz si mich sô wandelbaeren vant, / mîn wandel und ir wîsheit mich verstiez* (Des Minnesangs Frühling. Unter Benutzung der Ausgaben von KARL LACHMANN und MORIZ HAUPT, FRIEDRICH VOGT und CARL VON KRAUS bearbeitet von HUGO MOSER und HELMUT TERVOOREN. 38., erneut revidierte Auflage. Stuttgart 1988).

[8] Vgl. GAIER, S. 45. GAIER sieht in der Bezeichnung *vnwandelwere* ebenfalls eine Diskrepanz, begründet dies jedoch anders. Die Verse IV,1–4 interpretiert er dahingehend, dass das Mädchen seine Zuneigung willkürlich jedem entgegenbringe, der ihm die Gefälligkeit des Lösens der *bant* erweise. Diese Willkür steht für GAIER im Gegensatz zu der Aussage des Mädchens, den Reuentaler unverwandt zu lieben. Das Mädchen wird für ihn zur »Dirne«, und den Ausdruck *unwandelwere* interpretiert er als »ironische[n] Widerspruch«. Diese Interpretation ist nicht schlüssig, da der Reuentaler wohl von Anfang an Zielpunkt Uodelhilts ist und auch derjenige sein soll, der sie von den *bant* befreit. Gaier sieht nicht, dass der Widerspruch auf einer anderen Ebene liegt: Die Zuschreibung des Begriffs *unwandelwere* an das Mädchen geschieht in einer inquit-Formel durch den Sänger

In den letzten beiden Strophen[9] fallen nochmals typische Elemente des Natureingangs (Bäume, Wiese, Vogelsang, grünende Heide), deren positive Wirkung auf die Menschen betont wird (VI,3f.: *des wirt vil senedem hertzen ir gemv̊te / gehohet gein des mayen zit;* VI,7: *min trovren deist zergangen*). Die Stellung dieser Strophen ist jedoch nicht ganz unproblematisch. Zwar lassen sie sich ohne Weiteres dem Mädchen zuordnen, das die vom Sänger eingangs ausgerufene *vreude*-Stimmung abschließend wieder aufnehmen und bestätigen würde. Dem Pronomen *si* aus der Schlussstrophe (VII,3) fehlt bei dieser Reihenfolge jedoch ein Bezugswort, das sich eigentlich nur in den *voglin* aus der ersten Strophe finden lässt. Merkwürdig erscheint auch die Stellung typischer Natur*eingangs*strophen am Liedende, so dass sich bei R VI und R VII auch an nachgetragene Strophen einer anderen Liedfassung denken ließe.[10] Die Ergebnisse der Gesamtinterpretation des Liedes werden durch diese Unsicherheiten jedoch nicht berührt, da die Strophen die *vreude*-Thematik bestätigen, ohne etwas Neues zu bringen.

SL 24 präsentiert sich somit in R als konfliktfreies Lied, das durch den Naturpreis und *vreude*-Appell des Sängers eingeleitet wird. Die darauf folgende Rede eines Mädchens lässt sich als positive Resonanz auf die Eingangsstrophen lesen: Es will der Aufforderung des Sängers nachkommen und geschmückt am Tanz unter der Linde teilnehmen, der von Sänger und Mädchen als erwartetes zukünftiges Ereignis mehrfach erwähnt wird. Dadurch wird ein konkreter Raumentwurf deutlich: Der Tanz bildet einen futurischen Hintergrund, den Zielpunkt, auf den hin das Geschehen perspektiviert wird. Der Mädchenmonolog steht im Vorfeld zu diesem künftig bleibenden Hintergrund und bildet somit den gegenwärtig-szenischen Vordergrund. Als erklärtes Liebesziel Uodelhilts erscheint in der fünften Strophe ein geheimnisvoll umschriebener Partner aus Reuental, wobei das Verhältnis der beiden konfliktfrei und ungebrochen dargestellt wird. Nur durch die Nennung der nicht näher spezifizierten *bant* und den kontextuell inkongruenten Ausdruck *vnwandelwere* deutet sich ein Konflikt an.

Aufgrund der stark divergierenden Überlieferungslage darf ein genauerer Blick auf die C-Fassung des Liedes (C 173–181) an dieser Stelle nicht ausbleiben. C

selbst und ist damit als List desselben zu deuten: Er zitiert aus dem hohen Minnesang eine an sich inkongruente Wertzuschreibung an die Umworbene herbei, um die Dörperin scheinbar in den Stand einer höfischen Minnedame zu erheben – dies jedoch nur vor dem Tanz und dem Werbungserfolg.

[9] VI und VII entsprechen den Strophen Va und Vc bei Wiessner/Sappler.

[10] In der c-Fassung des Liedes sind die beiden Strophen als c II und c III zwischen die beiden Eingangsstrophen aus R eingeschoben und damit Teil des Natureingangs.

überliefert zwei zusätzliche Strophen, die zwei weiteren Sprecherinnen in den Mund gelegt sind. Die Reden der drei Sprecherinnen sind jedoch nicht zum Dialog verbunden. Da sich weitere Kohärenzbrüche finden, kann man auf eine verwirrte Strophenfolge schließen: Im nur einstrophigen Natureingang (C 173 = R III) wendet sich der Sänger appellativ an die *megede* und fordert sie auf, sich herauszuputzen. Darauf folgt die Rede eines Mädchens namens Jiute (C 174), die sich dem gemeinsamen Treiben auf dem Anger und damit der allgemeinen, auch vom Sänger proklamierten Freudenstimmung anschließen will. Der Wunsch der folgenden Sprecherin, Uodelhilt (C 175 = R IV), nach ausgelassener Sommerfreude korreliert im Wesentlichen mit dem Jiutes, wobei sich zwischen den beiden Strophen keine direkten Bezüge einstellen. Uodelhilt – auch in C als *vn wandelbere* (C 175,3) tituliert, äußert ihren Willen, mit dem zu tanzen, der ihre *bant* (C 175,4) löst, wobei derjenige nicht, wie in R, mit dem von Reuental identifiziert wird, denn mit C 176 (= R VI) folgt eine weitere Natureingangsstrophe, in der Uodelhilt (?) die *truren* (C 176,7) beendende Jahreszeit preist. C 177 beinhaltet die Sorge einer dritten Sprecherin (C 177,2: *ein stolzú maget*), deren Kleider durch die Mutter weggesperrt wurden. Ihr wird nun im Folgenden die Reuental-Strophe zugeordnet (C 178), die in R von Uodelhilt gesprochen wird. Die Strophen C 179–181 entsprechen den Strophen R I, R VII und R II, sie verkünden wie in R die Ankunft des Sommers und rufen auf zu gemeinsamer *fröide* (C 179,5; C 181,2). Da *megede* angesprochen werden, sind die Strophen wohl dem Sänger zuzuordnen, wodurch ihre Schlussstellung zu hinterfragen ist: Die Appelle sind nur dann logisch angeordnet, wenn sie dem Einsatz der Mädchenrede vorausgehen.[11]

Durch die Strophenergänzung bzw. -umstellung manifestiert sich die Interrelation von Sänger- und Mädchenrede nicht in dem Maße, wie sie sich in R herauskristallisiert, da die Natureingangsstrophen auseinandergerissen und die Mädchenrede auf mehrere Sprecherinnen verteilt ist. Da die beiden zusätzlichen Strophen C 174 und C 177 mit ihrer Referenz auf Tanz bzw. *huote* keine wirklich neuen Aspekte bringen, beeinträchtigen sie die inhaltlichen Ergebnisse aus der Analyse der R-Fassung jedoch nicht wesentlich: Auch im Mittelpunkt der C-Fassung steht das Streben der Mädchen – in diesem Falle deren drei – nach *vreude*. Mindestens eine der Sprecherinnen wünscht sich den Reuentaler als

[11] Bezüglich dieser offenbar verwirrten Strophenfolge sei verwiesen auf die These von H. Becker (1978), nach dem »zwei verschiedene (aber metrisch und melodisch ähnliche) Lieder ineinandergeschoben sind« (S. 50f.). Zu denken wäre aber auch an ein Grundlied mit metrisch leicht abweichenden Erweiterungen und Variationen. Die in C und R vorliegende Textgestalt ließe sich dann als Zusammenführung konkurrierender Vortragsfassungen erklären.

Tanzpartner, der jedoch durchaus auch als Zielpunkt aller drei Sprecherinnen in Frage kommt. In C findet sich somit statt des klar strukturierten Mädchenmonologs eine unverbundene Stimmenvielfalt, wobei durch die Klage einer Sprecherin über die *huote* ein Konflikt ausgeführt wird, der in R lediglich angedeutet ist.

### 1.1.2 Sommerlied 14 (R 15/C 146–150)

Wie SL 24 wird SL 14 durch einen dreistrophigen Natureingang eröffnet, in dem der Sänger als expliziter Ich-Sprecher die Ankunft des Sommers verkündet. Die Motive entsprechen beinahe durchgehend denen aus SL 24: Die Heide (I,1f.), der neu ergrünte Wald (I,3f.), Blumen (II,3f.), auch der Vogelsang wird angedeutet (II,1f.: *Lop von mangen zvngen / der maye hat*). Der Preis der Jahreszeit ist wieder unmittelbar verbunden mit der Aufforderung an die *magde*, an der Sommerfreude teilzunehmen. Diese Appelle entsprechen genau denen aus SL 24, nämlich Paare zu bilden (I,6: *ir magde, ir svlt* iuch[12] *zweien*), zu tanzen (I,7: *gein dirre liehten svmerzit in hohem mvte raien*) und sich schön zu kleiden (III,7: *ir briset*[13] *iwer hemde weiz mit siden wol zden lanchen*). Als Treffpunkt für den sommerlichen Tanz nennt der Sänger wieder die neu belaubte Linde (II,6f.). Noch deutlicher als in SL 24 zeigt sich hier, dass einzelne Naturmotive nicht mehr nur literarische Bilder der sommerlichen Natur sind, sondern einen theatralisch-dramatischen Schauplatz markieren.[14] Der Natureingang wird dadurch räumlich perspektiviert, da sich eine konkrete Ortsvorstellung ergibt: Die Linde ist Zielpunkt der Sängerappelle und auch der folgenden Gesprächsszene.

Die tanzenden jungen Leute entsprechen dem Appell des Sängers, denn sie sind *sorgen ane* und *vrovden rich* (III,1f.): Die *vreude* erscheint somit wieder als zentrale Thematik des Natureingangs, wobei die Antithese von *sorgen* und *vrovden* korreliert mit der von Winter und Sommer. Während man sich aufgrund der identischen Appelle an das Konzept naturhaft-sinnlicher *vreude* aus SL 24 erinnert fühlt, scheinen einige Formulierungen einer solchen Deutung zu widersprechen: Wenn der Sänger feststellt, dass die Mädchen *in hohem mvte* (I,7) tanzen, so zitiert er ein elementares Moment des höfischen Selbstwertgefühls, eine Glücksstimmung, die aus der Übereinstimmung individueller und

---

[12] *niht* R, *iuch* HAUPT/WIESSNER [H/W] nach Ccf *úch*.

[13] *ir briset*] fehlt R, *brîset* H/W nach c *ir breysett*, f *ir preysset*, C *ir prisent*.

[14] Vgl. auch JOLDERSMA, S. 202: »Although the ›Natureingang‹ has a lyrical quality similar to that of other courtly poetry, its function within Neidhart's songs is essentially a dramatic introduction for the ›Gespielinnengespräch‹. [...] [It] paints the backdrop and sets the stage for the maidens to appear.«

gesellschaftlicher Normen resultiert. Die tanzenden Mädchen werden als *maget wolgetane / vnd minnechlich* (III,3f.), ihr Treiben als das von *hofschen chinden* (II,7) bezeichnet.[15] Der Tanz der Mädchen wird somit dargestellt als maßvolles Zusammensein nach höfischen Sitten. Damit aber stoßen wir wieder auf jene Dissonanz, die wir bereits aus SL 24 kennen: Die Appelle des Sängers sich zu *zweien* und zu *raien* scheinen auf eine naturhaft-sinnliche *vreude* abzuzielen, die jedoch überlagert wird durch Wertbegriffe, die dazu in deutlichem Kontrast stehen. Nicht gesellschaftlich integrierter Minnedienst, nicht der Aufbau eines höfischen Ethos im Verzicht ist Quelle des *hohen mvtes*, sondern die Teilnahme am erotisch besetzten Tanz.

An den Natureingang schließt sich ein Dialog zweier Mädchen, was im Hinblick auf SL 24 eine formale Differenzierung bedeutet, da hier eine »Doppelung der Frauen-Rolle«[16] stattfindet. Die Strophenzahl bleibt dabei gleich: Die vier Abschlussstrophen sind aber im Vergleich zu SL 24 eben auf zwei Sprecherinnen verteilt, die als *maget* und *ir gespil* eingeführt werden. Die erste Sprecherin bezieht sich direkt auf die Aufforderung des Sängers, sich adrett zu kleiden, stellt jedoch die Frage: *Gein wem solt ich mich zaffen?* (IV,1). Im Gegensatz zu der Sprecherin aus SL 24, die sich für den Reuentaler herausputzen möchte, sieht das Mädchen hier keinen geeigneten Adressaten für seine erotischen Reize, da die *tvmben* (IV,3), wie sie potentielle dörperliche Partner verächtlich nennt, ausscheiden. Für die Sprecherin resultiert daraus die Absage an *vrevd vnd ere* (IV,5), wodurch sie zwar auf den *vreude*-Appell des Sängers Bezug nimmt, jedoch um ihn zu negieren. Den Grund für ihren Pessimismus konkretisiert sie im Folgenden: *die man sint wandelbære: / deheiner wirbet vmb ein wip, der er getiwert wære* (IV,6f.). Das Mädchen beanstandet hier die Absenz von Liebenden, die im Rahmen des höfischen Minnedienstes um eine Frau werben; während es die ihm bekannten Männer, die Dörper also, als *wandelbære* bezeichnet, müsste ein geeigneter Partner *unwandelbære* sein, sich also durch *staete* auszeichnen. Die Sprecherin erhebt sich dadurch selbst in die Rolle der höfischen Minnedame, die den Werbenden aufgrund ihrer äußeren *und* inneren Schönheit in ihren Bann zöge und ihm einen Minnedienst ermöglichte, in dessen Verlauf er moralisch wüchse. Durch die Übernahme elementarer und zentraler Begriffe des hohen Minnesangs geschieht, was bereits im Natureingang zu beobachten war: Der Begriff *vreude*, gerade im Zusammenspiel von *vrevd vnd ere*, erfährt eine eigentümliche Ambivalenz: Es lässt sich nicht eindeutig entscheiden,

---

[15] Diese Dissonanz ist in C etwas zurückgenommen, da der Ausdruck *in hohem mvte raien* (R I,7) durch *ir wol gemvten leien* (C 146,7) ersetzt ist.

[16] HÄNDL, S. 107.

ob die naturhaft-sinnliche *vreude* ins Höfische gewendet ist oder ob höfische *vreude*, an sich unpassend, für die naturhafte *vreude* sich erfüllender Sexualität bemüht wird.[17] Dieses Spannungsverhältnis wird dadurch besonders greifbar, dass es eben nicht die höfische *vrouwe* ist, die zu einer Klage über den Niedergang des alten Ideals ansetzt und sich selbst mit höfischen Prädikaten versieht, sondern eben eine dörperliche *maget*.

In der folgenden Strophe[18] werden die Aussagen des Mädchens von dessen Freundin negiert. Diese verweist darauf, dass es durchaus genügend Männer gebe, *die noch gerne dienent gvten weiben* (V,5), und kommt zu dem Ergebnis: *mit vrovden svl wir alten* (V,3). Dabei scheint sie zunächst die von der Freundin als verkommen bezeichnete *vreude* aufzunehmen, denn auch sie bedient sich in ihrer Rede höfischen Vokabulars (V,5: *dienent*; V,7: *wirbet*). Am Ende der Strophe kommt es jedoch neuerlich zu einem Bruch, wenn die Gespielin erwähnt, einen dieser scheinbar im Zeichen der höfischen Ideale lebenden Männer zu kennen. Die Qualitäten dieses Bewerbers zeigen sich nämlich offensichtlich weniger in seinen Fähigkeiten als höfisch Dienender, sondern vielmehr als Liebhaber: *iz wirbet einer vmbe mich, der trovren chan vertreiben* (V,7). Die *vreude*-Konzeption der Sprecherin entspricht somit keineswegs der des hohen Minnesangs, sondern der naturhaft-sinnlicher *vreude* im Rahmen einer erotischen Begegnung.

Die verhüllende Andeutung *iz wirbet einer vmbe mich* erregt sofort die Neugier der Freundin, die die Identität des Mannes aus eigenem Interesse – hier klingt das Konkurrenzmotiv an (VI,1f.: *den soltv mir zeigen, / wie er mir behag*) – zu erkunden versucht. Mit der Bitte um die Preisgabe des Namens offenbart nun aber gerade sie, die doch den Verfall der höfischen Normen beklagt hatte, dass sie mit eben diesen gar nichts anzufangen weiß: In der Aufforderung *sage mir sinen namen, der dich minne / so tovgenlicher sinne* (VI,5f.) verknüpft sie nämlich die Frage nach dem Namen des Mannes mit der Nennung eben jenes höfischen Gebots, das die Namenspreisgabe gerade verhindert: die *tougen minne*. Noch dazu offeriert sie als Gegengabe ihren Gürtel, was ihre Absichten bezüglich des Mannes verdeutlicht, denn durch das Ablegen des Gürtels bringt sie ihre Liebesbereitschaft zum Ausdruck und tritt in ein offenkundiges Konkurrenzverhältnis zur Freundin: Das Tauschgeschäft scheint nicht auf die Namensnennung beschränkt, der geheimnisvolle Mann wird vielmehr selbst zum

[17] C bringt hier eine bei Wiessner/Sappler ebenfalls nicht verzeichnete, aber wichtige Abweichung: Durch den Ausdruck *zvht vnd ere* (C 149,5) entfällt die explizite Nennung der *vreude*, wodurch die Resonanz auf die Sängerrede im Natureingang weniger deutlich ist. Mit *zvht vnd ere* fallen aber dennoch zwei höfisch konnotierte Begriffe.

[18] C überliefert nur zwei Verse dieser fünften Strophe, da hier Blattverlust einsetzt. Rückschlüsse auf Überlieferungsdifferenzen sind daher nicht mehr möglich.

»Tauschobjekt«[19]. Das stört das andere Mädchen jedoch herzlich wenig, denn bereitwillig nennt es den scheinbar so heilig gehüteten Namen des Geliebten, bei dem es sich, wie schon in SL 24, um den Reuentaler handelt.

Hier nun wird er näher beschrieben, nämlich als bekannter Sänger und nach dem, was in Strophe V gesagt wird, als Liebhaber in scheinbar höfischer Manier. Der Erfolg des Reuentalers erklärt sich so mit dessen Herkunft aus einem anderen sozialen Milieu, nämlich dem höfischen, nach dem die Mädchen streben (VI,7f.). Als Liebender ist er der Sprecherin *holt*, wofür sie ihn belohnen will (VII,5). Das hier angedeutete Dienst-Lohn-Verhältnis erscheint allerdings als ein recht zweifelhaftes, wird doch der Dienst des ›werbenden‹ Reuentalers (V,7: *iz wirbet einer vmbe mich* [...]) nicht näher spezifiziert als mit dem vagen *der ist mir holt* aus dem Mund des Mädchens. Umso reicher dann sein Lohn: Die Ankündigung *mit gvt ich im des lone* (VII,5) impliziert die sexuelle Bereitschaft des Mädchens, da das Treffen mit dem Reuentaler offensichtlich beim gemeinsamen Tanz unter der Linde stattfindet, zu dem es sich aufmachen will. Das Ende des Liedes läuft also wieder auf den futurischen Zielpunkt zu, den sommerlichen *raien* unter der Linde, wodurch eine Brücke geschlagen wird zum Natureingang. Dabei betont die Sprecherin, sich eigens für den Reuentaler herausputzen zu wollen: *dvrch sinen willen schone / so wil ich* brisen[20] *minen lip* (VII,6f.). Mit dieser Ankündigung nimmt sie nun aber wörtlich die im Natureingang erfolgte Aufforderung des Sängers (*ir briset*[21] *iwer hemde weiz / mit siden wol zden lanchen* [III,7]) auf. Diese explizite Referenz und die Tatsache, dass der Reuentaler in derselben Strophe als Sänger bezeichnet wird, suggerieren, dass es sich beim Sänger-Ich der Eingangsstrophen und der textinternen Figur des Reuentalers um dieselbe Figur handelt.

Zusammenfassend lässt sich feststellen, dass in SL 14 gegenüber SL 24 eine deutliche Komplizierung eintritt. Während die Funktion des Natureingangs dieselbe bleibt – Naturpreis und *vreude*-Appell –, fällt die wiederholte Verwendung inkongruenter höfischer Begriffe auf. An der Figurenkonstellation der folgenden Gesprächsszene lässt sich eine formale Differenzierung erkennen, da es durch die Doppelung der Frauenrolle zu einer Vermehrung der Vordergrundspersonen kommt. Wie in SL 24 bezieht sich die erste Sprecherin auf die Aufforderungen des Natureingangssprechers, jedoch um die dort proklamierte *vreude* zu negieren mit dem Argument des Niedergangs alter Ideale und eines Defizits

[19] Bockmann, S. 159: »Wie der Gürtel seinen Besitzer von einem zum anderen Mädchen gewechselt hat, droht in Zukunft der Liebhaber selbst die ›Besitzerin‹ zu wechseln.«

[20] *bisen* R.

[21] *ir briset*] fehlt R, *brîset* H/W nach c *ir breysett*, f *ir preysset*, C *ir prisent*.

an Männern, die sich durch *staete* und *triuwe* auszeichnen. Vom unbedingten Drang nach Liebe und Freiheit, wie er sich in der Rede des Mädchens in SL 24 zeigt, ist hier zunächst wenig zu spüren. Im weiteren Verlauf des Gesprächs mit der Freundin offenbart sich jedoch eine deutliche Inkongruenz in der Rolle *beider* Mädchen, denn ihr Verhalten passt nicht zu ihrer Rede: Die Mädchen, die sich als höfische Minnedamen gerieren, sich also nachdrücklich gegen ihr eigenes Milieu wenden, entpuppen sich im Laufe des Dialogs als Bewohner eben dieses Milieus. Die höfische Verhaltensaura, mit der sie sich umgeben, erweist sich als Verkleidung, die in ihrem Verhalten fällt: So erscheinen die Mädchen schließlich ungebrochen als Dörperinnen, die frei und ungebunden über sich verfügen und eben das *vreude*-Programm leben wollen, das sie zu Beginn ihres Gesprächs abzulehnen vorgaben. Die semantische Umdeutung des Begriffs *vreude*, die die erste Dialogstrophe nahelegt, erweist sich so als nur scheinbare Umdeutung, denn die Mädchen argumentieren mit Begriffen eines Wertesystems, das ihnen doch eigentlich fremd ist. Den Schein können sie jedoch nicht aufrechterhalten, da der Rezipient, der mit dem hohen Minnesang vertraut ist, erkennen muss, dass das, was sie als ›höfisch‹ bezeichnen, dörperlich bleibt, dass also die minnesängerischen Begriffe durch die Mädchen semantisch entleert werden. Dies wiederum wirkt zurück auf die Figur des Reuentalers, der nun ebenfalls keineswegs als ungebrochener Repräsentant der höfischen Welt erscheint: Das Verhältnis bedeutet gerade keine höfische Liebesbeziehung, sondern ein sexuelles Abenteuer, wobei nicht einmal sicher ist, mit welchem der beiden Mädchen er es eingeht. Darüber hinaus wird eine mögliche Identifizierung des Reuentalers mit dem Sänger-Ich des Natureingangs nahegelegt, in dem ja ebenfalls sprachliche Verwirrungen hinsichtlich inkongruenter höfischer Begrifflichkeit zu beobachten waren. So infiltriert der Sänger die dörperliche Welt mit höfischen Normen, die ihre eigentliche Bedeutung verloren haben.

In Natureingang und Dialogteil wird damit das Konzept naturhaft-sinnlicher *vreude* überlagert von wiederholten Verweisen auf ein gesellschaftlich-höfisches *vreude*-Konzept, das jedoch nicht eingelöst wird. Das zunächst proklamierte *vreude*-Programm wird abgebaut zugunsten des bewussten Aufbaus einer Dissonanz, die bedingt ist durch das Aufeinanderprallen von dörperlicher und höfischer Wertewelt. Diese Dissonanz bleibt unaufgelöst, ja sie konstituiert sich eben im Fortschreiten des Liedes. Das SL 14 kennzeichnende Spannungsverhältnis lässt sich somit beschreiben als Dekonstruktion der Opposition von gesellschaftlich-höfischer und naturhaft-sinnlicher *vreude*. Ich verwende ›Dekonstruktion‹ dabei nicht mit all den philosophischen Prämissen (Logozentrismus-Kritik, Theorie der ›différance‹), wie er von Jacques Derrida begründet wurde, sondern als textanalytischen Begriff, wie er von Jonathan Culler prägnant definiert wird:

> To sum up, one might say that to deconstruct an opposition [...] is not to destroy it [...]. To deconstruct an opposition is to undo and displace it, to situate it differently. Schematically, this involves several distinguishable moves: (A) one demonstrates that the opposition is a metaphysical and ideological imposition by (1) bringing out its presuppositions and its role in the system of metaphysical values – a task which may require extensive analysis of a number of texts – and (2) showing how it is undone in the texts that enunciate and rely on it. But (B) one simultaneously maintains the opposition by [...] reinstating it with a reversal that gives it a different status and impact.[22]

In diesem Sinne hat der Begriff insbesondere über PAUL DE MAN Eingang in die literaturwissenschaftliche Textanalyse gefunden, bei ihm aber fast ausschließlich anlässlich nachromantisch-moderner Texte. CULLERS Definition sucht ihn aus geschichtsphilosophischen Bindungen zu lösen und macht ihn damit verfügbar auch für frühere Epochen – so also auch für Neidhart. Seine Dörperinnen erscheinen als Objekte, nicht als Verursacher dieses dekonstruktiven Spiels, denn ihre Rede wird überlagert von der des Sängers, der das Spannungsverhältnis der beiden Wertesysteme im Lied inszeniert.

### 1.1.3 Exkurs: Der Natureingang bei Neidhart

Nachdem die Analyse der SLL 24 und 14 übereinstimmend wesentliche Kennzeichen des neidhartschen Natureingangs erbracht hat, soll an dieser Stelle in der Interpretation der Sommerlieder kurz innegehalten werden, um einige grundsätzliche Überlegungen zur Funktion des Natureingangs in der deutschen Literatur des 12./13. Jahrhunderts anzustellen und damit einen möglichen Prätext der typisch neidhartschen Gestaltung zu identifizieren.

Der Natureingang ist ab dem 13. Jahrhundert ein beliebtes, bei Sängern wie Neidhart und Gottfried von Neifen obligatorisches Versatzstück und Kennzeichen der Lieder. Im deutschen Minnesang vor Neidhart und zu seiner Zeit werden Naturmotive – sei es als eigenständiger Natureingang oder häufiger als Jahreszeitenbezug – vornehmlich zur symbolischen Parallelisierung oder Kontrastierung der Befindlichkeit des Ichs herangezogen, d. h. die sommerliche (oder winterliche) Natur erscheint als Folie der Stimmungslage des Sängers.[23]

---

[22] JONATHAN CULLER: On Deconstruction. Theory and criticism after structuralism. London 1983, S. 150.

[23] Zusammenfassend vgl. GÜNTHER SCHWEIKLE: Minnesang. Stuttgart 1995 (Slg. Metzler 244), S. 130–132. Aus der umfangreichen Literatur sind hervorzuheben: WOLFGANG ADAM: Die ›wandelunge‹. Studien zum Jahreszeitentopos in der mittelhochdeutschen Literatur. Heidelberg 1979 (Beihefte zum Euphorion 15); BARBARA VON WULFFEN: Der Natureingang in Minnesang und frühem Volkslied. München 1963.

Dabei kann sich der Sänger mit der Natur im Einklang (Sommer/Liebesglück bzw. Winter/Liebesleid) befinden[24] oder aber, vornehmlich bei sommerlichen Motiven, in einer gegensätzlichen Stimmungslage (Sommer/Liebesleid).[25] An eine solche Funktionsweise des Natureingangs, die die »Korrespondenz zwischen höfischer Liebe und jahreszeitlichem Verlauf«[26] betont, knüpft der neidhartsche Typus des Winterliedes an: Der Sänger erscheint hier als Träger von *leit*, seine Gemütslage entspricht der jahreszeitlich bedingten Trauerstimmung. Während aber als Grund für das beklagte Leid zunächst die Unnahbarkeit der *vrouwe* erscheint, offenbart der weitere Verlauf der Lieder, dass der Sänger bei seinem Bemühen um ein Bauernmädchen in der Konkurrenz mit Dörpern den Kürzeren zieht. Dieser deutliche Bruch mit dem hohen Minnesang funktioniert aber gerade dadurch, dass die Folie der hochminnesängerischen Verwendung der Jahreszeit vom Rezipienten als Prätext erkannt wird.

Für die Sommerlieder greift dieser Prätext zu kurz, da sich die Funktion des Natureinganges eben nicht in der Parallelisierung bzw. Kontrastierung von Jahreszeitensymbolik und Gemütszustand des Ichs erschöpft. Der Sänger funktionalisiert die Natur nicht, um sein persönliches Liebesleid bzw. Liebesglück zu artikulieren; die von ihm ausgerufene *vreude* ist vielmehr die *vreude* aller, die ausgelöst wird durch den Anbruch der neuen Jahreszeit. Die im hohen Minnesang konstitutive Kopplung von Naturbild und Minnethematik wird somit aufgelöst, die symbolische Funktion der Jahreszeit tritt in den Hintergrund. Dies steht vornehmlich in Zusammenhang mit der erweiterten Rolle des Sängers: Dieser fordert die *megede* auf, ihre *vreude* auszuleben, die innerliche Stimmung nach außen zu tragen durch die Teilnahme am Tanz. Die *vreude* an der Natur findet somit statt in der Natur, denn der Sänger ruft die jungen Leute nach draußen, auf die Wiese zum Blumenpflücken, unter die Linde zum Reien. Die Natur wird somit zum Schauplatz einer Inszenierung, so dass der Natureingang, wie sich bei den SLL 24 und 14 zeigt, kein einfacher Jahreszeiteneingang ist, sondern eine räumliche Perspektivierung aufweist.[27]

---

[24] Bei den folgenden Beispielen beschränke ich mich auf die Sommerthematik: Dietmar von Aist MFMT 33,15ff.; Heinrich von Rugge MFMT 108,6ff.; Reinmar MFMT 183,33ff. usw.

[25] Z. B. Rudolf von Fenis MFMT 83,25ff.; Ulrich von Gutenburg MFMT 77,36ff. Das seltene Auftreten von Jahreszeitenbezügen bei Reinmar oder Morungen ergibt sich daraus, dass die gegenständliche Bindung der Verfasstheit des Sängers an die Natur entfällt.

[26] Jan-Dirk Müller: Jahreszeitenrhythmus als Kunstprinzip. In: Peter Dilg u. a. (Hgg.): Rhythmus und Saisonalität. Kongreßakten des 5. Symposions des Mediävistenverbandes in Göttingen 1993. Sigmaringen 1995, S. 29–47, hier S. 33.

[27] Eine Betrachtung der Spezifik des neidhartschen Natureingangs vor der Folie des hohen Minnesangs macht eine Trennung von Sommer- und Winterlied zur unabdingba-

Die Suche nach einem Prätext für diese besondere Pointierung der untersuchten Natureingänge führt weg von den großen Sammlungen des frühen und hohen Minnesangs hin zum ›deutschen‹ Corpus der Carmina Burana, also zu jenem jüngeren Teil der Sammlung, in dem zu den lateinischen Liedern deutsche Zusatzstrophen überliefert werden.[28] Über die Beeinflussung Neidharts durch die vagantisch-lateinische Dichtung wurde schon früh spekuliert,[29] da ein solcher Zusammenhang durch die gemeinsame Thematik von »Liebe und Frühling, Jugend und Tanz«[30] nahegelegt wird. Einen anderen Weg geht FRANZ JOSEF WORSTBROCK,[31] der Neidhart nicht durch die lateinische, sondern eine »ältere volkssprachliche Tradition«[32] beeinflusst sieht, ein »Paradigma, das sich thematisch um die Kombination der Konstanten ›Natureingang‹ und ›Aufbruch/Appell zur *fröide*‹ zentriert und sich mit der unbedingten Fixierung auf *fröide* dem Thema der Minneklage, dem großen poetischen Zustand der Negativität, versagt«.[33]

Ausgangspunkt der Untersuchung WORSTBROCKS ist Lied XI Burkharts von Hohenfels, das sich texttypologisch aus drei Konstituenten zusammensetzt: einem sommerlichen Natureingang, Aufbruch und Tanz der Jugend und schließlich der Fokussierung des Sängers auf die Eine, die Geliebte. Die Botschaft des Liedes sei die im Refrain proklamierte, von allen empfundene *fröide unde frîheit*. Eine Parallele für dieses Textmodell finde sich nun eben in den Carmina Burana (z. B. CB 151, 142, 153). Dazu trete ein zweistelliges Modell mit den konstitutiven Komponenten ›Natureingang‹ und ›Freude der Jungen‹ (*puellae, virgines*)[34],

---

ren Voraussetzung. Hinweise wie der von PETRA HERRMANN, der Natureingang bei Neidhart unterscheide sich dadurch von dem des hohen Minnesangs, dass bei Neidhart Naturstimmung und Mensch »parallel« seien (S. 64), sind undifferenziert und werden weder Neidhart noch dem hohen Minnesang gerecht.

[28] Zum Aufbau der Sammlung und zum Verhältnis der lateinischen und deutschen Strophen vgl. grundlegend: BURGHART WACHINGER: Deutsche und lateinische Liebeslieder. Zu den deutschen Strophen der Carmina Burana. In: HANS FROMM (Hg.): Der deutsche Minnesang. Aufsätze zu seiner Erforschung. Darmstadt 1985 (WdF 608), Bd. 2, S. 275–308. Die Entstehung des Codex Buranus dürfte auf das zweite Viertel des 13. Jahrhunderts zu datieren sein. Das jüngere ›deutsche‹ Corpus umfasst die Lieder CB 132–186 (WACHINGER, S. 285f.).

[29] Vgl. MAROLD, S. 9; HENNIG BRINKMANN: Geschichte der lateinischen Liebesdichtung im Mittelalter. Halle 1925, S. 9; OSTERDELL.

[30] BERNHARD BISCHOFF: Faksimile-Ausgabe der Handschrift der Carmina Burana und der Fragmenta Burana. München 1967, S. 13.

[31] Verdeckte Schichten und Typen im deutschen Minnesang um 1210–1230. In: HEDDA RAGOTZKY u. a. (Hgg.): Fragen der Liedinterpretation. Stuttgart 2001, S. 75–90.

[32] Ebd., S. 85.

[33] Ebd.

[34] Z. B. CB 137, 144, 156.

die »als die einfache und die erweiterte Version desselben Liedtypus« zusammengehörten.[35] Diese »typenbildende Kombination der Konstanten ›Natureingang‹ und ›Aufbruch/Appell zur Freude‹«[36], die im Übrigen auch mikrokosmisch in vielen der deutschen Zusatzstrophen ausgeprägt sei, sei nun aber genau das Substrat, auf dem die Natureingänge der untersuchten neidhartschen Sommerlieder basierten. Daneben legten weitere Parallelen ein Verwandtschaftsverhältnis zu Neidhart nahe: Die deutliche Mehrzahl der Lieder mit deutschen Strophen sei unstollig gebaut und setze in der Reihe CB 132–162 fast durchgehend, danach nur noch selten, mit einem Natureingang ein. Hinzu komme ein den deutschen Zusatzstrophen und Neidhart gemeinsamer »Fundus an Lexemen, Syntagmen und reimgestützten Koppelungen«.[37]

Ob der so eruierte Prätext auf lateinisch-vagantische oder auf volkssprachliche Konventionen zurückgeht, scheint durch diese so offensichtlichen Parallelen entscheidbar: »Wenn Neidhart in seinen Sommerliedern wie in den Winterliedern gezielt mit einem wiederkehrenden gattungstypischen Prätext operierte, konnte es nur einer sein, der seinem Publikum vertraut war, somit nicht ein lateinischer, sondern ein volkssprachlicher deutscher.«[38] Hinter den ›deutschen‹ Liedern der Carmina Burana und Lied XI Burkharts lässt sich so eine völlig andere Konvention volkssprachlicher Minnelyrik vermuten, als man sie aus den großen Sammelhandschriften kennt. Neidhart knüpft an diese Tradition an, jedoch nicht imitierend, sondern variierend: Nur der Natureingang und die Tanzperspektive sind auf diesen Prätext bezogen, »[s]obald die Szene der Lieder einsetzt«, der Dialog der Dörper also, »ist ein strukturell anderer Punkt erreicht«.[39]

Wie der so eruierte Prätext in den Liedern nutzbar gemacht wird, kann erst nach der Analyse weiterer Texte endgültig entschieden werden.

### 1.1.4 Sommerlied 18 (R 56/C 276–279)

Der Mutter-Tochter-Dialog SL 18 beginnt nicht wie die zuvor untersuchten Lieder mit einem mehrstrophigen Natureingang, denn bereits die erste Strophe ist einer *magt* (I,2) in den Mund gelegt. Der Natureingang entfällt damit jedoch nicht völlig, er wird in der Rede des Mädchens anzitiert: *Vns wil ein svmer chomen* (I,1). Neben der Nennung der Jahreszeit fällt noch ein weiterer Zentralbegriff aus dem Natureingang: die *vreude* (I,4). Am Strophenende wird das Geschehen schließ-

[35] Worstbrock (2001), S. 82.
[36] Ebd., S. 85.
[37] Ebd., S. 86. Vgl. dazu die Aufstellung S. 89f.
[38] Ebd., S. 88.
[39] Ebd.

lich wieder auf den schon bekannten Tanz unter der Linde (I,7) perspektiviert. Obwohl die reiche Motivik des Natureingangs hier also nicht entfaltet wird, liefert das Mädchen doch die elementaren Begriffe, die ihn als den eines Sommerliedes festlegen: Geht man davon aus, dass beim Publikum ein gewisser Bekanntheitsgrad des Typus vorausgesetzt werden kann, so könnten sich aufgrund der zitierten Signale bereits spezifische Gattungserwartungen einstellen.

Die Referenz auf den vertrauten Natureingang ist jedoch noch auf eine andere Weise integriert. Der Beginn des Sommers ist für die *maget* zwingend verbunden mit der Figur und insbesondere mit dem Gesang des Reuentalers: *Vns will ein svmer chomen. /* [...] *ia han ich den von Riwental vernomen. / ia wil ich in loben. / min hertz spilt gein im vor vrevden* [...]. */ ich hor in dort singen vor den chinden* (I,1–5). Mit dem Hinweis auf seinen Gesang vor den jungen Leuten[40] wird seine Sängerrolle wie in SL 14 auch hier hervorgehoben. Als Verkünder des Sommers und *vreude*-Spender bei der Jugend agiert er nun aber in eben jener Rolle, die der Sprecher der Natureingänge der SLL 24 und 14 innehatte. Dem Rezipienten wird somit ähnlich wie in SL 14 die Identifizierung von Reuentaler und Natureingangssprecher nahegelegt: Wenn das Mädchen auf den Gesang des Reuentalers verweist, scheint dahinter der Inhalt der Natureingangsstrophen anderer Lieder auf. Dazu passt, dass das Mädchen sich auf typische Appelle und Aussagen der Sängerstrophen wie in den SLL 24 und 14 zu berufen scheint, dass es also eine der sonst angesprochenen *megede* ist:[41] Zielpunkt ist nämlich der Tanz unter der Linde, an dem es an der Hand des Reuentalers teilnehmen möchte (I,7). Die Aussicht auf dieses Ereignis löst bei ihm eben jene Stimmung aus, die als Kernpunkt der Sängerstrophen zu fassen war, nämlich unbändige *vreude* (I,4).

Daraus aber ergibt sich, dass der Natureingang zweifach rezipiert wird: Zunächst sind die *megede* Adressaten der Sängerrede, die dann als Natureingang zum Versatzstück des gesamten Sommerliedes wird und auf der Aufführungsebene als Gattungssignal fungiert.[42] Das dieser Ebene zugehörige reale, höfische

[40] Dieser erneute Verweis auf den Gesang erfolgt in C nur implizit, wenn es heißt: *ia hort ich in reien mit den kinden* (C 276,5).

[41] So auch Bockmann, S. 161: »Ein Rezipient wird zwischen allen Teilen Zusammenhänge stiften und damit die textintern angesprochenen Mädchen des Natureingangs mit den Mädchen des Gesprächs, die Sänger-Figur mit der im Frauendialog besprochenen Liebhabergestalt des Reuentalers ineins setzten. Dies wird spätestens rückwirkend ab der zitierten Bekenntnis-Strophe des Mädchens geschehen, so daß aus Sprecherinstanzen tendenziell Figuren werden.«

[42] Vgl. Joldersma, S. 202: »[...] the spring season first of all expresses or motivates the mood of the maidens. The maidens do not, of course, realize that they are in fact responding to a literary convention; for them, within the song, spring is a real season.«

Publikum muss sich von den fiktionsimmanenten Adressaten des Natureingangs, den *megeden* also, distanzieren und damit die komplexe Rezeptionssituation durchschauen.[43] Dabei ist der Natureingang als Gattungssignal offenbar so fest etabliert, dass er im Einzelfall, wie bei SL 18, ausgespart und nur durch die Reaktion auf ihn evoziert werden kann.

In der zweiten Strophe kommt die Mutter des Mädchens zu Wort, die ihre Tochter von einem Treffen mit dem Sänger abhalten will, da sie in der Figur des Reuentalers offenbar eine sittliche Gefährdung sieht. Als mahnendes Beispiel nennt sie das Schicksal Jiutes, einer Freundin der Tochter, die sich dem Willen der Mutter widersetzt hatte mit dem Ergebnis: *der whs von sinem ræien vf ir wæmpel / vnd gewan ein chint, daz hiez si Lempel: / also lert er si den gimpelgempel* (II,5–7). Der Tanz, schon in den bisher analysierten Liedern erotisch konnotiert, wird hier eindeutig als sexuelles Abenteuer enttarnt, und zwar als eines mit Folgen: Der *ræien* mit dem Reuentaler schwängert die Dorfmädchen, wovor die Mutter ihre Tochter bewahren möchte. Als hindernde Instanz übernimmt die Mutter somit zwar die Funktion, die im Minnesang durch die transpersonale, minnefeindliche *huote* ausgeübt wird; ihre Aufsicht ist aber »von jener abstrakten Instanz sozialer Kontrolle kategorial zu scheiden«,[44] ist es doch »ungenau zu sagen, Instanzen höfischer Minne seien nur dörperlich umbesetzt (also z. B. *huote* durch die Mutter [...]). Als *generalisierbare, überpersonale* Funktionen und Instanzen von Gesellschaft kommen sie nämlich überhaupt nicht vor.«[45] Als Aufsicht im Namen der Institution Familie verfolgt die Mutter rein pragmatische Ziele, die eben in der Verhinderung einer vorehelichen Schwangerschaft liegen und der »gesellschaftsbezogene[n] Forderung nach einer standesgemäßen und materiell abgesicherten Ehe«[46] nachkommen. Neidharts Tendenz zur Verdinglichung abstrakter Konzepte des hohen Minnesangs tritt hier deutlich vor Augen. Wenn in den folgenden Ausführungen von der

---

[43] Aussagen über das höfische Publikum der Lieder unterliegen immer der Beschränkung, dass wir über die realen historischen Verhältnisse keine gesicherten Annahmen treffen können. Dennoch muss man davon ausgehen, dass nur ein höfisches, mit den Regeln des hohen Minnesangs und anderer literarischer Prätexte vertrautes Publikum die Lieder verstehen konnte. Als vom Autor der Lieder intendiertes Publikum geht es somit in die Werkstruktur ein, und dies unabhängig davon, ob er diese elitäre Hörerschaft tatsächlich immer erreichen konnte.

[44] Jan-Dirk Müller: Strukturen gegenhöfischer Welt: Höfisches und nicht-höfisches Sprechen bei Neidhart. In: Gert Kaiser/Jan-Dirk Müller (Hgg.): Höfische Literatur, Hofgesellschaft, höfische Lebensformen um 1200. Düsseldorf 1986 (Studia humaniora 6), S. 409–453, hier S. 433 Anm. 55.

[45] J.-D. Müller (1986), S. 432f.

[46] Herrmann, S. 121.

*huote*-Funktion der Mutter die Rede ist, dann immer im Bewusstsein dieser Differenzierung. Da die Mutter aber als hindernde Instanz zwischen Mädchen und Ritter tritt, zeigen sich doch funktionale Parallelen, weshalb der *huote*-Begriff beibehalten werden soll.

Die Erwähnung des Reuentalers findet hier also aus einer anderen Perspektive als aus der der Mädchen statt, und das mit dem Ergebnis einer fundamentalen Divergenz: Der stolze Ritter und Sänger, der höfisch werbende Liebhaber wird zum wahrlich unhöfischen Schwerenöter, der offenbar nicht auf der Suche nach einer exklusiven Beziehung ist. Die Warnung vor Jiutes Schicksal hat dennoch wenig Erfolg bei der Tochter, wie aus den beiden folgenden Strophen hervorgeht: Als vermeintliche Gegenbeweise nennt sie zwei Geschenke des Reuentalers, *ein rosen schapel* (III,2) und ein Paar roter Schuhe (III,4: [...] *zwen roten goltzen braht er her mir vber Ryn*). Ihre Beweisführung verkehrt sich jedoch genau ins Gegenteil, handelt es sich doch bei den genannten Geschenken – Kranz und Schuh – um erotische Symbole, die die weibliche Fruchtbarkeit konnotieren.[47] Ihre Übergabe steht somit keineswegs im Zeichen von höfischem *dienest*, sondern signalisiert naturhaft-sinnliche Liebesbereitschaft, ist somit als sexuelle Avance zu verstehen. Die Tatsache, dass es sich näherhin um einen Kranz aus Rosen – der Liebesblume – und um *rote* Schuhe handelt, unterstreicht diesen Befund. Statt den Reuentaler zu verteidigen, bestätigt die Tochter also unbewusst dessen negatives Bild, wie es die Mutter zeichnet. Die verhüllende Aussage *des er mich bat, daz wæiz ich nie wan* eine[48] (III,6) lässt den Reuentaler sogar noch weiter ins Zwielicht geraten, impliziert sie doch die Bitte um Liebeserfüllung von Seiten des Ritters. Das Mädchen stellt sich dennoch deutlich auf dessen Seite und verweigert sich der Autorität der Mutter: *ia volg ich iwer ræte harte chleine* (III,7).

Die Tochter stellt die ehrbare Absicht des Reuentalers nicht in Frage und ist fest entschlossen, ihr Versprechen auf Erfüllung der Bitte des Ritters einzuhalten. Trotz des von der Mutter beschworenen Szenarios einer Schwangerschaft scheint sie keine Folgen zu befürchten, die ihrer *ere* Abbruch tun könnten: *ich han im gelobt: des hat er mine sicherheit. / waz verlius ich da mit miner eren?* (IV,4f.). Die Frage der Tochter offenbart, dass sie die eigentlich höfischen Konnotationen des von ihr zitierten Begriffs der *ere* überhaupt nicht kennt, denn eben durch das Einlösen der Bitte, also durch die Hinwendung zum Reuentaler läuft sie Gefahr, ihrer gesellschaftlichen Anerkennung verlustig zu gehen. Was sie dort erwartet, scheint gerade zu jener Katastrophe zu führen, die die Mutter

---

[47] Zu den Motiven von Kranz und Schuh vgl. JANSSEN, S. 138ff.

[48] *einem* R, *eine* HW nach C *alterseine*.

antizipiert: *iane wil ich nimmer wider cheren, / er mvz mich sine geile sprvnge leren* (IV,6f.). Die Reimäquivalenz *eren / leren* macht zusätzlich deutlich, wie hier vom Sexuellen her der höfische Begriff der *ere* ausgehöhlt, dem dekonstruktiven Spiel anheimgegeben wird. Die Mutter, die die Tochter zu retten versucht, gebraucht den Begriff der *ere* bezeichnenderweise nicht; sie denkt einfach an die Folgen in der Dorfgesellschaft. Aber sie verliert den Streit, so dass das innerfamiliäre Verpflichtungsverhältnis zwischen Mutter und Tochter dem zweifelhaften Bund mit dem Reuentaler unterlegen ist. Die Mutter zieht daraus in der Schlussstrophe die Konsequenzen: Sie gibt ihre Überredungsversuche auf und zeichnet ein düsteres Zukunftsbild vom Leben ihrer Tochter auf Reuental: *also chan dich sin trairos verchovfen. / er beginnet dich slahen, stozzen, rovfen, / muzzen zwo wigen bi dir lovfen* (V,5ff.). Das Schicksal Jiutes dient wieder als Folie, die Folgen des ›Tanzes‹ sind hier gar Zwillinge. Der Reuentaler aber muss sich, nachdem er sein Ziel bei der Tochter erreicht hat, nicht mehr als ritterlicher Galan verstellen und kann sein wahres Gesicht zeigen.[49]

SL 18 bringt somit wiederum in einigen Punkten eine Differenzierung zu den bisher analysierten Liedern. Das *vreude*-Programm wird aufgrund des rudimentären Natureingangs nur kurz anzitiert, was eine Reduzierung der Strophenzahl mit sich bringt. Die Interrelation von Sänger- und Mädchenrede ist jedoch von dieser Variation nicht wirklich betroffen, da das Mädchen sein *vreude*-Bedürfnis explizit auf den Gesang des Reuentalers bezieht. Das heftige Streitgespräch, das im Folgenden zwischen Mutter und Tochter entbrennt, umfasst vier der fünf Liedstrophen: Die Vordergrundszene wird so zum eigentlichen Liedinhalt. Der Reuentaler, auf dessen Person hin die SLL 24 und 14 abschließend perspektiviert werden, ist hier von Beginn an Gegenstand des Streits und wird damit zur zentralen Figur des spannungsvoll inszenierten Konflikts:[50] Erschien er in der Rede der Mädchen stets als strahlender Repräsentant des Höfischen, degradiert ihn die Mutter nicht nur zu einer ambivalenten Figur, son-

[49] C überliefert nur die ersten vier Strophen und gibt damit der Tochter das letzte Wort.

[50] Vgl. Dieter Lendle: Typus und Variation. Untersuchungen zu den Liedern Neidharts von Reuental. Freiburg 1972, S. 141f.: Die dadurch bedingte Abweichung des Liedes von den übrigen Sommerliedern liefert Lendle den Anlass, SL 18, das doch immerhin in den beiden ältesten Handschriften überliefert ist, für »unecht« zu erklären. Die Argumente, die er dabei anführt, greifen nicht: »Der Dialog ist unlebendig; seine Reden sind kaum aufeinander bezogen. Das Reuental-Motiv ist einseitig betont; es wird schon in der ersten und dann noch einmal in der letzten Strophe genannt. [...] Das Bild des Reuentalers ist nur in diesem Sommerlied Neidharts so direkt und so ungünstig gezeichnet [...]. Es ist unwahrscheinlich, daß dieses Lied ein echtes Lied Neidharts ist.«

dern zum untreuen, unsittlichen und am Ende brutalen Frauenhelden, was sie mit dem Schicksal eines anderen Mädchens beweisen möchte. Durch die Nennung der geschwängerten Jiute wird der Reuentaler dargestellt als einer, der in dieser Welt agiert, ohne die für die Mädchen verheerenden Folgen zu beachten.[51] Die Sicht der Mutter ist zwar wiederum subjektiv gebrochen, ist »interessengesteuerte Figurenrede«[52], doch bestärkt sie, was dem Rezipienten in SL 14 schon suggeriert wird: dass der Reuentaler nämlich keineswegs Repräsentant höfischer Werte ist, sein Wissen um diese aber nutzt, um seine Person in den Augen der Mädchen aufzuwerten. Dies kann jedoch nur funktionieren, wenn seine Opfer die eigentliche Konzeption und die Begriffe des höfischen Wertesystems nicht kennen.[53] Durch eine ungleiche Informationsverteilung beim höfischen Rezipienten, dem diese Begriffe vertraut sind, und bei textinterner Figur, hier der Tochter, wird im Lied ein Spannungsverhältnis aufgebaut, das sich manifestiert in zwei völlig diskrepanten Beurteilungen der Figur des Reuentalers. Der Konflikt, der in SL 24 nur angedeutet und in SL 14 in einer Meinungsverschiedenheit zwischen Freundinnen begründet ist, wächst sich hier zum Zerwürfnis zwischen Mutter und Tochter aus: Das *vreude*-Streben des Mädchens führt zur Gefährdung des familiären Ordnungssystems.

### 1.1.5 Sommerlied 21 (R 51/C 109–116)

Der dreistrophige Natureingang von SL 21 weicht in seiner Motivik kaum von der der SLL 24 und 14 ab: Der *chvle winder* (I,1) wird endlich vom Sommer abgelöst, der Heide (II,2), Blumen (II,3) und Wald (III,1) in neuer Blüte erstrah-

---

[51] Eine ungewollte Schwangerschaft bedeutet für die Mädchen natürlich eine soziale Ächtung innerhalb der Dorfgemeinschaft. Die Ansicht von GILOY-HIRTZ, die Folgen des Liebesabenteuers seien »kaum Störfaktor« und »[o]hne dramatische Zuspitzung [...] in den ländlichen Lebenskreis integrierbar«, da sie »das Mädchen nicht aus dem sozialen Gefüge« herauslösten (S. 181), entbehrt jeder Grundlage.

[52] BOCKMANN, S. 153.

[53] Auch GAIER, S. 94, spricht von dem »betont höfischen Vokabular, das der ritterliche Sänger den Mädchen gegenüber benutzt: hier ist die formalistische Seite dieser Minne, denn die Begriffe erscheinen in völlig sinnentleerter Form und werden von den Mädchen so weiterverwendet. Gerade das aber, die falsche Verwendung standeseigener Begriffe durch eine standesfremde niedriger stehende Person, muß in dem Publikum eine weit heftigere Reaktion gegen diesen Mißklang, gegen die Falschheit der Anwendung hervorrufen als wenn die Begriffe und Haltungen im alltäglichen Hofgespräch veräußerlicht auftreten.« GAIER ist hier unbedingt zuzustimmen. Vgl. dagegen GILOY-HIRTZ, S. 180, die die Problematik der Sommerlieder verkennt: »Das Geplänkel zwischen zwei Mädchen [...] wie der Streit zwischen Mutter und Tochter [...] scheinen ohne tiefgreifende Bedeutsamkeit und werden als lebensbezogenes Problem kaum den höfischen Hörer tangieren.«

len lässt. Der Gesang der Vögel wird hier sogar als besonders kunstvoll beschrieben (I,5). Die neu erwachte Natur ruft allseits wieder *vrevde* (I,4) hervor, zentraler Begriff aller bisher untersuchten Natureingänge.

Bleibt die Motivik im Rahmen der bisher besprochenen Lieder, so ergibt sich hinsichtlich der Sprecherinstanz eine Komplizierung. Die erste Strophe korreliert in ihrer Motivik und der Nennung des *vreude*-Begriffs mit den Eingängen der bisher untersuchten Lieder. Dies scheint sich in der zweiten Strophe zu bestätigen, wenn sich der Sprecher mit der 1. Person Plural in die jahreszeitliche Hochstimmung einbezieht. Der Rezipient identifiziert somit den Ich-Sprecher gewohnheitsgemäß mit dem Sänger und *vreude*-Verkünder der übrigen Natureingänge. Zweifel an dieser spontanen Zuordnung lassen erst die Verse II,4f. aufkommen: *wie schon ein wis getowet was, / da mir min geselle zeinem chranze las.* Diese Erinnerung an eine vergangene Begegnung ist eindeutig einer weiblichen Sprecherin zuzuschreiben, also einer *maget.* Im Folgenden läuft der präsentische Natureingang weiter, bis am Ende der dritten Strophe wieder zwei Verse erscheinen, die nicht dem Sänger zugeordnet werden können: *bint dir palde, trovtgespil! / dv weist wol, daz ich mit einem ritter wil* (III,4f.).

Da Teile der Eingangsstrophen eindeutig von einer *maget* gesprochen werden, wäre es sogar möglich, ihr den gesamten Natureingang zuzuschreiben.[54] Da dies jedoch den völligen Wegfall der Sängerrolle bedeuten würde, die sich bisher als integrativer Bestandteil der Lieder erwiesen hat, erscheint es wahrscheinlicher, dass beide, Sänger und Mädchen, zu Wort kommen. Aufgrund des Fehlens einer inquit-Formel ist jedoch nicht eindeutig festzulegen, wo die eine Rede endet und wo die andere beginnt. Setzt das Mädchen mit der zweiten Strophe ein, so würde es den Frühlingspreis des Sängers aufnehmen und komplettieren.[55] Der Tempuswechsel in II,4 legt jedoch nahe, einen Sprecherwechsel erst hier anzusetzen, d. h. der Natureingang gehört dem Sänger, doch am Ende der zweiten Strophe kommt eine Sprecherin zu Wort. Ob diese dann in ihrer Rede fortfährt, so dass ihr die gesamte dritte Strophe gehört, oder ob ihre Rede wieder nur zitathaft in die Sängerrede integriert ist, ihr also nur die Verse III,4f. gehören, ist wieder unklar. Auf jeden Fall verliert der Natureingang durch die Möglichkeit variabler Zuordnung seine Eindeutigkeit und präsentiert sich als Geflecht aus verschiedenen Stimmen und Zeitstufen. Durch diese Vielschichtig-

---

[54] So bei HAUPT und WIESSNER/SAPPLER.

[55] So auch H. BECKER (1978), der die Rede des Mädchens erst in II,4 einsetzen lässt. Die »persönlich gefärbte Sprechweise« der entsprechenden Verse sei als »Signal für den Sprecherwechsel« zu sehen (S. 203).

keit wird der Rezipient, der den Natureingang zunächst der vertrauten Sängerfigur zuschreibt, überrascht und stärker gefordert. Der Verzicht auf eine inquit-Formel ist somit nicht als Defizit, sondern als bewusst eingesetzte »Form der Verwirrung von Sprecheridentitäten«[56] zu lesen. Dadurch, dass Natureingang und Dialogteil fließend ineinander übergehen und klärende inquit-Formeln ausbleiben, tritt die Interrelation von Sänger- und Mädchenrede[57] besonders deutlich hervor.[58]

Was sich in den Eingangsstrophen als eindeutige Aussage des Mädchens erkennen lässt, liegt auf zwei verschiedenen Zeitebenen. Der Ausruf *wie schon ein wis getowet was, / da mir min geselle zeinem chranze las* ist Erinnerung an ein gemeinsames Treffen mit dem *gesellen.* Die sexuell konnotierten Motive des Kranzlesens[59] und der taubenetzten Wiese legen nahe, dass es sich dabei um eine erotische Begegnung handelt. Dass die Sprecherin diese gerne wiederholen möchte, wird durch ihre Aufforderung *bint dir palde, trovtgespil, / du weist wol, daz ich mit einem ritter wil* (III,4f.) deutlich. Das Verlangen nach einem ganz bestimmten Partner, dessen Name seltsam verschleiert ist, erinnert den Rezipienten an Lieder wie die SLL 14 und 24, wodurch eine Identität von Ritter und Reuentaler suggeriert wird. Dessen Herkunft aus einem anderen sozialen Milieu würde hier durch die Bezeichnung ›Ritter‹ erstmals expliziert. Damit wäre der Reuentaler auch mit dem *gesellen* identisch, der dem Mädchen schon einmal zu Liebesglück verholfen hatte, was nach den bisher untersuchten Liedern ins Bild passt.

Der in III,4 adressierten Freundin kommt im folgenden Streitdialog keine Sprecherrolle zu, da sich ihre Funktion darauf beschränkt, als Anwesende die Rede des Mädchens zu motivieren. Als Gesprächspartnerin erscheint vielmehr

---

[56] JAN-DIRK MÜLLER: Ritual, Sprecherfiktion und Erzählung. Literarisierungstendenzen im späteren Minnesang. In: MICHAEL SCHILLING/PETER STROHSCHNEIDER (Hgg.): Wechselspiele. Kommunikationsformen und Gattungsinterferenzen mittelhochdeutscher Lyrik. Heidelberg 1996 (Germanisch-romanische Monatsschrift, Beiheft 13), S. 43–76, hier S. 59 Anm. 50.

[57] Schwer verständlich sind hier die Ausführungen von GOHEEN, S. 358, die behauptet, der Sänger distanziere sich im Natureingang »vom ›Er‹, von der Ritterfigur oder dem von Riuwental, auf den sich das Mädchen bezieht. Damit entsteht eine wohl ironisch gemeinte Distanz zwischen Sänger und Ritter, und ein unmittelbarer Kontakt zwischen Mädchen und Sänger kommt nicht zum Ausdruck.« Der Sänger nimmt im Natureingang überhaupt nicht Bezug auf die Riuwentaler-Rolle, was nicht einer Distanzierung gleichkommt. Der Bezug zwischen Sänger und Mädchen ist kaum von der Hand zu weisen.

[58] In C sind die ersten beiden Strophen ausgetauscht, so dass es hier leichter fällt, den gesamten Natureingang dem Mädchen in den Mund zu legen.

[59] Vgl. FRITSCH, S. 26f.

die Mutter, die das Gespräch der beiden belauscht hat, wie aus einem kurzen Erzählerkommentar hervorgeht (IV,1: *Daz gehort der magde mvter tovgen*). Aus ihrer heftigen Reaktion lässt sich schließen, dass ihr sowohl die Art der von der Tochter erwünschten Begegnung als auch die Identität des Ritters bekannt sind: Das Verhalten der Tochter bezeichnet sie als *wanchel mvt* (IV,3) und fordert sie auf: *wint ein hvtel umb din har!* (IV,4). Durch diese Aufforderung, so Janssen, will sie »der Tochter eine andere Position verleihen, da nur Jungfrauen das Haar offen tragen dürfen, wogegen verheiratete Frauen sowie Mädchen, die gegen die Normen der Moral verstoßen haben, es mit einem Schleier oder einer Haube bedecken müssen«.[60] Die Einstellung der Mutter gegenüber dem Reuentaler entspricht somit der aus SL 18, wobei das negative Bild des Ritters als unmoralischer Verführer hier nicht neu gezeichnet, sondern vorausgesetzt wird. Sein Verhalten wird zwar im Natureingang angedeutet, seine negative Beurteilung durch den Rezipienten ergibt sich jedoch vornehmlich aus dem Bild, das dieser sich aus anderen Liedern gemacht hat. Die Aussagen der einzelnen Sprecher sind Bestandteile eines perspektivischen Puzzles, das nur der Rezipient selbst zusammensetzen kann. Somit wird schon nach der Analyse weniger Texte deutlich, dass der Einzeltext seine volle Bedeutung erst vor dem Hintergrund mehrerer Lieder erlangt:[61] Nur wer den Typus kennt, kann Differenzierungen als solche wahrnehmen, ein Prinzip, durch das sich auch die Lieder des hohen Minnesangs auszeichnen.

Um der Tochter den weiteren Umgang mit dem Reuentaler unmöglich zu machen, verkündet ihr die Mutter schließlich den Entzug der Tanzkleidung und übernimmt damit wieder die Funktion der *huote*. Diese übt sie hier jedoch nicht nur verbal, sondern auch tätlich aus, was eine weitere Konkretisierung und szenische Nutzung des Motivs bedeutet. So nachdrücklich wie ihre Methode ist aber auch die respektlose Replik der Tochter, die in einem brüsken Akt der Emanzipation die Familienhierarchie und damit ihr innerfamiliäres, auf *triuwe* basierendes Verpflichtungsverhältnis in Frage stellt: *Mvter min, wer gap dir daz zelehen, / daz ich ivch miner wæte solde* vlehen[62] [...]? (V,1f.). Durch die gewählte Terminologie weitet das Mädchen die Diskussion zum Rechtsstreit aus und wird dadurch von der Angeklagten zur Klägerin. Als Argument führt sie dabei an, dass ihre Mutter zum Entstehen des Kleides nicht beigetragen, also

---

[60] Janssen, S. 86.

[61] Dies ist nicht dahingehend aufzufassen, SL 18 müsse generisch vor SL 21 entstanden und vorgetragen worden sein; das System der Sommerlieder kann jedoch erst nach der Rezeption mehrerer Texte erfasst werden, eine bestimmte Reihenfolge ist dabei jedoch nicht festgelegt.

[62] *vlegen* R.

auch kein Verfügungsrecht darüber habe. Entschieden fordert sie den Schlüssel, um das versteckte Tanzkleid hervorzuholen.[63]

In den folgenden Strophen wird der Dialog nicht fortgeführt. Stattdessen erfährt der Rezipient in einem präteritalen Erzählbericht vom Ausgang des Streits: Die Tochter öffnet gewaltsam eine Truhe (VI) und entnimmt ihr das Tanzkleid (VII,1f.). Damit kündigt sie endgültig das *triuwe*-Verhältnis zur Mutter auf und setzt ihren Anspruch radikal durch. Der Erzählbericht endet hier in seiner Beschreibung der Vordergrundhandlung, dem Streit zwischen Mutter und Tochter. Der Erzähler weiß aber vom Ausgang dieser Auseinandersetzung, denn er berichtet vom Treffen des Mädchens mit dem Ritter, der hier namentlich genannt wird: *ir gvrtel was ein rime smal. / in des hant von Riwental / warf div stoltze maget ir gykelvehen pal* (VII,3–5). Die Zusammenkunft mit dem Reuentaler,[64] sonst nur futurischer Hintergrund und Zielpunkt der Mädchen, wird hier zum Liedinhalt. Die Hörerüberraschung, die diese Variante erzielen muss, wird verstärkt durch das deutlich erotisch konnotierte Verhalten der Tochter. Das heimliche Aufbrechen der Kleiderkiste, der faltenreiche Rock, der als *smal* bezeichnete (und mit *Riwental* reimende) Gürtel, all das suggeriert sexuelle Bereitschaft,[65] was zusätzlich durch das Motiv des Ballspiels verstärkt wird: Das Zuwerfen ist als »Zeichen der Neigung«[66] zu lesen, der Empfänger erscheint als auserwählter Liebespartner. Auch das Attribut *gykelvehen* unterstreicht den erotischen Charakter des Spiels, steht doch Farbenpracht im sommerlichen Natureingang für naturhaft-sinnliche, erotisch konnotierte *vreude*. Die Tochter löst in diesem Lied also nicht nur ihre innerfamiliäre *triuwe*-Bindung, sondern verstößt durch ihr eindeutiges Verhalten beim Treffen mit dem Reuentaler auch gegen die Normen der Dörperwelt, indem sie durch die Kundgabe ihrer Liebesbereitschaft ihrer *ere* verlustig zu gehen droht.

Die Rollenausprägung des Sängers als Erzähler und Kommentator ist in diesem Ausmaß eine Besonderheit von SL 21, darf jedoch nicht als neu betrachtet

---

[63] In C ist an dieser Stelle eine weitere Strophe überliefert (C 114), die jedoch kontextuell redundant ist. Die erzürnte Mutter verweist auf ihre Autorität (C 114,4: *wan daz vrlop daz ist min*) und verkündet, dass das Tanzkleid in einer Truhe versperrt sei, eine Information, die bereits in der vorhergehenden Strophe anklang und mit der wiederum die folgende Strophe einsetzt.

[64] Dass es sich hierbei wieder um ein Treffen zum Tanz handelt, wird zwar nicht explizit erwähnt, ergibt sich aber aus der Bedeutung des (Tanz-)Kleides im Lied.

[65] Wie in SL 14 wird das Symbol der Jungfräulichkeit also zum Symbol des (potentiellen) Verlustes derselben, ein Vorgang, der sich bereits beim Motiv des Kranzes in SL 18 beobachten ließ.

[66] Edmund Wiessner: Kommentar zu Neidharts Liedern. Leipzig 1954, S. 64. Zum Motiv des Ballspiels vgl. auch Fritsch, S. 85f.

werden, war sie doch bereits greifbar in inquit-Formeln und kurzen narrativen Einschüben. Diese erweisen sich im Nachhinein nicht nur als bloße »Szenenregie«[67], sondern als »Schrumpfformen«[68] längerer narrativer Passagen wie hier in SL 21. Die Funktion des Erzählers wird somit deutlich erweitert, denn er erläutert nicht nur als ›Organisator‹ die Sprecherkonstellation, sondern führt den weiteren Handlungsverlauf fort. Dabei agiert er nicht als expliziter Ich-Sprecher, gibt seinem Bericht somit den Anschein völliger Objektivität. Durch die Wendung ins Präteritum tritt der Sprecher in narrative Distanz zur präsentisch wiedergegebenen Dörperrede und weist »in einen anderen Raum als den präsent gewußten«.[69] Er selbst erscheint dadurch angesiedelt im externen Kommunikationssystem, da er sich als Vermittler der Dörperhandlung ausgibt. Diese kann den Anschein der Unmittelbarkeit nicht aufrechterhalten, so dass dem Rezipienten die Fiktionalität des Vorgetragenen und damit die Inszenierung durch den Sprecher bewusst wird. Die Rolle des Erzählers selbst bleibt jedoch schwer fassbar, da er sich an keiner Stelle, wie mehrmals im Natureingang, als expliziter Ich-Sprecher einschaltet. Erst im Rahmen der realen Aufführungssituation wird er »sinnlich wahrnehmbar in der Person des vortragenden Sängers«,[70] darf jedoch nicht mit diesem identifiziert werden: Die Erzählerrolle muss als eine weitere Ausprägung des textinternen Rolleninventars aufgefasst werden.

Die nur in R (und c) an achter Stelle überlieferte Strophe schließlich schildert, wie die Mutter die Tochter ausgiebig verprügelt und abschließend verwünscht. Differiert die *huote*-Funktion durch die Ausübung durch eine Dörperin ohnehin deutlich von der im hohen Minnesang, so tritt dieser ironische Kontrast hier noch offener zutage, wenn die Mutter handgreiflich wird. Da schon in der vorhergehenden siebten Strophe der Sieg des Mädchens geschildert wird, kann die achte nicht als stringente Handlungsfortführung, sondern nur als alternatives Ende gelesen werden,[71] bilden doch beide mit der Nennung des Reuentalers einen gleichermaßen pointierten Liedabschluss: Die Sprachlosigkeit der Mutter schlägt um in Wut, mit einem *rochen grozzen* (VIII,1) verprügelt sie ihre Tochter. Der Bericht geht dann wieder in direkte Rede über: *daz hab dir des von Riwental. / [...] / nv var hin, daz hivt der tivel ovz dir chal!* (VIII,3–5). Die negative Charakterisierung des Reuentalers und die Verwünschung der Tochter verweisen auf SL 18, in dem ebenfalls die Mutter das letzte Wort hat. Im Ge-

[67] HÄNDL, S. 109.
[68] J.-D. MÜLLER (1996), S. 66.
[69] Ebd.
[70] HÄNDL, S. 109.
[71] Ein eindeutiges Ende bringt hier die Handschrift C, die diese Strophe nicht überliefert und somit wie bereits bei SL 18 abschließt mit dem Sieg der Tochter.

gensatz zur siebten Strophe fährt die achte also mit einer Beschreibung der Vordergrundhandlung fort. Beide Strophen fokussieren das Liedgeschehen abschließend auf die Figur des Reuentalers und unterstreichen die oben getroffene Annahme, dass in III,5 von einem ganz bestimmten *ritter* die Rede war. Der Reuentaler wird im Erzählbericht neutral, in der Mutterrede wieder negativ beschrieben. Beide Abschlussstrophen bilden durch das außergewöhnliche Verhalten der jeweiligen Protagonisten einen im Kontext des Liedes adäquaten, radikalen Abschluss.

SL 21 bietet somit in mehrfacher Hinsicht Kontrastalternativen zu den SLL 24, 14 und 18. Noch stärker als bei diesen steht die im Natureingang postulierte *vreude* im deutlichen Gegensatz zum exzessiven Streit zwischen Mutter und Tochter. Die Figur, an der sich dieser entzündet, ist wieder der diskrepant beurteilte Reuentaler: Um seinetwillen zerwirft sich die Tochter bedingungslos mit der Mutter und setzt dabei ihre gesellschaftliche Achtung aufs Spiel. Ihr Anspruch auf einen höfischen Partner steht jedoch wieder in dissonantem Verhältnis zu ihrem Verhalten, denn letztendlich diskreditiert sie nicht nur sich, sondern auch den Reuentaler als Vertreter höfischer Normen: Beim Rezipienten wird das negative Bild des ›Ritters‹ untermauert, dessen geschildertes Verhalten durchweg sexuell konnotiert ist (Kranzflechten, Ballspiel), zumal eine direkte Verbindung von Reuentaler und Virginitätsverlust suggeriert wird. Die Mutter zeichnet sich durch ihre abschätzige Beurteilung des Ritters zunächst als qualifizierte Vertreterin gesellschaftlicher Normen aus, doch als sie ihre Autorität untergraben sieht, kommt ihre »mangelnde Rollensouveränität«[72] deutlich zum Vorschein, wenn sie zu radikalen, gar nicht höfischen Methoden greift: Die Prügelei erscheint als potentielles Ende der Auseinandersetzung. Wieder wird somit ein Konflikt zwischen höfischer und dörperlicher Wertewelt inszeniert, der beide Pole in einem unaufgelösten Spannungsverhältnis belässt. In SL 21 manifestiert sich diese Dissonanz jedoch weniger in sprachlichen Ambivalenzen[73] als vielmehr in der Diskrepanz von Anspruch und Verhalten der Figuren. Gleichzeitig wird durch eine intentionale Verwirrung der Sprecheridentitäten im Natureingang sowie durch den Ausbau der Erzählerrolle die bewusste Inszenierung des Geschehens deutlich gemacht, so dass das bereits bekannte dekonstruktive Spiel eine neue Pointierung erhält.

---

[72] Lydia Miklautsch: Mutter-Tochter-Gespräche. Konstituierung von Rollen in Gottfrieds *Tristan* und Veldekes *Eneide* und deren Verweigerung bei Neidhart. In: Helmut Brall u. a. (Hgg.): Personenbeziehungen in der mittelalterlichen Literatur. Düsseldorf 1994, S. 89–107, hier S. 106.

[73] In diesem Zusammenhang erscheint die Reduktion der Dörperrede zugunsten der epischen Passagen intentional.

### 1.1.6 Sommerlied 23 (R 53/C 100–108)

Die in R überlieferte Strophenfolge von SL 23 ist nicht unproblematisch: Notwendig zusammengehörige Strophen (III, VII) sind auseinandergerissen und Natureingangsstrophen, deren Zugehörigkeit unklar ist, sind ins Lied hineingezogen. Die Strophenfolge der Hs. C kann kaum zur Klärung beitragen, da hier ein sinnvoller Zusammenhang noch weniger erkennbar ist.[74] WIESSNER begegnet dieser schwierigen Überlieferungslage durch die Umstellung der Blöcke R I–III und R IV–VI, womit sich das Lied als lesbares Ganzes präsentiert: Einem zweistrophigen Natureingang folgt die dreistrophige Resonanz eines Mädchens, das den Frühlingspreis des Sängers fortführt und spezifiziert. In den folgenden vier Strophen alternieren Mutter und Tochter als Sprecherinnen. Mit der ›doppelten‹ Durchführung des Natureingangs durch Sänger und Mädchen erweitert sich die Strophenzahl, so dass SL 23 in dieser Fassung neun Strophen böte. In seiner detaillierten Untersuchung der Überlieferungssituation von SL 23 weist JÜRGEN KÜHNEL[75] jedoch darauf hin, dass die Lösung WIESSNERS, so plausibel seine Strophenanordnung auch ist, Fragen offenlässt: Zum einen will nicht einleuchten, warum der Schreiber seine Verwechslung nicht bemerkt und »korrigierend eingegriffen«[76] hat, zum anderen ist R I (W/S IV) auch in C die Eingangsstrophe des Liedes. KÜHNEL supponiert daher die Existenz zweier alternativer Fassungen: Die erste umfasse die Strophen R I–III + VII–IX, die zweite Fassung ersetze die erste Strophe (R I) durch den Block R IV–VI und bestehe aus R IV–VI + R II–III + R VII–IX.[77] Beide Fassungen sollen einer kurzen Prüfung unterzogen werden.

Die Eingangsstrophen einer möglichen Liedfassung mit dem Liedeingang R I–III erinnern an SL 18, da hier der Sänger selbst nicht zu Wort kommt: Ein Mädchen preist den Gesang der Vögel und das Ende des Winters (I,1ff.), um seine Freundin Wierat zum Tanz unter der Linde aufzufordern (I,4ff. u. II,1). Am Ende der zweiten Strophe drückt die Sprecherin den Wunsch aus, *mit einem hobschen ritter* (II,6) zu tanzen, geschmückt durch einen Kranz aus Rosen. Damit bezieht sie sich wiederum auf die bekannten Appelle des sich *zafens* und des gemeinsamen *reiens*, wobei ihre Bereitschaft nicht nur durch die Rosen- und Kranzmetaphorik (II,3), sondern auch durch die Bekanntheit der Ritterfigur als sexuel-

---

[74] Die C-Fassung des Liedes wird unten gesondert behandelt.

[75] JÜRGEN KÜHNEL: Aus Neidharts Zettelkasten. Zur Überlieferung und Textgeschichte des Neidhartschen Sommerliedes 23. In: RÜDIGER KROHN (Hg.): *Dâ hoeret ouch geloube zuo.* Überlieferungs- und Echtheitsfragen zum Minnesang. Fs. Günther Schweikle. Stuttgart/Leipzig 1995, S. 103–173.

[76] Ebd., S. 109.

[77] Ebd., S. 110f.

le Bereitschaft interpretiert werden kann. Indem das Mädchen den Frühling preist und zum Tanz aufruft, übernimmt es die sonst dem Sänger zugeordnete Rolle des *vreude*-Verkünders, wobei auffällt, dass der *vreude*-Begriff selbst nicht fällt.

Der erweiterte bzw. alternative Natureingang (R IV–VI + R II) beinhaltet nun gerade das, was in der ersten Fassung fehlt: den Frühlingspreis des Sängers, der in R IV und R V die Ankunft der *lieben svmerzit* (V,3) verkündet und dabei typische Naturmotive (Wiese, Blumen, Heide) ausführt, wobei er sich selbst in die allgemeine Hochstimmung einbezieht (IV,1f.). Der Sommer vermittelt wieder ein Bild von Harmonie und *vreude*, und dieser Zentralbegriff fällt in V gleich zweimal, zunächst im Zusammenhang mit dem Gesang der Vögel, dann übertragen auf die Menschen (V,3 + 5).[78] Der Frühlingspreis des Sängers wird im Folgenden von einem Mädchen aufgenommen, das auf die prächtig belaubten Bäume und den Vogelsang hinweist. Dadurch aber, dass die räumliche Perspektivierung dieser Strophe recht undifferenziert ist (*di wisen, di bovme*), ist der Anschluss von II (*Da svl wir vns wider hiwer zweien*) nicht so deutlich wie in der ersten Fassung, weil sich dort das Demonstrativpronomen *Da* eindeutig auf die in I erwähnte Linde bezieht.

Die Strophen R I–V lassen sich also als alternative Vortragsfassungen lesen, die dann bei der schriftlichen Überlieferung ineinandergeschoben wurden. Unabhängig davon aber, welche Fassung man für den Natureingang ansetzt, muss man R II (W/S V) als Ausgangsstrophe für den folgenden Mutter-Tochter-Dialog betrachten, denn der Wille der Tochter *mit einem hobschen ritter* (II,6) am Tanz teilzunehmen, erregt den Unmut der Mutter. Diese versucht, ihrer Tochter den Kontakt mit dem Reuentaler auszureden, jedoch mit einer von SL 18 sich deutlich unterscheidenden Argumentation: Ein Ritter entspreche nicht ihrem sozialen Stand (III,3). Die Mutter unterminiert hier also nicht a priori den Charakter des Reuentalers, sondern verweist darauf, dass eine Verbindung mit ihm der sozialen Hierarchie entgegenstehe. Sie warnt die Tochter daher, sich dem Ritter beim Tanze nicht aufzudrängen, da dieser ein solches Angebot zwar annehmen werde, jedoch nicht mit ehrbaren Absichten. Ihre Bemerkung *dv wirst an dem schaden wol erwnden* (III,5) suggeriert, gerade im Kontext von SL 18, eine ungewollte Schwangerschaft, doch der drohende *schaden* erstreckt sich in SL 23 noch weiter: Das Mädchen läuft Gefahr, durch seine unstandesgemäße Beziehung zum Ritter einer tatsächlichen Heiratschance innerhalb des eigenen

[78] Es ist auffällig, dass die Strophe R V, die den *vreude*-Begriff gleich zweimal bringt, sowohl in C als auch in c nicht auftaucht und damit singulär in R überliefert ist. Es wäre denkbar, dass dieser Befund auf den Eingriff eines R-Schreibers verweist, der die Bedeutung des Begriffs erkannt und sein Ausbleiben durch das Einfügen der Strophe RV bzw. des Strophenkomplexes R IV–VI beheben wollte.

Milieus verlustig zu gehen. Als solchen Kandidaten, der dem sozialen Rang der Tochter angemessen wäre, nennt die Mutter den jungen *mayer* (III,6).

Mit diesem männlichen Vertreter des Dörpermilieus wird der Reuentaler mit einem Konkurrenten konfrontiert, wodurch der bereits bekannte Konflikt variierend erweitert wird. Der dörperliche Bewerber aber kann in den Augen der Tochter nicht bestehen. Wenn sie fragt: *zwiv sol ein gebower mir zeman?* (VII,3) nennt sie nicht dessen eigentlichen sozialen Rang in der Dorfwelt, da er als Meier eine dort übergeordnete Position einnimmt; in Relation zum ›höfischen‹ Konkurrenten sieht das Mädchen schlicht den *gebower* in ihm. Die *maget* degradiert damit das gesamte gesellschaftliche Umfeld, aus dem sie stammt. Sie distanziert sich davon, Angehörige einer solchen bäuerlichen Welt zu sein, indem sie sich selbstbewusst zur angemessenen Partnerin des ›höfischen‹ Reuentalers erhebt (VII,2). Die Vorteile des Ritters definiert sie dabei über die Defizite des Meiers, der sie nicht nach ihrem Geschmack *getrovten* (VII,5) könne. Den Reuentaler hingegen hält sie für den besseren Liebhaber, den sie sich auf Dauer sichern will. Gleichzeitig aber sieht sie in der Verbindung mit dem *ritter* die Möglichkeit für einen sozialen Aufstieg,[79] und diese Aussicht lässt ihr den Meier noch verachtungswürdiger erscheinen (VII,1). Wehrt sich die Tochter in den SLL 18 und 21 vornehmlich gegen den Autoritätsanspruch der Mutter, so geht ihre Anmaßung in diesem Lied deutlich darüber hinaus: Nicht mehr nur die familiäre Ordnung wird negiert, sondern auch die soziale.

Die Mutter aber widerspricht der stolzen Anmaßung der Tochter mit der Feststellung *dv wild al zetvmbe der ritter chvnde vahen* (VIII,2) und weist ihr so deutlich den ihr gebührenden Platz zu, nämlich den neben dem Meier. Dabei fürchtet sie jedoch nicht nur die drohende Entfremdung zwischen sich und der Tochter, sondern einen potentiellen Ausschluss des Mädchens aus dem gesamten sozialen Umfeld, denn das anmaßende Verhalten des Mädchens sei *allen* [...] *vrivnden leit* (VIII,3). Eine solche Entfremdung, ja sogar ein völliges Zerwürfnis nimmt die Tochter für ihr Ziel jedoch in Kauf und verkündet selbstsicher: *ich wil mine vrivnde durch in wagen, / den ich minen willen nie verhal* (IX,2f.). Anders als in SL 14 hat sie also keineswegs *tougen minne* im Sinn, sondern möchte ihr Verhältnis zum Reuentaler publik machen. Die Bereitschaft, alle Brücken hinter sich abzubrechen, zeugt von der großen Selbstgewissheit der Tochter. Sie ist fest davon überzeugt, dass der Reuentaler sie zu ihrem ersehnten Ziel bringt, nämlich dem

[79] Vgl. Janssen, S. 97: »Neidhart spielt hier eventuell mit dem Thema der sozialen Mobilität, dem Aufstieg in eine andere gesellschaftliche Schicht durch die Ehe, denn eine Verbindung mit dem ›ritter‹ wird in den Augen der Mädchen einem solchen Emporkommen gleichgesetzt.«

dauerhaften Entkommen aus dem von ihr verachteten dörperlichen Milieu. Dieses Ziel jedoch steht in diskrepantem Verhältnis zur Realität: Das Zusammentreffen von Mädchen und Reuentaler vollzieht sich beim Tanz unter der Linde, der ja, wie sich bisher in allen Liedern zeigte, ein erotisches Abenteuer, eine naturhafte Liebesvereinigung impliziert. Eine solche Begegnung bedeutet für das Mädchen somit keineswegs einen sozialen Aufstieg, sondern sogar einen Abstieg innerhalb der dörperlichen Welt.[80] Zeichen für ehrbare Absichten von Seiten des Reuentalers kann es nicht nennen; seine optimistische Haltung resultiert nur aus seinem ausgeprägten Selbstbewusstsein und seiner sozialen Zielstrebigkeit: *vber al / mvzzen sin div levte werden inne: / min mv̊t der strebt gein Riwental* (IX,5f.). Der Name *Riwental* fällt zwar erst hier, im letzten Vers des Liedes, doch war schon zuvor klar, um welchen *ritter* es sich handelt. Es fügt sich ins Bild, dass die abschließende Perspektivierung auf den Reuentaler im Gegensatz zu SL 18 positiv ausfällt, stammt sie doch aus dem Mund der Tochter. Sie weiß jedoch nicht, dass der Reuentaler kein wahrer Repräsentant der höfischen Welt ist und somit nicht auf der anderen Seite der Grenze steht, die sie überschreiten will.

SL 23 thematisiert somit wieder das Aufeinanderprallen von höfischer und dörperlicher Welt: Anspruch und Verhalten der Figuren, hier besonders der Tochter, stehen in diskrepantem Verhältnis zueinander. Durch die Einbeziehung einer neuen Figur – des Meiers – wird der bekannte Konflikt jedoch neu inszeniert: Das Aufbegehren der Tochter findet nicht mehr nur auf interpersonaler, sondern auf sozialer Ebene statt, indem sie sich eben von dem durch den Meier verkörperten dörperlichen Milieu abwendet und die vermeintlich höfische Welt des Ritters anstrebt. Während aber das Mädchen seine Argumentation auf dem Gegensatz der beiden Welten aufbaut, wird im Verlauf des Liedes immer deutlicher, dass die Grenzen zwischen der höfischen und der dörperlichen Seite verschwimmen.

Die divergente Überlieferungssituation erfordert auch für SL 23 einen eigenen Blick auf die C-Fassung(en) des Liedes. Die Strophenfolge ist offensichtlich verwirrt, wobei sich einige der Ungereimtheiten wieder durch die Existenz alternativer Fassungen erklären lassen, wie dies KÜHNEL getan hat.[81] In unserem

---

[80] Es steht dem Mädchen keineswegs »frei, über soziale Grenzen hinweg einen idealen Liebhaber zu wählen« (BOCKMANN, S. 167) – seine Wahl hat vielmehr weitreichende Konsequenzen.

[81] KÜHNEL (S. 115f.) nimmt an, dass es sich bei C 100, 101 und 104 um drei alternative Eingangsstrophen handelt, die alle der Strophe 102 voranstehen, die wie in R den Mutter-Tochter-Dialog einleitet. In C ist jedoch zusätzlich die Reihenfolge der Dialogstrophen durcheinandergeraten, die man in der Reihenfolge C 106, 103, 105 und 107 anordnen muss. Hier hat »ein Schreiber oder Redaktor mit großer Wahrscheinlichkeit Strophen mit

Zusammenhang sind nun vor allem im Verhältnis zu R zusätzlich aufgenommene oder fehlende Strophen sowie sinnverändernde Varianten im Wortlaut interessant. Durch die verwirrte Strophenfolge wird – ähnlich wie bei SL 24 – nicht deutlich, ob die Sängerrolle angelegt ist: Lediglich C 101 ist nicht explizit dem Mädchen zugeschrieben, doch auch diese Strophe wird durch den Kontext der sie umgebenden Strophen diesem zugeordnet. Das Singen ist indes durchaus thematisiert, als Ausführende erscheint jedoch Wigerat: *Wigerat, / singe also, daz ich dir iemer lone* (C 100,4f.). Durch das Fehlen von R V bleibt die explizite Nennung des *vreude*-Begriffs aus, was jedoch keine entscheidenden Auswirkungen auf die Funktion des Natureingangs hat: Der Beginn des Sommers wird überschwänglich gefeiert, so dass sich die Gestimmtheit der Sprecher bzw. der Sprecherin nicht von R unterscheidet. Hier wie dort wird das Programm naturhaft-sinnlicher *vreude* zum Ausdruck gebracht.

Während die Vertauschung und Variation einzelner Naturmotive[82] sich nicht sinnverändernd auswirken, ist auf eine weitere Variante hinzuweisen: Die Mutter warnt nicht, wie in R, explizit vor dem unstandesgemäßen Kontakt mit dem Ritter (R III,2), sondern vor *ivngen lúten* (C 106,2). Anstatt der abwertenden Bezeichnung *gebower* bringt C für den Meier mit *Engelber* (C 103,3) einen Namen. Auch die Mutter vertieft den Standeskonflikt nicht weiter, wenn sie sagt: [...] *in kan din niht behůten, / dv wilt an din selbes sinne wůten* (C 105,1f.), anstatt R: [...] *la dir in niht versmahen, / dv wild al zetvmbe der ritter chvnde vahen* (R VIII,1f.). Ist der soziale Kontrast zwischen Ritter und Mädchen in C nicht in so vielen Einzelheiten betont wir in R, so bildet der Gegensatz von höfischer und dörperlicher Welt jedoch auch hier den zentralen Konfliktpunkt des Liedes. Auch in C will das Mädchen aus den engen Grenzen des eigenen Milieus ausbrechen, da es sich dem höfischen Bereich zugehörig fühlt. Ähnlich wie in SL 14 stilisiert sich die Sprecherin zur Minnedame, indem sie höfisch konnotierte Motive wie das der *tougen minne* in ihre Argumentation aufnimmt: *ich minne einen stolzen riter also tŏgen* (C 103,2; vgl. R VII,2: *ia trow ich einem stoltzen ritter wol gehersen*). Dass ihr höfische Vorstellungen völlig fremd sind, offenbart sie, wenn sie ihren Geliebten mit dem Aufruf *min sin strebt gegen Rúwental* (C 107,6) nur wenig später identifiziert.

Mit C 108 schließt sich eine R unbekannte Strophe an, in der die Mutter mit den Worten *nv var hin, dv bist mir gar vnmere* (C 108,2) nach einem Spinn-

gleichen oder ähnlichen Begriffen hintereinandergestellt und dadurch die [...] Strophenfolge so abgeändert, daß die Gesprächsbeiträge der beiden Kombattantinnen weitgehend zu jeweils separaten Strophenkomplexen zusammengezogen worden sind. [...] Auf diese Weise wurde die Dialogstruktur des Liedes vollkommen aufgelöst« (Holznagel, S. 354).

[82] Vgl. etwa R IV,5f./C 101,5f.

rocken greift, um die Tochter zu verprügeln. Durch den abschließenden Erzählerkommentar in C 108,4ff. (*vber al / gab si ir vil starke slege ziere / vnd schiht si gegen Rúwental*) wird die Pointierung auf Reuental gedoppelt, und zwar in zwei völlig verschiedenen Perspektiven. Ähnlich wie in SL 21 sind die Strophen C 107 und 108 wohl als alternative Schlussstrophen zu lesen: In C 107 endet das Lied mit der provokanten Replik der sich lossagenden Tochter, während in C 108 die Mutter die Tochter verstößt, was sie tatkräftig verdeutlicht. In beiden Fällen aber endet das Lied mit dem Ausblick auf den, der die Entzweiung verursacht: den Reuentaler.

Die Analyseergebnisse der Mutter-Tochter-Dialoge SLL 18, 21 und 23 gehen damit in beiden Fassungen in einem wesentlichen Punkt konform: Die im Natureingang verkündete *vreude* wird in den Vordergrundszenen der Lieder nicht eingelöst. Die harmonische Eintracht der Eingangsstrophen verkehrt sich unvermittelt in handgreifliche Streitereien, gegenseitige Verwünschungen und den Zusammenbruch des familiären und sozialen Ordnungssystems. Damit wird deutlich, dass der den Eingangsstrophen zugrunde liegende Prätext, wie er im Anschluss an SL 14 definiert wurde, lediglich instrumentalisiert wird: »Er erweckt Erwartungen von Harmonie und Glück, die sich keineswegs erfüllen müssen oder ins Zwielicht anderer Bedeutungen von *fröide* geraten«, so dass »der *fröide*-Begriff des Prätexes in den Vorgängen der Lieder in dissonante Interpretationen gerät«.[83] Das alle Lieder kennzeichnende dekonstruktive Spiel mit der Opposition von naturhaft-sinnlicher und gesellschaftlich-höfischer *vreude* macht sich damit spezifische Gattungserwartungen des Publikums zunutze: Der Rezipient wird überrascht durch die unerwartete Wendung, die die Lieder nehmen, zumal der ihm bekannte Prätext im Liedverlauf eben nicht einfach destruiert, sondern zur Etablierung eines neuen Typus nutzbar gemacht wird. Wie sich dieses raffinierte Spiel mit literarischen Prätexten bei einer ganz anderen Gattung, nämlich den Kreuzliedern, gestaltet, soll die folgende Untersuchung der SLL 11 und 12 zeigen.

### 1.2 Die Kreuzlieder

Die Sommerlieder 11 und 12 haben sich in der Forschung immer schon besonderen Interesses erfreut, da im Vergleich zu den anderen Sommerliedern ein völlig neuer Aspekt hinzutritt: Beide Lieder setzen sich – in unterschiedlicher Deutlichkeit – mit dem Thema des Kreuzzugs auseinander. So deuteten zahlreiche Beiträge die realpolitischen Anspielungen im Hinblick auf die Biographie

---

[83] WORSTBROCK (2001), S. 88.

Neidharts. Im Mittelpunkt der Diskussion stand dabei das Bemühen, Neidharts Teilnahme an einem bestimmten Kreuzzug – dem Kreuzzug der Jahre 1218–21 nach Ägypten, für den sich die meisten aussprachen,[84] oder dem Kreuzzug von 1228 unter Friedrich II.[85] – zu beweisen. Dass die Lieder jedoch tatsächlich als Beweis für eine Kreuzzugsteilnahme Neidharts zu gelten haben, stellte erstmals URSULA SCHULZE klar in Frage: »Alle Signale für eine Kreuzzugssituation sind derart allgemein, daß sie keine ganz bestimmten Erfahrungen zu erkennen geben, keine weiteren Rückschlüsse erlauben, geschweige denn Neidharts Kreuzzugsteilnahme belegen. Und da für diese jedes außerliterarische Zeugnis fehlt, muß offenbleiben, ob er auf einem Zug dabei gewesen ist oder nicht.«[86] SCHULZE ist hier zuzustimmen, da Versuche einer genauen historischen Verortung zum einen wohl gar nicht möglich, zum anderen nicht gewinnbringend zu sein scheinen. Dass Neidhart mit seinen Liedern auf die besondere Problematik des Kreuzzugs reagiert, steht schließlich außer Frage, unabhängig davon, um welchen Kreuzzug es sich handelt und ob er selbst dabei war. So wurde auch häufig auf den programmatischen Charakter der Lieder verwiesen, die als Anti-Kreuzzugslieder[87] interpretiert wurden, da das Unternehmen Kreuzzug hier ungeschönt dargestellt, ja abgelehnt wird.

Während die historische und die ideologische Dimension des Liedes erschöpfend behandelt wurden,[88] standen Überlegungen hinsichtlich der poetologischen Implikationen eher im Hintergrund.[89] Für die vorliegende Arbeit sind

---

[84] So KARL BERTAU (Neidharts »Bayerische Lieder« und Wolframs »Willehalm«. ZfdA 100 [1971], S. 296–324. Wieder in: BRUNNER [1986], S. 157–195), GAIER (1967) oder REINHARD BLECK (Neidharts Kreuzzugs-, Bitt- und politische Lieder als Grundlage für seine Biographie. Göppingen 1998 [GAG 661]). Heute herrscht darüber, dass Neidhart sich in SL 11 auf diesen Kreuzzug bezieht, weitgehende Einigkeit. Vgl. dazu URSULA SCHULZE: Zur Frage des Realitätsbezuges bei Neidhart. In: EBENBAUER (1977), S. 197–217. Wieder in: BRUNNER (1986), S. 274–294, hier S. 275f.

[85] So WOLFGANG MOHR (Tanhusers Kreuzlied. DVjs 34 [1960], S. 338–355) und SIMON (1968).

[86] SCHULZE (1977), S. 276.

[87] Vgl. etwa ULRICH MÜLLER: Tendenzen und Formen. Versuch über mittelhochdeutsche Kreuzzugsdichtung. In: FRANZ HUNDSNURSCHER/ULRICH MÜLLER (Hgg.) *Getempert und gemischet*. Fs. W. Mohr. Göppingen 1972 (GAG 65), S. 251–280, hier S. 262. MÜLLER bezeichnet das Lied als »Gegensang«, da Neidhart nicht den Kreuzzug, sondern die »Rückkehr nach zuhause« propagiere.

[88] Vgl. dazu auch die Forschungsberichte bei SIMON (1968) und BLECK.

[89] Zu verweisen ist jedoch auf den Beitrag von DOROTHEA KLEIN (Der Sänger in der Fremde. Interpretation, literarhistorischer Stellenwert und Textfassungen von Neidharts Sommerlied 11. ZfdA 129 [2000], S. 1–30), die die poetologische Brisanz von SL 11 erkennt, jedoch weniger im Hinblick auf die Gattungsproblematik.

jedoch gerade diese von Bedeutung, setzt sich der Autor doch nicht nur mit dem historischen Ereignis des Kreuzzugs, sondern auch mit der Gattung des Kreuzliedes auseinander. Diese Auseinandersetzung wird nun aber vor allem dadurch interessant, dass nicht nur Merkmale des Kreuzliedes, sondern auch die anderer Gattungen zitiert werden: des Botenliedes und natürlich vor allem des Sommerliedes. Im Folgenden soll daher die Frage der Auswirkung der vorliegenden Gattungsinterferenz auf die spezifische Machart der Sommerlieder im Vordergrund stehen.

### 1.2.1 Sommerlied 11 (R 12/C 26–33)

SL 11 setzt sich in der Handschrift R aus 11 Strophen zusammen, wobei vier der Strophen als Nr. VII–X am Rand nachgetragen wurden.[90] Echtheit und Reihenfolge der Strophen wurden kontrovers diskutiert, obwohl R, wie zu zeigen sein wird, eine sinnvolle Anordnung bietet.[91] Das Lied beginnt mit einem sommerlichen Natureingang, der jedoch nur sieben Verse umfasst, die über die ers-

[90] Man nahm lange an, die Nachtragsstrophen in R seien anderen, nicht mit dem Hauptschreiber identischen Schreibern zuzuordnen (vgl. etwa BOUEKE, S. 17, und SIMON [1972], S. 203f.), eine Annahme, die sich jedoch als irrig erwiesen hat: Die an den Rändern der Blätter 48ᵛ–57ʳ nachgetragenen Strophen stammen, bis auf einen Nachtrag am Außenrand von Bl. 50ᵛ, der wohl einer »jüngeren Hand aus der 1. Hälfte des 14. Jahrhunderts« (K. SCHNEIDER, S. 228 Anm. 98) gehört, von einem Schreiber.

Alle Nachtragsstrophen in R befinden sich im ersten (R 1–37) der von HOLZNAGEL ausgemachten drei Abschnitte der Sammlung (vgl. oben Kapitel I, Anm. 142). Nur in einigen Fällen ordnete der Schreiber sie, wie im Falle von R 12, durch römische Ziffern oder kleine Buchstaben ein. Ein Teil der Nachtragsstrophen ist mit rötlich-bräunlicher Tinte geschrieben und somit wohl der Quelle des zweiten Abschnitts zuzuordnen. Andere Nachtragsstrophen, wie auch die hier zur Diskussion stehenden, erscheinen in derselben Färbung wie die Abschnitte I und III. Die Annahme, der Schreiber habe diese Strophen bei der Auswertung der Quelle des dritten Abschnitts nachgetragen, liegt damit nahe; sie könnten jedoch auch aus einer weiteren Quelle stammen. Vgl. dazu ausführlich HOLZNAGEL, S. 294–300.

[91] R überliefert insgesamt 11 Strophen, vier davon als nummerierte Nachtragsstrophen. Die meisten Interpreten richten sich nach WIESSNER/SAPPLER, die die Einweisungszahlen der Handschrift nicht berücksichtigen und zusätzlich umstellen. Die Reihenfolge der Strophen in R entspricht folgender Reihenfolge der WIESSNERschen Zählung: I–VII, IX–XI, VIII. Der handschriftlichen Überlieferung trugen ULRICH MÜLLER (Die Kreuzfahrten der Neidharte. Neue Überlegungen zur Textüberlieferung und Textexegese. In: HELMUT BIRKHAN [Hg.]: Neidhart von Reuental. Aspekte einer Neubewertung. Wien 1983 [Philologica Germanica 5], S. 92–128), EDITH WENZEL (1973) und BENNEWITZ-BEHR (1987) Rechnung. Dennoch ist gerade bei diesem Lied bis in die heutige Zeit ein recht unbekümmertes, wenn auch selbstbewusstes Umstellen und Aussondern von Strophen festzustellen (so etwa bei BLECK, S. 27–30).

ten zwei Strophen verteilt sind. Mit ergrünender Heide (I,1), dem Laubkleid der Bäume (I,2) und dem Gesang der Vögel (II,1f.) finden sich dabei zwar typische, jedoch nur wenig ausgeschmückte Naturmotive. Unterbrochen wird der Natureingang durch eine sehr ungewöhnliche Aussage des Sprechers: *min sendiv not / mant mich an div gv̊ten, von der ich vnsanfte schayde* (I,6f.). An die Stelle der gewohnt postulierten *vreude* tritt die *not* – verursacht durch eine noch nicht näher erläuterte Trennung von der *gv̊ten*. Die durch den Natureingang beim Rezipienten aufgerufene Erwartungshaltung wird somit nicht eingelöst.

Die Abwesenheit des Sprechers betrifft jedoch nicht nur die Frau, sondern auch eine andere Personengruppe: *Gegen der wandelvnge / singent wol div vogelin / den vrivnden min, / den ich gerne svnge, / des si mir alle sagten danch* (II,1–5). Der Sprecher agiert hier nicht mehr als Liebender, sondern als Sänger, doch auch in dieser Rolle kann er, obwohl er seinen Erfolg bei seinem Publikum[92] zuhause deutlich macht, im Moment nicht aktiv sein. Den Grund hierfür verrät das Ende der Strophe: *vf minen sanch / ahtent hie die Walhe nieht* (II,6f.). Die Trennung des Sprechers von Freunden und geliebter Frau wird als räumliche gekennzeichnet. Dadurch aber, dass sein Aufenthaltsort nicht nur in der Ferne, sondern auch außerhalb des deutschen Sprachraums liegt, kann er in seiner Rolle als Sänger überhaupt nicht mehr wirken: Das einzig mögliche Publikum, die *Walhen*, versteht ihn gar nicht. Im Ausruf *so wol dir, divtschiv zvnge!* (II,7) artikuliert sich somit »die Sehnsucht des Sängers nach seinem heimischen Publikum«.[93] Die Kürze des Natureingangs ist also im Nachhinein nicht überraschend: Der Sprecher erlebt das Aufblühen der heimatlichen Natur nicht mit, stellt es sich nur vor[94] und kann es somit nur anzitieren. Er ist in der Fremde und sehnt sich als Liebender und als Sänger nach seinem vertrauten Wirkungskreis.

---

[92] Auch in den Winterliedern wird das Publikum des Sängers als *vriunde* apostrophiert (vgl. z. B. WL 24,VII,6). Die hier angesprochenen *vriunde* sind zunächst als liedinternes Publikum des Sängers aufzufassen, da sie, wie die Frau, fiktionsimmanent sind. Vgl. dazu aber KLEIN, S. 5ff., die die *vriunde* als liedexternes Publikum versteht, da Neidhart mit dem Lied »poetologische Reflexionen über die Bedingungen von Minnesang und seine Aufführung« (S. 2) treffen wolle. Wie auch aus anderen Winterliedern und einem anderen Sommerlied (SL 20) hervorgeht, ist eine vorschnelle Identifizierung des externen Publikums mit den *vriunden* bei Neidhart gefährlich (Vgl. dazu die Ausführungen zu SL 20).

[93] KLEIN, S. 6. Neidhart spielt hier an auf Walthers Reichston 9,8: *owê dir, tiutsche zunge* (Zitiert nach: Walther von der Vogelweide. Leich, Lieder, Sangsprüche. 14., völlig neubearbeitete Auflage der Ausgabe KARL LACHMANNS. Mit Beiträgen von THOMAS BEIN und HORST BRUNNER. Hg. von CHRISTOPH CORMEAU. Berlin/New York 1996).

[94] Vgl. auch KLEIN, die den Natureingang ebenfalls als »Phantasie des Sprecher-Ichs« interpretiert (S. 6).

Der Sprecher bekundet nun den Wunsch, die Distanz zur Frau durch einen Boten zu verringern: *Wie gerne ich nv sande / der lieben einen boten dar* (III,1f.). Der verwendete Irrealis impliziert jedoch, dass eine solche Möglichkeit gar nicht vorhanden ist. Dass die Strophen IV–VIII ungeachtet dessen direkt an einen Boten gerichtet sind, kann so gedeutet werden, dass Bote und Auftrag vom Sprecher imaginiert sind.[95] Im Verlauf dieses Botenauftrags erschließt sich nun sukzessive der Ort, an dem sich der Sprecher befindet. Der Bote müsste in die Heimat *vber se* (IV,2) geschickt werden. Der Auftrag des einen Sprechers weitet sich im Folgenden aus zu einem Auftrag von *vns* (IV,5), und dieses Kollektiv wird spezifiziert: *vns pilgerime* (VI,5). Dem Rezipienten erschließt sich hier, was in der zweiten Strophe nur vermutet werden konnte: Der Sprecher ist Kreuzfahrer in der Fremde, und um das Heer steht es nach eigenem Bekunden nicht gut: *so sag wi we / vns die Walhen haben getan* (VI,6f.).

Die Botschaft aus der Fremde richtet sich sowohl an die Frau als auch an die Freunde. Der *lieben* (III,2), *seneden* (III,5) Frau ist der Sprecher nach eigenem Bekunden *mit stæter*[96] *liebe* (III,7) zugetan. Er sagt ihr seinen *willechlichen dienst* (V,2) zu und setzt sie in seiner Liebe vor alle anderen *vrowen* (V,5). Zeichnet er hier einen Liebesdienst nach den Regeln des höfischen Minnesangs, so muss es den Rezipienten doch erstaunen, wohin der Bote mit dieser hehren Nachricht geschickt wird: nicht etwa an einen Hof, sondern geradewegs ins *dorf* (III,4),[97] wodurch die Frau nicht der höfischen, sondern der dörperlichen Welt zugeordnet wird. Und auch die Bezeichnung *meisterinne* (V,1) steht in deutlichem Kontrast zu einem höfischen Umfeld.[98] Dieser Inkongruenz der

---

[95] So auch schon WIESSNER, Kommentar, S. 24 (»Zunächst äußert der Dichter nur einen sehnsüchtigen Wunsch [...], der dann in den Strophen 4–7 phantasievoll ausgesponnen wird«), und KLEIN, S. 7.

[96] *stæte* R.

[97] Dadurch, dass Frau und Freunde im Dorf angesiedelt sind, wird der fiktionsimmanente Charakter der Freunde betont, d. h. auch sie müssen zunächst als textinterne Figuren gelesen werden. Ein Wechsel zwischen der Adressierung von Frau und Freunden darf daher nicht a priori als Wechsel zwischen »Text-Ich und Performanz-Ich« (KLEIN, S. 12) gelesen werden – das Publikum des textexternen Sängers sind nicht die Freunde im Dorf!

[98] Über die Bedeutung des Begriffs ist viel diskutiert worden. Eine Übersicht zu den Forschungsstimmen findet sich bei HÄNDL, S. 91 Anm. 18, die zu dem Ergebnis kommt: »Die Möglichkeiten reichen von der obersten Magd (eine Art Haushälterin?) bis zur Ehefrau [...] des Reuentalers. Vielleicht handelt es sich hier um eine von Neidhart bewußt eingesetzte Ambivalenz?« Sicher ist, dass die Bezeichnung *meisterinne* für die höfische *vrouwe* »im Minnesang vor N.« nicht belegt ist (WIESSNER, Kommentar, S. 24). In den Sommerliedern taucht der Begriff ein weiteres Mal auf (SL 13).

Begriffe kann »autoreferentielle Funktion«[99] zugeschrieben werden, lässt sich hierin doch neben dem Natureingang wieder ein typisches Merkmal der bisher untersuchten Sommerlieder fassen, aber in umgekehrter Sprecherkonstellation: Der Sänger geriert sich als höfisch Liebender, enttarnt jedoch seine Geliebte als Dörperin und damit auch sich selbst. Es ist auffällig, dass der Sprecher sich gerade an dieser so wichtigen Stelle appellativ an sein Publikum wendet, es zu besonderer Aufmerksamkeit auffordert (III,3: *nv nemt des war*). Diese Aufforderung scheint jedoch nicht mehr dem fiktionsimmanenten Publikum der *vrivnde* zu gelten, sondern einem anwesenden Publikum, dem der Aufführungssituation, das quasi zum Erkennen der Inkongruenz aufgefordert wird. Da dies aber nur einem höfischen Publikum zuzutrauen ist, das die Folie des hohen Minnesangs und andere Sommerlieder Neidharts kennt, scheint es mir unwahrscheinlich, dass das Lied tatsächlich in der Fremde vorgetragen wurde, und ich halte einen Vortrag vor heimischem Publikum für wahrscheinlicher. Dadurch aber wird die Fiktion der Abwesenheit des Sängers aufgehoben – eine Entwicklung, über deren Auswirkungen nach einer Interpretation der übrigen Strophen zu diskutieren sein wird.[100]

In den Strophen IV und VI ergeht ein Auftrag an die *vrivnde*, die der Sprecher über sein persönliches Trennungsleid (IV,3f.: *mir tvt vil we / sendiv arbeite*) als auch über die Situation des Heeres informiert (VI,6f.). Dabei betont er, die Daheimgebliebenen könnten die Pilger in Kürze wieder zu Hause erwarten, was dort Anlass zu *vrovden* geben werde: *in chvrtzen tagen / sehens vns mit vrovden dort* [...] (IV,7). Dabei können die *vrivnde*, gerade auch durch die in Strophe VI befindliche Wendung von *vrevnden vnde magen* (VI,1), als sorgenvolle Freunde und Verwandte angesehen werden. Im Zusammenhang mit Strophe II deutet sich jedoch eine weitere Interpretation an, erscheinen die Freunde doch dort als fiktionsimmanentes Publikum des Sängers, das in seiner Abwesenheit auf den Gesang verzichten muss. Die Rückkehr des Sängers vom Kreuzzug bedeutet somit auch *vreude* durch die Wiederaufnahme seines Singens. In der siebten Strophe schließt der Sprecher seinen Botenauftrag mit der Bitte um schnelle Ausführung und einem erneuten Versprechen seiner baldigen Rückkehr ab. Sein schmerzliches, verzweifeltes Verlangen nach der Heimat wird da-

---

99 KLEIN, S. 7.

100 Auch KLEIN (S. 8) widmet sich der Frage, um welches Publikum es sich hier handelt. Dabei führt sie drei Möglichkeiten an: (a) Der Sänger spricht das heimische Publikum, die *vriunde* (bei KLEIN als textexternes Publikum verstanden!) »in ihrer Absenz« an. (b) Das Lied ist an ein Publikum vor Ort in der Fremde gerichtet, an die Pilger, oder (c): Das Lied wird den Hörern in der Heimat vorgetragen, wodurch das Verweilen des Sängers in der Ferne als Fiktion enttarnt wird.

bei nochmals deutlich: *den lieben tach / lazz vns got geleben, daz wir hin heim ze lande strichen!* (VII,6f.). Gott, in dessen Namen die Pilger unterwegs sind, wird nicht etwa um ein Gelingen der Sache oder um Durchhaltevermögen gebeten, sondern um das bloße Überleben, um heimkehren zu können.

Mit dem Botenauftrag bedient sich Neidhart eines typischen und häufig verwendeten Motivs des frühen und hohen Minnesangs. Dabei ist auffällig, wie eng Neidhart in seinen Formulierungen an solche Botengespräche anknüpft.[101] Die Funktion des Motivs differiert hingegen wesentlich. Im Minnesang vor Neidhart spielt der Bote[102] insofern eine wichtige Rolle, als er das Verhältnis zwischen Mann und Frau indirekt verdeutlicht. Dabei wandelt sich seine Rolle: In Liedern des frühen Minnesangs hat er die Funktion, die ausschließlich räumliche Trennung der Liebenden, denen die Gesellschaft im Wege steht, zu überwinden. Mann und Frau lassen sich hier – oft im Wechsel – ihre gegenseitige Liebe übermitteln, der Bote kann die räumliche Distanz verringern.[103] Im hohen Minnesang hingegen liegen die Gründe für die Trennung der Liebenden weniger an einer äußeren Trennung, als vielmehr in den Liebenden selbst. Die Frau selbst hat die Regeln der Gesellschaft in einem solchen Maße verinnerlicht, dass sie einen Kontakt zum Mann ablehnt, um ihrer Ehre nicht verlustig zu gehen. So wird, etwa bei den Frauenliedern Reinmars, die Distanz zwischen den Minnepartnern durch die Figur des Boten gerade verstärkt, da eine wirkliche Botschaft gar nicht zustande kommen kann.[104] Der Bote verliert so seine ursprüngliche Funktion als tatsächlicher Mittler und verdeutlicht die Unmöglichkeit einer Kommunikation zwischen den Minnepartnern. Die sich wandelnde Rolle des Boten ist somit Teil des sich wandelnden Diskurses über die Bedingungen von Minne.

In SL 11 tritt der Bote nun in einer völlig anderen Rolle auf. Die Distanz des Sängers zur Frau ist keine, die in irgendeiner Form mit gesellschaftlichen Normen in Verbindung steht – der Sänger bewegt sich ja mit seiner Wahl einer Dörperin gerade außerhalb der höfischen Sphäre. Das Verhältnis zwischen den beiden erscheint unproblematisch, ihr Zusammensein wird ausschließlich durch

---

[101] Vgl. z. B. Reinmar MFMT 178,8: *Vrâge er, wie ich mich gehabe* (Neidhart VI,2: *sag, daz ich mih wol gehab!*); Hartmann MFMT 215,5: *Du solt ime mînen dienest sagen* (Neidhart V,1f.: *Sag der meisterinne / den willechlichen dienst min*).

[102] Zur Funktion des Boten allgemein vgl. Franz Viktor Spechtler: Die Stilisierung der Distanz. Zur Rolle des Boten im Minnesang bis Walther und bei Ulrich von Liechtenstein. In: Gerlinde Weiss/Klaus Zelewitz (Hgg.): Peripherie und Zentrum. Studien zur österreichischen Literatur. Fs. Adalbert Schmidt. Salzburg u. a. 1971, S. 285–310.

[103] Vgl. etwa Dietmar von Aist MFMT 32,13ff.

[104] Vgl. besonders Reinmars Frauenlieder XXVII (MFMT 177,10) und XXVIII (MFMT 178,1) und dazu die Interpretation von Hausmann (S. 207–223).

eine temporäre räumliche Trennung verhindert.[105] Ebenso macht die Tatsache, dass der Bote auch eine Nachricht an die Freunde überbringt – diese Rolle des Boten ist völlig neu –, deutlich, dass der Bote hier seine ursprüngliche Funktion verliert, da durch ihn keine Positionsbestimmung im Hinblick auf die Beziehung Mann – Frau vorgenommen wird. Der Sänger imaginiert den Boten vielmehr in der Absicht, seine als Leid empfundene Distanz zur Heimat zu überwinden und sich im (fiktiven) Botengespräch Frau und Freunde vor Augen zu rufen.[106]

Der Botenauftrag bricht nach Strophe VII ab.[107] Die dort abschließend geäußerte Hoffung des Sängers auf baldige Heimkehr führt nun in Strophe VIII zu weiteren Ausführungen des Sprechers über sein im Hinblick auf die aktuelle Gefahr erhofftes[108] zukünftiges Leben. Wurde in den Strophen II–IV abwechselnd seine Bedeutung als Liebender und Sänger für Frau bzw. Freunde in der Heimat betont, so werden diese beiden Rollen in Strophe VIII verknüpft: *Solt*

[105] So auch KLEIN, S. 5, die betont, dass »die Verwirklichung des Liebesglücks nicht an den ideologischen Voraussetzungen des hohen Minnesangs scheitert, sondern allein an der räumlichen Distanz«.

[106] Zur Rolle des Boten vgl. auch HÄNDL, S. 113: »Das Sänger-Ich stellt über den Boten die Verbindung zur Heimat her [...] und kann durch diesen Kunstgriff sowohl rück- als auch vorausblickend auf die positive Besetzung der Liebhaber- und Künstler-Rolle in der gewohnten Natur-, Dorf- und Tanzsituation der SL hinweisen.« HÄNDL ist hier nicht ganz zuzustimmen, da die »positive Besetzung« der genannten Rollen, die HÄNDL zu Recht betont, nicht zwingend an die Botenrolle geknüpft ist: Sie findet in den Strophen II, VIII und IX auch außerhalb des Botenauftrages statt. Das Botenmotiv muss hier im Zusammenhang mit der negativ besetzten Kreuzfahrersituation gelesen werden, was bei HÄNDL nur am Rande geschieht.

[107] Die Entscheidung HAUPTS/WIESSNERS, die in R am Schluss stehende Strophe als Strophe VIII zu führen, wurde von den meisten Interpreten übernommen. Dieser Eingriff gegen die handschriftliche Zuweisung der Nachtragsstrophen hat zwei Gründe: Zum einen wird in dieser Strophe das Botenmotiv abgeschlossen; zum anderen schließt das Personalpronomen *ir* in Strophe VIII (W/S IX) direkt an die Schlusszeile der elften Strophe (W/S VIII) an (*bei der wolgetanen* [...]). Ich halte diese Argumente jedoch nicht für ausreichend, um gegen die Überlieferung umzustellen. Zum einen bietet die handschriftliche Strophenfolge ebenfalls eine sinnvolle Reihenfolge, zum anderen zeichnet sich dieses Lied auch in den übrigen Strophen ja gerade nicht durch lückenlosen Zusammenhang und klare Übergänge aus, sondern vielmehr durch gedankliche Sprünge und überraschende Wendungen. Auch KLEIN bezweifelt die von R wiedergegebene Strophenfolge. Ihre Argumentation kann jedoch nicht überzeugen: Der Wunsch des Sängers zu *alten* (R VIII,1) setze voraus, dass »seine physische Existenz bedroht ist« (S. 28), eine Erfahrung, die in R XI,5 artikuliert werde. Zum einen sind aber der Wunsch des Sängers und seine Bedrohung keineswegs notwendig verbunden, zum anderen beinhalten auch die Strophen VI und VII Elemente der Bedrohung.

[108] Dabei verlässt Neidhart jedoch keinesfalls »die Ebene der Fiktion« (KLEIN, S. 13), denn ob Neidhart selbst um seine Rückkehr bangen musste, ist völlig ungesichert.

*ich mit ir nv alten, / ich het noch etteslichen don* / vf[109] *minne lon / her mit mir behalten, / des tovsent hertz wrden geil* (VIII,1–5). Erfolg als Liebender und als Sänger werden gleichgesetzt. Der Sänger verspricht so einerseits der Frau dauerhaften Minnedienst, seinen Zuhörern viele weitere Lieder. Aber obwohl die Frau hier als *wolgetane* angesprochen wird, stellen sich aufgrund der in Strophe III und V hergestellten Identifizierung dieser Frau als Dörperin Zweifel ein den erhofften *lon* und das *heil* betreffend. Der Erfolg bei der Frau verspricht dem Sänger Erfolg im Beruf: *min gewerft sol heiles walten* (VIII,7). Dadurch aber wird der »im Minnesang des 12. Jahrhunderts vielfach verwendete Topos vom Liebesleid, das den Sänger nötigt zu singen, [...] in sein Gegenteil verkehrt«.[110] Hoher Sang ist kaum von einem zu erwarten, der seine Adressatin, die ihm reichlich Lohn zukommen lässt, im Dorf antrifft. Vor der Folie anderer Sommerlieder kann zudem die Zusicherung des dauerhaften Dienstes (VIII,1: *Solt ich mit ir nv alten*) nicht ernst genommen werden, da der Sänger sich in diesen als Reuentaler nicht eben durch Exklusivität seiner Liebesverhältnisse hervortut.

Im Folgenden wird ein Vorgeschmack darauf gegeben, was im Dorf nach der Rückkehr des Sprechers zu erwarten ist: *Si reyen oder tanzen, / si tvn vil manigen weiten schrit, / ich allez mit* (IX,1–3). Der Tanz in der dörperlichen Heimat ist die Zukunftsvision des Sängers, eine Vision, die uns wieder ganz nah an die vertraute Welt der Sommerlieder heranführt: Hier ist der Sänger nicht nur Mitglied der tanzenden Gemeinschaft, sondern fordert zum Tanz auf und stimmt selbst zum Lied an. Mit dem *gewerft* des Sprechers, das am Ende der vorhergehenden Strophe genannt wurde, wird somit indirekt auf seine Rolle als *vreude*-Verkünder und Sänger beim sommerlichen Tanz verwiesen. Dass die Ausübung dieser Rolle durch die räumliche Ferne verhindert wird, ist abermals betont: Zunächst müsse die Heimkehr nach Österreich bewerkstelligt werden, dann erst könnten sie dort wieder tanzen (IX,4ff.).

Die dem Kreuzzug gegenüber ablehnende Haltung des Sängers resultiert also zum einen aus seiner Trennung von der geliebten Heimat. Zum anderen wurde

---

[109] Schwer leserlich R, *vf* C.

[110] KLEIN, S. 14. Die hier behandelte Strophe bildet das Kernstück von KLEIN's Untersuchung. KLEIN versteht die Strophe als chiffrierte Aussage über Neidharts Liedkunst. Als zentrales Thema des Liedes sieht sie »die wechselseitige Abhängigkeit von Künstler und Publikum« (S. 21). Dass Aussagen über die Situation des liedinternen Sängers als Künstler und sein Verhältnis zum Publikum auch auf die externe Kommunikationssituation abzielen, liegt nahe. Im Hinblick auf die Frage nach einer möglichen Aussage Neidharts über seine eigene Situation als Künstler sei verwiesen auf KLEINS interessante Ausführungen. Im Rahmen der vorliegenden Fragestellung sollen zu einem so frühen Zeitpunkt der Untersuchung jedoch noch keine Aussagen bezüglich der Autorintention getroffen werden.

bereits in den Strophen II und vor allem VI angedeutet, dass das Problem nicht nur in seiner Abwesenheit dort, sondern auch in der Situation hier, im Kreuzfahrerheer bei den *Walhen*, begründet ist. In dieser Hinsicht findet der Sprecher in der zehnten Strophe die deutlichsten Worte und macht unmissverständlich klar, dass er die Kreuzzugssituation eindeutig ablehnt, wofür er nun noch radikalere Worte findet: *Er dvnchet mich ein narre, / swer disen ovgest hie bestat* (X,1f.). Statt des Ausharrens empfiehlt er in der Rolle des Ratgebers (X,3: *ez wær min* rat[111]) die Heimkehr (X,3–5), denn: *nindert wær ein man baz dann da heim in siner pharre* (X,7). Vor der Folie traditioneller Kreuzzugslyrik sind das harte Worte. Im Kreuzlied vor Neidhart[112] steht der Sänger vor einer ethisch-religiösen Entscheidung zwischen Gottes- und Minnedienst. Die Treuebindung an die Frau und an Gott sind für den Sänger gleichermaßen existentiell, das Lied dient der Abwägung dieser beiden Parameter. Die Komplexität der Lieder reicht dabei vom Aufruf zum Kreuzzug[113] über eine abwägende Gegenüberstellung beider Aufgaben[114] bis zur Diskussion über Möglichkeiten und Aufgaben der Bereiche Minnesang und Kreuzzug überhaupt.[115] Von einem Diskurs dieser Art kann bei Neidhart jedoch keine Rede sein. Zum einen agiert der Sprecher bereits aus der Fremde, d. h. die Entscheidung für den Kreuzzug ist bereits getroffen. Dass für diese Entscheidung jedoch nicht der Vorrang Gottes gegenüber der Frau ausschlaggebend war, wird deutlich: Die ideologischen Implikationen der Kreuzfahrt werden nicht einmal angedeutet, so dass »eine Desillusionierung ohne Rekurs auf sinngebende Gesichtspunkte«[116] stattfindet. Der Name Gottes fällt nur einmal, und hier nur in der Bitte, die Heimkehr zu ermöglichen. Die Situation der Pilger wird negativ dargestellt, wer als Kreuzfahrer ausharrt, wird nicht als treuer Gottesdiener, sondern als lebensmüder Narr bezeichnet. Mit dem Ausruf *nindert wær ein man baz dann da heim in siner pharre* (X,7) erteilt der Sprecher der Kreuzzugsidee die klarste Absage, da er die Bestimmung des

---

[111] *tot* R, *rât* H/W mit c *rate*.

[112] Zum Kreuzlied allgemein: Maria Böhmer: Untersuchungen zur mittelhochdeutschen Kreuzzugslyrik. Rom 1968. Wolfgang Haubrichs: *Reiner muot* und *kiusche site*. Argumentationsmuster und situative Differenzen in der staufischen Kreuzzugslyrik zwischen 1188/89 und 1227/28. In: Rüdiger Krohn u. a. (Hgg.): Stauferzeit. Geschichte, Literatur, Kunst. Stuttgart 1978, S. 295–324.

[113] Vgl. etwa Friedrich von Hausen Lied VI: *Mîn herze und mîn lîp diu wellent scheiden* (MFMT 47,9) oder Hartmann von Aue Lied XVII: *Ich var mit iuwern hulden* (MFMT 218,5).

[114] Vgl. etwa Albrecht von Johansdorf Lied XIII: *Guote liute, holt die gâbe* (MFMT 94,15).

[115] Vgl. Reinmar Lied XXXI: *Des tages dô ich daz kriuze nam* (MFMT 181,13).

[116] Schulze (1977), S. 283f.

Einzelnen im religiös-privaten Raum sieht, nicht im Dienste Gottes »in der großen Welt«.[117]

Die Schlussstrophe präsentiert sich als vielschichtiges Finale. Mit dem Satz *Ob sich der bot nv sovme, / so will ich sælbe bot sin* (XI,1f.) hebt der Sprecher die ohnehin imaginierte Rolle des Boten völlig auf. Dabei bestätigt sich die Funktion dieser Figur, die lediglich auf die Annäherung des Sprechers an die sehnlich vermisste Heimat abzielt: Der Bote genügt ihm nicht, die abschließende Erkenntnis der vorhergehenden Strophe bestärkt ihn in der Absicht, selbst in seine Pfarre heimzukehren. Die Situation in der Fremde wird zudem unerträglich, das Heer ist am Ende. Und eine weitere Aussicht lässt den Wunsch nach einer Heimkehr dringlich erscheinen: *bei der wolgetanen læge ich gern an minem rovme* (XI,7). Der Platz des Sängers ist im Bett der Frau daheim in seinem Dorf, was sein Liebesverhältnis endgültig als dörperliches, nicht als höfisches ausweist. Zudem impliziert diese Schlussbemerkung »Distanz des Sängers vom Kreuzzugsgeschehen; sie bringt entschieden zum Ausdruck, wohin der Sänger gehört, eben zur Geliebten und nicht auf den Kreuzzug«.[118]

Die Verknüpfung der Gattungen Kreuz-, Boten- und Sommerlied geschieht in SL 11 auf komplexe und raffinierte Weise. Alle Gattungen werden anzitiert, ohne wirklich eingelöst zu werden: Der Sprecher ist Kreuzfahrer, doch er ist bereits in der Fremde. Anstatt den Kreuzzug zu propagieren oder zu diskutieren, ruft er zur Rückkehr in die Heimat auf. Dabei sprechen seine desillusionierten Ausführungen zur Situation des Heeres und seine abfälligen Bemerkungen über die, die bleiben wollen, dem ideologischen Hintergrund des Unternehmens Hohn. Ein ethisch-religiöser Diskurs des Verhältnisses Gottes- und Minnedienst findet so überhaupt nicht statt.[119]

Ebenso wie das Motiv des Kreuzzugs anzitiert, aber nicht im traditionellen Sinne eingelöst wird, verfährt Neidhart mit dem des Boten. Dieser verliert zunächst seine gattungspoetologische Funktion, die er im hohen Minnesang in-

---

[117] KLEIN, S. 18. Nicht nachvollziehbar sind daher die Ergebnisse der biographisch ausgerichteten Interpretation FRIEDRICH-WILHELM WENTZLAFF-EGGEBERTS (Kreuzzugsdichtung des Mittelalters. Studien zu ihrer Geschichte und dichterischen Wirklichkeit. Berlin 1960), der »Gott und eine christliche Auffassung von Rittertum« als bestimmende Werte in Neidharts Weltbild hervorhebt (S. 309) und den Dichter »das Kreuz aus Verantwortung vor Gott« (S. 307) ergreifen lässt.

[118] KLEIN, S. 13.

[119] Der Schluss, es mangele »Neidhart an der Möglichkeit, die geistigen Ideale als das Eigentliche zu sehen und zugleich Gottes Herrlichkeit in menschlicher Schwäche [...] zu erkennen« (ROSWITHA WISNIEWSKI: Kreuzzugsdichtung. Idealität in der Wirklichkeit. Darmstadt 1984 [Impulse der Forschung 44], S. 101), zielt weit an der Intention des Liedes vorbei.

nehat, da er nur noch der Verringerung der räumlichen Distanz des Sängers zur Heimat dient. Dabei ist ungewöhnlich, dass die Botschaft nicht ausschließlich der Frau, sondern ebenso den Freunden gilt. Doch auch diese neue Aufgabe büßt der Bote ein, wenn der Sänger dessen Funktion selbst einnehmen will und sogar die ohnehin nur imaginierte Botschaft negiert, da er selbst heimkehren möchte. Die Dringlichkeit dieses Wunsches steht in direkter Verbindung mit der Unerträglichkeit der Situation des Heeres, wodurch deutlich wird, dass das Botenmotiv dem Kreuzzugsmotiv funktionell untergeordnet ist.

Haben wir es also mit einem Anti-Kreuzzugslied zu tun? Die programmatische Dimension des Liedes kann sicherlich nicht angezweifelt werden, doch ist sie nur ein Aspekt. Der Sänger entwirft neben der Darstellung seiner unerträglichen jetzigen Situation noch ein anderes Bild, nämlich die Zukunftsvision des sommerlichen Tanzes in der Heimat. Hiermit lässt sich ein wesentliches Merkmal der bisher analysierten Sommerlieder fassen: Der Tanz bildet einen futurischen Hintergrund, den Zielpunkt, auf den hin das Geschehen perspektiviert ist. Der Vordergrund freilich ist umbesetzt, statt eines Dörperdialoges findet sich ein Sängermonolog. Ebenso wie in den Dörpergesprächen ist aber auch hier eine Situation beschrieben, die in deutlichem Kontrast zur jahreszeitlichen *vreude*-Stimmung steht. Doch der Sänger schafft noch eine andere, ebenso wichtige Parallele: Er, der momentan erfolglose und geschundene Kreuzfahrer, inszeniert sich als einer, dem in der Heimat uneingeschränkter Erfolg als Liebender und Sänger zukommt. Nur in der Fremde wird seine Sangeskunst nicht honoriert, daheim jedoch gehört ihm der Dank eines großen Publikums, doch vor allem der Dank der einen, die er *stæter liebe* versichert. Durch die Abwesenheit des Sängers ist somit nicht nur seine eigene *vreude* in *not* verwandelt, sondern auch die der Zurückgebliebenen – der Frau, aber vor allem der *vriunde*. Die so sehr ersehnte *vreude* kann nur als antizipierter Moment erlebt werden, als Vision des zukünftigen Tanzes. Die Kreuzzugsthematik wird dadurch funktionalisiert und dient dazu, den Erfolg des Sängers zuhause ex negativo zu bestätigen:[120] Der Sprecher definiert sich nicht als Kreuzfahrer, sondern als – zur Zeit verhinderter – Künstler.

---

[120] So auch HÄNDL, S. 101, die erkennt, dass die »Kreuzzugsthematik hier eine untergeordnete Rolle spielt«, da Sänger- und Liebhaberrolle dominieren. Ganz anders GAIER, der dem Lied, das »mitten aus der Misere des Kampfes in mörderischem Klima« stamme, ein »präzises politisches Ziel« (S. 11), nämlich die Heimkehr vom Kreuzzug, zuschreibt. Die Bedeutung der Sommerliedthematik erkennt GAIER nicht, ja er sieht in der Strophe X sogar einen »Abstieg«, da das dort verwendete Präsens »nur jeweilige Möglichkeit bedeute« (S. 14). GAIERS Überzeugungskraft leidet nicht zuletzt auch unter der ständigen Vermengung der Rezeptionsebenen, da er »Neidhart« manchmal »mit unverstellter Stimme sprechen« (S. 12) lässt, dann aber wieder die Fiktionalität der Sprecherrolle heraushebt.

So wie sich der Rezipient in den bisher untersuchten Sommerliedern durch die häufig diskrepanten Aussagen von Sänger, Mutter und Tochter kein eindeutiges Bild vom Reuentaler machen konnte, muss er auch und gerade in diesem Lied erkennen, dass die Sängerfigur seltsam widersprüchlich bleibt: Die Selbstinszenierung zielt keineswegs auf eine klare Stilisierung zum höfischen Sänger ab, sondern bleibt ambivalent, da alle anzitierten Sprecherrollen deutliche Diskrepanzen aufweisen: In der Rolle des Kreuzfahrers präsentiert er sich als jemand, dem die ethisch-religiösen Prinzipien der Kreuzzugspropaganda fremd sind, der nur darauf aus ist, seine eigene Haut zu retten. Auch in der Rolle des scheinbar so erfolgreichen Sängers und Liebenden – die Rollen sind hier verknüpft – kommen dem Rezipienten Zweifel: Sein als hohe Minne deklarierter Liebesdienst gilt einer Dörperin, deren Lohn eher körperlicher als ideeller Natur zu sein scheint. Das *gewerft* des Sängers wird somit nicht im Vortrag traditioneller Minnelieder zu sehen sein, sondern in der Aufforderung zur *vreude* beim sommerlichen Tanz unter Dörpern, wovon er hier im Natureingang und in der Referenz auf das Tanzgeschehen nur einen Ausschnitt bieten kann. Das Sänger-Ich der Sommerlieder, das naturhaft-sinnliche *vreude* verkündet, ist den Rezipienten aus anderen Liedern hinreichend bekannt.

Die Komplexität des Liedes schlägt sich auch auf die Rezeptionssituation nieder. In dem Moment nämlich, in dem das Lied vor einem höfischen Publikum zuhause zum Vortrag kommt, wird die Fiktionalität des Vorgetragenen deutlich. Dies betrifft zunächst vornehmlich die Kreuzfahrerrolle, denn der Sänger befindet sich ja zum Zeitpunkt der Aufführung eben nicht in der Fremde, wodurch die Kommunikationssituation ad absurdum geführt wird. Zudem wird im Lied explizit auf einen Adressatenkreis verwiesen, den der Sänger als sein eigentliches Publikum definiert: die *vriunde*. Das höfische Publikum der externen Kommunikationssituation wird zunächst dazu neigen, sich mit diesen zu identifizieren;[121] das ist jedoch so nicht möglich, da die *vriunde*, wie die Frau, im dörperlichen Bereich angesiedelt werden. Trotz dieser deutlichen Unterscheidung kommt es im Verlauf des Liedes zu einer seltsamen Überschneidung der Rezeptionsebenen, denn was der Sänger seinen *vriunden* als Zukunftsversprechen zusichert, wünscht sich auch das höfische Publikum der Aufführungssituation:

---

[121] Eine solche Identifizierung wird in den Liedern des hohen Minnesangs – etwa bei Reimar – nahegelegt. Vgl. z. B. MFTM 166,25: *Wâ nû getriuwer vriunde rât?* Der Sänger bezieht die *vriunde* in seine Diskussionen um *minne* ein, ohne dass diese stets mit ihm übereinstimmen müssten (Vgl. MFMT 165,12: *diu vriunt verdriuzet mîner klage*). Wichtig ist jedoch, dass Sänger und *vriunde* gleichermaßen vor dem Wertehorizont des hohen Minnesangs handeln.

zahlreiche weitere (Sommer-)Lieder. Wenn internes und externes Publikum sich durch ihre ethischen Normen deutlich voneinander unterscheiden, so sind sie doch beide gleichermaßen an weiteren Liedern des Sängers interessiert. Derweil nähern sich externe und interne Sängerrolle ebenso aneinander an wie die der Rezipienten: Das Lob seiner Sangeskunst, das der Sänger im Lied hervorhebt, wird vom Publikum der Aufführungssituation übertragen auf den vor ihm stehenden Sänger, der ja ihm, dem höfischen Publikum, nicht den *vriunden* im Dorf, das Lied präsentiert, ein Lied, das aufgrund seiner Komplexität und Ästhetik das bewahrheitet, was der Sänger von sich behauptet. Durch die Annäherung der Rezeptionsebenen und den ständigen Rollenwechsel des Sprechers wird es für das Publikum noch schwerer, sich in seiner Einschätzung dieses Sängers festzulegen, da er immer wieder zwischen zwei Polen oszilliert: Wir haben es mit einem Sänger zu tun, der als erfolgreich Liebender und Singender auftritt und die Regeln des höfischen Minnesangs zu kennen scheint. Derselbe Sänger aber versagt sich gleichzeitig diesen Regeln, da sein Minnedienst einer Dörperin gilt, die ihm Erfüllung gewährt, und er die heilige Sache des Gottesdienstes verächtlich negiert. Gerade indem er sich aber über die ideellen Vorstellungen wie über die gattungspoetologischen Regeln des Minnesangs hinwegsetzt, schafft er ein innovatives und beziehungsreiches Lied, das eben wegen seiner wiederholten Normbrüche weit mehr ist als ein bloßer Aufruf gegen den Kreuzzug.[122] Damit führt der Sänger das dekonstruktive Spiel, durch das sich die bisher untersuchten Sommerlieder auszeichneten, nicht nur fort, sondern erweitert es wesentlich: Der Typus Sommerlied selbst wird zu einem raffiniert eingesetzten Baustein des Liedes, das metapoetisch operiert, indem es verschiedene Gattungen gegeneinander ausspielt.

Wie bereits bei den SLL 24 und 23 muss auch die C-Fassung von SL 11 eigens untersucht werden. C überliefert insgesamt acht Strophen, wobei aufgrund des an dieser Stelle eintretenden Blattverlustes nicht sicher davon auszugehen ist, dass C die übrigen Strophen aus R tatsächlich nicht kannte. Die Strophen I–III sind in R und C in gleicher Reihenfolge überliefert. Mit C 29 (*Ob sich der botte nv svme* [...]) folgt dann die Strophe, die das Lied in R beendet. Die Stellung dieser Strophe ist in C insofern nicht sinnvoll, als der Botenauftrag erst in den

[122] Deutlich widersprechen möchte ich hier ELISABETH LIENERT (Spiegelraub und rote Stiefel. Selbstzitate in Neidharts Liedern. ZfdA 118 [1989], S. 1–16), die behauptet, dass das einzelne Sommerlied »stets den Typus voraussetzt, ihn erfüllt und (variierend) wiederholt« (S. 1), dieser aber nie »in Richtung auf etwas grundlegend Neues« durchbrochen werde. SL 11 beweist das Gegenteil.

folgenden Strophen (C 31–33) stattfindet. Aufschlussreicher als diese Umstellungen sind jedoch einige wesentliche Änderungen im Wortlaut,[123] die vornehmlich die in R entwickelte Bedeutung der Sänger-Rolle des Sprechers für das heimatliche Publikum, die *vriunde*, betreffen. Als Rezipienten, die seinen Gesang zuhause schmerzlich vermissen, treten sie nämlich gar nicht in Erscheinung: *wol singent ellú vogellin / der vrowen min. /gern o̊ch ich ir svnge, / des si mir seite gv̊ten dank* (C 27,2–5). Die ersten drei Strophen in C behandeln so durchgehend das Verhältnis des Sprechers zur Frau. Erst in C 29 tauchen die *vriunde* des Sprechers zum ersten Mal auf, jedoch nicht im Zusammenhang mit seinem Gesang; der Sprecher will sie vielmehr über die negative Lage des Heeres in Kenntnis setzen. Die Strophe endet mit der Aussage, bei der *wol getanen* ruhen zu wollen, wodurch das Thema der ersten drei Strophen – die Trennung von der Frau – weitergeführt wird. Mit dem Wunsch, mit dieser alt zu werden, schließt sich die folgende Strophe (C 30) nahtlos an. Hier findet sich jedoch eine Variante: Zunächst verspricht der Sänger wie in R, noch zahlreiche Lieder in petto zu haben. Die Strophe endet aber folgendermaßen: *gewnne ich heil, / swer hohe wirfet, der sol heiles wúnschen vnd walten* (C 30,6f.). Die in R vorgenommene Verbindung von Erfolg bei der Frau und Erfolg im *gewerft* des Sängers bleibt damit außen vor. Der folgende dreistrophige Botenauftrag, der den R-Strophen IV–VI entspricht, bietet schließlich im Wortlaut keine wesentlichen Änderungen gegenüber R. In C artikuliert der Sänger somit seine Sehnsucht nach Geliebter und Heimat sowie »die Vision eines glücklichen Lebens in den Armen der Geliebten und im Kreis der *vriunde*«,[124] die er in einen Botenauftrag transformiert. Ein wichtiges Thema aus R, die Stellung des Sängers als Garant von *vreude* zuhause und die Folgen seiner Abwesenheit, kommt somit in C nur indirekt zur Geltung: Die Kunst des Sängers erscheint in C als Sangeskunst weniger für die Gesellschaft (*vriunde*) denn für die Frau. Von den Liedern für die Frau profitieren letztlich aber auch die anderen: *ich han noch eteslichen don / vf minen lon / so lange her behalten, / daz tvsent herzen wurden geil* (C 30,2–5). Seine Rolle als Gesellschaftskünstler wird somit nur impliziert, wozu passt, dass der entscheidende Begriff für den Beruf des Sängers, das *gewerft*, in C nicht fällt. Da der Sängerrolle in C geringeres Gewicht zukommt, ist auch die in R beobachtete Annäherung von externem und internem Kommunikationssystem in C weniger deutlich ausgeprägt. Diese Beobachtung wird durch eine weitere auf-

---

[123] Ich gehe im Folgenden nur auf die in unserem Zusammenhang sinntragenden Änderungen ein. Zur Diskussion der verschiedenen Fassungen vgl. U. Müller (1972), E. Wenzel (1973) und Klein, S. 21–30.

[124] Klein, S. 29.

fällige Variante gestützt: Die in R III beobachtete direkte Apostrophierung des Publikums (*nv nemt des war!*) findet in C nicht statt,[125] wodurch R insgesamt als komplexere und raffiniertere Fassung erscheint.[126]

### 1.2.2 Sommerlied 12 (R 19/C 217–221)

SL 12 setzt sich in R aus sieben Strophen zusammen, wobei der vierstrophige Natureingang im Gegensatz zu SL 11 über die Hälfte des gesamten Textes einnimmt. Gleich zu Beginn konstituiert sich die Sängerrolle, wenn der Sprecher die Ankunft des Sommers verkündet: *Chomen sint vns die liehten tage lange* (I,1). Ausführlich beschreibt er zunächst den neu erklungenen Gesang der Vögel, um sich ab der zweiten Strophe der Stimmung der Menschen zuzuwenden. Für alle, die *den winder sendes hertzen waren* (II,1), also für alle, die sich nach naturhaft-sinnlicher *vreude* sehnten, bedeute der Sommer die Erlösung. Dabei tritt der Sänger selbst wieder explizit in seiner Rolle als *vreude*-Verkünder auf, indem er sich an die Jugend wendet, die er dazu auffordert, Paare zu bilden, die *senden banden* (IV,2) des Winters im Tanz abzustreifen und sich herauszuputzen, wobei er den Zweck all dieser Aufforderungen expliziert: *ze vrovden* (III,4). Der Schwerpunkt des Natureingangs liegt somit auf seiner appellativen Funktion: Mehrfach wendet sich der Sänger in seinem Aufruf zum Tanz an die Dorfjugend. Dabei bezieht er sich selbst in die neu erwachende Lebensfreude ein und zeichnet auch das zukünftige Bild des unbeschwerten, gemeinsamen *reiens*.

Die Erwartungshaltung, die ein solcher Natureingang aufbaut, wird indes wieder nicht eingelöst, da der Beginn der folgenden Strophe einen deutlichen Bruch darstellt: *Lieben boten ich heim zelande sende* (V,1). Der Sänger weilt nicht unter den Angesprochenen, wie in SL 11 ist er in der Fremde, außerhalb seines gewohnten Wirkungsraumes, und benötigt einen Boten, um die Distanz zu überbrücken. Im Gegensatz zu SL 11 findet sich jedoch nur ein Hinweis auf den Grund für die Abwesenheit des Sprechers: Er befindet sich unter Pilgern (V,5). Dies kann ein Hinweis auf eine Pilgerfahrt sein, im Zusammenhang mit SL 11 liegt es aber auch nahe, auf einen Kreuzzug zu schließen, wurde dieser im 12. Jahrhundert doch als ›bewaffnete Pilgerfahrt‹ definiert. Die Abwesenheit von zuhause bedeutet *trovren* (V,2), und jeder Schritt Richtung Rhein, also Richtung Heimat, mindert diesen Schmerz. Doch nicht nur der Sänger leidet un-

---

[125] C 28,1–3: *Gerne ich aber sande / der lieben einen botten dar, / der neme des war* statt R III,1–3: *Wie gerne ich nv sande / der lieben einen boten dar, / nv nemt des war.*

[126] So auch Klein, S. 25 u. 29.

ter der Trennung, sondern auch ein Personenkreis, der uns ebenfalls aus SL 11 vertraut ist: *gern sehen die* vrivnde[127] *mine / vns pilgereine* (V,4f.).

Dass die Sorge um die Pilger nicht der einzige Grund für den Kummer der Daheimgebliebenen ist, zeigt die folgende Strophe in aller Deutlichkeit. Die Botschaft des Sprechers gilt nämlich den im Natureingang wiederholt apostrophierten jungen Leuten, den *chinden an der strazze* (VI,1): Der Sprecher fürchtet, diese könnten aufgrund seiner Abwesenheit übermäßig *enzvrnen* (VI,2), weil das Fehlen des Sängers und seiner Lieder für sie gleichbedeutend ist mit einem Verzicht auf freudvollen Tanz. Ihnen verspricht er neue Lieder, ein neues, gemeinsames Freudeprogramm (VI,3: *wir svln ein niwes priwen*), wonach sich die Jugend bereits ungeduldig verzehre (VI,4f.).

Fiel in SL 11 auf, dass die Botschaft an die Frau im Vergleich zum traditionellen Botenlied an Bedeutung verliert, so tritt dieser Befund hier noch deutlicher zutage. Erst am Ende wendet sich der Sänger an die Frau, lässt dem *liep genæmen wibe* (VII,1) ausrichten, dass es ihm gut gehe. Diese doch sehr allgemein gehaltene Botschaft umfasst dann auch nur zwei Zeilen, denn der Schluss der Strophe richtet sich generell an die Bewohner der Heimat Landshut: Die Pilger lebten in *hohem mv̊te* (VII,4). Dass die Eindrücke der Pilgerreise oder eine im Rahmen eines Kreuzzugs gewonnene ethisch-moralische Profilierung Grund für diese Hochstimmung sind, bleibt ungesagt. Der Rezipient gewinnt vielmehr den Eindruck, dass die positive Verfassung der Pilger aus der Hoffnung auf eine baldige Heimkehr resultiert.

Noch deutlicher als bei SL 11 lässt sich somit bei SL 12 erkennen, dass das Lied nicht vornehmlich ein Anti-Kreuzzugslied ist, da sich außer dem Begriff *pilgereine* keine weiteren Anspielungen auf einen Kreuzzug finden. Obwohl das Lied wesentlich einfacher strukturiert und mit der Komplexität von SL 11 nicht vergleichbar ist, stimmen die Untersuchungsergebnisse in den wesentlichen Punkten überein: Auch in SL 12 befindet sich der Sprecher außerhalb seines Wirkungsfeldes als Liebhaber und Sänger, auch hier will er einen Boten nutzen, um die Distanz zur so schmerzlich entfernten Heimat zu überbrücken. Seine Abwesenheit von zuhause resultiert in *truren*, jedoch nicht nur auf seiner Seite, sondern auch bei denen, die ohne ihn der sommerlichen *vreude* beraubt sind. Während die Liebhaberrolle in SL 12 fast völlig ausgeblendet wird, tritt die Funktion als Sänger in den Vordergrund. Schon im Natureingang demonstriert er, was er den jungen Leuten im Botenauftrag verspricht: neue Lieder beim gemeinsamen Tanz. Der Tanz wird so wie in SL 11 als futurischer Hintergrund, als

[127] *vrovde* R, *vriunde* H/W nach c *freunde*, C *fründe*.

Schauplatz naturhaft-sinnlicher *vreude* gezeichnet, hier jedoch nicht als kurze Andeutung, sondern in aller Ausführlichkeit. Somit gelingt es dem Sänger auf eindrucksvolle Weise zu übermitteln, dass seine Abwesenheit von der Heimat mit einem Verlust von *vreude* Hand in Hand geht.[128]

Auch bei SL 12 ist es nötig, einen vergleichenden Blick auf die Fassung der Hs. C (C 217–221) zu werfen. Wieder ist die Anzahl der Strophen in C reduziert, wobei die Beweiskraft dieses Befundes nicht durch die aus dem Blattverlust resultierende Unsicherheit eingeschränkt ist. Da die letzte Zeile der vierten Strophe (R V) (*vns pilgereine*) ausgelassen ist, wird die Kreuzzugsthematik in C ausgeblendet. Der Grund für die Abwesenheit des Sängers bleibt somit unklar, was zur häufig festgestellten Entaktualisierungstendenz von C passt.[129]

Ähnlich wie bei SL 11 ist die Bedeutung des Sprechers für die Daheimgebliebenen zurückgenommen: Statt *gerne sehen die* vrivnde[130] *mine / vns pilgereine* (R) lautet das durch Zeilenverlust entstellte Strophenende in C: *gerne sehe ich frúnde mine* (C 220,4). Die Umstellung lässt sich zum einen natürlich aus der Notwendigkeit erklären, das fehlende Akkusativobjekt zu ersetzten, doch die Änderung verändert den Sinn der Aussage: Betont R den Wunsch der Daheimgebliebenen nach der Rückkehr der Pilger und damit des Sängers, so kehrt C dieses Verhältnis um: Der Sänger sehnt sich nach den Freunden. Die Liebhaberrolle, die in der C-Fassung von SL 11 dominiert, ist hier durch das Fehlen von R VII gar nicht angelegt. Auch die Sängerrolle scheint durch das Fehlen von R III an Bedeutung zu verlieren, da sich in dieser Strophe die Rolle des Sprechers als Sänger und *vreude*-Verkünder bei der Jugend daheim am deutlichsten manifestiert. Der *vreude*-Begriff fällt somit in der C-Fassung nicht explizit. Andererseits wird das Lied hier durch eben jene Strophe beendet, die bei Rückkehr des Sängers ausgelassene Sommerfreude verspricht: *Botte, dv sage den kinden vf der strasse, / daz si niht enzúrnen vs der mâsse. / wir svln den reien breun, / dar nach si vinger keun / an den treun* (C 221). Die Stimmung in der Heimat und die Rückkehr des Sängers werden hier wie in R in direkten Bezug zueinander gesetzt, so dass die poetologische Zielrichtung der Fassungen übereinstimmt.

---

[128] Gaier (S. 41) verkennt die Komplexität des Liedes: Er spricht von »harmloser Ironie«, wenn »der Sänger schon in Gedanken die jungen Mägde und *alle stolze leien* auffordert, zum Tanze sich zu versammeln«.

[129] Hieran schließt auch die Beobachtung, dass mit dem Fehlen von R VII auch der Hinweis auf Landshut entfällt.

[130] *vrovde* R, *vriunde* H/W nach c *freunde*, C *frúnde*.

## 1.3 Zusammenfassung

Die folgende zusammenfassende Beschreibung typischer Kennzeichen der Sommerlieder der Überlieferungsschicht *RC bezieht sich zunächst auf die Textgestalt der Handschrift R. Die Handschrift C erweist sich aufgrund von Überlieferungslücken und z. T. verwirrten Strophenfolgen als weniger verlässlicher Überlieferungszeuge. Bei einigen Liedern ließen sich jedoch auffällige Varianten feststellen, so dass die wesentlichen Unterschiede zu R abschließend formuliert werden sollen.

Die untersuchten Sommerlieder kennzeichnen sich formal dadurch, dass sie nicht in der für den hohen Minnesang, aber auch für die Winterlieder konstitutiven Kanzonenform verfasst, sondern mehrheitlich Reienstrophen sind. Eine Ausnahme stellen die Töne der SLL 14 und 18 dar, die stollig gebaut sind. Ob diese beiden Texte den Befund aber tatsächlich einschränken, ist fraglich: Im Falle von SL 14 nämlich kann die überlieferte Melodie[131] zeigen, dass es sich nur um eine Textkanzone handelt, da die Melodie durchkomponiert ist. Da zu SL 18 keine Melodie überliefert ist, lässt sich nicht mit letzter Sicherheit feststellen, ob hier tatsächlich eine Ausnahme vorliegt.

Alle Lieder setzen mit einem Natureingang ein, der von elementarer Bedeutung für die Poetologie der Texte ist. Der Sänger beschreibt darin mit einem relativ beständigen Motivschatz (Vogelsang, Wald, Linde, Laubkleid der Bäume, Wiese, Heide, Blumen, Tau, Rosenkranz, Klee) die wieder erwachte sommerliche Natur, die in ihrer positiven Beeinflussung des Menschen scharf von der Zeit des *leit* verursachenden Winters abgegrenzt wird. Die Rolle des Sängers beschränkt sich jedoch nicht auf diesen Lobpreis, da mit dem Appell zur *vreude* eine andere Funktion konstitutiv hinzutritt. Junge *megede* werden aufgefordert, an der allgemeinen *vreude*-Stimmung teilzunehmen, indem sie in Festtagskleidung zur Linde kommen, um dort in Paaren am gemeinsamen Tanz zu partizipieren. Im Zusammenspiel mit erotisch besetzten Naturmotiven (Tau, Kranzflechten) wird deutlich, dass die Appelle des Sängers abzielen auf ein naturhaft-sinnliches *vreude*-Konzept: Der Tanz weist über sich selbst hinaus auf die sexuelle Vereinigung der Partner, die aber nicht problematisiert wird, sondern im Einklang zu stehen scheint mit dem Wiedererwachen der Natur. Das Zusammensein der jungen Leute ist gekennzeichnet durch eine unbekümmerte Ausgelassenheit, Mensch und Natur stehen in einem uneingeschränkt harmonischen Verhältnis zueinander. Der Sänger selbst ist dabei keineswegs Außenstehender, sondern erscheint als in die Gemeinschaft integriertes, ja ihr vorstehendes Mitglied.

---

[131] c Nr. 21, Bl. $153^{v}$–$254^{r}$. Vgl. Wiessner/Sappler, S. 189.

Ein so konzipierter Natureingang folgt offensichtlich einem anderen Prätext als dem des frühen oder hohen Minnesangs, da sich seine Funktion nicht in der symbolischen Abbildung der Stimmung des Sängers erschöpft. Die Natur wird nicht instrumentalisiert für eine positive oder negative Verstärkung der Minnethematik, sondern hat einen eigenen, konkret-dinglichen Stellenwert. Die Eingangsstrophen entwerfen mehr als einen Gedankenraum, sind mehr als Zeitbild, da die sommerliche Natur nicht nur Auslöser der allgemeinen *vreude*-Stimmung ist, sondern gleichzeitig Schauplatz des Geschehens. Die *vreude* der jungen Leute wird nach außen getragen im Tanz, und dieser findet statt eben in der Natur, unter der Linde. Inszeniert wird so eine Ortsvorstellung, die den bekannten Natureingängen der mittelhochdeutschen Lyrik im Allgemeinen fremd ist, sich aber in zahlreichen Strophen des ›deutschen‹ Corpus der Carmina Burana finden lässt: In den lateinischen Natureingangsstrophen sowie in vielen deutschen Zusatzstrophen kristallisiert sich zudem die in den Sommerliedern konstitutive Verzahnung von ›Natureingang‹ und ›Aufbruch/Appell zur Freude‹ heraus. Hier werden *megede*, dort *puellae* oder *virgines* aufgerufen, die neue Jahreszeit zu feiern.

Dass dieser Prätext für die Sommerlieder jedoch nur als Folie dient und damit instrumentalisiert wird, zeigt sich spätestens ab dem Punkt, an dem das Streitgespräch der Dörper einsetzt. Hier tritt eine wesentliche Komplizierung ein, die jedoch nicht nur Auswirkungen auf den weiteren Liedverlauf, sondern auch rückwirkend auf den Natureingang selbst hat. Auslösendes Moment für die Gesprächsszene ist stets die Ankündigung eines Mädchens, dem *vreude*-Appell des Sängers nachkommen zu wollen. Dadurch, dass die Sprechabsicht von Sänger und Mädchen zusammenfällt, ist es nicht immer möglich, das Ende der Sängerrede bzw. den Einsatz der Mädchenrede eindeutig zu bestimmen. Diese in zahlreichen Liedern zu beobachtende Interrelation der Redeteile basiert auf dem gemeinsamen Empfinden von *vreude*, dem beide Sprecher Ausdruck verleihen. Schon im Natureingang findet sich eine Stimmenvielfalt, so dass der Rezipient zu einer differenzierenden Problematisierung der Sprecherrollen genötigt wird.[132] Dass er das Ineinander von Sänger- und Mädchenrede nicht zweifelsfrei auflösen kann, darf er nicht als eigenes Versagen oder dem Autor zu attestierende Nachlässigkeit interpretieren; er muss vielmehr erkennen, dass das Verschmelzen der Stimmen auf die Verdeutlichung der Beeinflussung der Mädchen durch den Sänger abzielt.

---

[132] Dennoch muss betont werden, dass der Natureingang in der Regel vom Sänger gesprochen wird, während ihn die Mädchen lediglich aufgreifen (so auch Ruh, S. 256). Davon, dass das Ich der Eingangsstrophen meist ein Mädchen ist (vgl. Ortmann u. a., S. 25f., oder Herrmann, S. 61), kann keine Rede sein.

Die Gesprächsszene wirkt noch in einem weiteren wesentlichen Punkt auf den Natureingang zurück. Während die *megede* im Natureingang sozial nicht determiniert sind – ebenso wenig wie die *puellae* und *virgines* des Prätextes –, offenbart sich in den Streitdialogen die dörperliche Herkunft der Protagonisten. Indem aber die Sprecherinnen explizit auf die Sängerappelle der Eingangsstrophen reagieren, wird deutlich, dass sich der Sänger dort bereits an die Dörper wendet, wodurch die *megede* des Natureingangs rückwirkend als ebensolche definiert werden. Dies hat wesentliche Konsequenzen hinsichtlich der Rezeptionsbedingungen des Natureingangs, da sich das höfische Publikum der Aufführungssituation im Wissen um diesen Verlauf von den angesprochenen *megeden* distanzieren muss und erkennt, dass der Sänger nicht von einem für sein Publikum nachvollziehbaren Hier und Jetzt singt. Obwohl der Rezipient den Prätext erkennt – im Gegensatz natürlich zu den Dörpern – und obwohl der Sänger mit einem zur Identifikation einladenden *wir* zur gemeinsam erlebten *vreude* auffordert, kann der Hörer dieser Aufforderung nicht ohne Weiteres nachkommen, da sich ein »Spannungsverhältnis zur Aufführungssituation«[133] manifestiert. Der Ort des Tanzes erscheint dabei ebenso als Teil der fiktiven Welt der Dörper wie die Jahreszeit, denn der Sommer markiert eben nicht den »›gegenwärtige[n]‹ Situationsbezug«, sondern den »literarische[n] Typus«[134]: »Dem Jahreszeitentopos geht, indem er Basis typenmäßiger Differenzierung des Liedcorpus wird, der alltagsweltliche Referenzbezug verloren. Indem Neidhart sein Œuvre dem jahreszeitlichen Rhythmus zu unterwerfen scheint, pointiert er dessen Kunstcharakter.«[135] Der Natureingang wird so zum Gattungssignal und weckt beim Publikum, das den Typus ›Sommerlied‹ kennt, spezifische Erwartungen. Auf der Ebene dieses ästhetischen Spiels darf sich nun aber auch das höfische Publikum durch das gemeinschaftsstiftende *wir* des Natureingangs angesprochen fühlen: nicht in der Erwartung von *vreude* beim Tanz unter der Linde, sondern bei der gemeinschaftlich empfundenen *vreude* unter den Rezipienten des Liedes, das mit lyrischen Prätexten und Gattungserwartungen operiert, die nur ihm, dem höfischen Publikum bekannt sein können.[136] Der Natureingang fungiert somit in zweierlei Hinsicht: Im internen Kommunikations-

---

[133] J.-D. Müller (1995), S. 35.

[134] J.-D. Müller (1996), S. 56.

[135] J.-D. Müller (1995), S. 35.

[136] Die Aussage von Händl, der Sänger agiere als »vreude-Künder in der Tradition des klassischen Minnesangs« (S. 186), greift hier zu kurz. Das im Natureingang evozierte »Wir-Gefühl« wird zwar im Bewusstsein über die Kenntnis des Systems Minnesang erreicht, die Sängerrolle selbst sowie der Natureingang unterscheiden sich davon jedoch wesentlich.

system ist er Aufruf an die Dörper und Movens der anschließenden Gesprächsszene. Der Sänger bestimmt die konkrete Naturkulisse, den epischen Schauplatz für die von ihm wiedergegebenen Aktionen seiner fiktionsimmanenten Figuren. Auf der Ebene der Aufführungssituation aber ist er Gattungssignal, durch das sich beim Publikum im Voraus eine bestimmte Erwartungshaltung einstellt. Diese funktionale Doppelung erfordert ein hohes Maß an Flexibilität beim Rezipienten, da die Eingangsstrophen sowohl für eine ihm völlig fremde, dörperliche Gemeinschaft, andererseits aber auch für ihn selbst konzipiert sind. Der Hörer muss sich vom *wir* der Sängerrede einerseits distanzieren, auf einer anderen Ebene aber gleichzeitig damit identifizieren. Dadurch werden die spezifischen Bedingungen der Aufführungssituation selbst thematisiert, indem dem Rezipienten die Differenz von internem und externem Kommunikationssystem vor Augen geführt wird.[137]

Mit dem Beginn der Gesprächsszene wird der Prätext der Sommerlieder endgültig verlassen. Der freudvolle, ausgelassene Tanz unter der Linde wird nicht dargestellt, bleibt vielmehr Zielpunkt der Mädchenrede. Dadurch wird ein spezifischer Raumentwurf manifest: Der Tanz bleibt das Lied hindurch futurischer Hintergrund, während der Streit der Dörperinnen die Vordergrundszene ausmacht. Epische Hinweise auf den tatsächlichen Verlauf des Tanzes (z. B. SL 21) bleiben fragmentarisch und bilden die Ausnahme.

Zum eigentlichen Liedinhalt wird so die Gesprächsszene zwischen Mutter und Tochter, zwischen zwei Mädchen oder, im Falle von SL 24, der Monolog eines Mädchens. Dass der dem Natureingang zugrunde liegende Prätext hier endgültig überschritten wird, zeigt sich auch daran, dass ein Tempuswechsel eintritt: Die präteritalen inquit-Formeln kennzeichnen den Rollenwechsel des Sängers vom *vreude*-Verkünder zum scheinbar neutralen Erzähler. Der gemeinsame Erfahrungshorizont, der im Natureingang durch die Doppelung der Rezeptionsebenen zwar schon eingeschränkt, aber über den Prätext bzw. die Gattungserwartung auf externer Ebene noch gegeben war, reißt endgültig ab: Der Sänger macht durch das Präteritum die temporale, letztlich aber auch die lokale Distanz zum Geschehen der Vordergrundszene deutlich: Die dörperlichen Akteure bewegen sich in einem anderen Raum als die höfischen Rezipienten, de-

[137] So auch J.-D. MÜLLER (1996), S. 56: »Neidhart bringt die Grenze zu Bewußtsein zwischen einer ›Verständigung unter Anwesenden über einen gemeinsam erfahrenen Situationszusammenhang‹ und einer ›Verständigung unter Anwesenden über eine imaginäre Realität‹. Er spielt mit der Labilität der im Minnesang vorausgesetzten Situationen und Rollen und pointiert damit die Differenz zwischen externer und interner Sprechsituation.«

nen jede Möglichkeit der Identifizierung genommen wird, zumal das gemeinschaftsstiftende Sänger-Ich völlig in den Hintergrund tritt.[138]

Die Akteure der Vordergrundszenen knüpfen explizit an den *vreude*-Appell des Sängers an und wollen die von ihm verkündete Gestimmtheit leben. Die sorgenfreie, ungetrübte Atmosphäre der Eingangsstrophen wird jedoch nicht aufrechterhalten, da sich dem Willen der Mädchen in den einzelnen Liedern verschieden gelagerte Hindernisse in den Weg stellen. Ein solches Konfliktpotential wird in SL 24 lediglich angedeutet, aber noch nicht eigentlich thematisiert. Das Mädchen reagiert positiv auf die Appelle des Sängers und äußert unumwunden seine Liebesbereitschaft, wodurch die im Natureingang proklamierte *vreude* tatsächlich eingelöst zu werden scheint. Auch in seiner Beschränkung auf nur eine Sprecherin stellt SL 24 den typologisch einfachsten Fall der hier behandelten Lieder dar, während sich an den SLL 14, 18, 21 und 23 Vorgänge der Differenzierung beobachten lassen. Diese bedeuten formal eine Vermehrung der Vordergrundspersonen (Mutter-Tochter, Mädchen-Mädchen). Diese Doppelung der Akteure führt zu einer Doppelung der Perspektiven, wodurch das in SL 24 angedeutete Konfliktpotential im Dialog der Protagonisten diskursiv formuliert wird. Die Konfliktkonstellationen lassen sich im Vergleich zu SL 24 als auflösende Alternativen beschreiben, da das dort noch führende Freudeprogramm eine gegenläufige Entwicklung erfährt: Die Gesprächsszenen stehen in kontrastivem Verhältnis zu dem, was der Natureingang in allen Liedern verspricht, denn die Erwartung von Freude und Harmonie wird nicht erfüllt. Der volkssprachliche Prätext der Lieder wird somit über den Natureingang aufgerufen, im Folgenden jedoch nicht eingelöst, sondern unterlaufen: Die Mädchen beklagen die Absenz geeigneter Tanzpartner und treten in ein latentes Konkurrenzverhältnis zueinander (SL 14); die Mutter versucht, ihre Tochter mit allen ihr zur Verfügung stehenden Mitteln von der Teilnahme am Tanz abzuhalten (SL 18, 21, 23) und setzt ihre dadurch ins Komische gewendete *huote*-Funktion auch körperlich durch. Beide Parteien nehmen die endgültige Entzweiung in Kauf.

Trotz dieser mannigfachen Differenzierungen lassen sich alle Auseinandersetzungen auf einen gemeinsamen Nenner bringen: Nicht der Wunsch nach dem Ausleben naturhaft-sinnlicher *vreude* per se löst die Konflikte aus, sondern die Fokussierung der Mädchen auf einen ganz bestimmten Partner, den Reuentaler. Aus der Perspektive der Mädchen erscheint er als höfischer Sänger, Tänzer und

---

[138] Die Interpretation GAIERS, der den »künstlichen, erzwungenen Übergang von Szene zu Szene« als »formalen Ausdruck« der »geistigen Verwirrung« des Sängers (S. 19) deutet, verfehlt die tatsächliche Implikation des Szenenwechsels und wird zudem der Figur des Sängers, der geistig wohlauf ist, nicht gerecht.

Liebhaber, und in einer Verbindung mit diesem scheinbaren Vertreter der höfischen Welt erhoffen sie ein Entkommen aus dem eigenen Milieu, wodurch ein Keil in die dörperliche Gemeinschaft getrieben wird. Der Anspruch der Mädchen zeigt sich in den wiederholten Referenzen auf elementare Wertbegriffe des hohen Minnesangs. Wenn sie aber ihr letztlich auf ein sexuelles Abenteuer zielendes Liebesverlangen mit Begriffen wie *ere, triuwe* und *staete* betiteln, wird dem höfischen Rezipienten die Kluft zwischen Signifikat und Signifikant schnell bewusst. Die zitierten Werte werden zwar durch das Verhalten der Figuren nicht eingelöst, beim Rezipienten aber dennoch aufgerufen. Dadurch konstituiert sich über den Texten eine andere, nämlich höfische *vreude*-Konzeption. Diese divergiert deutlich vom unbekümmerten und freizügigen Verhalten der Mädchen, kann sie doch nur im Rahmen des höfischen Minnedienstes realisiert werden, der eingebunden ist in die Normen der Gesellschaft: Die Liebe zwischen Mann und Frau darf nicht auf Sexualität zielen, die Minnepartner verbindet vielmehr eine entkörperlichte Beziehung, die auf *staete* und *triuwe* basiert und deren Regeln von der Gesellschaft diktiert werden. Die Frau muss sich dem Mann versagen, sonst verliert sie ihre *ere* nicht nur vor der Gesellschaft, sondern auch in den Augen des Mannes, der deren Normen bereits internalisiert hat. Der Mann wiederum darf seinen Dienst, auch wenn er ungelohnt bleibt, nicht aufgeben: Minnesang ist nicht nur Dienst an der Minnepartnerin, sondern vor allem Dienst an der Gesellschaft. Die Liebeskunst des Sängers dient damit aber nicht nur der gesellschaftlichen, sondern auch der eigenen *vreude*, die er über eine Positivierung des empfundenen Leids zu erreichen versucht.[139] Eine solche *vreude*-Konzeption steht in deutlicher Opposition zu dem Freudeprogramm der Mädchen, das letztendlich auf Sexualität zielt. Diese Opposition wird in den Texten bewusst aufgebaut, aber gleichzeitig zerstört: Der Rezipient erkennt, dass in der Rolle der höfischen Minnedame Dörperinnen agieren, deren höfische Attribute sich als Verkleidung erweisen, die im Verhalten fällt. Sie bezeichnen eine Liebesbeziehung, die ganz im Rahmen des naturhaft-sinnlichen *vreude*-Programmes steht, wie es im Natureingang verkündet wird und das auf ein erotisches Abenteuer hinausläuft, als höfisch. Anstatt sich also eines anderen sozialen Milieus als würdig zu erweisen,

[139] Ich bin mir bewusst, hier wie in meiner Arbeit durchweg den hohen Minnesang sowohl im Konzeptuellen als auch in seinen gattungsmäßigen Konkretionen stark zu verkürzen und zu vereinfachen. Das geschieht und rechtfertigt sich aus dem vorliegenden Zweck: Ich konzentriere mich ausschließlich auf die Merkmale, die von Neidhart zitiert oder vorausgesetzt werden, also bei ihm als Kontrastfolie fungieren. Auf andere Gattungen des hohen Minnesangs, die ebenfalls Körperlichkeit und Sexualität thematisieren wie z. B. das Tagelied, wird in den Liedern kein Bezug genommen. Zum Mädchenlied vgl. unten Anm. 149.

disqualifizieren sich die Mädchen als Repräsentanten des Höfischen, da ihnen die zugrunde liegende *vreude*-Konzeption völlig fremd ist. Die Wertbegriffe des hohen Minnesangs werden dadurch sinnentleert oder -verkehrt.

Semantische Referenzen auf das Paradigma ›hoher Minnesang‹ ließen sich bei der Analyse einiger Lieder bereits an anderer Stelle, nämlich im Natureingang, beobachten. Schon hier bewirken die integrierten höfischen Begriffe ein seltsames Spannungsverhältnis zum dominierenden Bild naturhaft-sinnlicher *vreude*, das sich jedoch in der Annahme eines höfischen Sängers nicht in dem Maße auswirkt wie in der Rede der Mädchen. Nach Kenntnis einiger Lieder muss der Rezipient sein Urteil jedoch revidieren, da eine Identifizierung des Sängers mit dem von den Mädchen begehrten Ritter nahegelegt wird. Damit agiert der Reuentaler sowohl als Liedsubjekt, also in der Rolle des sich an die *megede* wendenden Sängers (Natureingang), als auch als Liedobjekt, also als in den Augen der Mädchen ›höfisch‹ liebender Ritter (Vordergrundszene). Er transferiert die Wertbegriffe des höfischen, gesellschaftlich integrierten Minnedienstes in den dörperlichen Bereich, um sie dort, sinnentleert, seinem eigenen Interesse nutzbar zu machen: der Verführung der Mädchen. Im Gegensatz zu diesen fällt es dem Rezipienten hingegen nicht schwer, die Zwielichtigkeit des Reuentalers und seine gar nicht höfischen Intentionen zu erkennen: Schon die Rede der naiven Mädchen schlägt negativ auf ihn zurück, denn sein von den Dörperinnen in den höchsten Tönen gepriesener ›Dienst‹ beschränkt sich auf zweideutige Geschenke und eindeutige Einladungen. Aus der Perspektive der Mütter schließlich offenbart sich das ganze Ausmaß der Umtriebe des Ritters, der die Dorfmädchen schwängert, schlägt und sitzen lässt. Damit aber verstößt er, der sich als Vertreter der höfischen Welt gibt, sowohl gegen die eigenen Normen als auch gegen die der dörperlichen Welt, denn auch in diesem Raum ist die *ere* der Mädchen von elementarer Bedeutung für ihre soziale Zukunft. Die Beziehung zu diesem Ritter also bedeutet für die Mädchen alles andere als einen sozialen Aufstieg. Die Mutter weiß das und scheint auf den ersten Blick diejenige zu sein, die das moralische Prinzip der *ere* vertritt. Doch auch sie disqualifiziert sich als normative Instanz, da sie ihren Anspruch nicht überzeugend erfüllen kann. Sie verfügt nicht über genügend Autorität, um den Willen der Tochter zu unterbinden, und muss handgreiflich werden.

Durch das Agieren des Ritters im Dorf gerät also die dortige Wertewelt aus den Fugen. Er verkündet im Natureingang *vreude*, die in der naturhaft-sinnlichen Feier des Sommers zum Ausdruck kommt. Diese *vreude*-Konzeption wird aber überlagert von einer höfisch-gesellschaftlichen, die der Reuentaler aus der höfischen Welt in die dörperliche transferiert und die die Mädchen aufgreifen, ohne sie zu verstehen. Dadurch aber ist keines der beiden *vreude*-Programme dominant, da der Erfolg des Ritters gerade davon abhängt, dass sich das Spannungsverhältnis nicht auflöst: Er muss die eine Seite zitieren, um die andere genießen zu können. Der Reuentaler ist somit die Figur, über die sich die Opposition naturhaft-sinnliche *vreude* / gesellschaftlich-höfische *vreude* überhaupt erst konstituiert.[140] Er ist aber zugleich die Figur, die im Grunde über dieser Opposition steht, die mit ihr spielt. Mit dem Reuentaler also wird die Opposition zugleich aufgebaut und um ihre strukturierende Kraft gebracht. In diesem Sinne wird die genannte Opposition dekonstruiert. Der Reuentaler, geheimes Zentrum der Lieder, kann beide Pole der Opposition besetzen: Er selbst verkündet die eine *vreude* und macht sie den Mädchen schmackhaft, indem er sie mit der anderen betitelt. Dabei verliert die gesellschaftlich-höfische *vreude* ihre eindeutige Positivität, da sich der Ritter als Vertreter höfischer Normen disqualifiziert. Doch auch der andere Pol bleibt ambivalent: Das Naturhafte wird ebenfalls nicht durchweg positiviert, da die Harmonie der Natureingänge im Liedverlauf massiv gestört wird. Die Folgen der Sexualität werden offen genannt, aus der versprochenen *vreude* wird realiter *leit*. Der im Natureingang evozierte Freudetyp wird also nicht schlicht zerstört, sondern in spannungsvolle Beziehung zu einem weiteren gebracht, ohne dass sich diese Spannung zu einem der beiden Pole hin löst. So entsteht die neue Einheit eines literarischen Systems, dessen Reiz gerade in seinem dissonanten Gefüge liegt.

Der höfische Rezipient der Sommerlieder ist jedoch nicht nur mit der Einsicht in dieses komplexe Funktionsgefüge gefordert. Im Gegensatz zum hohen Minnesang, in dem das Sänger-Ich angelegt ist als Rolle, die zur Identifikation einlädt, muss der Hörer hier mit der Absenz einer normativen Instanz zurechtkommen und seine Position zum Liedsubjekt ständig neu definieren.[141] Einerseits wird er in Distanz treten zu einem Ich, das sich identisch erweist mit dem Objekt der Gesprächsszenen: Es handelt sich um einen Sänger, der in einem völlig fremden sozialen Raum agiert, um die Prinzipien der höfischen Kultur zu

---

[140] Die Bedeutung des Konzepts der *vreude* klingt in zahlreichen Neidhart-Arbeiten an, ohne aber differenzierend untersucht zu werden. Vgl. etwa BOCKMANN, S. 170, der bemerkt, wie im hohen Minnesang sei bei Neidhart der »im wesentlichen vermittelte Wert [...] derjenige der *vröude*, die in den Sommerliedern nicht mehr über die Artikulation des Leidens hergestellt wird, sondern über die Teilnahme des Sängers am naturalisierten und gegenbildlichen Entwurf des bäuerlichen Lebens«. Diese Aussage greift zu kurz, zumal BOCKMANN kurz zuvor richtig auf die Bedeutung eines »komplexen Ineinanders von gesellschaftlich-höfischer, dörperlich-ländlicher und quasi-natürlicher Ordnung« verweist (S. 169).

[141] So auch TERVOOREN (Das Spiel mit der höfischen Liebe. Minneparodien im 13.–15. Jahrhundert. ZfdPh 104 [Sonderheft 1985], S. 135–157), der betont, die »Mehrdimensionalität des lyrischen Ichs« erlaube dem Hörer »nur partielle oder kurzfristige Identifizierung« (S. 143).

instrumentalisieren und dadurch letztlich zu verraten: Der Sänger ist – im direkten Gegensatz zum hohen Minnesang – nicht »generalisiertes« Ich, da ein gemeinsamer Verständnishorizont nicht existiert. Er ist vielmehr »partikularisiertes« Ich,[142] Repräsentant des eigenen Interesses, nicht des Interesses aller.

Der Rezipient kann aber andererseits nicht umhin, die künstlerische Kompetenz und Raffinesse des Sängers anzuerkennen. Erzielen die Lieder, die er in der Welt der Dörper vorträgt, vollauf ihre Wirkung, so wird auch der höfische Rezipient die Kunst des Sängers zu schätzen wissen: Er arbeitet mit verschiedenen volkssprachlichen Prätexten, führt ein raffiniertes Perspektiven- und Rollenspiel durch und pointiert geschickt das Verhältnis der verschiedenen Rezeptionsebenen. Diese ästhetische Brillanz verweist den Rezipienten nun aber zurück auf den externen Sänger und damit auf den Autor des Liedes, da er immer wieder zur Unterscheidung zwischen interner und externer Kommunikationssituation angehalten wird. So erkennt er die Fiktivität der Ereignisse in der Dörperwelt ebenso wie die Fiktivität des Rollen-Ichs des Reuentalers selbst,[143] das der Autor für sein dekonstruktives Spiel instrumentalisiert. Das Rezeptionsverhalten des Publikums ist dadurch dem des höfischen Minnesangs entgegengesetzt: Dort rücken externe und interne Sprechsituation nahe aneinander, da in der Regel nichts dagegen spricht, das Rollen-Ich mit dem des vortragenden Sängers gleichzusetzen. Eine Identifikation ist aufgrund des gemeinsamen Verständnis- und Wertehorizontes und der Übertragbarkeit der Aussagen des Rollen-Ichs möglich, wenn nicht sogar intendiert.[144]

Die Komplexität und Raffinesse der Lieder werden nicht zuletzt bei den Kreuzliedern offensichtlich: Auch hier ist ein literarischer Prätext aufgerufen, der jedoch nicht eingelöst, sondern unterminiert wird. Prätext ist nicht mehr ein volkssprachliches Paradigma, sondern die Gattung ›Sommerlied‹ selbst. Die Vordergrundszene ist völlig umbesetzt, indem nicht mehr eine Dörperin, sondern das Sänger-Ich selbst spricht. Das Auseinandertreten von interner und externer Rezeptionsebene ist besonders frappant, da die Fiktivität der Kreuz-

---

142 Die Termini verwendet KLAUS GRUBMÜLLER (Ich als Rolle. ›Subjektivität‹ als höfische Kategorie im Minnesang. In: KAISER/MÜLLER [1986], S. 387–408, hier S. 406) in Anlehnung an HORST WENZEL (Typus und Individualität. Zur literarischen Selbstdeutung Walthers von der Vogelweide. IASL 8 [1983], S. 1–34, hier S. 32).

143 So auch J.-D. MÜLLER (1996), S. 55.

144 Vgl. dazu ausführlich J.-D. MÜLLER (1996), S. 50–55. MÜLLER betont, dass im Minnesang »tatsächlich die Rollen innerhalb der internen und der externen Sprechsituation oft noch eng beieinander[liegen], und daher kann mindestens in der Rezeption das Bewußtsein für die Unterscheidung der beiden Ebenen des Sprechers fehlen oder verlorengehen« (S. 52).

fahrerrolle augenscheinlich wird, wenn er vor heimatlichem Publikum seine Abwesenheit besingt. Auch hier muss sich der Rezipient vom internen Sänger distanzieren, da er in der Rolle des Kreuzfahrers die Idee des Gottesdienstes ablehnt und sich als Liebender nach einer Dorfschönen sehnt. Hinsichtlich der Sängerrolle aber sind die Rezeptionsebenen einander angenähert, da der Erfolg des internen Sängers zuhause im Dorf auf den externen Sänger verweist, dessen Kunstfertigkeit dem höfischen Publikum in der Form der Kreuzlieder vor Augen tritt. Indem er verschiedene Gattungen, Rollen und Rezeptionsebenen zitiert und gleichzeitig negiert, kreiert er ein kunstvoll-komplexes Lied, das neben einer politischen auch eine poetologische Botschaft hat, die er ostentativ vor der Folie seines selbst geschaffenen Typus, des Sommerliedes, zu erkennen gibt: Die ›Kreuzlieder‹ demonstrieren die Bedeutung der eigenen Kunst als Garant gesellschaftlicher *vreude*. Nicht zuletzt diese selbstbewussten metapoetischen Reflexe und Anspielungen machen deutlich, dass die Lieder ein sehr scharf konturiertes Autorbild vermitteln. Es ist das Bild von Neidhart als kunstfertigem, scharfsinnigem Dichter, der es versteht, bekannte literarische Traditionen aufzurufen und zu instrumentalisieren, um sein Publikum mit immer neuen Variationen seines dekonstruktiven Spiels zu fordern.

### Unterschiede der C-Fassungen

Die C-Fassungen der untersuchten Lieder bieten an einigen Stellen zum Teil rekurrente Varianten, die im Folgenden nochmals zusammengefasst werden sollen:

a) In drei Fällen verzichtet C im Gegensatz zu R auf die explizite Nennung des *vreude*-Begriffs. In SL 14 fällt der Begriff im Gegensatz zur R-Fassung nur im Natureingang und wird in der Gesprächsszene durch ein anderes Wort ersetzt (*zuht*). In den SLL 12 und 23 fehlt jeweils die Natureingangsstrophe, die den Begriff beinhaltet. Die Gestimmtheit von Sänger bzw. Mädchen unterscheidet sich jedoch trotz dieses Befundes nicht von R, da das Konzept naturhaft-sinnlicher *vreude* in den übrigen Natureingangsstrophen deutlich zum Ausdruck kommt.

b) Im Falle der SLL 24, 21 und 23 tritt die in R konstitutive Interrelation von Sänger- und Mädchenrolle nicht in derselben Deutlichkeit hervor. Während dies bei den SLL 24 und 23 überlieferungsspezifische Ursachen zu haben scheint, liegt es im Falle von SL 21 nahe, die Eingangsstrophen dem Mädchen zuzuschreiben, was einen Bedeutungsverlust der Sängerrolle impliziert.

c) Das in R zu beobachtende komplexe Spiel mit der Sängerfigur und dem Gattungsprätext ist in der C-Fassung der SLL 11 und 12 zurückgenommen: Der Sprecher tritt vornehmlich in den Rollen des Liebenden und Kreuzfahrers auf, so dass die poetologische Dimension der Lieder reduziert ist.

Ein Vergleich der Fassungen ist in einigen Fällen Einschränkungen unterworfen: Im Falle der SLL 14 und 11 macht es der Textverlust unmöglich, sichere Schlüsse hinsichtlich des Liedendes zu ziehen. Bei den SLL 23 und 24 haben wir es mit vermutlich durcheinandergeratenen Fassungen zu tun, deren Lesbarkeit stark beeinträchtigt ist. C muss daher im Vergleich zu R als unzuverlässigere Quelle bezeichnet werden.

Trotz dieser Einschränkungen lässt sich für beide Fassungen ein gemeinsamer Merkmalssatz definieren, da die Ergebnisse der R-Fassungen im Kern mit denen der C-Fassungen übereinstimmen. Im Zentrum aller Lieder steht die Opposition von gesellschaftlich-höfischer und naturhaft-sinnlicher *vreude* und damit letztlich die von höfischer und dörperlicher Wertewelt, eine Opposition, die durch die höchst ambivalente Figur des Reuentalers gleichzeitig aufgebaut und unterlaufen wird. In allen Gesprächsliedern ist er es, der die Ordnung in der Welt der Dörper aus dem Gleichgewicht bringt. Das in R raffiniert ausgeprägte Spiel mit der Sängerrolle wird in C nicht ebenso intensiv durchgespielt, ist aber durchaus angelegt, da der Reuentaler auch hier als Liedsubjekt und Liedobjekt erscheint. Auch das Spiel mit literarischen Prätexten – einem volkssprachlichen Paradigma um die Konstanten Aufbruch/Appell zur *vreude* sowie dem Kreuzlied – zählt zum gemeinsamen Merkmalssatz.

## 2. Die Überlieferungsschicht *RB

### 2.1 Sommerlied 17 (R 50/B 35–41)

Als einziges Sommerlied wird SL 17 von den Handschriften R und B gemeinsam überliefert. Damit ist es wie die Lieder aus *RC der ältesten Schicht der Neidhart-Überlieferung zuzuordnen. Im Folgenden soll untersucht werden, ob diese Schicht *RB in ihren Merkmalen mit der Schicht *RC übereinstimmt.

In den Eingangsstrophen steht die Rolle des Sängers als *vreude*-Verkünder deutlich im Vordergrund, während die Beschreibung der sommerlichen Natur nur wenig Raum einnimmt. Auffällig ist aber, dass die wenigen Naturmotive durch Personifizierungen stets in Verbindung zum Menschen gesetzt werden. So verweist etwa der Appell *Schowet an den walt, wi er niwes lovbes reichet, / wie wol er siniv grvniv chleider an sich streichet!* (I,1f.) bereits auf die später erwähnte Tanzkleidung der Mädchen (III,3: *mit lihter wæte*), und auch der neu erklungene Vogelsang kann auf die Aktivitäten der Jugend appliziert werden, denn: *schalles phlegent si des morgens*[145] (II,7). Die allumfassende sommerliche

[145] *morges* R.

Hochstimmung erhebt der Sänger ausdrücklich zum Progamm seines Liedes: *Vrevd vnd chvrtzwile svl wir vns hiwer nieten* (III,1). Was hier explizit formuliert wird, implizieren bereits die vorhergehenden Strophen mit den Verben *erlachen*, *singen* und *spiln*. Sogar die Alten sollen in die ausgelassene und freudvolle Stimmung einbezogen werden: *di altn / svln sin des der chinder* (III,9f.).

Der Sänger wendet sich wiederholt an seine fiktionsimmanenten Zuhörer, die *megede*, die er zum Tanz auffordert. Der genaue Wortlaut seines Appells expliziert die Natur der vom Sänger verkündeten *vreude*: *maget, so man reie, / so sit gemant / alle, / daz wir di rosen chrentzel / brechen, / so daz tav daran gevalle!* (I,5–10). Der gemeinsame Tanz steht in direkter Verbindung zu dem Motiv des Kranzbrechens – hier sogar Kränze aus Rosen – und dem des fruchtbarkeitsspendenden Taus, wodurch die erotischen Implikationen des Aufrufs deutlich werden. Umso überraschender erfolgt in der dritten Strophe ein weiterer Appell, der in diskrepantem Verhältnis zu eben diesen Implikationen steht: *got sol den ivngen magden allen daz gebieten, / daz si mit lihter wæte / sin bereit / vnd den svmer stæte*[146] */ an ir hobescheit* (III,2–6). Als elementare Begriffe des hohen Minnesangs dissonieren *stæte* und *hobescheit* mit dem nur wenige Verse zuvor vom Sänger formulierten Programm von *vrevd vnd churtzwile*: Kennzeichnen diese Begriffe im Kontext der Eingangsstrophen ein naturhaft-sinnliches Lebensprinzip, so können *stæte* und *hobescheit* im Rahmen einer solchen Anschauung keinen Platz finden, es sei denn als ironisches Spiel mit den Dorfmädchen. Die *vreude*, die im hohen Minnesang aus der Positivierung des durch beständigen, doch ungelohnten Dienst erfahrenen Leids gewonnen wird, hat nichts gemein mit dem *vreude*-Empfinden einer momentanen sexuellen Begegnung. Ein solches Spannungsverhältnis war bereits im Natureingang von SL 14 der Schicht *RC zu beobachten.

In der vierten Strophe nimmt ein Mädchen die Rede des Sängers auf.[147] Obwohl der Sprecherwechsel – wie in SL 21 – nicht durch eine inquit-Formel angezeigt wird, finden sich doch einige deutliche Hinweise auf eine entsprechende Zuordnung: Das Mädchen tritt gleich als Ich-Sprecherin in Erscheinung, was bereits als Signal für einen Sprecherwechsel gedeutet werden kann. Durch die

---

[146] *stæt* R.

[147] WIESSNER (Kommentar, S. 41) und RUH ordnen den gesamten Natureingang dem Mädchen zu: »Was SL 17 betrifft, so möchte ich wegen *mägede ... wir* (I 5/8) und *wir kint* (II 10) für ein Mädchen als Sprecherin plädieren« (RUH, S. 255 Anm. 12). Diesem Ansatz möchte ich widersprechen: Der Sänger bezieht sich auch in anderen Sommerliedern in der wir-Form in das Geschehen ein. *Wir kint* ist geschlechtsneutral und liefert so ebenfalls keinen Beweis für eine weibliche Sprecherin. Gegen den Ansatz von WIESSNER und RUH richten sich auch LENDLE, S. 113, und H. BECKER (1978), S. 32 Anm. 15.

Aufnahme des Vogelmotivs referiert die Sprecherin auf die Rede des Sängers, wobei sie sich nicht auf den Gesang, sondern das muntere Fliegen der Vögel (IV,1: *der vogel reide*) bezieht und dadurch indirekt verweist auf den sommerlichen Tanz. Ihre Bemerkung *di blvmen, di der maye lost ovz reiffen bande* (IV,2) lässt sich ebenfalls auf den menschlichen Bereich applizieren, erinnert der Vers doch an den Ausspruch des Mädchens aus SL 24 (IV,4: *der mir lost div miniv bant*), in dem die Bande der *huote* angesprochen werden: Der Mai agiert somit nicht nur als Erlöser der Natur, sondern auch als Befreier der jungen Mädchen. Im Folgenden wird die bereits angedeutete Identität der Sprecherin bestätigt: *het ich Jevteline, / so wold ich gan / schowen. / div lind ist wol bevangen / mit lovbe. / dar vnder tanzent vrowen* (IV,5–10). Der Wunsch eines Mädchens nach einer Begleiterin für das Tanzvergnügen ist bereits aus SL 21 bekannt.[148] Als Ziel nennt es auch hier den dörperlichen Tanz unter der Linde, den futurischen Hintergrund, der bereits in der Sängerrede gezeichnet wurde. Auffällig ist dabei, dass das Mädchen die tanzenden Dörperinnen mit dem inkongruenten Begriff *vrowen* bezeichnet: Durch die in der Rede des Sängers analog auftretende Konfusion von Sprachebenen deutet sich an, dass eben dieser verantwortlich ist für die sprachliche Verwirrung des Mädchens, das den Begriff *vrowe* überhaupt nicht einzuordnen weiß.[149]

Die folgende Strophe stellt die Replik der Mutter auf den Wunsch der Tochter, unter der Linde zu tanzen, dar.[150] Mit ihrem Ausruf *Da wil ich din hvtten*

---

[148] Plädierte man trotzdem noch für den Sänger als Sprecher der Strophe, würde dessen Aussage eine neue Rollenverschränkung bedeuten, da der Ich-Sprecher sowohl als Sänger als auch als Liebender agiert. Diese Annahme halte ich jedoch für wenig wahrscheinlich: Es passt nicht ins Bild, dass der Sänger seine Teilnahme am Tanz von der Anwesenheit eines bestimmten Mädchens abhängig macht.

[149] Derartige begriffliche Unschärfen und Dissonanzen machen sehr schön deutlich, dass Neidharts dekonstruktive Auseinandersetzung mit dem hohen Minnesang nicht etwa schon antizipiert ist in Walthers Mädchenliedern. Ganz abgesehen vom Ausfall eines sozial deutlich markierten Dörpermilieus und der Zweiteilung in Natureingang und Gesprächsszene ist vor allem die normative Grundstruktur bei Walther eine ganz andere als bei Neidhart. Wo bei letzterem *staete* und *hövescheit* ironisch zitiert werden, da bleibt Walther ihnen verpflichtet, indem er auch die Sexualität thematisierende Mädchenliebe in einem höfischen Bezugsrahmen zu halten sucht. Wenn etwa in Liedern wie 39,11ff., 51,13ff. oder 74,20ff. die *maget* als *frowe* apostrophiert wird, so ist das kein Spiel mit einer Unterlegenen, sondern eine programmatische Erhöhung. Vgl. dazu u.a. GERHARD HAHN: Walther von der Vogelweide: *Nemt, frowe, disen kranz*. In: GÜNTHER JUNGBLUTH (Hg.): Interpretationen mittelhochdeutscher Lyrik. Bad Homburg u.a. 1969, S. 205–223.

[150] Hier wird noch einmal deutlich, dass nur das Mädchen als Sprecherin der vierten Strophe denkbar ist. Die inquit-Formel *sprach des chindes aide* (V,1), die die Rede der Mutter kennzeichnet, hinge völlig beziehungslos in der Luft.

(V,1) erhebt sie den Anspruch, in der Rolle der *huote* über die Tochter zu wachen. Es offenbart sich jedoch rasch, dass sie einem solchen Anspruch nicht nachkommen kann, denn der Vorschlag, gemeinsam zur Linde zu gehen (V,2)[151], entspringt weniger ihrem moralischen Pflichtbewusstsein als vielmehr ganz spezifischen Eigeninteressen: Die Mutter will nicht als Aufpasserin, sondern als Tänzerin und damit als Konkurrentin der Tochter zur Linde, da sie sich der Jugend zugehörig fühlt (V,3f.: *ich pin miner iare / gar ein chint*).[152] Tatsächlich folgt damit auch die Mutter einem Appell des Sängers aus den Eingangsstrophen, wo es hieß: *di altn / svln sin des der chinder* (III,8f.). Die Mutter tritt also in der Rolle der tanzlustigen Alten auf, eine Figur die sich auch in einigen Liedern der Carmina Burana findet, wo sie die erneuernde und belebende Kraft des Sommers verbildlicht.[153] In SL 17 hingegen wird die Inkongruenz dieser Rolle herausgestellt: Die Mutter erwähnt ihre bereits ergrauten Haare – Zeichen ihres wirklichen Alters (V,5–7) –, die sie unter ihrem Kopfputz verbergen will, den ihr nun ausgerechnet die Tochter – kontrastparallel zu SL 21 – aushändigen soll (V,10). Wie die Rolle der Mutter verkehrt sich aber auch die der Tochter: Mit dem Hinweis, der Kopfschmuck zieme *einer ivngen baz dann einer alten* (VI,2), verweigert sie nämlich der Mutter die Herausgabe der geforderten

---

[151] Vgl. LENDLE, S. 114: »Hier greift die Mutter ein; sie fordert die Tochter auf, mit ihr zur Linde zu gehen.« LENDLE übersieht, dass es ursprünglich die Tochter ist, die zum Tanz will. Nicht sie soll die Mutter begleiten, sondern diese möchte sich der Tochter anschließen.

[152] Das Konkurrenzmotiv klingt hier bei den bisher untersuchten Liedern des Überlieferungskerns zum ersten Mal an. Vgl. aber BOCKMANN, S. 146: Da die *huote* »in der gesellschaftlichen Realität des Mittelalters« und »in anderen Gattungen höfischer Literatur [...] normalerweise nicht von den Müttern, sondern von männlichen Figuren ausgeübt« werde, falle die Mutter-Tochter-Beziehung bei Neidhart »weder unter den *huote*-Begriff im Sinn einer Muntschaft noch den einer höfischen Aufsichtspflicht«, sei vielmehr »in den meisten Fällen besser als Konkurrenzverhältnis denn als Fürsorgeverhältnis zu interpretieren«. Während ein solches Konkurrenzverhältnis in einigen noch zu untersuchenden Sommerliedern durchaus angelegt ist, trifft BOCKMANNS These auf alle Mutter-Tochter-Gespräche der Schicht *RC nicht zu, da hier gerade die Fürsorgepflicht der Mutter im Vordergrund steht. Auch die Behauptung GAIERS, dass »die Mütter dem Triebverlangen ihrer Töchter im Grunde durchaus verständnisvoll gegenüberstehen« (S. 46), bestätigt sich vor dem Hintergrund der bisher analysierten Mutter-Tochter-Dialoge nicht: Das in SL 17 angelegte Konkurrenzmotiv ist eine Variante des *huote*-Motivs.

[153] Vgl. besonders Carmina Burana Nr. 81,IV,5ff.: *anus, licet uetula / mire petulatur, / lasciua iuuencula / cum sic recreatrur* und Nr. 151,III,5ff: *et sub tilia / ad choreas Venereas / salit mater, inter eas / sua filia* (zitiert nach: Carmina Burana. Hg. von BENEDIKT KONRAD VOLLMANN. Frankfurt a. M. 1987 [Bibliothek des Mittelalters 13]).

*rise*.[154] Der Umgangston der Tochter zeugt dabei nicht eben von Respekt: Sie bezeichnet ihre Mutter als verwirrt (VI,5f.) und ihr Ansinnen auf die jugendliche Kopfbedeckung implizit als schlechten Traum (V,8–10).

Dass die Tochter als Siegerin aus der Auseinandersetzung hervorgeht, bestätigt die Schlussstrophe: Im präteritalen Bericht schildert der Sänger ihren Auftritt beim Tanz, wo es zu einer Begegnung mit dem Reuentaler kommt. Dabei wird ihre sexuelle Triebhaftigkeit besonders deutlich: Als »Liebespfand« für dem Ritter »erwiesene bzw. noch zu erweisende Liebesdienste“[155] stiehlt sie ihm ein Paar Schuhe, deren erotischer Symbolgehalt durch die rote Farbe evident wird.[156] Die unverblümte Kundgabe ihrer Liebesbereitschaft kulminiert jedoch in einer anderen Aktion: *si bot im bi dem tanze / ein chrentzel* (VII,8f.). Die so symbolisierte Preisgabe der Jungfräulichkeit ist in Zusammenhang mit dem Natureingang zu sehen: Hier fordert der Sänger zum gemeinsamen Kranzflechten auf, ein Appell, dem das Mädchen offensichtlich nachgekommen ist. Das triebhafte und auf Liebesvereinigung zielende Verhalten der Tochter verstößt somit gegen die sittlichen Normen, deren Kenntnis sie zuvor im Gespräch mit der Mutter zu kennen vorgab. Ihre dort auf Anstand und Angemessenheit zielenden Äußerungen entpuppen sich damit ebenso als Maske wie zuvor der höfische Anspruch der Mutter: Die Aktionen beider zielen auf das vom Sänger proklamierte Programm naturhaft-sinnlicher *vrevd vnd churtzwile*, während sie sich den Anschein von *stæte* und *hobescheit* geben, die ebenfalls im Natureingang ausgerufen werden. Die in der Sängerrede etablierte Dissonanz der Begrifflichkeit spiegelt sich somit auch in der Diskrepanz von höfischem Gebaren und dörperlichem Verhalten der Protagonisten der Vordergrundszene wider.

Die Rolle, die der Sänger in der Schlussstrophe als scheinbar neutraler Erzähler und Kommentator einnimmt, unterscheidet sich von den bisher untersuchten narrativen Passagen, in denen der Sänger völlig im Hintergrund bleibt. Mit den Worten *Wie si den strit liezzen, daz wil ich iv bescheiden* (VII,1) wendet er sich

---

[154] Damit wird das Verhalten der Mutter rückwirkend nochmals als unpassend bezeichnet. Vgl. auch FRITSCH, S. 106: »Da hier nach den Worten des Mädchens und auch sonst in den Liedern Neidharts die ›rîse‹ ausschließlich zum Kleiderschmuck der jungen Mädchen gehört, ist der Ruf der Mutter: ›wâ ist mîn rîse?‹ als Zeichen ›verkehrter Welt‹ zu verstehen: Ungeachtet ihres Alters will die Mutter an den Tanz- (und Liebes-) Freuden der Mädchen teilhaben.«

[155] JANSSEN, S. 142. Vgl. auch FRITSCH, S. 88: Nach FRITSCH »stellt das Wegnehmen solcher Liebespfänder eine Steigerung erotischer Bildhaftigkeit insofern dar, als damit ein besonderes Verlangen, auch erotischer Natur, angedeutet werden kann«.

[156] Vgl. dazu auch SL 18, in dem der Reuentaler die roten Schuhe einem Mädchen zum Geschenk macht.

hier nun als expliziter Ich-Sprecher direkt an seine Zuhörer. Dabei handelt es sich jedoch nicht, wie im Natureingang, um *megede*, also um Adressaten aus dem dörperlichen Bezugsfeld, sondern vielmehr um die Rezipienten des gesamten Liedes. Indem er das Publikum direkt anspricht, schlägt der Erzähler somit eine Brücke zur Aufführungssituation: »[W]as sich als vorwiegend dramatisch-gegenwärtig ablaufendes Geschehen gab, wird als Erzähltes abgeschoben; damit ist eine (neue) Erzählebene konstituiert, die mit der Aufführungssituation identisch ist. Denn der auktorial hervortretende Sänger-Erzähler ist auch das Bindeglied zur Vortragssituation.«[157] Eine weitere Differenzierung bedeutet die Tatsache, dass der Reuentaler in der Erzählerrede und damit erstmals in einer anderen Perspektive als der dörperlichen erscheint. Die dadurch suggerierte Beziehungslosigkeit von Reuentaler und Sänger erweist sich bei näherer Betrachtung als Kunstgriff: Die Beschreibung des Reuentalers wird in auffallender Zurückhaltung vorgenommen und fällt überraschend positiv aus. Am hemmungslosen Verhalten der Tochter, dessen Exzeptionalität eigens durch die Pathosformel *so mir got, daz ist vnlovgen* (VII,10) betont wird, erscheint er völlig unschuldig. Die Aktivität wird einzig dem Mädchen zugeschrieben, das völlig im Bann des bewunderten Ritters zu stehen scheint. Das Perspektivenspiel wird somit um eine weitere, scheinbar verlässliche Sicht auf den Reuentaler erweitert, so dass dem Rezipienten im Hinblick auf die Enttarnung des Ritters mehr abverlangt wird. Dem bereits bewanderten Zuhörer legt sich dann sogar die »Auflösung Sänger = Erzähler = Reuentaler« nahe, eine Rollenidentifizierung, die ihm aber doch schließlich »überlassen«[158] bleibt. Vermutet der Rezipient aber diesen Zusammenhang, so muss ihm die bewusste Selbstironie der abschließenden Ungläubigkeitsbeteuerung des Sängers offenbar werden: Dieser verurteilt ein Verhalten, das er selbst verursacht und intendiert hat. Er nämlich ist der Nutznießer der im Liedverlauf angelegten Dissonanz, die sich aus der Diskrepanz von höfischem Anspruch und triebhaftem Verhalten aufbaut. Das höfische Publikum wird damit wieder in den uns bekannten Einstellungskonflikt hineingetrieben.[159]

Die B-Fassung von SL 17 (B 35–41) unterscheidet sich zunächst in der Anordnung der ersten vier Strophen. Diese erschwert die Zuordnung der Sprech-

---

[157] H. Becker (1978), S. 270.

[158] Ebd., S. 249.

[159] Von einer »Solidarität (oder wohl besser: Komplizenschaft) zwischen einem Publikum von Stand und dem Dichter-Sänger, der sich derselben Klasse andienert«, wie sie Erwin Koller veranschlagt (Mutter-Tochter-Dialoge in *cantigas de amigo* und bei Neidhart. In: Thomas Cramer [Hg.]: Frauenlieder – Cantigas de amigo. Stuttgart/Leipzig 2000, S. 103–122, hier S. 121), kann damit keine Rede sein.

instanzen, da mit B 35 jene Strophe am Anfang steht, die in R (IV) dem Mädchen zugewiesen wird. Während sich B 36 ebenso dem Mädchen zuweisen ließe, wird dies bei den folgenden Strophen schwierig: Aussagen wie *wir svn den stolzen męgeden allen dar gebieten* [...] (B 37,2ff.) oder *vrôt ́vch hv́bschen kinder* (B 38,5) scheinen doch dem Sänger zu gehören. BECKER schlägt deshalb vor, den Natureingang bereits ab der ersten Strophe dem Sänger zuzuschreiben, dem damit auch die Aussage *het ich Iv́ntelinen, / so wolt ich gan / schowen* (B 35,5ff.) zufiele. Mit einem Verweis auf die c-Fassung von SL 16, in dem der Sänger sich ebenfalls zu Jiute bekennt, stellt BECKER das Lied in die Reihe der Jiute-Lieder (SLL 16, 17, 18), die durch »Anspielungszusammenhänge konstituiert ist«.[160] Jiute selbst wäre dann im folgenden Mutter-Tochter-Dialog die Protagonistin. BECKER räumt ein, dass die Frage der Zuteilung der ersten vier Strophen nicht endgültig zu entscheiden sei, plädiert aber doch für Sängerrede. Ihm ist insofern zuzustimmen, als die Zuweisung an die Tochter äußerst problematisch wäre; doch auch eine Interpretation als Sängerrede wirft Fragen auf: So stehen der c-Fassung von SL 16 eine Vielzahl von Liedern gegenüber, in denen es das Mädchen ist, das eine Freundin auffordert, zum Tanz mitzukommen (z. B. SL 10, III; SL 16, III; SL 21, III; SL 23, IV). Warum auch sollte der Sänger seinen Weg zur Linde vom Mitkommen eines bestimmten Mädchens abhängig machen? Und warum sollte er sich in die Rolle des lediglich passiven Zuschauers (*so wolt ich gan / schowen*) versetzen?

Diese Unlogik ist der Preis, den die B-Fassung für die offensichtlich sekundäre Strophenumstellung in Kauf nimmt, um andere Referenzen herzustellen: So bezieht sich der Einsatz der Mutter: *Hie wil ich gewinnen* (B 39,1) auf das in der Vorstrophe genannte *rosen krę̈nzel gewinnen* (B 38,8), die inquit-Formel *sprach der kinder aide*[161] (B 39,1) auf den Sänger (?) – Appell *vrôt ́vch, hv́bschen kinder* (B 38,5). Der Aufruf des Sängers an die Jugend wird so ausgerechnet von einer Alten beantwortet, die ironischerweise die Mutter derjenigen ist, die sich der Sänger als Partnerin wünscht. Diese scheinbar geschickt inszenierte Referenz ist jedoch in zweierlei Hinsicht eingeschränkt: Zum einen fehlt dem deiktischen *hie* (B 39,1) ein Bezugspunkt, da die in R hergestellte Verbindung zur Linde in C nicht möglich ist – diese wird bereits in der Eingangsstrophe erwähnt. Zum anderen wird die Interrelation von Natureingang und Dialogteil dadurch relativiert, dass der vorausdeutende Hinweis *die altn / svln sin des der chinder* (R III,9ff.) in B durch das allgemeinere *lassen wir den argen winter, der svmer ist*

---

160 H. BECKER (1978), S. 33.

161 Der Plural suggeriert, dass es sich bei der Sprecherin und Jiute um Schwestern handelt, wodurch bekräftigt wird, dass die Eingangsstrophe dem Mädchen gehört.

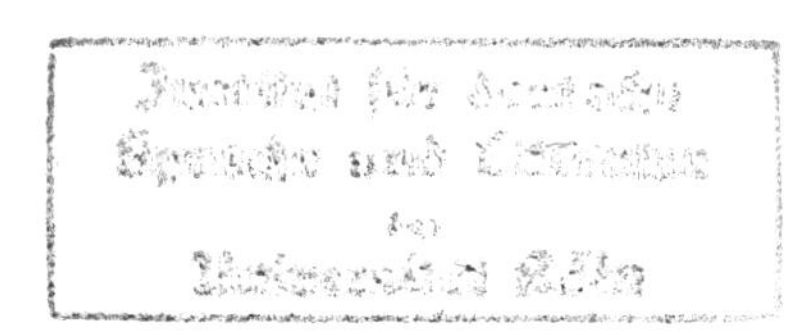

*der kinde* (B 37,8) ersetzt ist. Es finden sich zahlreiche weitere Varianten im Wortlaut, von denen aber nur wenige sinnverändernd sind. So wird die Tanzthematik in B seltener angesprochen als in R: Der Sänger (?) spricht in B 35,1 von *der vogellin raise*, so dass der in R gewählte Begriff *reide*, der auf den Tanz verweist, fehlt. Der Appell *maget, so man reie, / so sit gemant / alle* [...] (R I,5ff.) ist ersetzt durch *vrŏt ẃch, hẃbschen kinder, / vnd sint gemant / alle* [...] (B 38,5ff.), wodurch aber andererseits der *vreude*-Begriff zusätzliches Gewicht erhält.

Deutlichere Änderungen im Wortlaut finden sich im Dialogteil, und zwar schon gleich in der bereits erwähnten Eingangszeile: Durch die Ankündigung der Mutter *Hie wil ich gewinnen* (B 39,1) bekennt sich diese unverhohlen zu ihrem *vreude*-Drang, den sie durch (Liebes-)Erfolg krönen möchte. Damit entfällt die eigentliche Pointe der R-Fassung, die Integration des *huote*-Motivs in das Rollenspiel von Mutter und Tochter, das eine kompliziertere Sprecherabfolge nötig macht: In R ist es die Tochter, die den Appellen des Sängers folgen will, in ihrem Vorhaben jedoch von der Mutter belauscht wird. Diese reagiert dann auf das geäußerte Ansinnen des Mädchens, unter der Linde zu tanzen, und beginnt das Rollenspiel um die Bewachung der Tochter, mit dem sie ihren eigenen *vreude*-Trieb verschleiern möchte. Dieser Verlauf ist in B vereinfacht:[162] Die Mutter reagiert hier auf die Aufforderungen des Sängers, die Funktion der Tochter beschränkt sich durch ihr sanktionierendes Eingreifen auf eine Verstärkung der Komik, die das Motiv der tanzlustigen Alten, das in der B-Fassung von zentraler Bedeutung ist, hervorruft. Diese Beobachtung geht konform mit der auch von BECKER[163] konstatierten Tatsache, dass in der epischen Schlussstrophe die Betonung des Verhältnisses Tochter – Reuentaler zurückgenommen ist: Zum einen stiehlt sie nicht mehr dem Ritter, sondern der Mutter das Paar Schuhe, wodurch der Konflikt alt – jung verstärkt wird; zum anderen lässt sich eine »Milderung des sexuellen Hintersinns der Liedpointe«[164] feststellen, da das Mädchen dem Ritter den Rosenkranz nur aufsetzt, statt ihm diesen und damit metaphorisch ihre Unschuld zu *bieten*.

Die B-Fassung bleibt damit in einigen Punkten, vor allem hinsichtlich der Sängerrolle und des raffiniert verwendeten *huote*-Motivs, hinter der R-Fassung zurück. Der in R zugrunde liegende Konflikt – die Aufhebung der sozialen und natürlichen Ordnung durch den Reuentaler – ist jedoch auch in B dominant: Hier wie dort konfligieren höfische Begriffe mit dem, was sie bezeichnen, so dass auch der Zentralbegriff der *vreude* ambivalent wird.

---

[162] So auch H. BECKER (1978), S. 35.

[163] Ebd.

[164] Ebd.

## 2.2 Zusammenfassung

Die R-Fassung von SL 17 stimmt mit den Beobachtungen überein, die sich im Hinblick auf die Schicht *RC treffen ließen, und bietet differenzierende Erweiterungen: Der Sänger agiert im Natureingang explizit als Verkünder von *vreude*. Durch die ambivalente Semantik der Eingangsstrophen erfährt dieser Begriff schon hier eine dissonante Färbung, da sich höfisches und naturhaft-sinnliches *vreude*-Konzept überlagern. Durch die enge Interrelation von Sänger- und Mädchenrede wird deutlich, dass das Mädchen ganz im Bann des Sängers steht und am gemeinsamen Tanz unter der Linde teilnehmen möchte. Dieser bestimmt als futurischer Hintergrund den Raumentwurf des Liedes und verursacht den Konflikt der Vordergrundszene, der aber durch das ironisch gebrochene *huote*-Motiv eine neue Pointierung erhält: Mädchen und Mutter treten in ein Konkurrenzverhältnis zueinander, das ausgelöst wird von der für beide begehrenswerten Figur des Reuentalers. Dabei wollen sowohl Tochter als auch Mutter ihr naturhaft-sinnliches *vreude*-Verlangen ausleben, das sie jedoch hinter dem Anschein höfischer Moralvorstellungen zu verbergen suchen und dabei letztlich scheitern. Wie in der Schicht *RC kommt es somit auch hier zu einer Überlagerung von höfischen und dörperlichen Vorstellungen. In der Schlussstrophe wird das Treffen von Mädchen und Reuentaler beim Tanz geschildert. Dabei tritt der Erzähler (im Gegensatz zu SL 21) als expliziter Ich-Sprecher deutlich in den Vordergrund, wodurch sich das Verwirrspiel der Sprecherrollen in ihrer Beziehung zum Reuentaler weiter zuspitzt.

Die B-Fassung geht mit diesen Ergebnissen im Wesentlichen konform. Im Gegensatz zur R-Fassung ist jedoch die komplexe Verschachtelung von Sänger-, Tochter- und Mutterrede aufgelöst und die enge Interrelation von Sänger- und Mädchenrede aufgehoben zugunsten einer Verbindung der Rede von Sänger und Mutter, deren Rolle in B im Vergleich zu R aufgewertet ist. Wie bei der Schicht *RC erscheint damit die konstitutive Verknüpfung von Sänger- und Mädchenrede als Besonderheit der R-Fassung. Die Aufhebung nicht nur der sozialen, sondern auch der natürlichen Ordnung durch die erotisierende Kraft des Reuentalers und dessen ambivalente Infiltrierung der dörperlichen Welt steht jedoch wie in der R-Fassung im Mittelpunkt des Liedes.

# III. DIE SOMMERLIEDER DER GRUPPE B

Mit insgesamt sechs Liedern ist B die kleinste der hier untersuchten Gruppen. Da sie aber äußerst unterschiedliche Liedtypen umfasst, ist es erforderlich, die Analyse der Lieder in vier Abschnitten vorzunehmen: Mit dem Mutter-Tochter-Dialog B 42–46 und dem monologischen Lied der tanzlustigen Alten (B 78–82) finden sich zwei Lieder, die sich hinsichtlich der Personen- und Sprecherkonstellation noch relativ eng an die Lieder des Überlieferungskerns anschließen lassen. Bei B 52–58 und 59–63 handelt es sich um Texte, die man unter dem Motto ›Streit um die Tanzführung‹ zusammenfassen kann. Beide Lieder sind in der Handschrift C unter Goeli überliefert, was in der folgenden Untersuchung nicht unberücksichtigt bleiben kann. Der Fassschwank (B 69–77) und das Lied vom Rosenkranz (B 64–68) schließlich müssen aufgrund ihrer doch deutlich divergierenden Merkmale in eigenen Abschnitten analysiert werden.

## 1. Der Mutter-Tochter-Dialog B 42–46 und das Lied von der tanzlustigen Alten B 78–82

Der Aufruf zur *vreude* – der Begriff klingt in der Eingangsstrophe gleich zweimal an (B 42,1 u. 5)[1] – eröffnet programmatisch das fünfstrophige Lied **B 42–46**. Zwar ist die Sängerrolle im Appell *Frôt ṽch kinder* (B 42,1) angelegt, doch sie wird im Weiteren nicht ausgebaut: Der Sprecher bezieht sich zwar in die allgemeine Sommerfreude ein (B 42,2: *ṽns kvmpt ain liehter maie*), doch er agiert nie explizit in der Ich-Rolle. Mit bereits aus dem Überlieferungskern vertrauten Motiven (Vogelsang, Blumen) wird die Ankunft des Sommers gepriesen, doch spezifische Appelle zum Tanz bleiben aus.

Die zweite Strophe wird durch eine inquit-Formel einer *maget* (B 43,3) zugewiesen, deren Wunsch *So sṽlen wir vf den anger gan, / da entspringent viol rosen* (B 43,1f.) sich als Resonanz auf die Sängerrede lesen ließe (B 42,9: *die blv̂men sint entsprvngen*). Da aber die Sängerrolle in der Eingangsstrophe nicht deutlich markiert ist, kann das Mädchen ebenso als Sprecherin *beider* Strophen

---

[1] Bei Zitaten der Hs. B folge ich der Verszählung von Pfeiffer (1843/1966). Der Wortlaut wurde kontrolliert anhand der Transkription von Ehrismann (1969).

und damit des gesamten Natureingangs eingesetzt werden, wodurch das im Überlieferungskern etablierte Ablaufschema Sängerrede – Mädchenrede nicht mehr eingelöst würde. Die *vreude* an der neu erwachten Natur lässt auch die Lebensfreude des Mädchens wieder erblühen: Seine Erwartungen richten sich dabei auf den Tanz mit einem bestimmten Partner, seinem *gesellen* (B 43,7). Dass sein Wunsch, am Reien teilzunehmen, erotisch besetzt ist, erschließt sich aus der Bemerkung, für sich und seinen Partner einen (Rosen)Kranz anfertigen zu wollen (B 43,6f.). Auch die Mutter des Mädchens erkennt sogleich die eigentliche Bedeutung des *reiens* und ermahnt die Tochter zu *zvht vnd ere* (B 44,2), was diese durch eine bezeichnende Argumentation zurückweist: Die Mutter habe schließlich schon einen Mann, mit dem sie sich nachts vergnügen könne, und das gleiche Recht müsse auch ihr zukommen. Die Wortwahl der Tochter verdient dabei genauere Betrachtung: *vro mv̊ter, v́ ist des nahtes wol / mit minnen, als es von rehte sol, / svs habent ir v́ch gesellet* (B 44,7–9). Indem sie das Verb *gesellen* in unmittelbarem Zusammenhang mit dem Liebesleben ihrer Mutter verwendet, definiert sie ihren eigenen *gesellen* nicht vornehmlich als Tanz-, sondern als Sexualpartner. Der Tanz erscheint dadurch nicht mehr als eigentlicher Zielpunkt des Liedes, sondern dient vornehmlich als Aufhänger für die grundsätzliche Diskussion über den Wunsch der Tochter nach sexueller Erfüllung, der in keinem Lied des Überlieferungskerns in dieser Deutlichkeit formuliert ist.

Das Wissen der Tochter um die *geselleschefte* (B 45,2) schockiert die Mutter, doch das Mädchen spricht sich von jeder Schuld frei, da seine Liebeslust ihr ›Erbgut‹ von der Mutter selbst sei (B 45,6). Mit dem Vergleich der satten und der hungrigen Krähe[2] verweist es nochmals auf das eigene *vreude*-Bedürfnis, dem die Mutter doch jederzeit nachkommen könne. Dabei verkennt es aber völlig, dass, wie man vermuten kann, die Bindung der Mutter eine lebenslange, durch die Ehe legitimierte ist, während die Tochter lediglich das sexuelle Erlebnis sucht und tatsächlich Gefahr läuft, ihrer *ere* verlustig zu gehen. Unverhohlen wiederholt sie ihr Bekenntnis zum Partner, den sie *ze allen stvnden* begehre (B 45,9). Was isoliert betrachtet ein uneingeschränktes Liebesbekenntnis frühminnesängerischer Prägung zu sein scheint, offenbart sich im Kontext des Liedes als Ausdruck sexueller Bereitschaft. *Minne* wird dadurch in ihrer Bedeutung auf eine rein sexuelle Komponente reduziert.

Das Mädchen fordert somit das ein, wozu im Natureingang aufgerufen wird, nämlich *vreude*. Im Verlauf des Liedes offenbart sich jedoch die Eindimensionalität dieses Begriffes: Da die Sängerfigur nicht wirklich greifbar ist und der *geselle* nicht mit dem Reuentaler identifiziert wird, erfährt die naturhaft-sinnliche

---

[2] Vgl. dazu ausführlich H. BECKER (1978), S. 213ff.

Seite des Mädchens keine Kontrastierung durch einen höfisch-gesellschaftlichen Gegenpol. Die einzige Anlehnung an einen höfischen Sittenkodex findet sich in der Forderung der Mutter nach *zvht vnd ere*, die sie jedoch nicht vertieft; als Repräsentantin eines höfischen Ethos ist diese Figur ohnehin ungeeignet, da im Verlauf des Gespräches gerade ihre sinnliche Seite betont wird.

Im Mittelpunkt von **B 78–82** steht die aus SL 17 (R 50/B 35–41) bereits bekannte Figur der tanzlustigen Alten. Das Lied setzt ein mit einem ausführlichen, zweistrophigen Natureingang, in dessen Verlauf – passend zum Thema des Alters – der scharfe Kontrast zum Winter besonders deutlich gezeichnet wird. Das von ihm verursachte *lait* (B 78,7) wird aber ersetzt durch die neu einziehende *wunne* (B 78,8) des Sommers, der mit typischen Naturmotiven dargestellt wird (Laubkleid des Waldes, Vogelsang, Blumen). Auffällig ist, dass der Begriff der *vreude*, der im kurzen Natureingang von B 42–46 gleich zweimal fällt, hier ausbleibt. Deutlicher zeichnet sich hingegen die Rolle des Sängers ab: Dieser tritt bereits in der Eingangsstrophe als expliziter Ich-Sprecher in Erscheinung (B 78,7 u. 12). Durch die Beschreibung des neu ergrünten Angers und der belaubten Linde wird der Natureingang räumlich perspektiviert, so dass sich der futurische Hintergrund ›Tanz‹ abzeichnet.

Eine Alte nimmt den Sängerappell im Folgenden auf, wobei ihre Rolle vor der Folie der bisher analysierten Mutter-Tochter-Dialoge überrascht. Die Sprecherin beklagt nämlich gerade die Abwesenheit ihrer drei Kinder vom Tanzvergnügen und verkündet ihre Absicht, mit diesen zur Linde zu gehen. Nicht die Sorge um die Ehre der Kinder, nicht die Ausübung der *huote* angesichts eines drohenden sexuellen Übergriffs stehen hier im Vordergrund, sondern schlicht der Wunsch nach gemeinsam erlebtem Tanzvergnügen. Erotische Konnotationen im Hinblick auf das sommerliche Treiben legt die Rede der Alten auch gar nicht nahe, denn die tanzenden Mädchen sind *mit houelichem schalle / zúhteclichen* [...] *gemait* (B 80,12f.).

Der epische Bericht, der auch SL 17 (R 50/B 35–41) beendet, wird in diesem Lied über beinahe zwei Strophen ausgedehnt. Der futurische Hintergrund ›Tanz‹, den die Eingangsstrophen zeichnen, wird dadurch eingelöst und zur eigentlichen Vordergrundszene. Der Sprecher berichtet in der Rolle des neutralen Erzählers vom außergewöhnlichen Gebaren der Alten, die mit einer Tochter zum Tanz zieht. Ihre Ankündigung *ich tv̂n noch hút vil mangen sprung* (B 81,4) macht sie tatsächlich wahr, denn durch ihr festtägliches Gewand (B 81,5f.) und ihre außergewöhnlichen Tanzkünste dominiert sie den Reien. Dennoch wird nicht, wie zu erwarten wäre, eine Konkurrenzbeziehung zu den Töchtern oder den *megeden* auf dem Anger angedeutet. Die Schlussstrophe nämlich geht kurz auf zwei andere Frauen ein, hinter denen man die noch nicht genannten Töchter vermuten kann. Während der Erzähler auch auf die festliche Aufmachung und Tanzkünste Hildes eingeht (B 82,1ff.), endet die Strophe mit einer Beschreibung der wieder erwachten Lebensfreude der zweiten Tochter.[3] Diese äußert den Wunsch, einen Blumenkranz zu binden und diesen zum Tanz zu tragen. Lediglich durch die erotische Konnotation des Kranzes und ihr Beharren *das lâsse ich durch niemannes drô* (B 82,10) fühlt sich der Rezipient an die Sommerlieder des Überlieferungskerns erinnert. Das Lied endet dann aber konfliktfrei mit dem programmatischen Ausruf *sumer, ich bin diner kůnfte vro!*

## 2. Der Streit um die Tanzführung (B 59–63 und B 52–58)

Wie bereits oben angesprochen, sind B 59–63 und B 52–58 in der Hs. C – mit z. T. stark variierender Strophenfolge – als Teil des vier Töne umfassenden Goeli-Corpus überliefert. Obwohl mit O und c zwei Textzeugen vorliegen, die die Lieder Neidhart zuschreiben, wurde die Autorschaft Goelis in der Forschung nur selten in Frage gestellt,[4] was sich durch die offensichtliche Andersartigkeit der Lieder erklären lässt. Diese zeigt sich schon in zahlreichen lexikalischen und idiomatischen Besonderheiten, die das Verständnis der Texte erschweren. Dazu treten inhaltliche Veränderungen, deren Natur im Folgenden nachgegangen werden soll.

Die Eingangsstrophe von **B 59–63** erfüllt vornehmlich die Funktion der Jahreszeitenansage und nennt dabei neben bekannten (Wald, Feld, Blumen auf der Heide) auch ganz neue Naturmotive (B 59,2f.: *nv hat sumer sin gezelt / vf geslagen an die pinewaide*). Obwohl ein Sprecher-Ich in Erscheinung tritt (B 59,7), macht es ein »offenkundige[r] Mangel an Selbstaussagen«[5] schwer, dessen Identität zu

---

[3] Statt *Gehilte* (c 51,V,5) liest B *geuilde*. Der Name ist hier nur noch schwer erkennbar.

[4] Zu nennen ist hier vornehmlich SCHWEIKLE, der keinen Grund sieht, die Zuweisung an Neidhart anzuzweifeln, und in Goeli einen Nachsänger sieht (SCHWEIKLE [1981], S. 98; DERS. [1990], S. 36). Eine Autorschaft Goelis verteidigt hingegen HUBERT HEINEN: Was Goeli a Pseudo-Neidhart? In: SIBYLLE JEFFERIS (Hg.): New Texts, Methodologies, and Interpretations in Medieval German Literature. Göppingen 1999 (GAG 670), S. 59–77. Zur historischen Figur Goelis vgl. MICHAEL BÄRMANN: Herr Göli: Neidhart-Rezeption in Basel. Berlin 1995 (Quellen und Forschungen zur Literatur- und Kulturgeschichte 4/238). BÄRMANNS Arbeit beinhaltet zudem äußerst detaillierte Analysen aller vier Goeli-Lieder, auch im Vergleich der jeweiligen Fassungen.

[5] BÄRMANN, S. 201.

bestimmen. Im Gegensatz zum Überlieferungskern agiert der Sprecher nämlich nicht als *vreude*-Verkünder, da der zweimalige Hinweis auf die *vreude* (B 59,7 u. 11), die der Sommer bei ihm und der Gemeinschaft (B 59,11: *vns*) auslöst, nicht von Appellen gefolgt wird. Mit dem Aufruf zum Tanz, der in *RC/RB mit dem Zentralbegriff der *vreude* fast untrennbar verknüpft ist, entfällt aber auch die Perspektivierung auf den futurischen Hintergrund ›Tanz‹, zumal die entsprechenden Akteure (*megede*) und Lokalitäten (*linde*, *anger*) gar nicht genannt werden. Ungewöhnlich ist ebenfalls die Ausrichtung auf »eine bestimmte Landschaft«[6], wenn es heißt: *bi dem Rine vf grv̊net wę̄rde vnd ŏwe* (B 59,10).

Als Thema des Liedes kristallisiert sich rasch ein Streit um die Führung beim sommerlichen Tanz heraus, und zwar ein Streit unter männlichen Kontrahenten: Fridebolt, der von Künze protegiert wird, und Otto. Die Redezuteilung der folgenden Strophen ist schwierig, da auf inquit-Formeln völlig verzichtet wird.[7] HAUPT/WIESSNER lassen die Rede Künzens bereits mit dem Natureingang einsetzen: Diese beschriebe demnach in der zweiten Strophe (B 61)[8] das Auftreten des mit Schwertern ausgestatteten Fridebolt und seiner Freunde, um sich dann warnend an Otto zu wenden: Mit einem Hinweis auf ihren Einfluss empfiehlt Künze ihm, bis zum Osterspiel zu warten, und fordert Fridebolt auf, den Tanz anzuführen. H. BECKER hingegen schreibt B 59 und B 61,1–6 mit dem Hinweis auf die sehr kritische Darstellung des aggressiven und überheblichen Fridebolts einem Beobachter zu[9] und lässt die Rede Künzens erst mit 61,7 – der Warnung an Otto – beginnen. Auch BÄRMANN stellt eine kritische Einstellung des Sprechers gegenüber Fridebolt fest, sieht jedoch im Vers *Otte, kom das osterspil, / so la mich den dinen rat beuinden* (B 61,7f.) keine Drohung, sondern einen Ausdruck der Besorgnis und schreibt die ganze zweite Strophe einem Fürsprecher Ottos zu, der vor dem Hintergrund des großen Einflusses Künzens in der Tanzführung durch Fridebolt einen friedlichen Kompromiss herbeiführe.[10]

---

[6] H. BECKER (1978), S. 334. Zur Nennung des Rheins vgl. auch BÄRMANN, S. 30–35 u. S. 202.

[7] Vgl. BÄRMANN, S. 208, der zu Recht darauf hinweist, die fehlenden inquit-Formeln dürften auch schon dem mittelalterlichen Leser »Verständnisschwierigkeiten« bereitet haben; nicht zuletzt darauf sei die deutliche »Divergenz der Lesarten« der Handschriften C, B, O und c zurückzuführen.

[8] Die Reihenfolge der Strophen 60 und 61 ist durch eine von alter Hand hinzugefügte Nummerierung vertauscht, so dass die B-Fassung bezüglich der Strophenfolge mit der C-Fassung (Goeli) identisch ist.

[9] Der ironische Unterton wird v. a. im Vers *sv́ wen sich vor allen vŏgeten vrien* (B 61,6) deutlich (vgl. H. BECKER [1978], S. 334).

[10] BÄRMANN, S. 206. BÄRMANNS insgesamt einleuchtender Lösungsvorschlag hat den Vorteil, dass keiner der Sprecher über sich selbst in der dritten Person spräche.

In der dritten Strophe kommt ein Anhänger Fridebolts zu Wort, wobei nicht eindeutig entschieden werden kann, ob es sich um Künze selbst[11] oder einen »anonymen Anhänger«[12] handelt. Da aber die vierte Strophe eine direkte Replik an Künze ist, halte ich es nicht für wahrscheinlich, dass Künze selbst gar nicht zu Wort kommt.[13] Fridebolt wird aufgefordert, den Tanz anzuführen und sich gegen mögliche Angriffe (Ottos?) nachdrücklich mit dem Schwert zur Wehr zu setzen. In einer entschiedenen Antwort wendet sich ein Gegner Fridebolts – möglicherweise Otto selbst – an Künze, um Fridebolts Rang durch abfällige Vergleiche zu schmälern und seiner Teilnahme am Tanz durch Drohungen vorzubeugen (B 63).[14] Und auch Künze selbst wird für ihr lautes Lob Fridebolts gescholten, da ihr Einsatz auf Kosten anderer Tänzerinnen, *Else vnd Elli* (B 63,6), gehe. BÄRMANN deutet diese Frauen als »anzitierte Kunstfiguren«[15] aus einem Lied Hiltbolts von Schwangau mit dem Refrain *Elle vnd else tanzent wol, des man in beiden danken sol.*[16] Die Frauengestalten symbolisieren demnach »beschwingte Tanzfreude«[17], der Fridebolt entgegenstehe. Eine der beiden – Elli – ist es schließlich, die als Partnerin des Sprechers beim abschließend erwähnten Tanz unter Ottos Führung auftritt, denn: [...] *otten tanze, der wart noch nie zerbrochen* (B 63,11).[18] Dass gerade Elli, Repräsentantin freudvollen Tanzvergnügens, als Partnerin genannt wird, impliziert, dass die Tanzführung durch Otto Erfolg garantiert.

Das Lied **B 52–58** ist in seiner Thematik ›Streit um die Tanzführung‹ mit B 59–63 verwandt. Der Natureingang ist hier jedoch explizit durch eine inquit-Formel einer *maget* in den Mund gelegt, deren Erwartung, bald wieder fein herausgeputzt am Reien teilnehmen zu können (B 52,4ff.), den futurischen Hintergrund ›Tanz‹ aufspannt. Dabei agiert sie als Tänzerin und Sängerin, wobei der *raien* als ruhiger, maßvoller Tanz beschrieben wird (B 52,9f.). In der zweiten

---

[11] H. BECKER (1978), S. 335. Hierbei ergäbe sich wieder das Problem, dass Künze über sich selbst in der dritten Person spräche (B 60,4).

[12] BÄRMANN, S. 211.

[13] Störend wirkt bei dieser Lösung dennoch, dass Künze über sich selbst in der dritten Person spräche.

[14] BÄRMANN (S. 214) plädiert für den Advokaten Ottos aus B 60 als Sprecher. Warum aber sollte dieser Sprecher, der doch zuvor Fridebolt die Tanzführung zugewiesen hatte, nun denselben warnen, überhaupt zu erscheinen?

[15] BÄRMANN, S. 217.

[16] Hiltbolt von Schwangau C 11,9.

[17] BÄRMANN, S. 217.

[18] Das Lied endet in B somit offen, während C eine epische Schlussstrophe bringt, in deren Mittelpunkt der Kampf zwischen den Parteien steht.

Strophe[19] betont die Sprecherin ihre *vreude* an der neu erwachten Natur, die in zahlreichen vertrauten Motiven dargestellt wird. Sie beschreibt die neu einsetzenden Tänze auf dem Anger (B 54) und ruft zur Teilnahme auf: *rispent vnd reuent v́wer swę̄nze, / die ir tragent svnder lo̊gen* (B 54,6f.). Mit der impliziten Frage nach denen, die dem Tanz vorstehen (B 54,10f.), wird übergeleitet zu B 55, wo die *maget* Else zu Wort kommt, die für die Tanzführung Kunzes plädiert.[20] Dabei argumentiert sie gegen die Meinung einer Rivalin namens Bele, die Giselbreht als Tanzführer favorisiert, über den Else hingegen ein negatives Urteil fällt: *er ist ain schebel vnd sinen frv́nden ain galle* (B 55,11).[21]

Kunze selbst ist es schließlich, der sich als Sprecher von B 56 vermuten lässt – eine genaue Zuweisung ist wieder nicht möglich. Er fordert Giselbreht auf, als Trommler zu agieren, während er selbst den Tanz anführen wolle.[22] Dabei droht er, solche Teilnehmer zu Fall zu bringen oder zu verspotten, die weder um Anstand (B 56,7: *zvht*) noch um Ausgelassenheit (B 56,8: *gę̄melliche*) willen tanzen, sondern den Tanz stören möchten. Die beiden epischen Schlussstrophen weisen

---

[19] B 53 gehört in C einem völlig anderen Ton (C 15–17) an. H. Becker (1978) vermutet als Grund für die zusätzlich übernommene Natureingangsstrophe die mit B 52 identische Eingangszeile, die zur Tendenz zum formalen Strophenanschluss in B passe. B 52 füllt jedoch darüber hinaus eine Lücke, indem neben vertrauten Naturmotiven auch der *vreude*-Begriff fällt, den bisher alle Natureingänge der B-Töne aufwiesen.

[20] Es wäre durchaus möglich, schon in der *maget* aus B 52–54 Else zu vermuten. Diese Identifizierung legt C nahe, da die Schlussstrophe B 58, in der Kunze gepriesen wird, bereits an dritter Stelle (C 8) erscheint. Der Beginn von C 9 (*Ich wil sin sin kempfe zer linden*) schließt sich somit besser an und macht einen Sprecherwechsel unwahrscheinlich. Die Strophenumstellung von B scheint gegenüber C sekundär zu sein: Der Anschluss von B 55 ist schwierig, da Kunze, dessen Vorkämpferin Else sein will, zuvor nicht erwähnt wird.

[21] C bringt hier eine zusätzliche Strophe, in der Bele zu Wort kommt und im Gegenzug Kunze verhöhnt (C 10).

[22] Ganz anders C: Giselbreht wird aufgefordert, das Zeichen für den Trommler zu geben und den Tanz selbst anzuführen. Er erscheint somit eben nicht als Trommler, sondern als Tanzführer. Die Strophe muss demnach Bele zugeordnet werden, wodurch C 6–12 in seinem Kern ein Streitgespräch zwischen Else und Bele hätte, die in B gar nicht zu Wort kommt. Der Konflikt ist somit in B reduziert, wozu passt, dass die Rede Kunzes in B als Kompromiss oder gar Friedensangebot an Giselbreht gelesen werden kann. Bärmann hingegen will die Strophe auch in der C-Fassung Kunze zuschreiben (S. 248). Seine Ausführungen bleiben jedoch unklar, seine Begründung (»Der freundschaftliche, ja versöhnliche Ton der Strophe spricht insgesamt am ehesten für Kunze als Sprecher«) überzeugt nicht, da Kunze doch selbst Tanzführer sein möchte und Giselbreht kaum dazu auffordern würde. Obwohl Giselbreht in C die Rolle des Tanzführers und nicht des Trommlers erhält, spricht Bärmann auch später (S. 251) von »Giselbrechts Trommlerrolle« – die beiden Fassungen werden nicht deutlich genug auseinandergehalten.

den aufgeführten *reien* als Erfolg aus. Dass Kunze dabei als Führer agiert, lässt sich daraus schließen, dass Else als seine Partnerin agiert, während Bele am Rande steht. Erscheinungsbild, Tanz- und Sangeskünste des Anführers werden abschließend ausführlich gepriesen (B 59).[23] Wie schon in B 78–82 erhält der Bericht hier einen deutlich größeren Raum als bei den Liedern des Überlieferungskerns. Der Sprecher selbst bleibt dabei jedoch völlig im Hintergrund.

Die beiden untersuchten Lieder setzen sich insgesamt deutlich von denen des Überlieferungskerns ab, denn im Streit um die Tanzführung tritt ein völlig neues Konfliktpotential zutage. Das Konkurrenzmotiv, das auch in den Liedern des Überlieferungskerns angelegt ist – sei es zwischen zwei Mädchen oder zwischen Mutter und Tochter –, ist hier von der Figur des Reuentalers losgelöst und auf männliche Protagonisten übertragen, die in diesen Liedern in den Vordergrund treten. Damit rückt das Lied trotz des sommerlichen Natureingangs in die Nähe der Winterlieder, in denen die Konkurrenz unter den Dörpern thematisiert wird. Doch auch hier zeigen sich deutliche Unterschiede, denn die soziale Zugehörigkeit der Protagonisten bleibt in beiden Liedern offen. Der Konflikt entspringt dadurch nicht, wie in den Winterliedern, den sozialen Gegensätzen zwischen Ritter und Dörpern, sondern der Konkurrenz unter sozial Gleichgestellten. Aufgrund der so deutlich differierenden Liedthematik erscheint die tatsächliche Autorschaft Goelis, wie sie C proklamiert, möglich.[24] Dabei hätten wir es durchaus mit keinem bloßen Nachahmer, sondern einer »kreative[n] Autorpersönlichkeit«[25] zu tun, die ihren eigenen Stil gefunden hat. Die Lieder bleiben aber dennoch hinter dem zurück, was wir im Überlieferungskern greifen konnten: Der Natureingang ist reine Jahreszeitenansage, das komplexe Spiel mit der Sängerrolle entfällt, die Konflikte entzünden sich an der Rivalität sozial Gleichgestellter und nicht an dem Spannungsverhältnis einer wertebestimmenden Opposition.

---

23 Der Erzähler/Beobachter erhält dadurch im Gegensatz zur C-Fassung, in der das Lob des Weibels Else gehört, zwei Strophen.

24 Eine endgültige Festlegung in der Frage der tatsächlichen Autorschaft erscheint mir in unserem Zusammenhang weder nötig noch überhaupt möglich: Ein Vergleich mit ›echten‹ Neidharten mag Parallelen in der Motivik erbringen (Naturmotive, Namen etc.), doch diese könnten sowohl die Autorschaft Neidharts als auch die Imitation durch Goeli beweisen.

25 Bärmann, S. 193.

## 3. Der Fassschwank (B 69–77)

In B 69–77 lässt sich die Vorstufe zu den später äußerst beliebten und vornehmlich in den Papierhandschriften des 15. Jahrhunderts überlieferten Neidhartschwänken fassen. Bei dieser Gattung handelt es sich um »schwankhafte Erzähllieder um einen Protagonisten namens Neidhart. [...] Dieser Neidhart legt es darauf an, den Dörpern einen Streich zu spielen, wobei jeweils *er* triumphiert. Handlungsort ist in der Regel Zeiselmauer.«[26] Die Schwänke sind sowohl Zeugnisse der Entstehung der Neidhart-Legende – Autor und Rolle, Neidhart und Reuentaler werden miteinander identifiziert, so dass der Autor zum Helden der Lieder wird – als auch der zunehmenden Episierung der Neidharte. Die Überlieferung des Fassschwankes in B legt nahe, dass die Tendenz »zur Transformation in rein epische Schwankformen«[27] schon früh angelegt war. Die folgende Analyse soll versuchen, das ungewöhnliche Lied vor dem Hintergrund des Überlieferungskerns innerhalb der B-Überlieferung zu verorten.

Das neunstrophige Lied ist reiner Sängermonolog ohne Gesprächsszene. Im nur einstrophigen Natureingang wird die erwartete Rückkehr des Sommers nach dem bereitwillig weichenden Winter dargestellt. Mit der neu ergrünten Heide, dem Wald sowie dem Vogelsang fallen typische Naturmotive, ein Sänger-Ich manifestiert sich jedoch nicht. Indem die Sängerappelle ausbleiben, wird auf einen Raumentwurf verzichtet: Der Natureingang ist nicht szenisch ausgerichtet.

Mit der Frage nach denen, die *tretten nah der gigen* (B 70,2), stimmt der Sänger in der zweiten Strophe den Themenkreis des Tanzes an. Dieser findet jedoch nicht in einer unbestimmten Sommerszenerie statt, sondern erhält mit *zaissen mure* (B 70,3) eine ganz spezifische Lokalität.[28] Die Teilnehmer dieses Tanzes werden in den Strophen B 70–73 in aller Ausführlichkeit aufgezählt. Von der recht unspezifischen Beschreibung zweier *gesellen* (B 70,5) mit *luter stimme* (B 70,7) und *schôner megede mere danne hundert* (B 71,2) geht der Sprecher über zur namentlichen Aufzählung scheinbar zahlloser männlicher Dörper. Unter diesen sticht einer hervor: *Engelmar, der wil sich setzen hút gen Fridelune / mit ainem núwen raien* (B 70,10f.). Diesem eilt zur Unterstützung sein Vetter Irenber mit einer großen Dörperschar herbei. Was auf eine Schilderung des ausgelassenen Tanz-

---

[26] Schweikle (1990), S. 89f.

[27] Titzmann, S. 486.

[28] Hierin zeigt sich eine Parallele zum Lied B 59–63, in dem die Lokalität des Geschehens durch die Nennung des Rheins ebenfalls spezifiziert wird. Eine solche Festlegung zielt in eine völlig andere Richtung als die generalisierende räumliche Perspektivierung der Natureingänge des Überlieferungskerns (Linde, Anger als Ort des Tanzes).

vergnügens hinauslaufen könnte, erhält ab der vierten Strophe eine neue Zielrichtung, da hier das Sänger-Ich erstmals explizit hervortritt und seine Beziehung zu den Tanzenden zum Ausdruck bringt: *die hant alle dǒrpel sit, / darumbe bin ich in gran* (B 72,7f.). Die Distanzierung des Sängers scheint durch ständische Unterschiede begründet. Der Sänger betont, sich für das aggressive Auftreten der mordlustigen Dörper zu schämen und warnt vor deren Teilnahme am Tanz. Suggerieren die Andeutungen des Sängers seine Überlegenheit, so offenbaren die folgenden Äußerungen genau das Gegenteil: Nicht bloße gesellschaftliche Verachtung verursacht seinen Hass gegenüber den Dörpern, sondern seine persönliche, vornehmlich körperliche Unterlegenheit. Nach der Aufzählung der einzelnen Teilnehmer hebt er nämlich wieder drei heraus, die ihm *verbietent dikke das gôy* (B 74,4) und ihn in seiner Freiheit als Sänger einschränken (B 74,8).

Ab der siebten Strophe setzt ein Tempuswechsel ein: Im epischen Bericht erzählt der Sänger vom Tanz, der in eine wilde Schlägerei ausartet. Der Dörper Engelmar raubt Friderun den Spiegel, muss aber dafür büßen, da er ein Bein verliert und – zur Freude des Sängers – fortan einen Stelzfuß tragen muss.[29] Ebenso interessant wie die Streitigkeiten der Dörper ist die Perspektive des Sängers: Das Geschehen kann er nämlich nur als heimlicher Beobachter, versteckt in einem Weinfass, mitverfolgen. Seinen Aufenthaltsort entdeckt aber schließlich Erkenbolt, der dem Sänger durch seinen Ausruf *her Nithart lige ime vasse* (B 77,10) einen Namen gibt. B 69–77 ist somit das früheste überlieferte Lied, in dem Neidhart selbst als Protagonist auftritt.[30] Hierin wie im epischen Ende des Liedes manifestiert sich bereits der Kern der typischen Neidhart-Schwänke. Während aber die Neidhart-Figur dort ihre Passivität aufgibt und ihre intellektuelle Überlegenheit über die Dörper ausspielt, bleibt ihr im vorliegenden Lied nach der Entdeckung durch Erkenbolt nur die Flucht.

---

[29] Das Motiv des Spiegelraubs findet sich an weiteren Stellen der Handschrift B, nämlich in B 1–11 (WL 14) und B 12–22 (WL 23). Indem drei der insgesamt nur 12 Töne dieses für Neidhart typische Motiv bringen, erhält das Corpus eine zusätzliche Autorsignatur. Das rätselhafte Motiv des Spiegelraubs, das sich durch die gesamte Neidhart-Tradition zieht, soll im Rahmen der Untersuchung der Gruppe R (SL 22) noch ausführlich thematisiert werden.

[30] Die Verschmelzung von historischem Autor Neidhart und der Rollenfigur des *Riuwentalers* führte in der frühen Forschung irrigerweise zur Bezeichnung des Autors als »Neidhart von Reuenthal«. Die Verwirrung von Autor und Rollen-Ich ist derweil in den Liedern selbst angelegt, nämlich in den schon in R überlieferten Trutzstrophen, in denen Neidhart spöttisch von Bauern adressiert wird. Diese Neidhart-Figur verselbstständigt sich schließlich in den Schwankliedern, in denen eben nicht mehr der Reuentaler, sondern Neidhart als Protagonist agiert. Zur Namensproblematik und Legendenbildung vgl. Schweikle (1990), S. 50–57 u. 64ff., sowie Bockmann.

Das behandelte Lied nimmt in unserem Zusammenhang insofern eine besondere Stellung ein, als hier die Zuordnung von Sommerliedeingang und szenischem Dialog bzw. von Winterliedeingang und Dörperthematik endgültig aufgebrochen ist. Dies deutet sich bereits in den zuvor untersuchten Liedern B 52–58 und B 59–63 an: Schon hier büßt der Natureingang seine sommerliedspezifische Funktion ein und das typische Personal ist ersetzt durch männliche Protagonisten. Bei beiden Liedern lässt sich nur schwer von wirklichen Gesprächsszenen ausgehen, da die einzelnen Strophen kaum im Sinne eines Dialoges aufeinander bezogen sind. Vor allem In B 52–58 gewinnt zudem der Anteil epischer Passagen deutlich an Bedeutung.

## 4. Das Lied vom Rosenkranz (B 64–68)

Die unverhohlene Sexualmetaphorik dieses Liedes führte in der frühen Forschung zu einer vehementen Negation seiner Echtheit. Die »schlüpfrigkeit« und »schmutzigkeit«[31] des Liedes und die Tatsache, dass es nicht in der Reienform geschrieben ist, galten als sichere Beweise, Neidhart als Autor auszuschließen. Gerade bei diesem Lied gibt es nun aber – abgesehen von der Parallelüberlieferung unter dem Namen Neidharts in den Handschriften G und c – ein im Alter B nahestehendes Rezeptionszeugnis im Tristan Heinrichs von Freiberg:

*Isoten fueß is des betwang,*
*daz is hin uff vil vaste sprang*
*hin an den anger also zart,*
*da van der hovesche Nytart*
*sang, als ich vernomen han:*
*›al da die brunen blumenlin stan.‹* (V. 3777–3782)[32]

Schweikle plädiert aus diesen Gründen dafür, das Lied Neidhart zuzuschreiben.[33] Die Verortung des Liedes ist wohl deshalb so schwierig, da es einerseits viele Parallelen zu vermeintlich ›echten‹ Neidharten aufweist, zum anderen aber deutlich von diesen abweicht. Dabei bleibt der Natureingang zunächst noch völlig im Rahmen: Der Sänger ruft die Jugend eingangs programmatisch zur *vreude* auf – der Begriff klingt in den ersten fünf Versen gleich zweimal an. Die Rückkehr des Sommers wird nur mit sehr wenigen Naturmotiven dargestellt, im Mit-

[31] Liliencron, S. 92. Ähnlich auch Haupt, S. XXVII.

[32] Heinrich von Freiberg: Tristan. Hg. von Danielle Buschinger. Göppingen 1982 (GAG 270), V. 3777–3782.

[33] Schweikle (1981), S. 87f.

telpunkt der Sängerrede steht vielmehr der Vergleich von Sommer und Winter bzw. von *vreude* und *leit*. Das vom Winter verursachte *vngemůte* (B 64,10) führe zum vorzeitigen Altern, während vom Sommer neu entfachter *hoher můt* (B 64,11) die Menschen verjünge. Mit dem *hohen muot* erscheint somit neben der *vreude* ein weiterer Zentralbegriff des hochminnesängerischen Ethos: Die neue Jahreszeit bewirkt ein gesteigertes Lebensgefühl, das im Rahmen der höfischen Minneterminologie kodiert ist. Diese Aussagen werden im Folgenden verknüpft mit der Minnethematik, wenn es heißt: *da von wil ich sin an ganzen vrǒden balt. / des hat mich dú gǔte, dv̂ liebe betwungen* (B 64,12f.). Indem letztlich die Frau als Verursacherin der *vreude* erscheint, tritt vor dem Hintergrund der Ergebnisse des Überlieferungskerns eine bemerkenswerte Verschiebung ein: Der Natureingang hat hier nicht die Funktion des *vreude*-Appells an andere und der Etablierung eines futurischen Hintergrundes ›Tanz‹ – dieser bleibt unerwähnt. Der Eingangsstrophe scheint vielmehr die Funktion zuzukommen, die der Natureingang im hohen Minnesang vornehmlich einnimmt: Die Jahreszeit erscheint als Folie für die Befindlichkeit des Sängers.[34]

Stellt sich der Rezipient durch die Evokation dieses Prätextes auf ein höfisches Minnelied ein, so muss er im Folgenden rasch umdenken, wenn der Sänger den Grund für seine *vreude* ausführt: Im Bild der Kranzübergabe beschreibt er im teils präteritalen, teils reflektierend-erläuternden Bericht sein Stelldichein mit der Geliebten, wobei der Geschlechtsakt zwar metaphorisch eingerahmt, aber keineswegs verhüllend geschildert wird. In ihrer Deutlichkeit geht die Darstellung des Sängers weit über die erotischen Anspielungen der bisher untersuchten Lieder hinaus: Während die Kranzübergabe dort die Möglichkeit sexueller Hingabe nur impliziert, »oszilliert [...] die Kranzmotivik im Rosenkranzlied zwischen Wörtlichkeit des Bekränzungsakts und der sexuellen Lesart«[35]: *sin raif ist zerspalten / von der wúnschelrǒte stan, geblůmet als es lebe. / wol gestriket sunder nit / ist es vf min hǒbet* (B 66,7–10). Dabei stellt der Sprecher in gespielter Unschuld sicher, dass die Metapher in genau eine Richtung aufgelöst wird: *Man sol es tugentlich verstan, / wie das krenzel si getan: / von hare gestriket, / kainer blůmmen ist so vil so brunen da. / nieman es verkeren sol: / nie kain krenzel wart so wol / ze vrǒden geschiket* (B 67,1–7).[36]

[34] Z. B. bei Heinrich von Veldeke MFMT 62,25. Weitere Belege bei SCHWEIKLE (1995), S. 203f., und VON WULFFEN, S. 39ff.

[35] BOCKMANN, S. 197f.

[36] So auch BOCKMANN, S. 199: »Durch Zurückweisen einer vom Publikum antizipierten doppelten Lesart wird diese rezeptionsästhetisch betrachtet mehr hervorgerufen als unterbunden.«

In der Schlussstrophe nimmt der Sänger ein artistisches Reimspiel um das Wort *liebe* vor, das endet im Motiv des Minnediebes: *dv́ liebi verdiebet / lieben mv̊ter liebes kint, dem manne liebes wip. / liebú swester brůder liep / stelen kan dv́ liebe* (B 68,7–10). Vom *hohen muot* der Eingangsstrophen ist man hier doch schon ein gutes Stück entfernt, da die *liebe* im Liedverlauf mit Sexualität, nicht mit höfischer Minne gleichgesetzt wird.

## 5. Zusammenfassung

Die deutlichen Differenzen der Gruppe B gegenüber dem Überlieferungskern manifestieren sich bereits auf formaler Ebene, da die dort etablierte Kopplung von Sommerliedtypus und Reienform nicht eingelöst wird: Keines der sechs untersuchten Sommerlieder ist unstollig. Zwar fehlen uns in allen Fällen die Melodien, so dass ein Urteil nur unter Vorbehalt fallen kann – es sei erinnert an den Fall des stollig gebauten SL 14 mit durchkomponierter Melodie. Eine solche Möglichkeit erscheint hier aufgrund ausschließlich stolliger Texte unwahrscheinlich, zumal der stollige Bau mit einer Annäherung einiger Lieder an den Winterliedtypus (Rückgang der Gesprächsteile zugunsten der Ausdehnung narrativer Passagen; Rivalität männlicher Protagonisten) in Verbindung gebracht werden kann.

Alle untersuchten Lieder setzen mit einem Natureingang ein. Die Motive, die zur Beschreibung der sommerlichen Natur herangezogen werden, differieren nicht wesentlich von denen des Überlieferungskerns: Am häufigsten erscheinen Wald, Vogelsang, Heide, Blumen und der neu erblühte Anger. B kennt kaum neue Motive; einzig Auen und neu ergrünte Felder sowie die eine oder andere innovative Metapher[37] treten hinzu. Dabei ist auffällig, dass die meisten dieser Neuerungen in den beiden in C unter Goeli überlieferten Texten erscheinen. Eine Verschiebung in der Gewichtung der Motive ergibt sich hinsichtlich des auch im Überlieferungskern obligatorischen Vergleichs zum Winter, der in der Gruppe B einen breiteren Raum einnimmt. Andere Motive hingegen, die beim Überlieferungskern rekurrent auftreten, finden sich nicht oder nur selten: die Linde, der Tau und der Kranz.

Trotz dieser relativen Deckungsgleichheit der Motive bleibt der Natureingang in seiner Komplexität wesentlich hinter der des Überlieferungskerns

[37] Etwa das Bild des Winters als Vogeldieb (B 78) oder das des Sommers, der sein Zelt aufschlägt (B 59).

zurück. Dies liegt vornehmlich an einem sich deutlich abzeichnenden Bedeutungsverlust der Sängerrolle. Eine Verzahnung von Naturpreis und *vreude*-Appell, wie sie sich in den Natureingängen der *RC/RB-Lieder manifestiert, lässt sich nicht beobachten. Die Sängerfigur ist lediglich in drei Liedern (B 64–68, B 69–77 und B 78–82) zweifelsfrei auszumachen. In B 42–46 und B 59–63 ist eine eindeutige Attribuierung der Eingangsstrophe nicht möglich, in B 52–58 ist die Sängerrolle völlig ausgeblendet. Der für den Überlieferungskern konstitutive Aufruf zum Tanz erklingt lediglich in der Hälfte der untersuchten Lieder, doch nur einmal kommt er dem Sänger selbst zu (B 78–82), zweimal (B 42–46, B 52–58) einer weiblichen Sprecherin. Diese Beobachtung hat entscheidende Auswirkungen auf den weiteren Verlauf jener Lieder, die eine Gesprächsszene anschließen: Die Analyse des Überlieferungskerns ergab, dass der Einsatz der Sprecherinnen in der Regel auf die Appelle des Sängers bezogen ist – eine Interrelation, die an der Nahtstelle zwischen Natureingang und Dialogteil deutlich wurde. Eine solche Verzahnung lässt sich für die Dialoglieder der B-Gruppe nicht konstatieren: Lediglich bei einem Lied (B 78–82) ist ein Zusammenhang der beiden Liedteile offensichtlich, bei einem weiteren (B 42–46) möglich. In den übrigen Fällen (B 52–58 und 59–63) ist die Funktion des Natureingangs im Wesentlichen auf die der Jahreszeitenansage beschränkt. In den beiden Sängermonologen (B 64–69 und B 69–77) schließlich ist aufgrund der ausbleibenden Gesprächsszene ohnehin mit einer Bedeutungsverschiebung des Natureinganges zu rechnen. Im Fassschwank ist der Natureingang ohne wesentliche Funktion, bestimmt allenfalls den Zeitpunkt des dörperlichen Tanzes; die Geschehnisse wären ebenso mit einem winterlichen Natureingang vor dem Hintergrund eines Stubentanzes denkbar. Beim Lied vom Rosenkranz verdeutlicht die Eingangsstrophe zum einen die sommerliche Szenerie, in der das besungene Liebeserlebnis stattfindet, zum anderen dient sie als Folie für die Stimmungslage des beglückten Sängers.

Der Natureingang spielt somit im Vergleich zum Überlieferungskern eine deutlich geringere Rolle, da ihm keine eigene poetologische Funktion zukommt: Das in *RC/RB zu beobachtende Spiel mit einem literarischen Prätext findet nicht statt. Die Natureingänge erschöpfen sich meist in der Festlegung von Zeit und Ort des Geschehens.

Der konstatierte Bedeutungsverlust der Sängerrolle hat unmittelbare Auswirkungen auf den Raumentwurf der B-Gruppe: Da die Appellfunktion des Sängers nicht konstitutiv ist, bleibt die Thematisierung des Tanzes im Natureingang wiederholt aus, so dass sich in diesen Liedern kein futurischer Hintergrund abzeichnet. Ein solcher wird vom Sänger lediglich in B 78–82 eingeführt, in B 42–46 und B 52–58 jeweils vom Mädchen. Diese Beobachtung geht konform mit den oben beschriebenen Abweichungen der Naturmotive: Im Überlieferungskern wird die räumliche Perspektivierung des Geschehens durch das Motiv der Linde als Treffpunkt für den Tanz vorgenommen. Die Linde wird jedoch einzig in B 78–82 erwähnt, dem Lied also, das dem Kern auch bezüglich der Ausprägung der Sängerrolle am nächsten kommt. Auch das Ausbleiben der Motive ›Kranz‹ und ›Tau‹ ließe sich auf diese Beobachtung applizieren: Beide Motive gelten im Überlieferungskern vornehmlich der erotischen Konnotierung des erwarteten Tanzes und weisen so im Natureingang bereits auf den Konflikt der Vordergrundszene voraus; da die Tanzthematik im Natureingang der B-Gruppe nicht vorherrscht, entfällt auch die Notwendigkeit besagter Motive.

Bei immerhin zwei der sechs untersuchten Lieder wird der abstrakte Raumentwurf des Überlieferungskerns ersetzt durch einen konkreten: Mit dem Rhein (B 59–63) bzw. Zeiselmauer (B 69–77) erhalten die geschilderten Ereignisse eine spezifische Lokalität.

Die deutlichsten Unterschiede lassen sich im weiteren Liedverlauf bzw. in der Ausgestaltung der jeweiligen Vordergrundszene fassen. Nur eines der Lieder schließt an den Natureingang eine dialogische Gesprächsszene mit einer bekannten Figurenkonstellation an: der Mutter-Tochter-Dialog B 42–46. In B 78–82 unterhalten sich die Alte und die Töchter zwar nicht miteinander, doch die Personenkonstellation ist noch vertraut (vgl. SL 17). Eine grundsätzlich dialogische Sprechsituation könnte man für die Lieder B 52–58 und B 59–63 vermuten; die Reden der Gesprächsteilnehmer sind jedoch so wenig aufeinander bezogen, dass oft gar nicht klar hervorgeht, wer eigentlich spricht. Diese Verunsicherung des Rezipienten erscheint somit nicht als raffinierter Kunstgriff, wie dies bei der im Überlieferungskern konstatierten Verwirrung der Sprecheridentitäten an der Nahtstelle zwischen Natureingang und Gesprächsszene der Fall ist, sondern als handwerkliche Schwäche. Darüber hinaus offenbaren sich entscheidende Differenzen in der Personenkonstellation der beiden Lieder: Im Mittelpunkt steht, sowohl als Redesubjekt als auch als Redeobjekt, eben nicht der Reuentaler, sondern verschiedene männliche Protagonisten, die in den Sommerliedern des Überlieferungskerns distinktiv nicht zu Wort kommen. Im Fassschwank und dem Lied vom Rosenkranz schließlich bleibt die Gesprächsszene endgültig aus: Es handelt sich jeweils um Sängermonologe, in denen dieser teils präsentisch reflektierend, teils präterital berichtend spricht, wodurch beide formal an das Erzähllied herantreten. Diese Tendenz deutet sich bereits bei zwei der Dialoglieder an, die ebenfalls im präteritalen Bericht zu Ende geführt werden (B 78–82, B 52–58). Dies hat im Übrigen erneut Auswirkungen auf den Raumentwurf, da in diesen Strophen der Tanz – sonst nur erwartetes Ereignis – dargestellt und damit zur Vordergrundhandlung wird.[38]

Die konstatierten Verschiebungen bezüglich Vordergrundszene und Personenkonstellation implizieren auch eine Verlagerung der jeweiligen Konfliktsituation. Schon in den Liedern B 78–82 und B 42–46, die dem Überlieferungskern in ihrer gesamten Anlage noch am nächsten kommen, lassen sich deutliche Differenzen feststellen. In B 78–82 fällt zwar das nicht altersgemäße Verhalten der Sprecherin auf, die ihre *vreude* beim Tanz ausleben will; ein ernsthafter Konflikt, sei es die Konkurrenz zu den oder die Ermahnung durch die Töchter (vgl. SL 17) wird ausgespart. Der Enthusiasmus der Alten richtet sich denn auch ganz auf den Tanz, ein Wiedererwachen ihrer Liebeslust wird nicht suggeriert, wodurch die Inkongruenz ihres Verhaltens reduziert ist. Mit B 42–46 liegt ein Streitgespräch vor, das in seiner Thematik an die Mutter-Tochter-Dialoge des Überlieferungskerns erinnert. Der Tanz mit dem *gesellen* ist hier jedoch nicht nur sexuell konnotiert, sondern mit dem Geschlechtsakt gleichgesetzt. Die Tochter erhebt unumwunden Anspruch auf die Berechtigung zu sexueller *vreude*; ihr Partner bleibt jedoch namenlos, so dass die im Überlieferungskern dominierenden sozialen Konflikte, ausgelöst durch die Figur des Reuentalers, völlig ausgeblendet sind. In B 52–58 und 59–63 beschränkt sich der Konflikt auf den Streit um die Tanzführung. Auch hier wird eine soziale Dimension der Auseinandersetzung nicht thematisiert, da die Sprecher gesellschaftlich nicht verortet werden. Zudem rücken die Lieder durch die aggressive Stimmung unter den männlichen Protagonisten – wiederholt klingt die Möglichkeit der gewaltsamen Auseinandersetzung an – in die Nähe des Winterliedtypus.[39] Dies wird beim Fassschwank noch offensichtlicher, denn hier werden sommerlicher Natureingang und Dörperthematik unmittelbar verknüpft, wie es in der späteren Überlieferung oft der Fall ist, da der Natureingang seine gattungstypologische Funktion verliert.[40] In der Figur des im Fasse kauernden Neidhart wird bereits die in den Schwänken obligatorische Verschmelzung von Autor und fiktionsimma-

---

[38] Diese Verschiebung lässt sich im Überlieferungskern nur bei einem Lied in diesem Ausmaß beobachten, und zwar ausgerechnet bei SL 17 aus der Schicht *RB. SL 21 endet zwar auch mit einem Verweis auf das Treffen mit dem Reuentaler und löst damit den futurischen Hintergrund ein, doch dies geschieht nur als Andeutung in zwei Versen.

[39] Vgl. H. Becker (1978), S. 355, der es für wahrscheinlich hält, dass die Goeli-Lieder in dieser Hinsicht eine »Vermittlungsfunktion« hatten, da mit ihnen »schon vor 1300 definitiv unneidhartische Zuordnungen (Sommereingang – Dörperinhalt) in das Korpus einbezogen waren und als neidhartisch galten [...]«.

[40] Zur Verknüpfung von Sommereingang und Dörperthematik vgl. ebd., S. 354ff. und S. 468ff.

nenter Figur greifbar.[41] Im vorliegenden Fall des deutlich unterlegenen ›Neidhart‹ scheint durchaus noch die Kunstfigur des Reuentalers auf, jedoch in der Rollenausprägung der Winter-, nicht der Sommerlieder. Das Lied vom Rosenkranz schließlich scheint sich auf den ersten Blick noch deutlicher vom Überlieferungskern zu unterscheiden, da dörperliches Personal und Tanzthematik gänzlich ausbleiben und ersetzt werden durch eine sehr direkte, das gesamte Lied dominierende Sexualmetaphorik. Bei näherer Betrachtung zeigt sich jedoch, dass gerade bei diesem Lied einige Elemente den Überlieferungskern berühren: Die Sängerrolle ist ausgeprägt wie in keinem anderen Lied der B-Gruppe, und zudem erscheint der Sänger als erfolgreich Liebender. Vor allem aber ist B 64–69 das einzige Lied, in dem ein Spannungsverhältnis von höfischer und naturhafter *vreude*, wie es sich in allen Liedern des Überlieferungskerns manifestiert, angedeutet wird: Der *hohe muot* und die *vreude* des Sängers im Natureingang werden zurückgeführt auf eine freizügig geschilderte sexuelle Vereinigung mit der *vrouwe*. Die Darstellung des Pols naturhafter *vreude* geht jedoch in ihrer provokanten Eindeutigkeit wesentlich über das hinaus, was der Überlieferungskern hinsichtlich Tabuverletzungen bietet.

Ein strukturierendes System, wie es sich im Überlieferungskern im Spannungsverhältnis von höfisch-gesellschaftlicher und naturhaft-sinnlicher *vreude* zeigt und die Homogenität der Lieder gewährleistet, lässt sich in der B-Gruppe somit nicht fassen. Zwar fällt der *vreude*-Begriff in fast allen Liedern, doch ist damit eben nur ein Pol der Opposition eindeutig markiert, und zwar der der naturhaft-sinnlichen *vreude*. Die höfisch-gesellschaftliche Seite ist fast völlig ausgeblendet. Somit ist es nur logisch, dass in keinem Lied der B-Gruppe die Person genannt wird, die im Überlieferungskern das Spannungsverhältnis und damit die Dekonstruktion der Opposition höfisch-gesellschaftliche *vreude* vs. naturhaft-sinnliche *vreude* verschuldet und gewährleistet: der Reuentaler. Das zum Überlieferungskern gehörende SL 17 (B 35–41) erhält damit in der Handschrift B eine besondere Stellung: Die im Vergleich zur R-Fassung festgestellten Unterschiede (Bedeutungsverlust der Sängerrolle, Betonung des Motivs der tanzlustigen Alten) gehen durchaus mit Merkmalen der Gruppe B konform.

---

[41] Diese frühe Amalgamierung von fiktionsimmanenter Reuentalerfigur und dem Autor Neidhart ist zu unterscheiden von der Entstehung der Neidhart-Legende im 14./15. Jahrhundert: Die Abenteuer des »Neidhart Fuchs«, die auf die historische Figur des Hofnarren Otto Fuchs am Hofe Ottos des Fröhlichen zurückzuführen sein dürften, finden sich im gleichnamigen Schwankbuch, das um 1500 erschien. Vgl. dazu SCHWEIKLE (1990), S. 64–67.

Den zentralen Konfliktpunkt des Liedes aber – die Infiltrierung der dörperlichen Welt durch den Reuentaler – teilt SL 17 mit keinem einzigen Lied der Gruppe B. Dazu passt, dass nur dieses Sommerlied der Hs. B wie die Lieder des Überlieferungskerns unstollig gebaut ist.

Das Autorbild, das die Lieder der Gruppe B evozieren, lässt sich aufgrund der Heterogenität des Corpus weniger deutlich konturieren als das des Überlieferungskerns. Das Interesse am Autor wird vor allem durch spezifische Motive und Rollen bestimmt, die in *RC dem Pol der naturhaft-sinnlichen *vreude* und damit der dörperlichen Welt angehören. Diese treten nun in B unabhängig von der dem Überlieferungskern zugrunde liegenden Systematik auf, so dass es häufig zu Vereinseitigungen, schwach strukturierten Erweiterungen oder semantischen Forcierungen kommt. Die in *RC/RB nur angedeutete Rivalität des Reuentalers zu dörperlichen Konkurrenten (SL 23) etwa äußert sich als offene Aggressivität und Gewalttätigkeit (z. B. B 52–58, B 59–63, B 69–77); die erotischen Implikationen der Lieder des Überlieferungskerns erscheinen als unverklärte Obszönität (z. B. B 64–68). Diese Verlängerung und Radikalisierung bestimmter Tendenzen lässt sich ebenfalls auf formaler Ebene feststellen, wenn die kurzen epischen Passagen aus dem Überlieferungskern in vielen Liedern in B dominieren und sich somit das Erzähllied (Fassschwank) herausbildet. Indem die genannten Motive jedoch nicht in einen systemhaften Zusammenhang eingebaut sind, sind die Lieder deutlich weniger komplex als die des Überlieferungskerns. ›Neidhart‹ erscheint somit als Autor, der sein Publikum durch komische Tanzszenen, sexuelle Anzüglichkeiten und raue Streitszenen unterhält, ohne es durch höhergradige Strukturiertheit zu fordern.

# IV. DIE SOMMERLIEDER DER GRUPPE C

Von den insgesamt 18 Sommerliedern des Neidhart-Corpus im Codex Manesse verbleiben für eine Untersuchung der Gruppe C 11 Töne. Für diese bietet sich eine Analyse in zwei Abschnitten an: Bei den Sommerliedern SL 3 (C 237–239), SL 4 (C 245–247. 247[a]. 248) und SL 5 (C 258–260) handelt es sich um Sängermonologe, bei denen eine dialogische Gesprächsszene, im Überlieferungskern die eigentliche Vordergrundhandlung und bestimmender Liedinhalt, ausbleibt. Formal hat dies zunächst eine geringere Strophenzahl, inhaltlich eine deutliche Gewichtsverlagerung auf den Natureingang zur Folge. Entsprechend ist in diesen Liedern besonders auf die Rolle des Sängers zu achten, die jedoch, wie zu zeigen sein wird, in den einzelnen Texten unterschiedlich ausgeprägt ist.

Der zweite Abschnitt der Analyse gilt den Dialogliedern, bei denen sich in den Gesprächsszenen deutliche, wenn auch unterschiedlich gelagerte Konflikte zwischen den Gesprächspartnern zeigen. Eine Unterteilung der Dialoglieder wird nach dem Personal der Vordergrundszenen vorgenommen: In C 232–236 und SL 1 (C 210–212) tritt die Figur der tanzlustigen Alten als Protagonistin in Erscheinung, weshalb die Lieder als Sonderform des Mutter-Tochter-Dialogs in einem eigenen Punkt behandelt werden sollen. Beide Lieder sind ohne Natureingang überliefert und weichen damit, wie bereits die Monologlieder, von der Struktur der Lieder des Überlieferungskerns ab. Aufgrund der Gesprächsszene und des Motivkreises des Tanzes lassen sich die Texte jedoch dem Sommerliedtypus zuschlagen. Die Mutter-Tochter-Dialoge bilden die größte Gruppe. Hier soll mit dem ebenfalls natureingangslosen Lied C 206–209 begonnen werden. Da sich dieses ganz außerhalb der Thematik ›Streit um die Tanzerlaubnis‹ bewegt, ist eine Zuordnung zu den Sommerliedern nicht unproblematisch. Der Text wird dennoch an dieser Stelle untersucht, da Figurenkonstellation (warnende Mutter und aufbegehrende Tochter) und Dialogstruktur den Sommerliedtypus einlösen. Die übrigen Mutter-Tochter-Dialoge SL 7 (C 266–271), SL 8 (C 280–284), SL 2 (C 222–226) und SL 6 (C 260[a]–265) gehen im Ablaufschema Natureingang – Streitszene mit den Liedern des Überlieferungskerns konform. Hier wird zu zeigen sein, inwieweit dies auch in inhaltlicher Hinsicht der Fall ist. Mit C 255–257 liegt das Fragment eines Gespielinnendialogs vor, so dass auch dieser Liedtyp zumindest marginal repräsentiert ist. Mit ihm soll die Untersuchung der Gruppe C abgeschlossen werden.

## 1. Die Ausprägung der Sängerrolle in den Monologliedern SL 3 (C 237–239), SL 5 (C 258–260) und SL 4 (C 245–247. 247[a]. 248)

Der Natureingang von **SL 3** umfasst zwei der insgesamt nur drei sehr kurzen Strophen und ist einfach strukturiert. Die Rolle des Sprechers ist darauf reduziert, mit wenigen bekannten Motiven (Vogelsang, Klee, neue Laubpracht der Bäume) das Jahreszeitenbild zu entwerfen und das sommerliche Wohlbefinden (C 238,4: *das tůt wol*) mit dem vergangenen winterlichen Leid (C 237,5: *rvme ez winter, dv tůst we*) zu kontrastieren. Lediglich über diesen Appell wird die Figur des Sängers überhaupt greifbar, als Ich-Sprecher tritt er nicht in Erscheinung. Die Rolle des Sprechers als *vreude*-Verkünder wird dadurch nur angedeutet, der explizite *vreude*-Appell entfällt. Mit einem Ausbleiben der Appelle geht jedoch eine weitere entscheidende Verschiebung einher, die den Raumentwurf betrifft: Der Natureingang, der lediglich deskriptiv gehalten ist, kann nicht leisten, was sich im Überlieferungskern als seine wesentliche Funktion erwiesen hat, nämlich den futurischen Hintergrund des Tanzes zu entwerfen und damit den Streit der folgenden Vordergrundszene zu motivieren. C 239 fährt entsprechend anders fort, nämlich mit einer narrativen Schlussstrophe. Hier wird zwar das Bezugsfeld ›Tanz‹ angedeutet – geschildert werden die ausgelassenen Sprünge einer Alten – doch eben nicht als futurischer Hintergrund, sondern als Inhalt eines präteritalen Berichts. Die Inkongruenz im Verhalten der Alten ist offensichtlich, denn ihre hohen Sprünge werden mit denen eines Widders verglichen, und wie ein solcher stößt sie ihre jugendlichen Konkurrentinnen aus dem Feld: *dú spranc sider / als ein wider / vnd sties die ivngen alle nider* (C 239,3–5). Verstärkt wird diese Inkongruenz auch dadurch, dass die so muntere Alte gerade noch mit dem Tod zu kämpfen hatte: *Ein altú mit dem tode vaht / beide tac vnd ǒch die naht* (C 239,1f.). Diese Opposition von Todesnähe und Lebensfreude rekurriert auf die schon im Natureingang angesprochene konträre Beziehung von Winter und Sommer.

Wie schon im Natureingang tritt der Sprecher auch in der Rolle des Erzählers nicht direkt in Erscheinung, da er nicht in der Ich-Form agiert und seine Anwesenheit durch das Fehlen eines Dialogs, den er unterbrechen und fortführen könnte, weniger augenscheinlich ist. Die Erzählstrophe tritt vielmehr als Szenenbild ohne eigentlichen inhaltlichen Verlauf neben den Natureingang. Der im Lied angedeutete Konflikt unterscheidet sich dabei wesentlich vom Konfliktpotential des Überlieferungskerns: Die Inkongruenz im Verhalten der Protagonistin manifestiert sich lediglich in ihrem nicht altersgerechten Gebaren. Ein Spannungsverhältnis zwischen höfischer und dörperlicher Wertewelt bleibt dabei völlig unberührt, und so wird auch der Begriff der *vreude* nicht erwähnt.

Vielschichtiger und beziehungsreicher präsentiert sich **SL 5**. Der Sprecher proklamiert zunächst den Beginn der neuen Jahreszeit, die den Wald von *sne* und *ise* (C 258,2) befreit hat und in *liehter varwe* (C 258,3) erstrahlen lässt. Hierauf folgt, anders als in SL 3, ein Appell an die Jugend: *nemt sin war, / stolzú kint, / vnd reient, da die blůmen sint* (C 258,4–6). Natureingang und Appell an die Jugend sind somit wieder gekoppelt, wodurch sich auch der futurische Hintergrund des Tanzes abzeichnet. Der *vreude*-Begriff selbst fällt jedoch nicht.

Gleich zu Beginn der zweiten Strophe bezieht sich der Sänger als Ich-Sprecher in die jahreszeitliche Stimmung ein: *Ich bin holt dem meien* (C 259,1). Wenn der Sprecher fortfährt mit *dar inne sach ich reien / min liep vnder der linden schat* (C 259,2f.), findet ein überraschender Tempuswechsel statt, der eine neue Rollenausprägung markiert: Der Sprecher tritt als Liebender auf, der seine Auserwählte beim Tanz beobachtet. Auch die dritte Strophe, in der vertraute Naturmotive als optische und akustische Eindrücke auf das Sänger-Subjekt geschildert werden, fährt im Präteritum fort. Erst der letzte Vers steht wieder im Präsens und schlägt damit die Brücke zum Natureingang, so dass der präteritale Bericht von präsentischer Rede umrahmt und somit geschickt zu der Eingangsstrophe in Beziehung gesetzt wird.

SL 5 setzt sich somit in verschiedener Hinsicht von SL 3 und auch den Liedern des Überlieferungskerns ab: Der Sänger selbst steht im Mittelpunkt seines präteritalen Berichts, und dies in der für den hohen Minnesang typischen Rollenverschränkung von Sänger und Liebendem. Das Lied erscheint dabei völlig konfliktfrei, da auch hier die Differenzen zwischen höfischer und dörperlicher Welt nicht tangiert werden. Inkongruenzen ließen sich allenfalls unter der Voraussetzung ausmachen, dass die Figur des zwielichtigen Sängers, wie sie im Überlieferungskern erscheint, bekannt ist. Während diese Diskrepanz von höfischem Anspruch und unhöfischem Verhalten dort jedoch aus den Texten selbst hervorgeht, ergäbe sie sich hier nur über einen intertextuellen Vergleich. Es scheint mir jedoch äußerst fraglich, dass SL 5 auf einen solchen Vergleich angelegt ist. In seiner Struktur und Konfliktlosigkeit folgt das Lied vielmehr dem dreigliedrigen Ablaufschema ›Natureingang – (Aufruf zum) Tanz der *virgines* – die Eine, die Geliebte‹, das WORSTBROCK an Lied XI Burkharts von Hohenfels und dem Lied CB 151 der Carmina Burana herausgearbeitet hat.[1] Damit operiert das Lied ganz anders mit dem volkssprachlichen Prätext als die Lieder des Überlieferungskerns, in dem dieser Prätext als Folie dient, vor der ein ganz

[1] WORSTBROCK (2001), S. 76ff.

neuer Typus entwickelt wird. Damit bleibt C deutlich hinter der Komplexität des Überlieferungskerns zurück.[2]

Während der *vreude*-Begriff in den beiden bisher untersuchten Liedern unerwähnt bleibt, eröffnet er programmatisch **SL 4**: *Heide vnd anger in frôiden stat. / die habent sich bereitet mit der schônsten wat, / die in der meie hat gesant* (C 245,1–3). Diese anthropomorphe Beschreibung des sommerlichen Naturbildes setzt sich über die folgenden Strophen fort: Sommer bzw. Mai erscheinen als tatkräftige Akteure (C 247,4f.), auch das Laubkleid der Bäume findet nochmals Erwähnung (C 247,6). Die neue Jahreszeit erscheint im kontrastiven Vergleich zum Winter (C 246,2f.), dessen Ende ein erneutes Anklingen des Vogelsangs ermöglicht. Dieser Sommerpreis ist eng verzahnt mit rekurrierenden Appellen des Sängers an die *stolzen kint* (C 246,1), wobei er sich selbst in das fröhliche Treiben einbezieht: *wir svln allen / vaste schallen* (C 245,4f.). Er fordert die jungen Leute auf, den Sommer draußen zu empfangen (C 246) und sich fein herauszuputzen (C 247[a],2f.). Gehindert würden daran nur diejenigen, die *ganzer hůte pflegen* (C 247[a],1). Durch die Nennung der *huote* wird beim Rezipienten die Rollenkonstellation der Mutter-Tochter-Dialoge aufgerufen, in denen die Mutter die Tochter eben daran hindern will, den Appellen des Sängers nachzukommen. Dass die Mutter durchaus ein Interesse daran haben könnte, die Tochter im Hause zu behalten, impliziert die sich unmittelbar anschließende Aufforderung des Sängers: *wir svln schowen / vor den ŏwen / maniger hande blůmen brehen* (C 247[a],4–6). Das Blumenpflücken steht metaphorisch für Defloration oder doch zumindest für Liebesbereitschaft.[3] Dabei ist auffällig, dass der Sänger auf jenes Motiv verzichtet, das in den Sommerliedern des Überlieferungskerns die erotische Dimension des sommerlichen Treibens impliziert, nämlich das des Tanzes. Hinsichtlich des Raumentwurfes wird somit zwar ein futurischer Hintergrund ›gemeinsame Sommerfreude‹ entworfen, der *reien* jedoch nicht eigens thematisiert.

In allen bisher untersuchten Strophen war die Präsenz des Sängers deutlich: Durch zahlreiche Appelle und Selbstnennungen (C 245,4: *wir*; 247,2: *mir*; 247[a],4: *wir*) konstituiert sich das aus dem Überlieferungskern bekannte Bild des Sängers und *vreude*-Verkünders. Die fünfte Strophe geht nun noch einen Schritt

[2] Die von Worstbrock (2001) vorgetragene These »einer zweiten Konvention der gesungenen Liebeslyrik« (S. 89), die auf einem völlig anderen Paradigma fußt als der hohe Minnesang, wird durch SL 5 gestützt: Ob der Prätext wie hier übernommen oder wie im Überlieferungskern variiert wird – in jedem Fall wird er als bekannt vorausgesetzt.

[3] Vgl. Fritsch, S. 23.

weiter, indem der Sprecher nähere Aussagen über seine Person macht und seine Rolle als Sänger definiert. Dabei identifiziert er sich gleich zu Beginn explizit mit dem Reuentaler: *Swie Rúwental min eigen si, / ich bin disen svmer aller sorgen fri, / sit der winter ist da hin* (C 248,1–3). Der Besitz von Reuental wird durch den Konzessivsatz als potentielle Einschränkung der Sommerfreude dargestellt, wodurch sich das Bild eines Ritters in einer jammervollen Lebenssituation ergibt. Als eigentlicher Grund seines Kummers erscheint jedoch nicht seine materielle Not, sondern der Winter, dessen Ende mit dem der Sorgen einhergeht. Der Sänger bezieht sich hier vordergründig auf die reale Jahreszeit, ruft aber beim kundigen Rezipienten eine weitere Assoziation auf: nämlich die des Winterliedtypus, in dem der Sänger keineswegs als Verkünder von *vreude*, sondern als ständiger Verlierer in einer von dörperlichen Rivalen dominierten Welt agiert.[4] Von dieser *leit* konnotierenden Welt setzt er sich abschließend nochmals programmatisch ab, indem er die Rolle definiert, die er eben im Sommer zu besetzen gedenkt, nämlich die des Lehrers und Vorbildes der Jugend: *ich will leren / die ivngen eren. / nach frôiden stúnt ie min sin* (C 248,4ff.). Indem er aber seine Lehre mit dem höfischen Ausdruck *ere* betitelt, ergibt sich am Ende des Liedes doch ein leichter Missklang: Das vom Sänger ausgerufene Programm naturhaft-sinnlicher *vreude*, das sich im Motiv des Blumenpflückens andeutete, lässt sich schlecht als höfische Lehre verkaufen. Dieser Missklang wird allerdings erst vor der Folie solcher Sommerlieder, in denen die zwielichtige Rolle des Reuentalers manifest ist, zur deutlichen Inkongruenz, denn die Adressaten seiner *lere* sind nicht Schüler des Höflings, sondern des Verführers, dessen Agieren in der Dörperwelt von partikulären Interessen bestimmt ist. SL 4 operiert also, anders als die beiden zuvor untersuchten Lieder, mit dem Spannungsverhältnis von dörperlicher und höfischer Wertewelt, indem der Sänger mit der Figur des Reuentalers identifiziert wird. Deutlich wird diese Opposition jedoch erst vor der Folie anderer Lieder, in denen es eben um die Zwielichtigkeit des Ritters geht, so dass es sich um eine intertextuell angelegte Dissonanz handelt. Textimmanent hingegen präsentiert sich das Lied weitgehend konfliktfrei, da die proklamierte

[4] Eben hier, in den Winterliedern, finden sich zahlreiche Hinweise auf die Armut des Sängers, so dass der Hinweis auf die materiellen Sorgen bereits auf die Welt der Winterlieder anspielt. Vgl. etwa WL 3 (C 139–145): *des vergas ich, sit man mich ein hus besorgen hies: / saltz und korn kôfe ich dur daz iar. / [...] / mine flůche sint niht smal, / swenne ich da zerúwental / vn beraten bin* (C 140, 3–10). Der deutlichste Hinweis in C ist nicht unter Neidhart, sondern im Göli-Corpus überliefert (Goeli C 18, WL 5,VI,4ff.). Zahlreiche weitere Anspielungen auf die jammervolle Existenz des Sängers finden sich in den Winterliedern der Hs. R und können somit im Rahmen der Untersuchung der Gruppe C keine Beweiskraft beanspruchen.

Sommerfreude aufgrund der fehlenden Gesprächsszene, in der die wahren Absichten des Reuentalers in der Figurenrede deutlich würden, keine gegenläufige Entwicklung erfährt.

## 2. Varianten der Konfliktlage in den Dialogliedern

### 2.1 Die Lieder der tanzlustigen Alten: C 232–236 und SL 1 (C 210–212)

Das Motiv der tanzlustigen Alten ist nicht nur bekannt aus SL 17 der Schicht *RB, sondern auch aus der narrativen Schlussstrophe von SL 3. Während das ausgelassene Verhalten dort jedoch durch die neu erwachte Natur motiviert ist, setzt die Beschreibung der Alten in **C 232–236** unvermittelt ein, da zu dem Lied kein Natureingang überliefert ist. Trotz ihrer fortgeschrittenen Jahre partizipiert die Protagonistin am Tanz und setzt sich zudem als dessen Anführerin in Szene: *Ein altú vor den reien trat, / dv́ mer danne tvsent runzen hat* (C 232,1f.). Der sommerliche Tanz ist also, wie schon in SL 3, Schauplatz des Geschehens und nicht mehr nur futurischer Hintergrund. Gleich im Anschluss an diese epische Einführung beginnt die Gesprächsszene: Die Alte fordert ihre Tochter auf, heimzugehen und das Haus zu hüten. Dadurch aber gibt die Mutter zum einen eben die Aufgabe ab, die eigentlich ihr selbst zukommt, zum anderen schickt sie die Tochter gerade von dem Ort weg, an dem *huote* angebracht wäre: Sie selbst will nämlich den Tanz fortsetzen, was sie mit der Bemerkung *ich bin worden frôiden vol* (C 232,4) unterstreicht. Diese *vreude*, die sie zu ihrem ausgelassenen Verhalten treibt, korreliert jedoch aufgrund des fehlenden Natureingangs weder mit dem Zustand der Natur, noch erscheint sie als Resonanz auf die Rede eines *vreude*-verkündenden Sängers.

Die Tochter übernimmt im Folgenden tatsächlich die Funktion der *huote*, so dass man auch hier wie bei SL 17 von einer Rollenverkehrung sprechen kann: Entschieden weist sie die Mutter zurecht und erinnert sie an ihr fortgeschrittenes Alter. Diese jedoch zeigt sich unbeeindruckt, verweist auf ihre jugendliche Figur (C 234,3: *mine siten ivng*) und Stimmung (C 234,2: *gogel*) und führt vor, dass sie noch *manigen geilen sprvng* (C 234,4) beherrsche, indem sie plötzlich in die Höhe schnellt. Ihre Bewegung wird vom Sänger, der als Erzähler in nur wenigen Versen in Erscheinung tritt, mit der eines Vogels verglichen, ein Bild aus dem Tierreich, das in SL 3 in dem des Widders seine Entsprechung findet. Der Wunsch der Mutter, uneingeschränkt zu *springen wider vnd fúr* (C 235,2), erscheint indes nicht nur als Ausdruck ihrer wieder erwachten Lebensfreude, sondern auch ihrer Liebeslust, denn sie weist die Tochter hin auf einen hübschen Knaben: *vnde nim des knappen to̊gen war, / der da treit daz valwe har*

(C 235,3f.). Vermutet man den Reuentaler als Ziel der Alten,[5] fällt die ungewöhnliche Bezeichnung *knappe* auf: Der Reuentaler erhält hier nicht seinen Standestitel *ritter*, der ihm in den Liedern des Überlieferungskerns zukommt, so dass die soziale Dimension seiner Attraktivität nicht thematisiert wird; er erscheint vornehmlich als Lustobjekt. Zentraler Konfliktpunkt des Liedes ist dadurch das Verhalten der Alten, die mit ihrer Tochter in ein Konkurrenzverhältnis tritt. Diese nämlich ist ebenfalls nicht bereit, auf den Tanz zu verzichten, denn auch sie hat eine Verabredung mit einem *húbesche*[n] *man* (C 236,2), dessen Identifizierung mit dem von der Mutter favorisierten *knappen* naheliegt: Jeder der beiden Sprecherinnen ist an der Abwesenheit der anderen gelegen. Die Tochter hebt den Unterhaltungswert des Mannes hervor (C 236,3: *der kúrzet vns die wile lanc*), ohne die Art dieser Unterhaltung näher zu bestimmen.

Das Lied endet mit dem Hinweis *her Nithart disen reien sanc* (C 236,4), wobei nicht eindeutig geklärt werden kann, ob es sich dabei um eine Figurenrede oder einen Erzählerkommentar handelt. In ersterem Fall würde das Mädchen den gepriesenen Unterhaltungskünstler mit Neidhart identifizieren, der damit als textimmanenter Akteur in der Sängerrolle erschiene.[6] Eine solche Amalgamierung von textexternem Autor und fiktionsimmanenter Figur ließ sich bereits im Fassschwank der Gruppe B beobachten. Die These, dass die Tendenz zur Transferierung des Autors auf die Textebene schon recht früh nachweisbar ist, würde somit durch dieses C-Lied erhärtet. Die Schlusszeile lässt sich jedoch auch als Autorsignatur aus dem Mund des Erzählers deuten, wofür der Tempuswechsel spräche. Doch auch in diesem Fall haben wir es mit einer bemerkenswerten Aussage zu tun, die sich in keinem der in dieser Arbeit untersuchten Lieder wiederfindet.[7]

**SL 1** bietet neben dem ebenfalls fehlenden Natureingang eine weitere Besonderheit: Jede Strophe wird durch einen lautmalerischen Refrain abgeschlossen. In Aufbau und Handlungsverlauf lassen sich deutliche Parallelen zu C 232–236 be-

---

[5] Hier muss bereits auf SL 1 (C 210–212) verwiesen werden, in dem der Reuentaler explizit als *knappe* bezeichnet wird.

[6] So auch Bockmann, S. 112.

[7] Wie problematisch ein solches Urteil ist, zeigt sich an der kontroversen Diskussion um die »Echtheit« der Trutzstrophen: Da auch hier »Neidhart« adressiert wird, galten sie lange als Nachdichtungen; die Eindeutigkeit dieser These wird seit Burghart Wachingers Untersuchung der Trutzstrophen nachdrücklich in Frage gestellt (Die sogenannten Trutzstrophen zu den Liedern Neidharts. In: Otmar Werner/Bernd Naumann [Hgg.]: Formen mittelalterlicher Literatur. Fs. Siegfried Beyschlag. Göppingen 1970 [GAG 25], S. 99–108. Wieder in: Brunner [1986], S. 143–156).

obachten. Auch SL 1 setzt ein mit einer narrativen Situationsbeschreibung: *Ein altú, dv́ begvnde springen / hoh alsam ein kitz enbor* (C 210,1f.). Durch den Vergleich mit einem jungen Reh wird das Verhalten der Alten als besonders ausgelassen dargestellt.[8] Die erotische Metapher vom *blv̊men bringen* (C 210,2)[9] determiniert zum einen den Zeitpunkt des Geschehens – es ist Sommer – und verweist im Folgenden auf die sexuellen Absichten der Alten, die sich bereits in ihren hohen Sprüngen andeuten. Die Inkongruenz in ihrem Verhalten wird in der nun einsetzenden Rede fortgeführt, indem sie von der Tochter ihr Tanzkleid fordert mit der Begründung: *ich mv̊s an des knappen hant, / der ist von Rúwental genant* (C 210,4f.). Wieder agieren Mutter und Tochter in vertauschten Rollen, da die Herausgabe des Kleides eigentlich Aufgabe der Alten ist, die es jedoch selbst zum Tanz mit dem hier namentlich genannten Reuentaler zieht. Die Tochter übernimmt damit die Funktion der *huote* über ihre eigene Mutter und warnt diese – vergleichbar mit der Mutterrede aus SL 18 – vor der zweifelhaften Gesinnung des Reuentalers: *er ist ein knappe so gemv̊t, / er pfliget niht steter minne* (C 211,2). Wieder erscheint der Reuentaler nicht als *ritter*, sondern als *knappe*. Ein Spannungsverhältnis zwischen höfischer und dörperlicher Wertewelt scheint sich derweil an anderer Stelle anzudeuten, nämlich in der Ausdrucksweise des Mädchens, da der Begriff *staete* aus seinem Mund überrascht. Anders als bei den Liedern des Überlieferungskerns dient der Begriff jedoch nicht als sinnentleerte Formel der Beschönigung der eigenen Person oder gar der des Reuentalers; das Urteil der Tochter richtet sich vielmehr gegen den Reuentaler selbst und ist völlig zutreffend. Der höfische Begriff aus dem Munde der Dörperin mag Komik erzeugen, lässt sich jedoch nicht als vom Reuentaler verursachte Begriffsverwirrung deuten, zumal das Mädchen ungebrochen als sittliche Instanz agiert: Ein eigenes Interesse am Reuentaler bekundet es nicht.

Die Mutter lässt sich von der Mahnung der Tochter nicht beirren und unterstreicht die Unbedingtheit ihres Anspruchs: *ich weiz wol, was er mir enbot. / nach siner minne so bin ich tot* (C 211,4f.). Die Alte scheint die Liebhaberqualitäten des Reuentalers bereits zu kennen und nicht auf diese verzichten zu wollen. In der Schlussstrophe wendet sie sich an eine gleichaltrige Freundin und fordert diese auf, sie zu ihrem erotischen Abenteuer zu begleiten, was durch die Metapher *nach blv̊men gan* (C 212,3) unterstrichen wird. Durch die Doppelung der Figur der tanzlustigen Alten wird die Komik des Motivs zusätzlich verstärkt.

---

[8] Es fällt auf, dass die ausgelassenen Sprünge in den Strophen C 210, C 234 und C 239 jeweils mit einem Vergleich aus der Tierwelt dargestellt werden. Die Vergleiche betonen die animalische Natur der Alten.

[9] Vgl. Fritsch, S. 24f.

## 2.2 Die Mutter-Tochter Dialoge: C 206–209, SL 7 (C 266–271), SL 8 (C 280–284), SL 2 (C 222–226) und SL 6 (C 260ª–265)

**C 206–209** setzt wie die beiden Lieder der tanzlustigen Alten ohne Natureingang ein und endet wie SL 1 in jeder Strophe mit einem Refrain.[10] Während aber bei diesen die sommerliche Szenerie aufgrund der Tanzthematik vorausgesetzt werden kann, ist das im vorliegenden Falle nicht ohne Weiteres möglich, da das Lied thematisch anders ausgerichtet ist: Im Mittelpunkt stehen die Gefahren der Liebe, vor der die Mutter ihre Tochter ausdrücklich warnt, ohne dass diese mit einem bestimmten Mann oder dem Ereignis des Tanzes in Verbindung stünden.

Anlass des Streitdialoges ist der Hinweis der Mutter, die erst zwölfjährige Tochter solle sich in Liebesangelegenheiten noch Zeit lassen, was diese aber eigensinnig zurückweist: *ich wil iemer leben nach dem willen min* (C 206,7). Die Mutter lässt sich jedoch in ihrer Funktion als sittliche Instanz nicht entmutigen und erteilt einen weiteren Ratschlag: *dv solt niht tvmber lúte rede warten. / tůst dv das, des hast dv pris vnd ere* (C 207,3). Die Replik der Tochter ist kaum auf die Rede der Mutter bezogen, wenn sie ihre Absicht kundtut, große Städte wie Regensburg, Passau und Wien kennenlernen zu wollen: *da sint kint, den wil ich gerne dienen. / [...] / diu sint gůt, / hohgemv̊t, / waz ob mir ir etesliche lieb tůt?* (C 208,3–7). Die höfischen Begriffe *dienen* und *hochgemuot* stehen jedoch in diskrepantem Verhältnis zum Inhalt der Rede der Tochter, denn ihr Wunsch impliziert auch erotische Erfahrungen, was sich gerade vor der Folie der Besorgnis der Mutter offenbart. Dies erkennt auch die Mutter, die sie nun ganz explizit vor den Männern warnt und in der Schlussstrophe C 209 als warnendes Beispiel Friderun nennt: *do wolt si mit im zevil gerunen. / do maht er ir daz har zeinem balle. / daz geschach, / ich daz sach, / daz er ir den spiegel von der siten brach* (C 209,3–7). Der Spiegelraub durch den hier namentlich unerwähnten Dörper Engelmar ist vornehmlich Thema der Winterlieder. Auffällig ist jedoch, dass sich eine Referenz auf dieses Ereignis in der Handschrift C auf nur zwei Stellen (C 241,1f. [WL 15]: *Die selben zewene gehellent hin nah Engelmaren, / der gewalteklichen Friderunen ir spiegel nam* und C 188,7 [WL 26]: *sach aber ieman den, der Friderune ir spiegel nam?*) beschränkt.[11] Während der Spiegelraub dort

---

[10] Der Schreiber von C hat diese Parallele offensichtlich erkannt: Innerhalb der Gruppe der Lieder ohne Natureingang (C 189–212) folgen C 206–209 und C 210–212 aufeinander.

[11] In R wird dagegen in 14 Winterliedern auf den Spiegelraub angespielt: R 7,II (WL 14); R 26,III (WL 16); R 29,III (WL 18); R 47,II (WL 20); R 24,IV/V (WL 23); R 2,V (WL 24); R 1,VI (WL 25); R 4,III (WL 26); R 6,V (WL 27); R 20,VI (WL 30); R 21,VI/VII (WL 31); R 38,III (WL 32); R 41,V (WL 33); R 40,V (WL 34). Diese deutliche Divergenz

jedoch vom Sänger beklagt wird – ebenso übrigens wie im Fassschwank der Gruppe B –, wird er hier aus der Sicht einer Dörperin dargestellt. Nach ihrer Schilderung betrifft der Gewaltakt nur Friderun selbst und hat keine weitergehenden Auswirkungen. Der Übergriff des Dörpers auf das Mädchen soll somit exemplarisch vor der Gefährlichkeit der Männer warnen,[12] dem eigentlichen Thema des Liedes. Die Verwirrung höfischer Wertbegriffe in der Rede des Mädchens beschränkt sich auch hier auf eine komische Wirkung, die Opposition höfisch-dörperlich wird nicht aufgebaut.

Im Gegensatz zu C 206–209 setzt **SL 7** mit einem Natureingang ein, doch auch in diesem Lied ist die Sängerrolle nicht angelegt, da die Eingangsstrophe einer weiblichen Sprecherin zugeschrieben ist. Da es sich dabei offensichtlich um eine junge Dörperin handelt, kann die in der inquit-Formel gewählte Bezeichnung *frowe* (C 266,3) nur als bewusste Ironisierung gelesen werden. Die Diskrepanz von Signifikat und Signifikant ist hier besonders frappierend, da das Dörpermilieu, wie sich zeigen wird, in diesem Lied sehr derb gezeichnet ist. Das Mädchen schildert mit typischen Naturmotiven das Bild der sommerlichen Jahreszeit. Durch die Nennung der *linden* (C 266,5) deutet sich eine räumliche Perspektivierung des Natureingangs an, denn unmittelbar daran schließt sich der Wunsch der Sprecherin, am sommerlichen Tanz teilzunehmen, und zwar mit einem bestimmten Partner: *Merze von dem reien spranc, / bi dem solt dv mich vinden* (C 266,7f.). Liebesziel des Mädchens ist hier also nicht der *ritter* oder *knappe* von Reuental, sondern ein Bauernbursche, der als Tanzführer dessen Rolle einnimmt. Ein Dörper als potentieller Partner des Mädchens tauchte auch in SL 23 auf, dort jedoch als Wunschkandidat der Mutter, den die Tochter verächtlich abtut. Hier nun ist es das Mädchen selbst, das Merze wählt – ein sozial höhergestellter Partner wie der Reuentaler steht im Lied gar nicht zur Debatte.[13]

---

verliert jedoch angesichts der Tatsache, dass durch den Blattverlust in C zahlreiche Winterlieder verloren gingen, an Beweiskraft.

[12] Eine Diskussion des Spiegelraubmotivs selbst soll an dieser Stelle – wie auch bei der Untersuchung des Fassschwanks aus der Gruppe B – nicht geführt werden, da dem Motiv in C nur die oben erwähnte Bedeutung zukommt. Eine nähere Untersuchung soll jedoch im Rahmen der Analyse von SL 22 (R 52) erfolgen, da der Spiegelraub hier das Sinnzentrum des Liedes bildet.

[13] Dass sich das Lied dadurch deutlich von denen des Überlieferungskerns absetzt, wird in der Forschung nicht immer beachtet. So nennt etwa BENNEWITZ (1994), S. 183, das Lied mit SL 18 als Beispiel für die sexuelle Potenz des Sängers, dessen Biographie sich über den Texten konstituiere. Der potente Freier ist hier nun aber eben nicht der Reuentaler, sondern ein Dörper.

Die sexuellen Absichten der Tochter gehen nicht nur aus der Referenz auf den Tanz hervor, sondern auch aus der Integration des Taumotivs (C 266,2) in ihre Rede. Der Mutter bleibt dies nicht verborgen, denn ihre Warnung knüpft sich an eben dieses Motiv: *Tohter, wende dinen mv̊t / von dem tŏwe* (C 267,1f.). Es folgt eine weitere Ermahnung, nämlich die vor dem *scherpfen winder* (C 267,5), bevor sie auf Merze selbst zu sprechen kommt. Ein solcher Zusammenhang legt nahe, eine Verbindung von Dörper- und Monatsnamen vorzunehmen:[14] »Bezieht man ihr [i. e. das der Mutter] Naturbild auf den jungen Bauern, so vereinigt er die lebenbringende Kraft des Taus mit der tötenden Schärfe des Winters [...]. Der März hat eben auch die winterlichen und vorfrühlinghaften Züge, die die Mutter dem Bauernburschen Merze hier zuschreibt.«[15] Obwohl sie das Ansinnen der Tochter als *niht gv̊t* (C 267,4) bezeichnet, spricht sie im Folgenden erstaunlicherweise kein Tanzverbot aus, sondern erteilt der Tochter Verhaltensmaßregeln für eben dieses Ereignis. Dabei warnt sie zunächst vor den Überredungskünsten Merzes und dann sogar freimütig vor den potentiellen Folgen des Tanzes: *Vnde reie also, swies dir erge, / ob er dich triege, / das ein wiege / vor an dinem fůsse iht ste* (C 268,1–4). Die Mutter agiert hier also nicht als sittliche Instanz, sondern fasst ihre Rolle als *huote* dahingehend auf, die Tochter vor äußerlich wahrnehmbarem Schaden zu bewahren. Die ungewollte Schwangerschaft sieht sie dabei nicht als moralisches Problem, sondern als individuelle Einschränkung: Als junge Mutter nämlich könne die Tochter ihrem triebhaften Verlangen nach naturhaft-sinnlicher *vreude* nicht mehr nachgehen. Das Blumenmotiv *so dv die blv̊men wellest sehen* (C 268,7) konnotiert hier zum einen wieder sexuelles Verlangen,[16] referiert zum anderen auf den Sommer des nächsten Jahres, in dem das ungewollte Kind ja bereits geboren wäre und das Mädchen daran hindern würde, seinen *vreude*-Trieb uneingeschränkt auszuleben.

Mit bemerkenswerter Unbekümmertheit schlägt die Tochter den Rat der Mutter aus: *mirst vnmere / solhe swere. / wib dú trůgen ie dú kint. / ich wil miner frôide niht enlâssen* (C 269,2–4). Der momentanen Lust (*frôide*) will die Tochter unbedingt nachkommen, wobei sie auch eine ungewollte Schwangerschaft in Kauf zu nehmen bereit ist. Ihre Triebhaftigkeit wird besonders dadurch betont, dass sie selbst die moralisch großzügig definierten Grundsätze der Mutter als

[14] Vgl. Karl Otto Conrady: Neidhart von Reuental: *Ez meiet hiuwer aber als ê. ...* In: Benno von Wiese (Hg.): Die deutsche Lyrik. Form und Geschichte. Düsseldorf 1956, Bd. 1, S. 90–98, hier S. 92: »Immerhin sollte man erwägen, ob sich in der Gestalt des Merze nicht eine Figur aus vorliterarischen brauchtümlichen Tänzen verbirgt. Die Verwandtschaft mit dem Monatsnamen darf wohl nicht so einfach geleugnet werden [...].«

[15] Gaier, S. 22.

[16] Vgl. SL 1 (C 212,3): *nach blv̊men gan.*

untragbare Restriktion empfindet. Indem die Tochter unbeirrt ihre Tanzkleidung fordert (C 269,7), setzt sie sich endgültig über die Autorität der Mutter hinweg und negiert deren übergeordnete Rolle im Familienverband. Hier greift wie in SL 21 und SL 17 der Sprecher in der Rolle des objektiven Erzählers ein, wobei er sich ganz explizit an seine Zuhörer wendet: *Nv hôrent, wie es ir ergie!* (C 270,1). Im Folgenden schildert er eine derbe Streitszene, in der die vermeintlich verständige Mutter zum Rechen greift, um die Tochter, die sich entschieden zur Wehr setzt, zu verprügeln. Wie weit sich die beiden am Ende des Liedes entzweit haben, zeigt der abschließende Kommentar der Mutter: *gebest dv Merzen tvsent marc, / er neme din niht zewibe* (C 271,6f.), in dem sie ihre Geringschätzung für die aufbegehrende Tochter zum Ausdruck bringt.

Das untersuchte Lied rückt durch das Ablaufschema Natureingang – Gesprächsszene sowie die Tanzthematik deutlich näher an die Lieder des Überlieferungskerns heran als C 206–209. Eine soziale Dimension des Konfliktes ist jedoch nicht erkennbar, da das Mädchen sich einen dörperlichen, keinen ritterlichen Tanzpartner wünscht. Das Lied beschränkt sich somit auf eine heftige Auseinandersetzung zwischen den Protagonistinnen, in deren Verlauf die wenig auf Moral bedachte Haltung *beider* Sprecherinnen deutlich zutage tritt: Die Tochter zeigt sich unfähig, ihr sexuelles Verlangen zu zügeln, und auch der Mutter geht es nicht um die Integrität der Tochter.[17] Die abschließende Schlägerei unterstreicht zusätzlich das Fehlverhalten der Akteure, die somit durchgehend als Negativbeispiele ihres Standes agieren.

Auch **SL 8** wird eingeleitet durch einen nur einstrophigen Natureingang, der sich, wenn auch nicht eindeutig, dem Sänger zuschreiben lässt. Seine Rolle ist gleich zu Beginn im Appell *Ir frôit úch, ivnge vnd alte!* (C 280,1) angelegt, wobei er jedoch nicht als expliziter Ich-Sprecher auftritt. Neben dem Zentralbegriff der *vreude* finden sich durchgehend typische Naturmotive (Blumen, grüne Zweige, Vogelsang) und der kontrastive Vergleich zum Winter. Mit dem Motiv des belaubten Waldes führt eine *maget geile* (C 281,4) den Natureingang fort und konstatiert ihren unbedingten Willen, am Tanz der Jugend unter der Linde teilzunehmen; hierfür wählt sie ein besonders nachdrückliches Bild: *der mich mit einem seile / [...] / bvnde mir einen fůs, / zv̊ der linden / mit den kinden / vf den anger ich da mv̊s* (C 281,3–8). In unmittelbarem Zusammenhang mit die-

[17] So auch GAIER, S. 22: »[I]hre Moral ist also nicht besser als die ihrer Tochter: sie trifft nur Vorkehrungen, damit die Lust wiederholbar sei. [...] Und es ist nur konsequente Weiterführung der Charakterschilderung, wenn Mutter und Tochter einander endlich schlagen.«

ser Äußerung nennt sie die Mutter, deren hindernder Einsatz als *huote* im Bild des Seiles deutlich wird: Der Vers *min mv̊ter niht gelôbet* (C 281,2) lässt sich in diesem Sinne auf zweierlei Arten lesen: ›Die Mutter verbietet mir (den Gang zum Tanz)‹ oder ›Die Mutter erwartet nicht (dass ich trotz Widerstand zur Linde gehen werde)‹.

Die Mutter droht zunächst mit Schlägen und verweist die Tochter mit der herabsetzenden Bezeichnung *kleine grasemvgge* (C 282,4) auf ihren Platz. Durch die Aufforderung, einen Ärmel anzunähen (C 282,7f.), versucht sie die Tochter ans Haus zu binden. Diese aber zeigt sich in ihrer Gegenrede wenig beeindruckt: In ihrer frechen Replik[18] verweigert sie den Arbeitsauftrag der Mutter und negiert verächtlich dessen Notwendigkeit (C 283,6–8.: *ir sit tot / vil kleiner not, / ist iv der ermel abegezart*), wodurch sie sich vollends über die Autorität der Mutter hinwegsetzt. Dass die Mutter sich daraufhin von ihr lossagt, bekümmert die Tochter ebenfalls wenig, denn ungerührt versichert sie: *mv̊ter, ich lebe e doch, / swie iv trôme. / bi dem sôme / durh den ermel gat ein loch* (C 284,5–8).[19] Gegen die Verwünschungen der Mutter betont sie ihr Wohlbefinden und verdeutlicht, in welche Richtung ihre Lebensfreude zielt: Die Metapher des Ärmellochs entspricht gehaltlich der des Kranzes und konnotiert den sexuellen Vollzug. Die Tochter referiert damit bewusst auf die Rede der Mutter, in der das Annähen eben des Ärmels sie gerade davon abhalten sollte, ihrem Tanzwunsch nachzukommen. Durch ihre bildliche Rede verkehrt sie raffiniert die Intention der Mutter, indem der Ärmel nun genau für das steht, was die Mutter zu verhindern suchte. Durch das provokante Verhalten der Tochter, die wieder mit ihren sexuellen Absichten kokettiert, anstatt sie zu verheimlichen, gerät die Familienhierarchie völlig aus den Fugen: Die Mutter disqualifiziert sich durch ihr eigenes Verhalten als Respektsperson, während die Tochter entschlos-

---

[18] Hierzu wählt die Tochter besonders derbe Worte: Man müsse der Alten die Runzeln mit einem Knüppel glatt ziehen wie bei einer Trommel (C 283,1–3).

[19] Kontrovers diskutiert wird das Motiv des Ärmels, der im Lied dreimal erwähnt wird. Herauszuheben ist zum einen die These STANLEY N. WERBOWS (Whose sleeve is it anyway? Neidhart SL 8. In: FRANCIS G. GENTRY [Hg.]: Semper idem et novus. Fs. Frank Banta. Göppingen 1988 [GAG 481], S. 359–370), nach der der Ärmel ursprünglich zum Tanzkleid der Tochter gehörte, von dieser aber abgetrennt worden sei, da sie ihn beim Tanz als Liebespfand anbieten wolle. In eine andere Richtung geht die Interpretation FRITSCHS, der das Motiv vor dem Hintergrund von WL 31 liest: Dort reißt ein Dörper beim Tanz mit seinem Schwert den Ärmel vom Tanzkleid einer Frau. In diesem Akt liest FRITSCH – wohl zu Recht – einen sexuellen Übergriff. Die anschließenden Folgerungen sind jedoch schwer nachvollziehbar: In der Frau sieht FRITSCH die Mutter aus SL 8, deren Tochter als Ergebnis des genannten Vorgangs; diese provoziere nun die Mutter, indem sie sie an ihren Fehltritt erinnere (109ff.).

sen ist, ihrem triebhaften Verlangen nachzugehen. Das Dörpermilieu erscheint dabei ungebrochen, was sich auch an der derben Ausdrucksweise der Sprecherinnen offenbart.

Der Natureingang von **SL 2** zitiert die Ankunft des Sommers nur kurz an: Bis auf das Bild des Mais, der *den walt an siner hende* führt (C 222,3), wirken die wenigen Naturmotive (Laubkleid, Ende des Winters) formelhaft. Da der Sänger weder als Ich-Sprecher noch in seiner Funktion als *vreude*-Verkünder in Erscheinung tritt, könnte die Eingangsstrophe ebenso der *maget* (C 223,4) zugeschrieben werden, die in der zweiten Strophe ihre *vreude* über den Beginn des Sommers zum Ausdruck bringt. Lediglich ihr dezidierter Einsatz mit *Ich* (C 223,1) legt einen Sprecherwechsel nahe. Ihre Ankündigung, den Mai *schone enpfahen* (C 223,4) zu wollen, leitet bereits über zur dritten Strophe, in der sie ihrer Mutter die Absicht kundtut, am Tanz der jungen Leute teilzunehmen, deren Gesang sie bereits vernommen habe. Dass der geäußerte Tanzwunsch erotisch besetzt ist, scheint der Mutter des Mädchens bewusst zu sein (C 225,4: *dv la dich des niht gelusten*); sie bringt in ihrer nur vier Verse umfassenden Rede jedoch keine überzeugenden Gegenargumente. Die Entgegnung der Tochter, die der Mutter mit unmotivierter Aggressivität den Reuentaler als Objekt ihres Begehrens nennt, findet in der vorhergehenden Strophe, in der die Frage nach dem Tanzpartner überhaupt nicht thematisiert wird, keinen Bezugspunkt. Die Tochter steigert ihre Provokation, indem sie den Reuentaler abschließend unverblümt als potentiellen Liebhaber bezeichnet (C 226,4.: [...] *den wil ich vmbe vahen*).

Durch die Aneinanderreihung der Elemente ›Natureingang‹ – ›Resonanz des Mädchens‹ – ›Opposition der Mutter‹ – ›Sieg der Tochter mit Nennung des Reuentalers‹ nähert sich das Lied strukturell dem Ablaufschema der Mutter-Tochter-Dialoge des Überlieferungskerns, ohne an dessen inhaltliche und begriffliche Komplexität heranreichen zu können. Die Erwähnung des Reuentalers erfolgt eher beiläufig, ohne dass mit ihr ein tiefergehender sozialer Konflikt angedeutet würde: Die Tochter bezieht sich lediglich auf seinen Status als Tänzer und Liebhaber, seine Auszeichnung als ›höfischer‹ Ritter und Sänger bleibt unerwähnt – so wie auch die Sängerrolle im Natureingang nicht ausgeprägt ist. Das Konfliktpotential ergibt sich somit lediglich aus der Aufsässigkeit der Tochter, die ihre Triebhaftigkeit unverhohlen zum Ausdruck bringt. SL 2 zeigt sich dabei insgesamt wesentlich weniger originell und detailverliebt als SL 7 und SL 8.

Der letzte der hier zu behandelnden Mutter-Tochter-Dialoge (**SL 6**) setzt ebenfalls mit einem nur einstrophigen Natureingang ein, dessen Zuordnung jedoch nicht unkompliziert ist. Neben der Erwähnung des Vogelsangs (C 260$^a$,2) – dem einzigen Naturmotiv – steht die Absichtserklärung *die wol gemv̊ten leien / den wil ich helfen reien* (260$^a$,4f.). Da die inquit-Formel *Ein meit / sprach zir mv̊ter* (C 261,1f.) die Rede des Mädchens erst in der zweiten Strophe beginnen lässt, scheint es sich beim Sprecher des Natureingangs um den Sänger zu handeln. Diese Zuordnung wird aber dadurch erschwert, dass *leie* bei Neidhart häufig in der Bedeutung von ›Bursche‹ vorkommt,[20] weshalb WIESSNER/SAPPLER – anders als HAUPT – die Eingangsstrophe dem Mädchen geben.[21] Die zweite Strophe jedenfalls gehört eindeutig der Tochter, die den Wunsch äußert, zum Tanz aufzubrechen. Dabei bezieht sie sich jedoch nicht auf die sommerliche Jahreszeit, sondern nennt als Grund für ihr Verlangen *des knappen singen: ob ich in hulfe springen, / mir mv̊ste wol gelingen* (C 261,3f.). Analog zur ambivalenten Sprechsituation im Natureingang ist jedoch unklar, ob das Mädchen seine eigene Aussage nur wiederholt oder – und das würde eine deutliche Differenzierung zu den bisher behandelten C-Liedern bedeuten – Bezug nimmt auf die Rede des Sängers. Für letztere Möglichkeit spräche die Tatsache, dass in diesem Lied erstmals explizit auf den Gesang des *knappen* referiert wird. Wenn sich auch in den bisher untersuchten Liedern der Gruppe C keine Interrelation von Sänger- und Mädchenrede feststellen lässt, wäre eine solche in diesem Fall kontextuell durchaus sinntragend; die Analogie von *helfen reien* und *hulfe springen* ist jedenfalls augenscheinlich. Obwohl das Mädchen nicht ausschließlich mit dem *knappen*, wohl wieder dem Reuentaler, zu tanzen gedenkt, steckt hinter dem *gelingen* doch offensichtlich Liebeserfolg bei eben diesem.[22]

---

[20] Vgl. EDMUND WIESSNER: Vollständiges Wörterbuch zu Neidharts Liedern. Leipzig 1954, S. 165, und H. BECKER (1978), S. 197. Exemplarisch sei verwiesen auf die C-Fassung von SL 14: Nach seiner an die Mädchen gerichteten Aufforderung zu tanzen wendet sich der Sänger auch an die *wol gemv̊ten leien* (C 146,7).

[21] Dabei folgen sie jedoch der Hs. c, bei der eine solche Zuordnung durch die Spitzenstellung des Verbs möglich wird.

[22] Vgl. LENDLE, S. 94 Anm. 9: »Mit dem knappen muß nicht der Reuentaler gemeint sein. Auch in Sommerlied 16 ist von den tanzenden Knappen ohne Bezug auf das Reuentalmotiv die Rede.« LENDLE übersieht, dass in SL 6 der Singular *des knappen singen* auf eine bestimmte Person hinweist, während mit der pluralischen Wendung *vor den chnappen allen* (SL 16, IV,3) generell auf die männliche Dorfjugend referiert wird. Weiterhin überrascht es, dass LENDLE auf eine kontextuell kaum vergleichbare Passage von SL 16 (in R!) verweist, während er den parallelen Stellen der SLL 1 und 2, in denen der Reuentaler eben als *knappe* bezeichnet wird, keine Bedeutung zumisst: »Daß in den Sommerliedern 1 u. 2 der Reuental ein ›knappe‹ oder ›knabe‹ genannt wird, beweist für Sommerlied 6 nichts.«

In ihrer freundlichen Erwiderung (C 262,1: *Liebes kint*; 3: *liebú tohter*) versucht die Mutter, die Tochter vor dem *knappen*, den sie implizit als *trieger* (C 262,2) bezeichnet, zu warnen: [...] *volge miner lere. / da von mac wol din ere / sich hŏhen iemer mere* (C 262,3–5). Anders als zuvor agiert die Mutter hier tatsächlich entsprechend ihrer *huote*-Funktion als sittliche Instanz, ohne sich durch ein widersprüchliches Verhalten zu kompromittieren. Die Rettung der *ere* verbürgt die moralische Integrität der Tochter, die nach dem dörperlichen Sittenkodex erzogen werden soll. Die *lere* der Mutter steht damit in Opposition zu der des singenden *knappen*, der die Mädchen zu Tanz- und Liebesglück auffordert. Die Tochter erkennt die Befürchtungen der Mutter und versucht, sie durch einen *eit* zu zerstreuen: *Ob er mich des libes ie gebete, / so si vil lange vnstete / die velte an miner wete. // Ich han / zů dem manne deheinen wan* (C 263,3–264,2). Die doppelte Beteuerung der Tochter steht jedoch in deutlichem Widerspruch zu ihrer Ankündigung aus C 261,4f.: Ihr Wunsch zu *springen* bedingt ja, dass ihr Faltenwurf in Unordnung gerät, und ihre Hoffnung auf *gelingen* beim Sänger widerlegt a priori die Behauptung, an Männern nicht interessiert zu sein. Mit den höfischen Begriffen *staete* und *wan* bezeichnet die Tochter somit ein Verhalten, dem sie selbst gar nicht nachzukommen gedenkt. Die Begriffe werden in ihrem Mund zu Leerformeln, die sie rein zweckorientiert einsetzt: Sie gibt vor, sich der *lere* der Mutter zu fügen, indem sie dasselbe sprachliche Register wählt. Tatsächlich akzeptiert die Mutter das Versprechen der Tochter und lässt sie in festlicher Kleidung aufbrechen. Im abschließenden Erzählbericht wird bestätigt, was sich zuvor schon vermuten ließ: Die Tochter macht sich beim Tanz durch besonders ausgelassene Sprünge (C 265,1–3) bemerkbar und bittet den *knappen*, für sie zu singen.[23] Mit dieser Aktion realisiert sie somit ihr angekündigtes Vorhaben, durch ihre Tanzkünste die Gunst des Sängers zu erringen. Ankündigung und Ausführung ihres Plans umklammern somit ihren gegenteiligen Schwur: Ihr Faltenwurf ist ebenso wenig *stete* wie das Mädchen selbst,[24] und ihr verleugneter *wan* zum *knappen* erweist sich als triebhaftes Verlangen.

SL 6 stellt somit unter den untersuchten Mutter-Tochter-Dialogen der C-Gruppe den einzigen Fall dar, in dem der Gesang des *knappen*, hinter dem man den Reuentaler vermuten kann, ausdrücklich thematisiert wird. Aber auch hier werden an keiner Stelle dessen vermeintlich höfische Qualitäten erwähnt.

---

[23] Dass es sich beim Sänger wieder um den *knappen* handelt, liegt nahe, obwohl als Subjekt seltsam verschleiernd *man* (C 265,5) genannt wird.

[24] So auch Fritsch, S. 100: »Damit verliert aber auch ihr ›Zeuge‹, die tadellosen Falten ihres Tanzkleides, an Wert, denn bei ihrem ausgelassenen Springen bleiben diese nicht ordentlich (›staete‹) und sollen es offenbar auch nicht bleiben.«

Entsprechend scheint die Tochter in ihrem höfischen Sprachgestus nicht von diesem beeinflusst, sondern sie bezieht sich auf die Rede der Mutter: Um diese zu beruhigen und zum Nachgeben zu bewegen, spiegelt sie ihr moralische Integrität vor, die sie selbst jedoch nicht durch ihr Verhalten einzulösen gedenkt.

### 2.3 Fragment eines Gespielinnendialogs: C 255–257

Obwohl der Gespielinnendialog C 255–257 nur fragmentarisch überliefert ist, darf er im Hinblick auf die Gruppe C nicht außer Acht gelassen werden. Das Lied setzt ein mit einer Natureingangsstrophe, in der der Sänger zu Tanz und Freude aufruft (C 255,1–5: *Wol vf vnd hin, / swer nv reien kvnne. / [...] / frőit úch gegen des meien zit!*). Der Sänger agiert nicht als expliziter Ich-Sprecher, bezieht sich aber in der 1. Person Plural in die Freudestimmung ein (C 255,3). Mit Wald, Vogelsang und leuchtender Heide wählt er durchgehend typische Naturmotive, und auch der kontrastive Vergleich zum Winter fehlt nicht. Durch die Erwähnung des Tanzes zeichnet er zudem einen futurischen Hintergrund.

Die in den Handschriften c[25] und f überlieferte zweite Strophe fehlt in C, wodurch der ausdrücklich als Antwort bezeichnete Einsatz der Sprecherin in C 256 unmotiviert ist. In c und f äußert ein Mädchen eben in der zweiten Strophe erotisches Verlangen nach einem jungen und reichen Mann. Dem stimmt die Freundin in den folgenden Strophen (c,f: III, IV; C: II, III) lebhaft zu: *ich wil einen edeln kneht. / dehein Gosbreht / kvmt zv̂ minem libe, / mich mache ein edel kneht ê zeinem wibe* (C 256,8ff.). Die Aussage des Mädchens macht deutlich, dass sein Ansinnen auf einen sozial hochrangigen Tanzpartner vor dem Hintergrund sexueller Erfüllung steht, was auch dadurch offensichtlich wird, dass es wiederholt seine körperlichen Reize betont (C 256,6f., 257,11ff.). Wenn sich die Sprecherin verächtlich über Bewerber aus dem eigenen sozialen Umfeld äußert (C 257,1–3: *Wirt mir ein edel kneht / oder ein ritter zeteile, / einem geburen bin ich dannoh reht*), wird endgültig deutlich, dass das Zusammentreffen mit dem ritterlichen Tanzpartner als einmaliges sexuelles Ereignis antizipiert wird: Nur ein Adliger entspricht den Anforderungen des Mädchens an den ersten Liebhaber.[26] Ein gesellschaftlicher Aufstieg, wie er

---

[25] c 32 (31) II.

[26] Das Motiv der Entjungferung bestimmt auch die Rede der Sprecherin der in C fehlenden Strophe in c (zitiert nach: Die Berliner Neidhart-Handschrift c [mgf 779]. Transkription der Texte und Melodien von Ingrid Bennewitz-Behr unter Mitwirkung von Ulrich Müller. Göppingen 1981 [GAG 356]): *Wol mich wart / so sprach ein madlein gaile / das ich mich han here gespart / [...] / waz húlff mich ein treger / solt er mit mir slaffen gan* (Lied 32 [31], II, 1–10).

etwa in SL 23 thematisiert ist, steht weniger auf der Agenda der Sprecherin als die Befriedigung ihrer momentanen Lust. Mit ihrem Verlangen nach einem *ritter* haben die Mädchen dabei keinen bestimmten Partner vor Augen, der Reuentaler wird an keiner Stelle genannt.

## 3. Zusammenfassung

In formaler Hinsicht lassen sich keine wesentlichen Abweichungen der Gruppe C vom Überlieferungskern konstatieren, da die Mehrzahl der überlieferten Töne (9 von 11) unstollig gebaut ist. Als mögliche Ausnahmen sind die Lieder C 206–209 und C 255–257 zu nennen, denen die Bauform der Kanzone zugrunde liegt.

Der Natureingang lässt sich kaum einheitlich beschreiben, was sich bereits an der stark variierenden Länge offenbart: Während drei Lieder ohne Natureingang überliefert sind (C 206–209, SL 1, C 232–236),[27] finden sich drei Monologlieder, in denen der Natureingang dominiert und deutlich mehr als die Hälfte des Liedes einnimmt (SL 3, SL 4, SL 5). In den verbleibenden Liedern umfasst er meist nur eine Strophe.

Die zur Beschreibung der sommerlichen Natur herangezogenen Motive differieren dabei kaum von denen des Überlieferungskerns, wenn sie auch aufgrund der Kürze vieler Natureingänge weniger beziehungsreich ausgestaltet sind. Neben dem Gesang der Vögel, dem neu ergrünten Wald und Blumen auf Heide und Anger rekurriert auch der kontrastive Vergleich mit dem Winter. Seltener tritt das Motiv der Linde und das des Taus hinzu, während das im Überlieferungskern recht beliebte Motiv des Kranzes gar nicht erscheint.

Bis auf SL 7 und den unsicheren Fall von SL 6 lassen sich die Eingangsstrophen dem Sänger zuschreiben, dessen Rolle in den einzelnen Liedern jedoch sehr unterschiedlich ausgeprägt ist. SL 4 präsentiert das aus dem Überlieferungskern vertraute Sängerbild, in dessen Rede Naturpreis und Appellfunktion gekoppelt sind. Daneben treten drei weitere Lieder, in denen die Rolle des Sängers als *vreude*-Verkünder ebenfalls angelegt, wenn auch nicht ausgebaut ist (C 255–257, SL 5, SL 8). In deutlichem Gegensatz dazu tritt der Sänger in SL 2

[27] Ob der Natureingang nie existierte oder ob er der Überlieferung zum Opfer gefallen ist, spielt für eine Binnentypisierung der Gruppe C keine Rolle. Die Tatsache, dass die Handschrift neben den drei Sommerliedern zahlreiche weitere Lieder ohne Natureingang (vgl. Holznagel, S. 348f., und H. Becker [1978], S. 41ff.) überliefert, beweist auf jeden Fall, dass dieser nicht als elementarer Bestandteil des Liedes aufgefasst wurde.

und SL 3 überhaupt nicht explizit in Erscheinung, so dass sich der Natureingang hier auf die Ansage der Jahreszeit beschränkt. Da zudem mit SL 7 mindestens ein Fall hinzukommt, in dem der Natureingang dem Mädchen gehört, muss man insgesamt von einer im Vergleich zum Überlieferungskern geringeren Bedeutung der Sängerrolle sprechen.[28]

Von diesem Ergebnis ist ein weiteres Merkmal des Überlieferungskerns betroffen, nämlich die Interrelation von Sänger- und Mädchenrede. Es ist auffällig, dass hinsichtlich eines solchen Zusammenhangs bereits acht von insgesamt elf Liedern der Gruppe C ausfallen, da das Ablaufschema Sängerrede – Mädchenrede überhaupt nicht angelegt ist.[29] Während aber die Gruppe der Lieder ohne Gesprächsszene nicht auf eine solche Relation angelegt sein kann, hat das Fehlen des Natureingangs bei den Liedern C 206–209, SL 1 und C 232–236 negative, die Logik des Liedverlaufs beschneidende Auswirkungen: Die Rede der jeweiligen Protagonisten setzt völlig unvermittelt ein, weder Naturbild noch Sängerappelle motivieren den *vreude*-Trieb der Sprecherinnen. Bei den verbleibenden Liedern (SL 2, SL 6 und SL 8) lassen sich lediglich bei SL 6 begriffliche Referenzen zwischen Sänger- und Mädchenrede festmachen, wobei selbst dieser einzige verbleibende Fall mit der Einschränkung belastet ist, dass sich die Sprecherzuteilung der beiden Eingangsstrophen nicht eindeutig entscheiden lässt. Die Mädchen reagieren in der Gruppe C somit mehr auf die allgemeine Sommerstimmung als auf spezifische Appelle des Sängers. Dazu passt die Beobachtung, dass der Sänger sich an keiner Stelle, wie es im Überlieferungskern häufig der Fall ist (SLL 14, 17, 24), explizit an die *megede* wendet; seine seltenen Appelle zielen vielmehr ins Allgemein-Unbestimmte. Die bedeutungsstiftende Verzahnung von Sänger- und Mädchenrede ist somit kein Merkmal der Sommerlieder der C-Gruppe.

Die variierende Ausprägung des Natureingangs hat wiederum Auswirkungen auf den Raumentwurf der Gruppe C. Der futurische Hintergrund ›Tanz‹, der den Liedern des Überlieferungskerns zugrunde liegt, ist nicht in allen Liedern angelegt. In C 206–209 ist die Tanzthematik völlig ausgeblendet. In SL 4, in dem die Sängerrolle der des Überlieferungskerns am nächsten kommt, wird der Tanz ebenfalls nicht erwähnt, es finden sich jedoch einige Appelle, die die Tanz-

[28] Dies deutete sich bereits an bei der Analyse der C-Fassungen einiger Lieder des Überlieferungskerns, da sich dort ebenfalls Hinweise auf einen solchen Bedeutungsverlust fanden. Diese waren jedoch teilweise überlieferungsspezifisch begründet.

[29] Drei Lieder sind ohne Natureingang, drei ohne Gesprächsszene überliefert. In SL 7 gehört der Natureingang dem Mädchen, in C 255–257 ist die Strophe, in der die erste Sprecherin einsetzt, nicht überliefert.

thematik immerhin andeuten (Aufbruch ins Freie, festtägliche Kleidung). Die Lieder C 232–236 und SL 3 schließlich stellen besondere Fälle dar, da der Tanz hier eben nicht futurischer Hintergrund, sondern tatsächlicher Gegenstand der Szene ist, wie dies beim Überlieferungskern nie der Fall ist.[30] Wie bereits bei der B-Gruppe korreliert diese Verschiebung hinsichtlich des Raumentwurfs mit der Beobachtung, dass bei den Naturmotiven jenes selten genannt wird, das den futurischen Hintergrund räumlich determiniert: die Linde.

Lassen sich die Ergebnisse hinsichtlich des Natureingangs und des Raumentwurfs kaum mit einem homogenen Merkmalssatz fassen, so ist das bei der Beschreibung der Vordergrundszene noch weniger möglich. Zunächst muss man hier die drei Monologlieder zusammenfassen, in denen die im Natureingang evozierte sommerliche Harmonie durch das Fehlen eines Streitgesprächs keine gegenläufige Entwicklung erfährt. Eine Inkongruenz klingt allenfalls noch an in SL 3 mit dem Motiv der tanzlustigen Alten. In SL 5 hingegen wird der Preis der Jahreszeit mit der narrativen Beschreibung des Tanzes der Geliebten nicht konterkariert, sondern verstärkt: Natureingang und Tanzszene verschmelzen. In SL 4 schließlich wird der Aufruf zur *vreude* zum Inhalt des gesamten Liedes, das auf eine präteritale Szene verzichtet und sich damit der bei Neidhart sonst feststellbaren Tendenz zur Episierung völlig verschließt.

Alle Gesprächsszenen werden ausgelöst durch die mit dem Sommer wieder erwachte Triebhaftigkeit der Dörperinnen: Während die Mädchen in den Mutter-Tochter-Dialogen ihren unbedingten Freiheitsanspruch zum Ausdruck bringen und diesen gegen die Mutter durchzusetzen versuchen, ergibt sich in den Altenliedern die genau umgekehrte Konstellation. Auch im Gespielinnengespräch C 255–257 ist das Aufbegehren der Mädchen der Brennpunkt des Konfliktes. Die Wortwechsel zwischen den Parteien nehmen dabei jedoch in den einzelnen Liedern einen je individuellen Verlauf, und auch die Rollenausprägungen differieren merklich. So frappiert das Mädchen einerseits durch provokante Freimütigkeit bezüglich seiner sexuellen Absichten (SL 7, SL 8, C 206–209, C 255–257), übt sich andererseits in vorgetäuschtem Gehorsam (SL 6). In den Altenliedern agiert es schließlich selbst als sittliche Instanz (SL 1) oder wird zur Konkurrentin der Mutter (C 232–237). Diese wiederum wird ihrer Rolle als *huote* nur in SL 6 und C 206–209 gerecht; in SL 8 versagt sie in ihrer Argumentation, in SL 7 unterstützt sie implizit die Unmoral der

[30] Als Ausnahme ließe sich hier allenfalls auf SL 21 verweisen, an dessen Ende das Treffen des Mädchens mit dem Reuentaler erwähnt wird – jedoch nicht im Rahmen des Tanzes, sondern eines Ballspieles.

Tochter und in den Altenliedern gibt sie sich ihrer Triebhaftigkeit sogar selbst hin.

Der Verlauf der Auseinandersetzungen variiert nicht zuletzt deshalb so stark, da die Figur des Reuentalers nicht als verbindendes Zentrum aller Lieder fungiert: Während er durch den Bedeutungsverlust der Sängerrolle als Liedsubjekt keine dominante Stellung innehat,[31] tritt er auch als Liedobjekt in zahlreichen Liedern nicht in Erscheinung. So spielt in C 206–209, SL 8 und auch im Gespielinnendialog C 255–257 ein spezifischer Partner überhaupt keine Rolle, während in SL 7 sogar der Dörper Merze als Liebesziel des Mädchens erscheint – unvorstellbar bei den Liedern des Überlieferungskerns. Die Triebhaftigkeit der Mädchen erweist sich in diesen Liedern unabhängig von der Figur des zwielichtigen Ritters, der entbehrlich und sogar ersetzbar wird. Als namentlich genannter Partner erscheint er nur in zwei Liedern (SL 1, SL 2), in zwei weiteren (SL 6, C 232–236) lässt er sich als Gegenstand der Rede vermuten. Wo er aber auftritt, erfolgt seine Erwähnung eher beiläufig, anstatt eigentlicher Anlass des Konflikts oder gar Zielpunkt des Liedes zu sein.[32] Zudem wird er nicht als *ritter*, sondern als *knappe* bezeichnet, so dass seine im Überlieferungskern im Vordergrund stehende Identität als scheinbarer Repräsentant des Höfischen keine Bedeutung hat.[33] Entscheidend sind vielmehr seine Qualitäten als Liebhaber und Tänzer, nicht die als Sänger.

Da die Dörperinnen offensichtlich mehr an einem erotischen Tänzer denn an einem höfischen Ritter interessiert sind, erübrigt es sich für sie auch, sich selbst als höfische *vrouwen* zu stilisieren. Die Inkongruenz hochminnesängerischer Begrifflichkeit im Rahmen der Dörperrede erweist sich bei den Liedern des Überlieferungskerns als vom Reuentaler verursacht und auf diesen bezogen. Semantische Ambivalenzen würden jedoch ins Leere laufen, wo es lediglich um sexuelles Verlangen oder den Wunsch nach ausgelassenem Tanzvergnügen geht. So ist die dörperliche Ausdrucksweise in den meisten Dialogliedern ungebro-

---

[31] Als Ausnahme ist hier lediglich SL 4 zu nennen.

[32] Vgl. dazu die skizzierte Typologie der Sommerlieder von ORTMANN u. a.: Das Rollenbild des Reuentalers als Sänger, Tanzmeister, Ritter und Verführer wird »als wichtigstes Moment der Sommerlieder« beschrieben, denn der Reuentaler sei »der eigentliche Anziehungspunkt des Tanzvergnügens« (S. 26). Auf die C-Gruppe der Sommerlieder trifft diese Aussage überhaupt nicht zu. Hier wird deutlich, wie eine Beschränkung auf den HAUPT/WIESSNERschen ›Neidhart‹ ohne eine differenzierende Betrachtung der einzelnen Handschriften zu Fehleinschätzungen führen kann.

[33] Der Gesang des *knappen* wird lediglich in SL 6 thematisiert, in dem sich entsprechend an einen Zusammenhang von Mädchen- und Sängerrede denken lässt. Hinweise auf höfische Qualifikationen des Sängers finden sich jedoch auch hier nicht.

chen. Die einzelnen eingefügten höfischen Wertbegriffe stehen zwar in diskrepantem Verhältnis zum dörperlichen Milieu, sind jedoch nicht dem Einfluss des Reuentalers zuzuschreiben und differieren funktionell erheblich: Sie dienen der komischen Überzeichnung (SL 1) und der Ironisierung (SL 7). Einzig in SL 6 ergibt sich aus der Rede des Mädchens eine Diskrepanz von eigenem höfischen Anspruch und triebhaftem Verhalten. Das Mädchen gebraucht die höfischen Wertbegriffe jedoch im Rahmen einer zielgerichteten Strategie wider besseres Wissen. Auch das Gespielinnengespräch C 255–257 scheint auf den ersten Blick auf die Opposition höfisch-dörperlich angelegt, wenn die Mädchen nach einem sozial höhergestellten Partner Ausschau halten. In diesem sehen sie jedoch keineswegs die Möglichkeit eines gesellschaftlichen Aufstiegs, sondern lediglich einen dem Bauern überlegenen Sexualpartner.

Im Vergleich zum Überlieferungskern präsentiert sich C somit wie bereits B als weniger komplexe Gruppe. Die Unterschiede zu *RC/RB fallen dabei weniger deutlich ins Auge, als dies bei der Gruppe B der Fall ist, da formal (unstolliger Bau) und hinsichtlich der Liedtypen – hier wie dort dominiert der Mutter-Tochter-Dialog – Parallelen bestehen. Den thematischen Kern der Lieder des Überlieferungskerns, das Aufeinanderprallen von höfischer und dörperlicher Wertewelt, kann die Gruppe C jedoch trotz dieser Parallelen nicht einholen. Der Reuentaler, der das Spannungsverhältnis im Überlieferungskern konstituiert und damit das Sinnzentrum der Lieder verkörpert, ist in C bloße Randfigur oder ganz entbehrlich. Die Gruppe verlängert damit bestimmte Tendenzen, die sich in den C-Fassungen einiger Lieder des Überlieferungskerns bereits andeuten, nämlich eine schwächere Ausprägung der Sängerrolle und der Interrelation von Sänger- und Mädchenrede. Der Bedeutungsverlust des Reuentalers hat wiederum, wie gezeigt, elementare Auswirkungen auf den Begriff der *vreude*, der nicht ambivalent ist, sondern nur einen Pol der im Überlieferungskern dominanten Opposition bezeichnet, nämlich den der naturhaft-sinnlichen *vreude*. Auf diesen Pol sind auch die in C dominierenden Motive um Sommerfreude, Tanz und Sexualität ausgerichtet. Sie sind zwar aus dem Überlieferungskern bekannt, treten jedoch meist vereinfacht oder semantisch vereindeutigt und forciert (z. B. offene Sexualität) auf. Entscheidend ist, dass sie thematisch nur locker verknüpft, nicht aber in einen systematischen Zusammenhang zwischen den Liedern eingebunden sind. Das Autorbild der Gruppe C ist dadurch zum einen deutlich weniger klar konturiert als im Überlieferungskern. Die Heterogenität der Lieder geht zum anderen einher mit einer geringeren Komplexität: Die Darstellung der tanzlustigen Alten sowie der liebestollen Mädchen, die keine Grenzen zu kennen scheinen, zielen vornehmlich auf komische Effekte ab, die auf grotesker

Überzeichnung, recht eindeutiger Sexualmetaphorik und Wortspielen beruhen. Ist ihr Unterhaltungswert damit nicht von der Hand zu weisen, so evozieren sie doch nicht die Vorstellung eines souveränen und literarisch versierten Autors, wie dies im Überlieferungskern der Fall ist.

# V. DIE SOMMERLIEDER DER GRUPPE R

Mit insgesamt 13 Liedern ist R die größte der untersuchten Gruppen. Im Mittelpunkt des ersten Abschnittes der Analyse stehen acht Dialoglieder: Anhand der Gespielinnengespräche SL 10 (R 11) und SL 25 (R 58) und der Mutter-Tochter-Dialoge SL 19 (R 25), SL 16 (R 23) und SL 15 (R 22) soll untersucht werden, wie das im Überlieferungskern etablierte Spannungsfeld zwischen mütterlicher *huote* und der Verführung der Mädchen ausgeprägt ist, wobei das besondere Augenmerk auf der Rolle des Reuentalers liegen soll. Bei den Liedern SL 13 (R 49/14), SL 20 (R 48) und SL 26 (R 54) handelt es sich um einen Mädchenmonolog und zwei Gespielinnengespräche, die aufgrund der erweiterten Bedeutung der Sängerrolle in einem eigenen Unterpunkt angeschlossen werden. Schon die hier vorgenommene Einteilung der Dialoglieder weist darauf hin, dass eine Gliederung allein nach dem Personal der Vordergrundszene nicht mehr greift, da sie den in der Gruppe R auftretenden Differenzierungen und Komplexitätssteigerungen nicht mehr gerecht zu werden vermag.

Der zweite Abschnitt wendet sich einer Gruppe von zwei Liedern zu, die sowohl inhaltlich als auch thematisch aus der Reihe fallen. Verbindendes Merkmal ist die besondere Ausprägung der Sängerrolle, denn es kommt nicht mehr der gewohnt erfolgreiche, sondern ein erfolgloser Sänger zu Wort. Formal könnten die Liedtypen kaum verschiedener sein: Im Mutter-Tochter-Gespräch SL 9 steht der Sänger noch im Hintergrund, während es sich bei SL 22 um einen Sängermonolog handelt, der aufgrund seiner Dörperthematik und epischer Passagen in die Nähe der Winterlieder rückt. Aufgrund ihrer offensichtlichen Andersartigkeit wurden diese beiden Texte bei der Typenbeschreibung der Gattung Sommerlied oft ausgeschlossen.[1] Bei der Analyse dieser Lieder ist daher besonders interessant, wie sich ihre Einbeziehung auf die Typologie der Gruppe R auswirkt.

In einem letzten Abschnitt schließlich sollen mit SL 28 (R 10)[2], SL 27 (R 8) und SL 29 (R 55) die sogenannten Zeitklagen untersucht werden. Bei diesen Liedern handelt es sich – ähnlich wie bei den Kreuzliedern – um eine typologische Erweiterung. Diese ›Sonderform‹ des Sommerliedes darf deshalb ebenfalls nicht

---

[1] So etwa bei RUH oder ORTMANN u. a.

[2] Bei SL 28 handelt es sich zwar formal um ein Gespielinnengespräch, das aber aufgrund seiner deutlichen politischen Anspielungen zu dieser Gruppe hinzugenommen wird.

aus der Untersuchung ausgeschlossen werden, sondern verspricht interessante Rückschlüsse hinsichtlich der poetologischen Ausrichtung der Gruppe R. In einem kurzen Exkurs soll hier zudem geklärt werden, inwieweit R 37 (SL 30) dem Sommerliedtypus zugerechnet werden kann.

## 1. Der Ritter im Dorf: Die Ambivalenz der Reuentaler-Figur

### 1.1 Zwischen ritterlicher Verführung und mütterlicher *huote*

#### 1.1.1 Die Gespielinnengespräche SL 25 (R 58) und SL 10 (R 11)

Mit nur einer Strophe ist der Natureingang von **SL 25** der kürzeste aller Sommerlieder der Gruppe R. Der Sänger verkündet einem nicht näher spezifizierten Publikum (I,2: *ir*) den Beginn von *Vrevd vnd wnne* (I,1); als einziges Naturmotiv wählt er den Gesang der Vögel, dessen Exzeptionalität durch einen Verweis auf die glanzvolle Zeit Karls des Großen unterstrichen wird (I,2). Trotz der Kürze seiner Rede vermag der Sänger somit die im Überlieferungskern etablierte Doppelfunktion des Natureingangs einzulösen: Er skizziert seine Rolle als *vreude*-Verkünder und den Beginn der freudvollen, sommerlichen Jahreszeit.[3]

In der zweiten Strophe bezieht sich ein Mädchen namens Wendelmut auf die vom Sänger verkündete *vreude* und den Gesang der Vögel (II,1: *Vro sint div vogelin geschrayet*). Durch diese explizite Referenz wird trotz des knappen Natureingangs auch hier die Interrelation von Sänger- und Mädchenrede fortgeführt. Die Sprecherin greift die Rede des Sängers jedoch auf, um sich explizit von der freudvollen Stimmung der anderen abzusetzen: *nv belib ich aber vngereiet* (II,2).[4] Als Grund für den Kummer des Mädchens erscheint jedoch nicht, wie in SL 14, das Fehlen geeigneter Tanzpartner, sondern die restriktive Maßnahme der Mutter, die seine Tanzkleidung weggesperrt hat (II,3–6). Das Motiv des Kleiderwegsperrens ist bekannt aus dem Mutter-Tochter-Dialog SL 21, wo es den

[3] Vgl. dazu H. Becker (1978), S. 259 Anm. 6: Becker weist darauf hin, dass in R vor SL 25 (R 58) ein Lied zu finden ist, bei dem zwei Natureingangsstrophen nachgetragen wurden: SL 24 (R 57). Becker erwägt daraufhin die Möglichkeit, dass es sich beim nur einstrophigen Natureingang von SL 25 um »eine absichtliche Kürzung auf Grund des konkreten Kontextes« (S. 261) handeln könnte.

[4] Dadurch ist es das Mädchen, das die Tanzthematik einführt, da spezifische Appelle in der Sängerrede der Eingangsstrophe ausbleiben, wodurch der futurische Hintergrund ›Tanz‹ erst hier, zu Beginn der Gesprächsszene, geschaffen wird. Es ist jedoch zu vermuten, dass die Zuhörer – wie offenbar auch das Mädchen selbst – die gewohnten Appelle mitdenken.

Streit zwischen den Protagonisten eindringlich verbildlicht. Indem das Mädchen hier retrospektiv auf eine solche Auseinandersetzung verweist, entsteht der Eindruck eines epischen Kontinuums, da die Gesprächsszenen in zeitliche Relation zueinander gesetzt werden.

Die Klage Wendelmuts erweckt die Neugierde ihrer Freundin Richilt, die im Folgenden jedoch nicht als gleichberechtigte Gesprächspartnerin agiert, sondern durch ihre einzige Frage *Nv sag mir, waz sint die dinen schvlde?* (III,1) die folgenden Ausführungen Wendelmuts motiviert, wodurch SL 25 einen stark monologischen Charakter erhält.[5] Die harten Maßnahmen der Mutter versteht Wendelmut als Reaktion auf ihre Weigerung, einen Angehörigen des bäuerlichen Standes[6] als sozial ebenbürtigen Ehemann zu akzeptieren. Dem nachdrücklichen Zwang durch die ganze Familie (IV,2) stellt sie sich in ihrer Abneigung gleichgültig gegenüber: *ia mvz er min / wæizgot versovmet sin, / er gebower!* (IV,3–5). Dabei wird erst in der letzten Strophe deutlich, weshalb das Mädchen für den sozial doch mindestens gleichrangigen Bewerber nur Verachtung äußert: *Swann*[7] *er want, daz ich da heime læge / vnd ich im sines dingelines phlæge, / warf ich den pal / in des hant von Riwental / an der strazze: / der chvmt mir wol zemaze* (V).[8] Das Interesse des Mädchens gilt einzig und allein dem Reuentaler, den es für den ihm angemessenen Partner hält. Die Standesdünkel der Sprecherin werden aber durch ihre eigenen Worte, mit denen sie doch eigentlich den Überlegenheitsrang des Ritters gegenüber dem Dörper zu vermitteln gedenkt, ironisiert: Nicht die Aussicht auf eine Heirat bestimmt das

---

[5] Treffend bemerkt H. Becker (1978) die Nähe zum dramatischen Monolog im Sinne des in der englischen Literaturwissenschaft definierten dramatic monologue: »[I]n einer Gesprächssituation kommt nur einer der Partner zu Wort, aber die Anwesenheit des Adressaten (im Unterschied zum ›soliloquy‹) beeinflusst Form und Inhalt der Rede« (S. 260 Anm. 9). Auf den monologischen Charakter der Rede verweist auch Janssen, S. 113, die die Gesprächspartnerin als »Katalysator für den Ausdruck der Empfindungen der anderen« bezeichnet.

[6] Die genaue Bedeutung des Begriffs *vreiheit stalt* (III,4) ist nicht mehr zu bestimmen (Wiessner, Wörterbuch, S. 323: »Bedeutung unsicher«). Gewiss ist nur, dass es sich um eine Bezeichnung für einen dörperlichen Bewerber handelt, den das Mädchen kurz darauf verächtlich *gebower* nennt.

[7] *Sann* R.

[8] Durch den Indikativ in der Aussage des Mädchens scheint in R eine Heirat mit dem bäuerlichen Bewerber stattgefunden zu haben, das Verhältnis zum Reuentaler erscheint dadurch als Ehebruch. Dies ist aber aufgrund der gerade noch ausgesprochenen Weigerung Wendelmuts unstimmig. Auch Wiessner (Kommentar, S. 64) spricht sich dafür aus, dass die geschilderte Situation »nur angenommen« ist und verweist auf die c-Fassung, die im Konjunktiv gehalten ist (c 70). Möglicherweise hat der R-Schreiber die Strophe irrtümlich bearbeitet.

Verhältnis zum Ritter, sondern das Verlangen nach einer sexuellen Begegnung, denn wie schon in SL 21 verweist das Zuwerfen des Balles metaphorisch auf ein erotisches Geplänkel zwischen Ritter und Mädchen.[9]

Der eingangs beklagte Entzug der Tanzkleidung durch die Mutter offenbart sich also nicht primär als Reaktion auf die Weigerung der Tochter, den standesgemäßen Ehemann zu akzeptieren, sondern scheint sich vielmehr gegen das Ansinnen der Tochter zu richten, mit dem Reuentaler am Tanz teilzunehmen. Der Eingriff der Mutter ist somit nicht nachträgliche Bestrafung, sondern eine präventive Maßnahme, um die Ehre der Tochter zu retten. Wendelmuts nachdrücklich betonte Unwissenheit über die Natur ihrer *schvlde* (III,2f.: *ich enwæiz, Richilt, sam mir gotes hvlde, / wes ich enkalt* [...]) erscheint somit weniger als Naivität denn als geheuchelte Unschuld, sollte sie sich doch der Tatsache bewusst sein, gegen die Normen und Erwartungen des eigenen Milieus zu verstoßen. Ihre Verstellung wird zudem dadurch deutlich, dass sie eben im Namen Gottes, den sie doch gerade für die Beteuerung ihrer Unschuld bemüht hat, nur wenige Verse später den bäuerlichen Freier verflucht (IV,3–5) und hier erst ihr wahres Gesicht zeigt.

Durch die Bevorzugung des Ritters vor dem Dörper unterliegt die *maget* also wie in SL 23 dem folgenschweren Irrtum, durch den scheinbar so höfischen Reuentaler dem eigenen Milieu entkommen zu können: Indem sie den bäuerlichen Freier ausschlägt, riskiert Wendelmut, ohne sich dessen bewusst zu sein, ihren sozialen Abstieg. Durch ihre Entscheidung für den Reuentaler, ihre Verachtung des ehrbaren Ehemanns und ihr triebhaftes Verhalten qualifiziert sich das Mädchen gerade nicht als sozialer Emporkömmling, sondern es offenbart seine Unfähigkeit, nach sozialen Maßstäben urteilen zu können.

**SL 10** setzt ein mit einem zweistrophigen Natureingang, in dem der Sänger als expliziter Ich-Sprecher auftritt (I,2) und die Ankunft des Frühlings verkündet. Als Boten des Mais nennt er *vogel sanch, blv̊men* (II,2) und den neu belaubten Wald (I,5), welche die vom Winter verursachte Kälte und Kahlheit beenden (I,3f.). An die Stelle von *leit* tritt damit wieder *vreude* (I,4), die sich von der Natur auf die Menschen überträgt. Wie in SL 25 fehlen die expliziten Appelle des Sängers an die dörperliche Jugend. In der Aufforderung *wartet, wie div heide*

[9] Diese Konnotationen werden dadurch verstärkt, dass das Ballspielmotiv im Kontext der Weigerung des Mädchens steht, sich des *dingelines* des Bauern anzunehmen. Der ursprünglich neutrale Begriff *dinc* = ›Angelegenheiten‹, ›Haushalt‹ wird ambivalent. Zu Recht spricht PETER BRÜNDL bei Neidhart generell von einer »assoziativen Auffüllung neutraler Begriffe mit sexuellen Valenzen« (PETER BRÜNDL: Minne und Recht bei Neidhart. Interpretationen zur Neidhartüberlieferung. München 1972, S. 90).

*stat / schôn in liehter wæte vnd wnnechlicher wat!* (II,3f.) ist die Appellfunktion der Sängerrolle zumindest angelegt. Durch eine Anthropomorphisierung des Naturbildes wird zudem die Beziehung zum Menschen hergestellt, indem die Metapher der bekleideten Natur verweist auf die *wat* der Mädchen und den sommerlichen Tanz.

Dass die Rede des Sängers vor der Folie des Typus als Aufforderung gelesen werden kann, beweist die folgende Resonanz eines Mädchens namens Irmegart[10]: Dieses nämlich fordert seine Freundin zum Tanz unter der Linde auf (III,1f.), obwohl ein derartiger Appell im Natureingang nicht explizit formuliert wird.[11] Der Tanz, verschleiernd in eine Metapher gekleidet, erscheint in der folgenden Erläuterung als verheißungsvolles Ereignis: [...] *da vinde wir / alles, des din herze gert. / [...] / disiv raise ist goldes wert!* (III,2–5). Mit der Aufforderung, sich passend zu kleiden, konstatiert in der folgenden Strophe auch die Freundin ihre Absicht, am Tanz teilzunehmen. Mit ihrem Aufruf *nah der wæte!* (IV,2) ist ihre Aussage jedoch nicht nur Erwiderung auf das Ansinnen Irmegarts, sondern auch implizite Referenz auf die Rede des Sängers (II,4). Wie bei ihrer Freundin fällt ihre Ausdrucksweise auf: *nv sag ez niemen, liebiv Irmegart: / wol mich siner chvnfte wart!* (IV,4f.). Der geheimnisvoll andeutende, mit höfischen Wendungen operierende Sprachgestus des Mädchens steht dabei in deutlicher Diskrepanz zum Inhalt seiner Rede: Hinter dem Wunsch zu tanzen erscheint das ersehnte Treffen mit einem ganz spezifischen Partner, dessen Identität mit dem Reuentaler vor dem Hintergrund der Sommerlieder des Überlieferungskerns generell wie auch im speziellen Kontext dieses Liedes als wahrscheinlich angenommen werden darf. Die großsprecherische Geheimnistuerei der Mädchen setzt nicht irgendeinen Partner voraus, sondern einen ›Könner‹, und zwar einen sozial hochgestellten. Der Gegensatz von Sprachregister und Inhalt kommt in den Schlussversen des Liedes noch deutlicher zum Ausdruck, wenn das Mädchen seine Absicht bestätigt: *zv der grvnen linden mich min wille treit: / ende habent miniv sendiv lait* (V,4f.).[12] Die Sprecherin

[10] Der Name erscheint hier nicht in einer inquit-Formel, sondern ergibt sich aus der folgenden Antwort der Freundin, in der das Mädchen als *Irmegart* angesprochen wird.

[11] Die Aufforderung des Mädchens an seine Freundin verweist auf die gleiche Konstellation in den SLL 21 und 23, in denen jedoch die Mutter auf den Plan tritt und die Tochter an ihrem Vorhaben zu hindern versucht. Hier nun kann die Unterhaltung uneingeschränkt fortgeführt werden, da die Mutter nicht anwesend ist.

[12] Vgl. WIESSNER, Kommentar, S. 22: WIESSNERS Meinung nach ist die Formulierung »N. nicht zuzutrauen«. WIESSNER übersieht hier die Intentionalität der inkongruent eingefügten höfischen Ausdrucksweise. Zudem bleibt unverständlich, warum er gerade hier die höfische Wendung streicht, wo derartige Fälle doch in den verschiedensten von ihm edierten Liedern erscheinen.

bemüht hier zum Ausdruck ihrer Triebhaftigkeit einen Begriff, der in diskrepantem Verhältnis zum Kontext steht: Als Ausweg aus ihrem *senden lait* sieht sie die erotische Begegnung und damit ein Verhältnis, das in deutlichem Gegensatz zur höfischen Minnekonzeption steht. Dass eine solche beiden Sprecherinnen völlig fremd ist, manifestiert sich in einem weiteren Punkt: Auffälligerweise werden die beiden Freundinnen nicht als Konkurrentinnen gezeichnet, obwohl sie doch offenbar dasselbe Ziel vor Augen haben – einen erfahrenen Liebhaber. Die verhüllende Bemerkung Irmegarts *disiv raise ist goldes wert* (III,5) weist darauf hin, dass sie sich selbst schon im Vorjahr von dessen Qualitäten überzeugen konnte, die sie dann der Freundin weiterempfohlen hat: *ia waist vil wol, war ich dich sande vert* (III,4). Der triebhafte Charakter der Mädchen, die bereitwillig ihren Liebespartner tauschen, steht in deutlichem Gegensatz zum Bild der höfischen *vrouwe*, deren Verhältnis zum Mann eben gerade nicht auf der Prämisse der Liebeserfüllung basiert, dafür aber durch Exklusivität gekennzeichnet ist.

Durch die Einigkeit der beiden Mädchen erscheint SL 10 ohne äußere Konflikte, und in ihrer Rede ist auch kein Hinweis auf eine Einschränkung durch Dritte gegeben: Ihre Freiheit scheint grenzenlos, Eingriffe von Seiten der Mutter finden keine Erwähnung, was der abschließend eingefügte Erzählerkommentar besonders deutlich macht: *Sazehant / braht man der magde ir svberlich gewant* (V,1f.). Die Tanzkleidung verliert hier ihre Funktion als potentielles Druckmittel gegen die Tochter, ja sie wird den Mädchen sogar bereitwillig ausgehändigt. Durch das Fehlen einer sittlichen Instanz, die zumindest die dörperlichen Normen repräsentieren würde, erscheint die Unbekümmertheit und Ungebundenheit der Freundinnen umso deutlicher. Als Hinweis auf eine Einschränkung der Mädchen durch die *huote* ist höchstens die vorsichtige Redeweise der Freundinnen aufzufassen. Diese suggeriert jedoch vielmehr die Beeinflussung der Mädchen durch den Reuentaler: In ihrem geheimnisvoll andeutenden, sorgsam bedacht formulierten und mit höfischen Wendungen und Metaphern operierenden Gespräch geben sich die Mädchen den Anschein, der sozialen Stellung des Ritters zu entsprechen. So wie dieser aber gar nicht wahrer Repräsentant des Höfischen ist, entpuppt sich auch der Anspruch der Mädchen als Verkleidung. Ihre sehnsuchtsvollen Äußerungen erscheinen als unbedingter Wunsch nach einem erotischen Abenteuer. *Vreude* und *leit*, die zentrale Opposition des hohen Minnesangs, definieren sich in der Rede der Mädchen über eine erfüllte beziehungsweise verwehrte Triebbefriedigung.

### 1.1.2 Die Mutter-Tochter-Dialoge SL 19 (R 25), SL 16 (R 23) und SL 15 (R 22)

Der Natureingang von **SL 19** umfasst zwei Strophen, die durch eine nicht gekennzeichnete Nachtragsstrophe[13] ergänzt werden. Der Randnachtrag auf Blatt 54v befindet sich auf Höhe zwischen dritter und vierter Strophe (W/S IV, V), wäre also bereits Teil der Gesprächsszene. Eine Einfügung an dieser Stelle zerreißt jedoch die Kohärenz der Strophen: R IV beginnt mit dem Personalpronomen *Dem*, das sich zweifelsfrei auf *ritter* in R III bezieht und in der Nachtragsstrophe keinen Referenten hätte. Sinnvoller scheint es daher, die Strophe wie Haupt/Wiessner (als Strophe II) bzw. Wiessner/Sappler (als Strophe III) dem Natureingang zuzustellen. Ob und wo sie in den Zusammenhang eingeordnet werden kann, soll nach einem Blick auf die beiden Eingangsstrophen geklärt werden.

Die erste Strophe[14] setzt ein mit einem pathetischen Preis in hochminnesängerischen Begriffen: *Wol dem tage, / der alder wærlde hohgemv̊te trage / vnd vil mangem herzen*[15] *vrovde meret!* Der Singular *dem tage* scheint dabei neben dem Beginn des Sommers auf ein spezifisches Ereignis anzuspielen, über das sich jedoch keine Aussagen treffen lassen.[16] Unabhängig davon fungiert der Zentralbegriff der *vreude* bereits als Gattungssignal, was sich gleich im Anschluss durch typische sommerliche Motive (I,5–7) bestätigt. Dabei korreliert die Aussage *der winder si gvneret* (I,4) mit der großen Preisgeste der Eingangsverse. Die zweite Strophe setzt mit bekannten Naturmotiven ein (II,1–3), denen ein auffälliger Sängerappell folgt: *ivnge madge solten / sich stolzlichen zieren, / ir gewant rivieren, / an die man* mit[17] *einem ovgen tzwieren* (II,4–7). Der Sänger fordert die Mädchen also auf, den besonderen Anlass durch festliche Kleidung zu zelebrieren. Dabei ist jedoch die erotische Implikation nicht zu übersehen, kommt doch das Zublinzeln einer zwar unauffälligen, aber doch unmissverständlichen Kontaktaufnahme gleich, die hier ausdrücklich dem anderen Geschlecht gilt. Der Schlussappell steht damit nicht nur in spannungsreichem Kontrast zum höfischen Sprachgestus der übrigen Verse (z. B. *stolzlichen*), sondern vor allem der Eingangsstrophe.

---

[13] Die Tintenfärbung weist die Strophe derselben Nachtragsschicht zu wie die Nachtragsstrophen zu SL 11 (R 12). Vgl. oben Kap. II, Anm. 91 und Holznagel, S. 294–300.

[14] In der Strophenzählung halte ich mich im Folgenden an die Nummerierung von Wiessner/Sappler.

[15] *herzem* R.

[16] So auch H. Becker (1978), S. 203 Anm. 30: »N. verwendet sonst nur den Plur. ›tage‹ um die Ankunft des Sommers zu verkünden [...], eine zeitl. Pointierung ist also auf jeden Fall angestrebt.«

[17] Fehlt R, *mit* H/W mit c.

Die zur Diskussion stehende Nachtragsstrophe, in der der Sänger erstmals als expliziter Ich-Sprecher agiert, setzt ein mit einer Beschreibung des neu angestimmten, unablässig erklingenden Gesanges der Vögel (III,1–3), der durch die Ankunft des Mais hervorgerufen wird. Die Strophe endet mit dem impliziten Appell, ins Freie zu kommen und zu tanzen, und steht somit in Verbindung zur zweiten Strophe. H. BECKER deutet die Strophe als Alternativstrophe zu I, die »als spätere oder frühere ›normale‹ Eingangsstrophe die aus aktuellem Anlaß gedichtete ersetzt« haben könnte.[18] Doch auch eine Deutung als Ergänzungsstrophe[19] ist möglich: So könnte sie der Eingangsstrophe folgen, da die Darstellung des omnipräsenten Vogelsangs mit der Preisgeste des Liedbeginns harmoniert. Der Schlussvers *daz en horet niemen, ern reye* leitet nahtlos über zu II, da der Hintergrund ›Tanz‹ bereits vorbereitet ist, wenn sich der Sänger mit seinem Appell an die Mädchen wendet. Bei dem von WIESSNER/SAPPLER vorgeschlagenen Strophenverlauf folgen der preisenden Eingangsstrophe die spezifischen Sängerappelle, woraufhin die Nachtragsstrophe wieder in einen allgemeineren Sprachgestus zurückfällt. Der Schlussvers leitet dann über zum Motivkreis des Tanzes, um den sich die anschließende Gesprächsszene dreht.[20]

Eine sichere Zuweisung der Strophe, die sich aufgrund der angedeuteten unterschiedlichen Kombinationsmöglichkeiten sowohl als Alternativ- als auch als fakultative Ergänzungsstrophe einsetzen lässt, ist letztlich nicht möglich, vor allem aber auch nicht nötig. So macht der Beginn der Gesprächsszene deutlich, dass nicht die Nachtragsstrophe, sondern die zweite Natureingangsstrophe die entscheidenden Begriffe enthält, auf die eine *maget* im Folgenden referiert. Mit ihrer Aussage *Ich wil dar / stolzlichen springen an der schar, /* [...] *vnverwendichlichen / mich zevrevden strichen* (IV,1–4) bezieht sie sich deutlich auf die Appelle des Sängers: Das Attribut *stolzlichen* findet sich wörtlich in II,5; mit *strichen* nimmt das Mädchen die Aufforderung auf, sich zu *zieren* (II,5). Ihren Höhepunkt erreicht diese enge Interrelation am Strophenende: *ich han, deist ane lovgen / einen ritter tovgen / an gesehen mit bæiden minen ovgen* (IV,5–7). Stei-

[18] H. BECKER (1978), S. 203. BECKERS These bedingt jedoch, dass durch den Ersatz der Eingangsstrophe der Zentralbegriff der *vreude* eliminiert wird. Wie im Falle der C-Fassung von SL 23 würde sich der Natureingang jedoch auch in diesem Falle trotz des Ausbleibens der expliziten Nennung des Begriffs durch allgegenwärtige *vreude*-Stimmung auszeichnen.

[19] BENNEWITZ-BEHR (1987) widerspricht mit ihrer Deutung der Strophe als »Ergänzung des Natureingangs« (S. 109) der von H. BECKER (1978) vertretenen Ansicht einer Alternativstrophe, führt ihre These jedoch nicht weiter aus.

[20] Für WIESSNER/SAPPLER spricht weiterhin, dass die Motivfolge Wald – Vögel in R die übliche ist (vgl. z. B. SLL 10, 14, 15, 17, 20, 24, 26).

gernd nimmt die Sprecherin damit den Sängerappell aus II,7 auf, verwandelt das unauffällige Blinzeln zum unverhohlenen (*mit bæiden minen ovgen*) Blick.[21]

Neben diesen deutlichen Referenzen geht die Mädchenrede jedoch in einem weiteren Punkt mit der des Sängers konform, nämlich in der sich in den Eingangsstrophen bereits andeutenden Überlagerung von höfischem und naturhaft-sinnlichem *vreude*-Konzept. So steht das Attribut *tovgen* in deutlicher Diskrepanz zum Verhalten der *maget*, die ja unmissverständlich das sexuelle Abenteuer und kein unter dem Signum der höfischen *tougen minne* stehendes Verhältnis zu suchen scheint. Da die Identität des *ritters* mit dem Reuentaler offenkundig ist, ist das Verschweigen des Namens nicht als Befolgung des Gebotes einzuordnen. Auch ihr höfisch anmutendes Bekenntnis zum Partner (V,1: *Dem bin ich holt*) steht in deutlichem Gegensatz zu ihren eindeutig erotischen und bedingungslosen (IV,3: *vnverwendichlichen*) Avancen.

So überrascht es nicht, dass der an die Adresse der Mutter gerichtete Tanzwunsch des Mädchens trotz seiner Beteuerung, ihr in allen *anderen* Belangen Gehorsam zu schenken (V,2f.), auf taube Ohren stößt. Resolut reagiert die Mutter in der Funktion der *huote* mit der Verweigerung von Tanzkleid und Schuhen. Anders jedoch als in SL 21, in dem die Mutter ebenfalls zu diesem Mittel greift, reagiert die Tochter hier lediglich mit einem Schulterzucken: *Miner wat / han ich dvrch sinen willen gerne rat, / den ich han erwelt vz allen mannen* (VI,1–3). Damit bleibt zwar die in SL 21 geschilderte Prügelei aus, doch die hier gewählte Pointe ist nicht weniger pikant: Die Tochter bekräftigt nicht nur die Unbedingtheit ihres Anspruchs, sondern wählt dafür eine mehr als zweideutige Formulierung, die neben dem Verzicht auf die Tanzkleidung den Verzicht auf jedwede Kleidung nahelegt. Durch die so implizierte Nacktheit *dvrch sinen willen* wird die Bestimmung des Treffens mit dem Ritter unmissverständlich in eine bestimmte Richtung gelenkt. Die Mutter ist sich deshalb wenn auch nicht über die Identität, so doch über die Gefährlichkeit des ritterlichen Bewerbers im Klaren: *tohter, sag von wannen / er si, der vns beiden / wil der triwen scheiden!* (VI,4–6). Die *triuwe* als innerfamiliäres Verpflichtungsverhältnis droht durch die Aktionen eines milieufremden Individuums zu zerbrechen. Im Gegensatz zu den Liedern des Überlieferungskerns endet das Lied jedoch nicht mit der Nen-

[21] Sind *blic* und *gruoz* im hohen Minnesang oft einziger Ausdruck von Lohn durch die Frau, so wird das dort spiritualisierte Motiv hier deutlich sensualisiert. Vgl. dazu auch KATHARINA WALLMANN: Minnebedingtes Schweigen in Minnesang, Lied und Minnerede des 12. bis 16. Jahrhunderts. Frankfurt a. M. u. a. 1985, S. 115: »Der ›Blick‹ in Neidharts Sommerlied ist nicht nur verschweigend-andeutender Ausdruck vollzogener Liebe, sondern auch Signal für eine veränderte Einstellung zur höfischen ›mâze‹ und Diskretion und damit zur ›hövescheit‹ überhaupt. Er ist erotisches Symbol und ideologischer Indikator.«

nung des Reuentalers als Schlusspointe; dessen Identität mit dem Verführer des Mädchens ist für den Rezipienten jedoch ebenso offenkundig wie die Tatsache, dass die Tochter die abschließende mütterliche Bitte *chint, erwint vnd volge diner eiden* wohl gleichgültig ignorieren wird. SL 19 geht somit in auffallender Weise mit den Mutter-Tochter-Liedern des Überlieferungskerns konform: Rollenausprägung, Motive und Ablaufschema entsprechen sich und sind gleichermaßen angelegt auf die bekannten Dissonanzeffekte.

Motiv- und variationsreich präsentiert sich auch der Natureingang von **SL 16 (R 23)**. Der Sänger tritt gleich zu Beginn als Ich-Sprecher in Erscheinung, der seinem Publikum als Verkünder neuer Mär die Ankunft des Sommers vermeldet: *gvt mær ich den vrowen wil sagen* (I,2). Indem er seine Adressaten mit dem Begriff *vrowe* tituliert, scheint der Empfang der neuen Jahreszeit im Zeichen höfischer Festlichkeit zu stehen. Die Natur selbst feiert wie die Menschen den Beginn der neuen Jahreszeit, was durch zahlreiche und ausgedehnte Personifikationen suggeriert wird: Die Heide sucht sich ein *gewant* aus hellen Rosen (I,4), die Linde, vormals *des lovbes ein gast* (II,2f.), trägt ebenfalls ein neues Laubkleid. Die Appelle, die der Sänger an die Menschen richtet, sind allgemein gehalten: Er fordert *stolziv magedin* (I,6) dazu auf, sich aufzumachen, die Linde zu betrachten (II,5) und dem Gesang der Nachtigall zu lauschen (II,6). Durch die zuvor gezogene Verbindungslinie zwischen Mensch und Natur werden diese Appelle jedoch implizit spezifiziert: Die Kleidung der Natur verweist auf die Tanzkleidung der Mädchen, und so ist es kein Zufall, dass diese eben die Linde betrachten sollen, die sich doch als Ort des Reigens etabliert hat. Der Aufbruch der Mädchen will also als Aufbruch zum Tanz verstanden werden.

Wie schon in SL 21 findet im Folgenden aufgrund einer fehlenden inquit-Formel eine »Verwirrung von Sprecheridentitäten«[22] statt, da der Übergang von Sänger- und Mädchenrede nicht punktuell festzulegen ist: Der Appell *Seht, wie sich vrevt bovm vnde wis!* (III,1), der die *vreude*-Thematik des Natureingangs expliziert, lässt sich zunächst noch problemlos dem Sänger zuschreiben, während die folgenden Verse einer weiblichen Sprecherin zuzuordnen sind: *dar ab ich mir hiwer lis / von gelben blvmen / ein chranzel, daz ich trage / alle veiertage* (III,2–5). Empfängerin und Trägerin des Kranzes war in anderen Liedern immer das Mädchen, das dadurch seine Liebesbereitschaft zum Ausdruck brachte. Diese Zuordnung wird weiterhin durch den Schlussvers der Strophe III bestätigt: *nv wol vf, trovtel Adelheit, dv sprinch, als ich dir sage!* Wie in SL 21 wendet sich die Sprecherin hier an ihre Freundin, um diese ebenfalls zur Teil-

---

[22] J.-D. Müller (1996), S. 59 Anm. 50.

nahme am Tanz aufzufordern. Die Strophe ist somit als positive Resonanz eines Mädchens auf die Sängerrede zu lesen; die Aufforderung an die Freundin macht dabei deutlich, dass die Sprecherin die Sängerappelle eben als Tanzappelle verstanden hat, wobei sie die Fremdrede (I,6: *nv wol vf*) sogar wörtlich wiederholt.[23] Dadurch zeigt sich abermals, dass der Interrelation von Mädchen- und Sängerrede als sinntragendem Moment der Lieder besondere Beachtung gebührt. Der Sprecherwechsel kann dabei nicht mit letzter Sicherheit verortet werden, was am Anfangsvers der dritten Strophe, der Nahtstelle der beiden Redeteile, evident wird: Der Appell *Seht, wie sich vrevt bovm vnde wis* lässt sich sowohl als weitere Aufforderung des Sängers lesen, auf die sich das Mädchen direkt bezieht (III,2: *dar ab* [...]), als auch als eigenständige Fortführung des Sommerpreises durch das Mädchen. Die verbleibende Unklarheit darf jedoch nicht als Defizit betrachtet werden, sondern ist Manifestation der Verzahnung der beiden Redeteile. Dadurch, dass gerade an dieser Nahtstelle der entscheidende Begriff der *vreude* fällt, wird dessen Bedeutung ebenso wie die Interrelation von *vreude*-verkündendem Sänger und *vreude*-empfindendem Mädchen zusätzlich betont.

Die adressierte *trovtel* Adelheit spielt im weiteren Liedverlauf des Mutter-Tochter-Dialogs keine Rolle. Die Tochter versucht vielmehr mit freundlichen und scheinbar beruhigenden Worten, ihrer Mutter die Erlaubnis zur Teilnahme am Tanz zu entlocken. Die Bitte scheint lediglich darauf abzuzielen, ihre exzeptionellen Tanzkünste demonstrieren zu dürfen, wobei sie die Mutter explizit zum Publikum rechnet: [...] *selber soltv sehen, / daz ich vf der erde niht siffel mit den zehen* (IV,4–6). Dass das Ansinnen der Tochter jedoch nicht so harmlos ist, wie sie vorgibt, wird gleich in mehrfacher Hinsicht impliziert: Schon in der vorhergehenden Strophe fiel das erotisch konnotierte Motiv des Kranzes,

[23] Vgl. dazu Bennewitz-Behr (1987), die die dritte Strophe als Sängerrede liest, in ihrer Argumentation aber nicht überzeugen kann: Die »Vorstellung, daß der Sänger selbst Blumen für sein ›chranzel‹ pflücken will«, bezeichnet sie selbst als »ungewöhnlich« (S. 108); um ihre These dennoch zu stützen, nennt sie den parallelen Beginn der Verse I,6 und III,6 (*nv wol vf*). Diese Parallele ist jedoch eben als Aufnahme der Rede durch einen zweiten Sprecher, das Mädchen, zu deuten, nicht als Wiederholung in der Sängerrede. Zudem erscheint es mir zumindest sehr ungewöhnlich, dass der Sänger seinen allgemeinen Sprachgestus aufgibt, um sich explizit an eines der Mädchen, nämlich Adelheit, zu wenden; Sprecherin des folgenden Dialoges ist nämlich nicht Adelheit, sondern ein ganz anderes Mädchen: Jiute. Als letztes Argument nennt Bennewitz-Behr die Lage der Hs. c, in der der gesamte Natureingang als Sängerrede zu lesen ist. Diese Beobachtung an einem z. T. völlig anderslautenden Text (der Sänger adressiert hier eben nicht Adelheit, sondern die Mädchen *Júte* und *Irrengartt* [c 24, II,5]) kann jedoch für die Fassung der Hs. R keinerlei Beweiskraft beanspruchen.

den die Sprecherin an Feiertagen, also auch am Tag des Tanzes, trägt. Ihr tänzerischer Ehrgeiz verweist ebenfalls auf Liebesbereitschaft, die zudem dadurch suggeriert wird, dass sie durch ihre Tanzkünste die Bewunderung eben der männlichen Dorfbewohner, der *chnappen* (IV,3), hervorrufen will. Und auch die Replik der Mutter macht deutlich, dass sie den harmlos anmutenden Wunsch der Tochter in jeder Hinsicht durchschaut: *Tohterlin, tvstů den ganch, / der daz gympen gæmpel sanch, / der hat sich vermezzen, / vnd werd im din ein blich, / er leg dir sinen strich* (V,1–5). Sie erkennt nicht nur die erotische Implikation des Wunsches, sondern auch, dass nicht die Dorfburschen, sondern ein ganz bestimmter Tanzpartner Zielpunkt des Mädchens ist. Dass es sich bei dem, *der daz gympen gæmpel sanch*, um den Reuentaler handelt, geht aus einem Vergleich mit SL 18 hervor, in dem die Mutter explizit vor diesem Tanzpartner warnt. Hier nämlich tritt er auf als Lehrer des *gimpelgempel* (SL 18, II,7), eines ›Tanzes‹ mit weitreichenden Folgen für das Dorfmädchen Jiute. In SL 16 wird nun die enge Verbindung von Liebhaber-, Tänzer- und Sängerrolle des Reuentalers deutlich: Tanz und Lied des Ritters stehen beide gleichermaßen für sexuelle Verführung. Entsprechend meint *strich* hier nicht die Fesseln der Minne, sondern vielmehr den »Fallstrick für die Unschuld der Tochter«.[24]

Die enge Verbindung zu SL 18 erreicht in der folgenden Strophe ihren Höhepunkt. Das Mädchen zeigt nun sein wahres Gesicht, verzichtet auf schmeichelnde Worte und bekennt sich ganz unverhohlen zum Reuentaler. Dabei deutet es wie die Sprecherin in SL 18 eine Bitte von Seiten des Ritters an (VI,4: *des er mich hat gebeten*), deren Erfüllung sie als unbedingtes Gebot betrachtet. Die geheimnisvolle Ausdrucksweise der Tochter wirkt indes komisch, ist doch die Art genannter Bitte ohnehin evident, was zudem durch den trotzigen Vorsatz *ich gehilf im treten* (VI,5) bestätigt wird: Es handelt sich um die Bitte um Liebeserfüllung, versteckt hinter dem Bild des Tanzes und gekleidet in ein paar höfische Worte. Der Antrag des vermeintlich ehrbaren Ritters übt jedoch einen so starken Einfluss auf das Mädchen aus, dass es sich völlig von der Mutter lossagt, die angedrohten Schläge mit einem Schulterzucken abtut und abfällig äußert: *dv mvst hiwer ane Jevten dinen garten ieten* (VI,6). Und wie SL 18 endet auch SL 16 mit einem Bruch zwischen Mutter und Tochter, denn wo Argumente nichts ausrichten können, wird mit Schlägen gedroht. Die Mutter verhärtet ihre Position dadurch ebenso wie zuvor die Tochter, so dass das zunächst scheinbar freundliche Gespräch im Streit endet.

Sobald der Name Jiutes fällt, wird dem Rezipienten endgültig klar, dass es sich bei der lebenslustigen Tochter aus SL 16 um eben jenes Mädchen handelt,

---

[24] Fritsch, S. 55.

dessen Schicksal in SL 18 als warnendes Beispiel zitiert wird: *waistv, wi geschah / diner gespilen Ievten vert, alsam ir æide iach? / der whs von sinem ræien vf ir wæmpel, / vnd gewan ein chint* [...] (II,3–6). Der Bezug zwischen den Liedern konstituiert sich somit nicht nur über gemeinsame Merkmale der Figurenkonstellation und des Dialogverlaufs, sondern über ein ›episch‹ fortgeführtes Motiv, nämlich Jiutes Tanz und Schwangerschaft. Zwischen den Liedern entstehen dadurch kausale und temporale Zusammenhänge, so dass die Kenntnis des einen Liedes das Verständnis des anderen erhellt. Dabei ist es unerheblich, ob die Lieder gemäß der epischen Reihenfolge vorgetragen werden: Im Falle der primären Rezeption von SL 16 bestätigt SL 18 das negative Bild des Ritters, das der Hörer zuvor schon vermutet hatte. Im umgekehrten Falle hat der Rezipient den Figuren gegenüber einen Informationsvorsprung, da er weiß, dass die Mutter in SL 16 in ihrer negativen Beurteilung des Reuentalers richtig liegt: Jiutes zukünftiges Schicksal kennt er bereits. Durch solche temporalen und kausalen Verknüpfungen zeichnet sich eine Geschichte ab, die sich zu wiederholen scheint: Die Verführung eines Mädchens durch den Reuentaler. Indem aber seine Liebesobjekte eben nicht durch Einzigartigkeit, sondern durch Austauschbarkeit gekennzeichnet sind, wird der Ritter endgültig entlarvt. Dieser Erkenntnisprozess ist gerade deshalb so raffiniert, da die Untaten des Reuentalers, der ›Tanz‹ mit den Mädchen, gar nicht zum Gegenstand der Lieder werden. Der Hörer bekommt seine Informationen nicht von einer objektiven Instanz zugetragen, sondern muss sich sein Bild des Ritters aus perspektivisch gebrochenen, intertextuell eingebetteten Figurenkommentaren selbst zusammensetzen.

Das Funktionieren des Typus Sommerlied wird somit am Beispiel von SL 16 besonders augenscheinlich: Die Geschichte, die der Rezipient aus dem Mutter-Tochter-Gespräch ablesen kann, ist aus anderen Sommerliedern längst bekannt: Der Reuentaler zieht ein Mädchen durch sein vermeintlich höfisches Gebaren in seinen Bann, so dass die Mutter ihre Tochter nicht davon abhalten kann, sich mit diesem zum ›Tanz‹ zu treffen. Indem sich aber diese Geschichte in immer neuen, perspektivisch gebrochenen Varianten darbietet, wird ihre fragwürdige Moral in der Aufführungssituation überlagert von dem ästhetischen Reiz der dem Publikum abverlangten Kombinationsarbeit.

Als letztes Lied der Gruppe soll **SL 15** untersucht werden, das sich jedoch in einigen Punkten von den SLL 16 und 19 unterscheidet. Die besondere Stellung des Liedes deutet sich bereits an durch die ungewöhnliche Strophik: Es handelt sich um paarreimige Vierzeiler aus überlangen Versen. Auch inhaltlich werden schon früh Abweichungen deutlich, da der Natureingang nicht mit einer Beschreibung des sommerlichen Naturbildes einsetzt, sondern mit einer ausgedehnten Selbstinszenierung des Sängers. Dieser agiert in der Rolle des höfischen Ratgebers und verkündet seine *lere* (I,2): *ich rate, daz die ivngen hohgemvten / mit schonen zvhten sin gemeit vnd vurhten schamervten* (I,3f.). Die Rezeption und Befolgung dieser moralischen Unterweisung empfiehlt der Sänger seinem Publikum zu dessen eigenem Wohle (I,2: *in zegv̊te*) nachdrücklich und erhebt die eigene Lehre zur Voraussetzung für einen gelungenen Empfang des Sommers (I,1). In den beiden folgenden Strophen erst beginnt er mit der konkreten Beschreibung der sommerlichen Jahreszeit: Hier wirkt seine Rede wieder vertraut, bedient er sich doch wohlbekannter Naturmotive (belaubter Wald, Vogelsang, Blumenpracht auf der Heide, taubenetzte Wiese), die er wiederholt in kontrastive Beziehung zum Winter setzt. Auch der Zentralbegriff der *vrevde* (II,2), die hier die Wirkung des optischen wie akustischen Naturspektakels auf den Menschen beschreibt, fügt sich passend ins gewohnte Bild.

Im Schlussvers der dritten Strophe zitiert der Sänger eine weibliche Sprecherin, die sich auf dessen Erwähnung der taubenetzten Blumen bezieht: *der het ich gerne ein chrænzelin, geselle!* Gerade in Verbindung mit dem Motiv des Taus wird die erotische Konnotation des geäußerten Wunsches deutlich. Dieser steht damit jedoch nicht nur in diskrepantem Verhältnis zur höfischen Bezeichnung *vrowe*, die der Sprecherin in der inquit-Formel zugewiesen wird, sondern auch und vor allem zur eingangs vorgetragenen Lehre des Sängers: *zuht* steht in deutlicher Opposition zum freizügigen Wunsch der Sprecherin, die *schamervten* nicht zu fürchten scheint.

In der vierten Strophe stellt der Sänger Sommer und Winter noch einmal kontrastiv gegenüber, wobei er jedoch die Ebene der Naturbeschreibung wieder verlässt: Im Vordergrund steht die heilende, läuternde Kraft des Mais, der *trovren* und *vngemv̊te* (IV,1), also vom Winter verursachtes Leid, beendet: *er heilet, daz der winder het verwndet; / er hat mit siner svzzen chraft der siechen vil gesvndet* (IV,3f.). Der Sänger kehrt damit zum allgemeinen, moralisierenden Sprachgestus der Eingangsstrophe zurück und rundet seine Rede somit sinnfällig ab.

Vor allem die vor dem Hintergrund der gesamten Neidhart-Überlieferung ungewöhnliche Ausprägung der Eingangsstrophe hat in der Forschung zu einer kontroversen Diskussion des Natureingangs geführt. Versuche vor allem der frühen Forschung, die Störung durch eine schlichte Tilgung der Strophe zu beheben,[25] sind nicht nur methodisch fragwürdig, sondern verfehlen zudem den eigentlichen Kern des Problems: Die Sonderstellung des Natureingangs be-

[25] Ein Überblick hierzu findet sich bei WIESSNER, Kommentar, S. 34.

schränkt sich nämlich keineswegs nur auf die erste Strophe; die Selbstinszenierung des Sängers manifestiert sich hier zwar am deutlichsten, doch auch in den folgenden Strophen gibt der Sänger die Rolle des höfischen Lehrers nicht auf, wenn er sich an *die ivngen hohgemvten* (I,3) wendet; die *megede*, hinter denen der Rezipient in anderen Liedern die eigentlich dörperlichen Adressaten der Sängerrede erkennt, werden nicht angesprochen. Weiterhin wird auf eine Erwähnung des Tanzes und der sonst damit verbundenen Appelle völlig verzichtet: Die Mahnung des Sängers beansprucht dadurch, als allgemeingültige, moralische Unterweisung auf der Basis seiner höfischen *lere* verstanden zu werden. Doch obwohl der Sänger scheinbar ungebrochen höfisch agiert, darf man ihn auch hier keinesfalls mit dem Autor gleichsetzen, wie dies manchmal versucht wurde.[26] Die ungewöhnliche Selbstdarstellung des Sängers muss vielmehr als weitere Variante seines Maskenspiels verstanden werden und bestätigt den Rezipienten in seinen Zweifeln an der Verlässlichkeit des Sängers. Die Ambivalenz der Figur erhärtet sich auch durch die überraschende Einfügung der Frauenrede in den Natureingang: Der Sänger zitiert eine Sprecherin, deren Anliegen in direktem Gegensatz zu seiner eigenen Lehre steht und der er zudem den Titel *vrowe* zuweist. Diese Dissonanzen treten im Natureingang von SL 15 offen zutage, während sie in anderen Fällen nur angedeutet werden. Aufgrund der bisher beobachteten Interrelation von Natureingang und Dialogteil erscheint es wahrscheinlich, dass die Besonderheit der Eingangsstrophen im weiteren Liedverlauf ihren Niederschlag findet. Eine endgültige Einschätzung von Sinn und Funktion der ungewöhnlichen Sängerrolle soll entsprechend erst nach der Analyse des gesamten Liedes versucht werden.[27]

Eine *magt* – keine *vrowe* – greift die Sängerrede auf, indem sie sich auf den dort proklamierten *vreude*-Begriff bezieht: *Vrevd ist aller wærlde gegen des mayen chvnft erlovbet. / owe mir* [...], *ich bin der minen gar berowet. / do von so leid ich manger hande swære, / der ich gein dirre svmerzit mit vuge wol enbere* (V). Die Sprecherin nimmt damit wörtlich Bezug auf das Versprechen des Sängers, der Mai sei Bote von *vil manger hande blvet* (IV,2), ein Versprechen, das bei ihr nicht eingelöst wurde: *swære* und *liden* bedeuten für sie den Aus-

[26] So äußert sich in jüngerer Zeit noch GAIER, S. 60, obwohl dieser in seiner Arbeit doch wiederholt die Notwendigkeit betont, Dichter und Sänger in jedem Fall zu unterscheiden.

[27] Aufgrund der Ausnahmestellung des Natureingangs von SL 15 überrascht es, dass GOHEEN gerade diesen als typisches Beispiel zitiert: »Die ersten drei Strophen des Liedes 15 seien als Beleg für die Mehrzahl der aufgezählten Motive zitiert, die gleichzeitig Umfang und Ausführlichkeit der Beschreibung zu erkennen geben« (S. 355).

schluss aus der sommerlichen *vreude*-Stimmung. Fiel in den bisher untersuchten Mädchenstrophen wiederholt die höfisierende Manier ihrer Ausdrucksweise auf, so geht die hier analysierte Strophe deutlich über diesen Befund hinaus: Es handelt sich um eine typische Frauenklage.[28] Dadurch wird nicht mehr nur durch Übernahme einzelner Begriffe auf das System ›Minnesang‹ referiert, sondern durch das geradezu literarische Sprechen des Mädchens eine Art Gattungsintertextualität hergestellt. Korreliert die Rede des Mädchens also mit den Eingangsstrophen des sich zum höfischen Lehrer stilisierenden Sängers, so verwundert es, dass gerade hier die Sprecherin nicht als *vrowe*, sondern eben als *magt* eingeführt wird. Besonders widersinnig erscheint diese Zuordnung im Hinblick auf die dritte Strophe, in der eben eine *vrowe* als Sprecherin erscheint, die jedoch einen äußerst unhöfischen Wunsch vorträgt.

Die Mutter versucht im Folgenden, das Leid der Tochter näher zu ergründen und vermutet sofort einen Mann als Verursacher der Sorgen. Dies überrascht zunächst nicht, ist doch unerfülltes Liebesglück oder Liebessehnsucht meist der Inhalt literarischer Frauenklagen. Der Kummer des Mädchens hat indes andere Gründe: *mich het ein ritter nahen zv im gevangen* (VI,3). Die in der vorhergehenden Strophe aufgebaute höfische Aura des Mädchens wird mit einen Schlag zerstört: Leid und Kummer erscheinen nicht als Folge von Liebesverzicht, sondern eines sexuellen Fehltritts, der eben nicht die höfische, sondern die sinnliche, dörperliche Seite des Mädchens betont. Dass es sich bei ihrem Verführer um den Reuentaler handelt, legt nicht nur die Bezeichnung *ritter*, sondern auch dessen geschildertes Verhalten nahe. Die Einschätzung von Ritter und Tochter jedenfalls gibt der Mutter Anlass zu der Befürchtung, dass sich der Kontakt der beiden keineswegs auf eine enge Umarmung beschränkt habe. Auf ihre beharrliche Fragen (VI,4: *nv sag mir,* [...] *ist anders iht ergangen?*) antwortet die Tochter nur ausweichend und versucht, ihre Verfehlung mit einem durch den Reuentaler ausgeübten *zovber* (VI,2) zu entschuldigen: *er chvst mich; do het er eine wrzen in dem mvnde: / do von verlos ich alle mine sinne* (VII,2f.). Bei der *wrzen* kann es sich um »ein im Munde zerkautes Kraut«[29] mit stark betäubender oder gar aphrodisierender Wirkung handeln. Die sexuelle Eindeutigkeit der geschilderten Situation jedenfalls ist selbst vor dem Hintergrund der bisher untersuch-

---

[28] Vgl. etwa Otto von Botenlouben, VIII (Deutsche Liederdichter des 13. Jahrhunderts. Hg. von Carl von Kraus. Tübingen 1952): *Fröide ist al der werlde komen, / niht ze mînem fromen, / sît mich sîn güete alsô vermîden wil. / der walt ist grüene und sanges vol: / swer sich fröiwen sol, / der lobe die zît, diu gît der wunnen vil: / elliu herze an fröiden jungent sich, / swaz et fröiden gert, wan ich.*

[29] Janssen, S. 132. Zum Motiv der betäubenden Wurzel vgl. auch Wiessner, Kommentar, S. 37.

ten, durchweg erotisch besetzten Lieder der Gruppe R augenfällig. Sie steht dabei in diskrepantem Verhältnis zu dem im Minnesang häufig verwendeten Motiv des Sinnenverlusts,[30] das hier sexualisiert wird: Ohnmacht und Handlungsunfähigkeit der Tochter erscheinen nicht als Folge entrückender Minneergriffenheit, sondern bedingt durch die entsprechend wirkungsvolle Annäherung des Ritters. Obwohl die Tochter durch ein Insistieren auf ihre Bewusstlosigkeit ihre Unschuld zu beteuern versucht, offenbart ihre Rede, dass sie eben diese an den Reuentaler verloren hat: Der Verlust der Sinne geht einher mit dem Verlust der Virginität, worüber sich auch die Mutter keine Illusionen macht: *dv bist niht magt: dich rvrent mannes minne* (VII,4).

Entpuppte sich das höfische Gebaren der Tochter im Verlauf ihrer Beichte bereits als Schein, so lässt sie ihre Verkleidung jetzt völlig fallen. Zornig versucht sie zu retten, was bereits verloren ist: den Glauben an ihre Jungfräulichkeit. Ihre Aussage *mir ist nicht chvnt vmbe mannes minne rvren* (VIII,3) wirkt dabei lächerlich, hat sie doch Umarmung und Kuss bereits eingestanden, Handlungen, die allein schon gegen den dörperlichen Sittenkodex verstoßen und die gesellschaftliche Stellung des Mädchens gefährden. Anstatt der Mutter gegenüber Reue zu zeigen, fordert sie deren guten Glauben und Solidarität gegenüber Dritten ein (VIII,2). Während die Mutter ihr Ersteres verweigert (VIII,4: *dv darft mich niht* mit[31] *spellen vmbe vůren*), erteilt sie der Tochter in der Schlussstrophe Verhaltensmaßregeln, die die Geheimhaltung des Fehltritts vor der Gesellschaft garantieren sollen. Ihre Warnung betrifft vornehmlich die alte *Chvntzen* (IX,2), die der Tochter in zweierlei Hinsicht gefährlich werden könne: Als Kupplerin (IX,3: *div rætet, daz dich noch her nah geriwet*) oder als Dorffama, die den bereits vollzogenen Fehltritt der Tochter publik machen und deren Ruf dadurch vollends ruinieren könnte (IX,4).

SL 15 stellt somit den ersten Fall der bisher analysierten Mutter-Tochter-Dialoge der Gruppe R dar, in dem die Resonanz des Mädchens auf die Sängerrede negativ ausfällt. Diese Beobachtung korreliert mit der oben dargelegten Besonderheit des Natureingangs: Die Tochter bezieht sich nicht erwartungsfroh auf den futurischen Hintergrund des Tanzes unter der Linde, da ein solcher in der Sängerrede überhaupt nicht entworfen wird. Stattdessen liegt das Treffen mit dem Reuentaler, sonst verheißungsvolles zukünftiges Ereignis, bereits in der Vergangenheit. Die *vreude*-versprechende Zusammenkunft mit dem Ritter offenbart sich dabei tatsächlich als rein sexuelle Begegnung, wie sie in der war-

---

[30] Vgl. z. B. Dietmar von Eist (MTMF 40,27ff.) oder Heinrich von Morungen (z. B. MTMF 129,25ff; 135,22).

[31] Fehlt R, *mit* H/W mit c.

nenden Rede der Mutter in den SLL 16, 18 und 19 bereits aufscheint. Diese hat hier in ihrer präventiven Funktion als *huote* offenbar bereits versagt und kann nun nur noch versuchen, den entstandenen Schaden zu minimieren. Dadurch wird wieder deutlich, dass die Schwangerschaft Jiutes kein Einzelfall ist, denn die Sprecherin von SL 15 erscheint als weiteres Opfer der ritterlichen Verführungskünste.

Im Gegensatz zu den bisher untersuchten Liedern der Gruppe R gehen Sängerrede und Verhalten des Mädchens hier nicht analog, sondern stehen in kontrastivem Verhältnis zueinander: In ihrem freizügigen Verhalten folgt die Tochter eben nicht der Lehre des Sängers, da sie während ihrer Begegnung mit dem Reuentaler offensichtlich nicht auf *zuht* bedacht war und die moralische Unterweisung der Eingangsstrophe somit ignoriert. Aufgrund ihres normwidrigen und unsittlichen Verhaltens sieht sie sich von der vom Sänger proklamierten höfischen *vreude* ausgeschlossen. Die Integrität des Sängers muss jedoch nachdrücklich hinterfragt werden: Im Nachhinein wird deutlich, dass es sich bei der im Natureingang zitierten *vrowe* wohl um eben jene *magt* handelt, die im Folgenden die Sängerrede aufgreift.[32] Ihr Wunsch *der het ich gern ein chrænzelin* kann als Momentaufnahme dessen gelesen werden, was im Dialogteil aufgrund des Zeitsprungs – das Treffen mit dem Ritter gehört bereits der Vergangenheit an – entfällt: die positive Resonanz des Mädchens auf die Ankündigung der neuen Jahreszeit durch den Sänger. Aus der Rollenkonstellation des Dialogteils ergibt sich, dass das Mädchen durch die erotisch eindeutige Aufforderung seine Liebesbereitschaft gegenüber dem Reuentaler kundtut. Die wahre Identität der Sprecher wird hier jedoch noch nicht genannt, sondern hinter den Bezeichnungen *vrowe* und *geselle* verborgen.[33] Dem Sänger gelingt es dadurch, den erotischen Kranzwunsch, der doch in diskrepantem Verhältnis zu seiner höfischen Lehre steht, unauffällig in seine Rede einzufügen.

[32] So auch Fritsch, S. 61, in seiner treffenden Interpretation zu SL 15: »Nur [...] unter der Voraussetzung, daß ›vrouwe‹ und ›magt‹ identisch sind, ist das nun folgende Geständnis der ›magt‹ gegenüber ihrer Mutter [...] voll zu verstehen.« Der Versuch Wiessners (Kommentar, S. 36), in der *vrowe* die Mutter der späteren Gesprächsszene zu sehen, muss wohl als verfehlt bezeichnet werden, was auch H. Becker (1978) erkennt: »[D]ie erotische Valenz des Motivs vom Kränzelbrechen paßt ganz und gar nicht zur Mutterrolle im Dialog, denn von einer Stilisierung zur ›liebestollen Alten‹ kann hier keine Rede sein« (S. 239). Becker geht im Folgenden jedoch nicht weiter auf die tatsächliche Identität der *vrowe* ein. Gegen Wiessners These wendet sich auch Bennewitz-Behr (1987), die dann jedoch behauptet, dass die »Sprecherin [...], ›ein vrowe‹«, nach dem dreistrophigen (?) Natureingang »nicht mehr in Erscheinung tritt« (S. 108).

[33] Der Versuch Händls (S. 106 Anm. 40), *geselle* als ›Gefährtin‹ zu übersetzen, ist zwar theoretisch möglich, erscheint aber im Kontext des Liedes wenig sinnvoll.

Die Ambivalenz der Sängerfigur wird vollends deutlich, wenn man wie in den bisher untersuchten R-Liedern die Identität von Sänger und Reuentaler voraussetzt: Der zitierte Wunsch der *vrowe* offenbart sich als erotischer Antrag einer Dörperin an den vermeintlich höfischen Sänger selbst. Dass er auf eine solche Aufforderung nur zu gerne eingeht, beweist sein Verhalten gegenüber der Tochter: Höfische *zuht* und Moral stehen in deutlichem Gegensatz zur geschilderten sexuellen Begegnung, wodurch der Sänger seine eigene Lehre diskreditiert: Sein höfisches Gebaren entpuppt sich ebenso als Maske wie das des Mädchens, dessen Rede als minnesängerische Frauenklage beginnt und mit dem Geständnis sexueller Verfehlungen endet. *Vrowe* und *ritter*, freizügige Dörperin und zwielichtiger Verführer – die Diskrepanz von Anspruch und Verhalten der Figuren wird in SL 15 besonders evident. Erst unter diesem Blickpunkt ist die Besonderheit des Natureingangs als bewusst intendierte zu erkennen: Der Sänger stellt seinem Lied in der Eingangsstrophe eine höfisch-moralische Sittenlehre voraus, die er mahnend an sein Publikum[34] richtet und deren Befolgung er zur Voraussetzung dafür erhebt, den Sommer freudvoll empfangen zu können. Als scheinbar warnendes Beispiel gibt er den Fall eines Mädchens wieder, das nicht gemäß seiner Lehre gehandelt hat und dadurch nicht an der allgemeinen Hochstimmung partizipieren kann. Dadurch aber, dass sich retrospektiv gerade der Sänger als der Schuldige erweist, erscheint seine *lere* als pure Ironie.[35]

Die Dekonstruktion der Opposition höfisch – dörperlich wird somit in diesem Lied am Begriff der *vreude* besonders augenscheinlich: Der Sänger preist das Konzept der höfischen *vreude* an, um sein eigenes naturhaft-sinnliches *vreude*-Bedürfnis ausleben zu können, missbraucht also seinen standesbedingten Einfluss auf die Dörperin zu deren Verführung. Versprach sich das Mädchen in den SLL 16 und 19 vom bevorstehenden Treffen mit dem Reuentaler ebenfalls *vreude*, so geht es hier im Nachhinein einer solchen verlustig: Die Begegnung mit dem Ritter verstößt nicht nur gegen die von diesem proklamierten höfischen, sondern, was für das Mädchen viel wichtiger ist, auch gegen dessen eigene, dörperliche Normen.

---

[34] Obwohl keine dörperlichen Rezipienten angesprochen sind, besteht auch hier ein Spannungsverhältnis zwischen diesen und dem höfischen Publikum: Der Natureingang scheint zunächst an letzteres gerichtet; dann jedoch referiert ein Mädchen auf die Rede des Sängers.

[35] So auch H. Becker (1978), der die kontextuelle Bedeutung der Eingangsstrophe erkennt und sich explizit gegen Versuche wendet, diese zu tilgen: »Über Echtheit, Stellung und Funktion dieser Strophe ist viel gestritten worden [...]; dabei wurde aber der stark ironische Ton der Vorstrophe meist übersehen, der doch ins Auge springt, wenn man bedenkt, welche Art von Lied sie einleitet« (S. 238). Dementsprechend überrascht seine These, die Strophe als »Wahlstrophe zu gegebenem Anlaß« (ebd.) zu betrachten.

## 1.2 Selbstdiskreditierung oder Selbstinszenierung? Der Reuentaler als Liedsubjekt in SL 13 (R 49/14), SL 20 (R 48) und SL 26 (R 54)

**SL 13** fällt auf durch eine ungewöhnliche Gewichtung der Sprecherrollen: Nach einem mehr als drei Strophen umfassenden Natureingang kommt mit lediglich fünf Versen ein Mädchen zu Wort; die restlichen Strophen gehören wieder dem Sänger, dessen Rolle im Lied somit besondere Bedeutung zukommt. Schon der Natureingang[36] steht ganz im Zeichen der Selbstinszenierung des Sängers, der die einzelnen Naturmotive als subjektive Empfindungen beschreibt: *Ine vernam / nie der voglin singen / so lobesam* (II,1–3). Auch die feindliche Macht des Winters setzt er in Verbindung zur eigenen Person: [...] *ich bin dem winder gram. / sin getwanch / wendet mangen svzzen sanch / vns allen* (II,4–7). Der *sanch* bezieht sich dadurch nicht nur auf das zuvor erwähnte Singen der Vögel, sondern auch auf die Liedproduktion des Sängers selbst: Der Winter verschuldet das Ausbleiben *vreude*-spendender Lieder, während die Rückkehr des Sommers *svzzen sanch* verspricht. Hinter der realen Jahreszeit scheint so wieder die literarische Kunstwelt auf, in der Sommer und Winter für erfolgreiches bzw. vergebliches Singen, für *vreude* und *leit* stehen.

Durch rhetorische Fragen (II,8), freudige Ausrufe (I,1f.; II,4) und zahlreiche Appelle bezieht der Sänger sein Publikum in seinen emphatischen Sommerpreis ein. In seinen Aufforderungen an die jungen *megede* spielt er erneut den höfischen Ratgeber, der den Beginn einer freudvollen Zeit verkündet: *ich han vernomen, / manigem senedem hertzen trovren ist benomen. / sorge lat, / ivnge magde, daz ist min rat!* (I,3–6). Die Diskrepanz von höfischem Vokabular und den vom Rezipienten supponierten dörperlichen Adressaten setzt sich bis in die Schlussverse des Natureingangs fort: *Hohgemvt / solten sin die ivngen: / daz wære gv̊t* (IV,1–3). Manifestiert sich im Adjektiv *hohgemvt* das elitäre Lebensgefühl der Hofgesellschaft, so muss einem solchen höfischen Publikum die Inkongruenz der hier vorgenommenen Begriffsverwendung nur zu deutlich vor Augen treten.

Wie in den SLL 19 und 15 fällt die Resonanz des Mädchens, das in der vierten Strophe zu Wort kommt, negativ aus: ›*owe*‹, *sprach ein geiliv magt*, ›*ich bin behv̊t. / ine getar / vro gesin niht offenbar*‹ (IV,4–6). Dem Aufruf des Sängers meint das Mädchen nicht nachkommen zu können, da die *huote* (IV,4) ihre individuelle Realisierung von *vreude* verhindert. Die Rede beleuchtet damit aus anderer Perspektive, was im Zentrum der Mutter-Tochter-Dialoge steht: den

[36] Bei der bei WIESSNER/SAPPLER an erster Stelle angeführten Strophe handelt es sich um eine versprengte Strophe (R 49), Strophenbau und Parallelüberlieferung in c ermöglichen jedoch eine Zuordnung zu SL 13 (R 14). In der folgenden Strophenzählung wird R 49 als Strophe I geführt, mit der Strophe II setzt R 14 ein.

Versuch, die Tochter im Rahmen des dörperlichen Sittenkodex zu kontrollieren. Die Aussage des Mädchens beschränkt sich dabei auf den notwendigen Verzicht auf *vreude*: Spezielle Wünsche nach Tanz und Tanzpartner bringt es nicht zum Ausdruck, so wie auch der Sänger seine Appelle im Natureingang allgemein hält.

Obwohl die Kundgebung des Mädchens in Opposition zu den Appellen des Sängers steht, gehen die beiden Reden in einem weiteren Punkt konform: Der höfische Begriff *hohgemvt* passt ebenso wenig zu den damit bezeichneten Dörpern wie der höfische Klagegestus zum Mädchen. Dabei ist die Anlehnung an literarische Muster vor allem des frühen Minnesangs deutlich: Die ohnmächtige Klage mit *owe* wird häufig in Frauenstrophen verwendet, um die Einstellung der Sprecherin gegenüber den Minnefeinden, den *merkaeren, nidaeren* oder eben der *huote*, kundzutun.[37] Die Frau nimmt hier die Rolle der Sehnsüchtigen und Entbehrenden ein, deren Liebe zum Mann von außen, durch das Einwirken der Gesellschaft, gefährdet oder gar verhindert wird. Hatte aber der *owe*-Ausruf dort »zum Ziel, das Publikum für den Sänger (und damit gegen die Minnefeinde) einzunehmen«,[38] so wirkt der höfische Sprachgestus des Mädchens hier allenfalls komisch, zumal sich seine inkongruente Ausdrucksweise im Folgenden fortsetzt: *got wolde, / daz niemen hvten solde!* (IV,7f.). Wird Gott auch im frühen und hohen Minnesang wiederholt gegen die Minnefeinde herangezogen,[39] so erscheint ein solches Ansinnen hier äußerst fragwürdig: Ausgerechnet Gott soll dem Mädchen durch ein Ausschalten der *huote* helfen, seinem triebhaften Verlangen ungehindert nachzugehen und gegen jede sittlich-moralische Norm zu verstoßen.

Die folgende Strophe[40] bringt eine wesentliche Differenzierung zu allen bisher untersuchten Liedern. Die Rede des Mädchens bricht ab und der Sänger ergreift wieder das Wort, um dessen Aussehen zu beschreiben: *Svnder sal / sint der meide chleider, / ir tzephe val. / solt ich wnschen, si mves in dem Riwental / vrowe sin* (V,1–5). Eingeschobene Kommentare des Sängers in der Rolle des scheinbar ob-

---

[37] Vgl. etwa Meinloh von Sevelingen MFMT 13,14 (›*Sô wê den merkaeren! die habent mîn übele gedâht* [...]‹), Dietmar von Eist MFMT 37,13–16 (›*ich erkôs mir selbe einen man, / den erwelten mîniu ougen. / daz nîdent schoene vrouwen. / owê, wan lânt si mir mîn liep?*‹) oder auch Reinmar in einer frühen Frauenstrophe (MFMT 151,7f.: ›*Ôwê, waz suochent die, / die nîdent daz, ob iemen guot geschaehe*‹).

[38] WINFRIED HOFMANN: Die Minnefeinde in der deutschen Liebesdichtung des 12. und 13. Jahrhunderts. Eine begriffsgeschichtliche und sozialliterarische Untersuchung. Coburg 1974, S. 103.

[39] Belege hierfür finden sich bei HOFMANN, S. 108f.

[40] WIESSNER/SAPPLER halten sich bei der Strophenfolge – im Gegensatz zu HAUPT/WIESSNER – nicht an R, sondern an c, wo R V als Schlussstrophe erscheint.

jektiven Erzählers sind in den meisten Liedern des Überlieferungskerns und auch in Liedern der Gruppe R zu beobachten, in einigen Fällen (SLL 17, 21) umfassen sie sogar eine ganze Strophe. Stets aber markiert das gewählte Präteritum den narrativen Charakter der Passagen; es kennzeichnet die Sprecherrolle als die eines von der Handlung nicht unmittelbar betroffenen und zeitlich sowie emotional distanzierten Erzählers, der sich auf die Ebene der Aufführungssituation, nicht aber die der fiktionsimmanenten Handlung stellt. Eine Identifizierung dieser Erzählerfigur mit dem Reuentaler wird somit an keiner Stelle expliziert, bleibt vielmehr dem Rezipienten überlassen, der jedoch das komplexe Rollenspiel des Sängers erst durchschauen muss. In SL 13 hingegen signalisiert bereits das eingesetzte Präsens, dass eine Distanzierung des Sängers vom Geschehen gar nicht vorgetäuscht werden soll: Er spricht hier nicht als Kommentator, als objektiver Erzähler, sondern als betroffenes Ich. Indem er sein persönliches Interesse am Mädchen artikuliert, agiert er in der Rolle des Liebenden, die er bisher nur in der Rede der Dörper, in der dritten Person also, besetzt hatte. Durch die explizite Identifizierung Sänger = Liebender = Reuentaler erweitert SL 13 das perspektivische Spiel der Sommerlieder und schließt eine interpretatorische Lücke, indem es explizit ausspricht, was der Rezipient zuvor nur vermuten konnte.

Durch die Rollenverschränkung von Sänger-Ich und Ich des Liebenden tritt der Sprecher hier in der Rolle auf, die für den hohen Minnesang typisch ist. Aber gerade dadurch, dass dem Rezipienten ein hochminnesängerischer Prätext suggeriert wird, treten ihm die fundamentalen Differenzen in der Ausprägung der Ich-Rolle entgegen: In seiner Rede stellt der Sänger nämlich keineswegs die inneren Werte der Partnerin in den Vordergrund, um sie spirituell zu erhöhen. Er beschränkt sich vielmehr auf eine rein äußerliche Beschreibung, reduziert sie damit ganz auf ihre Körperlichkeit. Diese Selbstdiskreditierung als höfisch Liebender erreicht im Folgenden ihren Höhepunkt: Dem im Potentialis gehaltenen Wunsch, das Mädchen nach Reuental zu bringen, wird ein überraschendes Hindernis entgegengestellt, nämlich die offenbar bereits auf Reuental sitzende *meisterinne* (V,6).[41] Durch diese Bemerkung erscheint nun der Sänger, der in der Rede der Mädchen stets als bewunderter Ritter auftritt, als einer, der auf seinem ohnehin schon armseligen Gut keine Rivalität zwischen zwei Frauen riskieren will. So bestätigt sich erneut, was der Rezipient im Hinblick auf die wahre Intention des Reuentalers bereits vermutet hatte: Seine Bemühungen zielen auf eine einmalige sexuelle Begegnung, wodurch die Versuche der Mädchen, über ihr Verhältnis mit dem Ritter einen sozialen Aufstieg zu bewerkstelligen, zum Scheitern verurteilt sind.

[41] Zur Begriffsproblematik vgl. die Ausführungen zu SL 11 (S. 71 Anm. 98).

Dass die Dörperinnen von den wahren Lebensbedingungen des Reuentalers nichts ahnen, haben ihre Reden in den bisher analysierten Liedern des Überlieferungskerns und der Gruppe R zur Genüge gezeigt. Dieser erscheint dort ungebrochen als höfischer Sänger und Liebhaber, dessen Zuwendung allein demjenigen Mädchen zu gehören scheint, das gerade spricht. Eine besonders deutliche Passage findet sich in dem bereits analysierten SL 24 des Überlieferungskerns: *Min har / an dem ræyen solt mit siden sin bewnden / dvrch des willen, der min zallen stvnden / wnschet hinze Riwental. / des winders zal / hat ende. / ich minn in, daz ist vnwende* (SL 24,V). Die Sprecherin zitiert einen vom Reuentaler geäußerten Wunsch, den sie als Beweis seiner uneingeschränkten Liebe deutet. Dass es sich bei diesem Versprechen einer gemeinsamen Zukunft lediglich um eine List handelt, die die Verführung der Mädchen erleichtert, beweist SL 13, das die Perspektive des Sängers selbst bietet und seine Handlungsunfähigkeit bzw. Handlungsunwilligkeit offenbart. Der Sänger erscheint so als Nutznießer eines Informationsdefizits, das er selbst absichtlich bei den Dörperinnen verschuldet. Damit aber gerät die Sängerrolle weiter ins Zwielicht und das reale, also höfische Publikum in entsprechende Identifikationsschwierigkeiten: Der Sänger diskreditiert sich als Angehöriger seines höfischen Publikums, indem er dessen Normen ständig verletzt. Andererseits aber kommt der Rezipient nicht umhin, die Raffinesse des Sängers zu erkennen: Seine erbärmlichen Verhältnisse und seine charakterlichen Defizite weiß er vor den Mädchen zu verbergen. In ihren Augen erscheint er als begehrenswerter, strahlender Galan und kann so sein Ziel mit Leichtigkeit erreichen. Die Übersicht behält er jedoch nicht nur auf fiktionsimmanenter Ebene, als Sänger und Liebender in der Dörperwelt, sondern auch als Sänger vor höfischem Publikum: Dieses nämlich muss erkennen, dass seine offensichtliche Selbstdiskreditierung intendiert und damit Teil eines gekonnten, selbstironischen Spiels ist, durch das der Sänger seine Souveränität auch auf der Darstellungsebene unterstreicht: Er beherrscht das perspektivische Spiel seiner Lieder, in denen sich höfisches und dörperliches Sprechen durchdringen, und fordert das höfische Publikum intellektuell, so dass es sich dem ›unhöfischen‹ Sänger kaum überlegen fühlen kann.

Die Schlussstellung der beiden Strophen VI und VII, die mit dem Inhalt der übrigen in keinem direkten Zusammenhang stehen, weist hin auf ihre Funktion als »Wahl- oder Zugabestrophen«[42]; diese Vermutung wird dadurch bekräftigt, dass mit der Nennung Reuentals in V,4 die häufig eingesetzte Schlusspointierung des Liedes bereits stattgefunden hat. Die beiden Strophen fallen weiterhin völlig heraus aus der bekannten Sommerlied-Thematik: In virtuosen Klang- und

[42] H. Becker (1978), S. 296.

Wortspielen verarbeitet der Sänger die Begriffe *liebe* und *vrivnt*. Entspringen die Motive des Liebesschwurs (VI) und der Freundestreue (VII) einem minnesängerischen Ethos, so stehen sie hier in Diskrepanz zur zwielichtigen Figur des Sängers. Dass die Strophen auch anders kombinierbar sind und damit als Wahl- bzw. Zusatzstrophen fungieren könnten, zeigt die Fassung der Hs. c: Hier stehen sie als c VI und c VII vor der abschließenden Sängerrede (c VIII, R V); sie lassen sich dem Mädchen zuschreiben, wodurch sie deutlicher als in R in den Liedzusammenhang integriert sind.

Als allegorische Inszenierung ist der Natureingang von **SL 20** zu lesen, in dem der Sänger den Einzug des Mais wie den eines Herrschers schildert: Wald und Heide erscheinen als Herolde, die dessen Ankunft den *vrv̊ten* und *hohgemvten* (I,5f.) im ganzen Land verkünden. Emphatisch heißt der Sänger selbst den Mai willkommen und konstatiert dessen positive Wirkung auf die Menschen: *leid vnd vngemv̊te* (II,5) werden durch seine Anwesenheit beendet, *vreude* ist die beherrschende Stimmung (II,1f.). Abschließend fordert er dazu auf, der Ankündigung des Mais durch die Vögel zu lauschen und sein Lob zu verbreiten (III). Diese generellen Formulierungen weisen bei Kenntnis des Typus über sich selbst hinaus und erinnern an spezifische Appelle, nämlich bestimmte Naturphänomene (Vogelsang, Blütenpracht etc.) wahrzunehmen und zum Lob des Sommers zu tanzen und sich zu schmücken.

Die vierte Strophe ist einer *maget* in den Mund gelegt, die explizit auf die Aufforderung des Sängers reagiert, den Mai wahrzunehmen und zu lobpreisen; die Interrelation der beiden Reden wird dadurch verdeutlicht, dass das Mädchen die zuvor genannten Begriffe *brieve* (III,1) und *maye* (III,6) durch Personalpronomina ersetzt, wodurch die Kenntnis der Sängerrede zur Voraussetzung für das Verständnis der Resonanz des Mädchens wird: [...] *ich wil si gerne horen, / im zelop den minen lip mit manigem sprvnge enporen* (IV,1f.). Die Sprecherin versteht die Sängerrede somit tatsächlich als Aufruf zum Tanz. Im Folgenden berichtet sie von einem ganz besonderen Tanzsprung, der *lange ivnch* (IV,4) halte und dessen gekonnte Ausführung Erfolg verspreche: *so ich den hohe springe, / so vrevt sich min gedinge* (IV,5f.). Der Tanz fungiert hier besonders deutlich als Ausdruck von Liebesbereitschaft. Zudem suggeriert die Wendung *ich han erwelt mir einen sprvnch* (IV,3), dass hinter dem Tanzwunsch des Mädchens ein ganz spezifischer Partner steht.

Dies erkennt auch die Freundin des Mädchens, die sich nach dem Namen des Lehrmeisters erkundigt. Ihre Rede wird durch einen kurzen narrativen Einschub eingeleitet (V,1f.: *Ir gespil si vragen do begvnde, / daz si ir seite, wer so gvte sprvnge leren chvnde*), durch den die Erzählerrolle über die inquit-Formeln hinaus greifbar wird. Das Mädchen weigert sich jedoch, den Namen des begehrten Tänzers preiszugeben.[43] Die unbedingte Verschwiegenheit der *maget* erinnert an die höfische Konzeption der *tougen minne*, steht aber vielmehr in komischem Kontrast zu dieser, als ihr zu entsprechen: Brachte die vorausgehende Rede des Mädchens deutlich zum Ausdruck, dass nicht *minne*, sondern sexuelles Begehren sein Verhältnis zum Partner bestimmt, so lässt sich seine Verschwiegenheit als Maßnahme gegen eine potentielle Konkurrenz von Seiten der Freundin deuten: Diese bekundet ja explizit Interesse an den kunstvollen ›Sprüngen‹ und damit an den Liebhaberqualitäten des Tänzers.

Empört reagiert die Freundin nun auf die ihr erteilte Absage und bezichtigt das Mädchen des unangemessenen, unhöflichen Verhaltens (VI,1: *vngevuge*). Als Konsequenz *so gelfer wort* (VI,2) kündigt sie ihm *dinest vnd triwe* (VI,5) auf. Damit steht auch ihre Motivation in deutlicher Diskrepanz zu ihrem Sprachgestus: Während sie sich als Vertreterin höfischer *vuoge*, also durch Erziehung gewonnenen Wohlverhaltens, ausgibt und das Verhältnis zur Freundin als Treuebindung deklariert, kündigt sie dieser aus Eifersucht und gekränktem Stolz die Freundschaft. Als Repräsentantin höfischer Normen hätte sie die Verschwiegenheit der Gefährtin unter dem Signum der *tougen minne* – selbst wenn nicht als solche intendiert – akzeptieren, ja sogar befürworten müssen. Somit beziehen sich beide auf ein System, dessen Normen und Sinn ihnen letztlich verschlossen bleiben.

Diese Diskrepanz von Anspruch und Verhalten erreicht in der abschließenden Replik des Mädchens auf die Anklage der Freundin ihren Höhepunkt: Den Vorwurf der *vngevuge* versucht es zu zerschlagen, indem es doch etwas über seinen Partner preisgibt: *ich weis einen ritter, der mich an sin bette trvege, / daz er mich niht enwrfe hin* (VII,2f). Als begehrtes Liebesobjekt eines Adelsvertreters will es sein eigenes Ansehen steigern. Hat es mit dieser Taktik bei der Freundin wohl Erfolg, so verhält es sich beim Rezipienten, der höfische Normen beurteilen kann, genau umgekehrt: Tatsächlich verrät sich die *maget*, indem sie unwillentlich den ganz und gar unhöfischen Charakter ihres Liebhabers, in dem man spätestens an dieser Stelle den Reuentaler erkennt, offenbart. Indem sie stolz erzählt, was sie besser hätte verschweigen sollen, beweist sie ihre Unfähigkeit, adäquates Verhalten beurteilen zu können.

[43] Vgl. dazu GAIER, der die Antwort des Mädchens *er ist sin vn vermældet, / ir lobt in oder ir scheldet* (V,5f.) in seinem Bemühen, die Dummheit der »Bauerndirnchen« (S. 18) vorzuführen, überinterpretiert: »[...] wie soll ihn die Freundin loben oder schelten, wenn sie ihn nicht kennt?« (S. 17). Das Mädchen beugt hier vielmehr Versuchen der Gespielin vor, durch positive oder negative Beurteilung des Partners eine Antwort zu provozieren.

Wie in SL 17 schaltet sich abschließend der Sänger ein, um in der Rolle des zunächst objektiven Erzählers über den weiteren Verlauf des Geschehens zu berichten: Nach der Unfähigkeitsbeteuerung, das offenbar ausufernde Streitgespräch wiedergeben zu können, wird die endgültige Entzweiung der Mädchen konstatiert (VIII,1–3).[44] Im Folgenden aber bemüht sich der Sänger nicht länger um den Schein der Neutralität und bekennt unverblümt seine eigene Betroffenheit: *ein ich mir ze trovten nam, / die ich immer trevte* (VIII,4f.). Indem er wie bereits in SL 13 in Personalunion mit dem Ich des Liebenden tritt, identifiziert er sich im Nachhinein mit dem Objekt der Mädchenrede, dem vermeintlich höfischen *ritter*. Der Reuentaler erscheint damit zugleich als Subjekt und Objekt des Liedes: Er organisiert und kommentiert den Gespielinnendialog, ist aber wiederum selbst Gegenstand dieser Unterhaltung und verantwortlich für die sprachliche Verwirrung der beiden Mädchen. Damit wird seine in den übrigen Liedern vorgetäuschte Neutralität endgültig als scheinhaft entlarvt: Die »Illusion epischer Objektivität wird bewußt gemacht, gerade indem N sie gelegentlich durchbricht; wenn das sprechende Ich zugleich als Objekt in der Rede einer Figur, also selbst als Figur erscheint, wird auch seine Identität mit dem umworbenen Ritter gezeigt.«[45]

Durch die Identifizierung des Sprechers mit dem Objekt der Mädchenrede diskreditiert sich dieser nun gleich in mehrfacher Hinsicht: Einerseits verrät er sich als nur vorgeblicher Vertreter des Höfischen, dessen sexuelle Zielsetzung (*der mich an sin bette trvege*) genau dem entspricht, was den Reuentaler auch in den bisher untersuchten Liedern der Gruppe R kennzeichnet. Zum anderen bringt er sich in Verruf durch sein offenes Bekenntnis zu einer Partnerin, die doch zuvor als dörperliche *maget* erscheint, der jeglicher Bewertungsmaßstab für adäquates Verhalten sowie jedwede Kenntnis höfischer Normen fehlen, ja die ihren Anspruch als Partnerin eines *ritters* nicht einmal zum Schein aufrechterhalten kann.[46]

---

[44] Der Sänger schlägt damit wie in SL 17 die Brücke zur Aufführungssituation: »[D]as Gespielinnengespräch wird als referiertes in zeitliche Distanz gerückt; was sich als vorwiegend dramatisch-gegenwärtig ablaufendes Geschehen gab, wird als Erzähltes abgeschoben; damit ist eine (neue) Erzählebene konstituiert, die mit der Aufführungssituation identisch ist. Denn der auktorial hervortretende Sänger-Erzähler ist auch das Bindeglied zur augenblicklichen Vortragssituation [...]« (H. Becker [1978], S. 270).

[45] Titzmann, S. 492.

[46] Vgl. Gaier, S. 19, der den Sänger noch weiter herabsetzen will, da dieser »nicht einmal durch die Erwähnung eines Charakteristikums zu erkennen gibt, welches der beiden Mädchen er erwählt hat« und sich dadurch der Eindruck einstelle, »daß es ihm gleichgültig sei«. In der Wendung *ein ich mir ze trovten nam* ist jedoch der deiktische Charakter des Artikels nicht zu übersehen: *ein* verweist im Liedkontext auf eben jenes Mädchen, das seinerseits vom *ritter* berichtet.

Ironischerweise diskreditieren sich somit beide, Sänger und Mädchen, durch ihr Bekenntnis zum anderen. Während das Mädchen den zwielichtigen Reuentaler als *ritter* bezeichnet, wählt dieser für sie den Ausdruck *trovte*, der das sexuelle Interesse des Sängers am Mädchen betont. Nicht nur aus dieser Tatsache erhellt die Ironie, die der Reuentaler durch seine Liebesbeteuerung *die ich immer trevte* erzeugt: Zu deutlich hat sich in den Liedern der Gruppe R abgezeichnet, dass dieser keineswegs eine durch *staete* und *triuwe* gesicherte Minnebindung, sondern vielmehr das erotische Abenteuer mit wechselnden Partnerinnen sucht.

Die Ironie setzt sich fort, wenn der Sänger direkt im Anschluss an seine vermeintliche Liebesbeteuerung auf nicht näher spezifizierte *levte* (VIII,6) verweist, die seinem Verhältnis neidvoll entgegenstehen. Im Hinblick auf Herkunft und Verhalten der Geliebten des Sängers erscheint die Identität solcher Neider fragwürdig: Da tatsächliche Repräsentanten des Höfischen sicher nicht um die Gunst einer naiven *maget* buhlen, handelt es sich hier wohl vielmehr um dörperliche Konkurrenten. Hinter dem Rivalenmotiv erscheint die Welt der Winterlieder, in der das Sänger-Ich in dauerndem Kampf mit den Dörpern steht.[47] Die Anspielung auf dieses zweite, kontrastparallele Liedsystem wird in der Schlussstrophe noch deutlicher: Wieder greift der Sänger das Neidermotiv auf, um seine Rivalen zu verwünschen: *Swer mich vmb di wolgetanen neide, / dem wnsch ich,* [...] *daz er vnsanfte leide* (IX,1f.). Das *leit*, das im hohen Minnesang aus dem Schmerz der unerfüllten Minnebeziehung resultiert, wird hier semantisch umgedeutet, indem es konkretisiert wird: Es erwächst nicht aus der Liebesbeziehung selbst, sondern wird von außen zugefügt. Der Reuentaler droht, den Konkurrenten mit gleicher Münze zurückzuzahlen, indem er andeutet, der *minne diep* – wohl in Gestalt des Reuentalers selbst – werde auch ihnen die Mädchen (*hertzen liep*) ausspannen (IX,3f.). Die Diskrepanz von Ausdrucksweise und Inhalt der Sängerrede ist hier besonders frappierend: Hinter der begehrten *wolgetanen* steckt ein Bauernmädchen, hinter den *nidern* deren männ-

[47] Bennewitz-Behr (1987), S. 150, weist zu Recht auf die Nähe von SL 20 zu den Winterliedern hin. Vgl. dazu aber Gaier (S. 20), der diesen Zusammenhang verkennt, wenn er schreibt: »Der Neid der Bauernburschen auf die Erfolge des ritterlichen Sängers bei den Bauernmädchen ist Thema der Winterlieder, die einzige Erwähnung der Sommerlieder in dieser Hinsicht ist die von Engelmars Spiegelraub [...]. Es ist deshalb unwahrscheinlich, daß Neidhart mit den Neidern seines Liebesverhältnisses Bauernburschen meint: sicher sind es die Ritter, die er im Auge hat, die demnach einen ebenso schlechten Geschmack haben wie der Sänger [...].« Sommerlieder und Winterlieder bilden zwar verschiedene, jedoch keineswegs bezuglose Systeme: Wechselseitige Verweise und Motivanspielungen (Natureingang!) machen das Spiel mit den beiden Kunstwelten nur umso komplexer.

liches Pendant. Die Auseinandersetzung mit den Rivalen, die die Winterlieder derb und handgreiflich austragen, wird hier abstrahiert zum höfisch besetzten Begriff *leit*. Obwohl die Mädchen von Seiten der männlichen Bewerber – Reuentaler wie Bauernburschen – keineswegs als Minne-, sondern vielmehr als Sexualobjekte betrachtet werden, suggeriert die Ausdrucksweise des Sängers ein höfisches Liebesverhältnis: Die *maget* wird zum *hertzen liep*, der Rivale zum *minne diep*.

Eine überraschende Wendung nimmt die Sängerrede in den Abschlussversen: *vrivnt, nv sprechen amen, / daz wir sin alle ramen!* Eine solche Aufforderung der Freunde findet sich in den Sommerliedern der Gruppe R ausschließlich an dieser Stelle,[48] während sie in den Winterliedern öfter auffällt. Dort erscheint der Sänger als Träger eben jenes Leids, das er hier, im Sommerlied, seinen Rivalen wünscht: *Hat aber iemen leid, daz minem leide si geliche*[49], */ moht mir der sinen rat enpieten! / deiswar, gvter ræte, der bedorft niemen baz. / ich gespræch min vrivnd gerne svmeliche, / daz si mir von solhen sorgen rieten* (WL 16,II,1–5).[50] Die Referenz auf die *vrivnd* geschieht vordergründig im Anschluss an den hohen Minnesang, wo das Motiv, bei Reinmar etwa, häufig eingesetzt wird: Vor dem Hintergrund eines gemeinsamen Wertehorizontes kann sich der Sänger bei den Freunden Rat holen, sein individuell erfahrenes Leid ist verallgemeinerbar und damit gemeinschaftlich diskussionsfähig.[51] So erscheint auch der Sänger in den Winterliedern als einer, der »seine Klagen und Wünsche zum Ausdruck einer gemeinsamen Angelegenheit zu prägen sucht«.[52] Während aber die Freunde im hohen Minnesang als tatsächliche Repräsentanten höfischer Normen fungieren, erscheint ihre Rolle in den Winterliedern fragwürdig, ist doch das *leit* des Sängers hier eben nicht höfisch kodiert, sondern durch zum Teil sogar tätliche

---

[48] Die *vrivnde* treten auch in den SLL 11 und SL 29 auf, jedoch in völlig anderem Kontext. Es sei auf die dortigen Ausführungen verwiesen.

[49] *gelich* R.

[50] Bei diesem wie bei allen anderen Zitaten aus den Winterliedern folge ich analog dem Verfahren der Sommerlieder der Hs. R.

[51] Vgl. z. B. MFTM 166,25: *Wâ nû getriuwer vriunde rât?* Der Sänger bezieht die *vriunde* in seine Diskussionen um *minne* ein, ohne dass diese stets mit ihm übereinstimmen müssten (Vgl. MFMT 165,12: *die vriunt verdriuzet mîner klage*). Wichtig ist jedoch, dass Sänger und *vriunt* gleichermaßen vor dem Wertehorizont des hohen Minnesangs handeln.

[52] Fritz Martini: Das Bauerntum im deutschen Schrifttum von den Anfängen bis zum 16. Jahrhundert. Halle 1944, S. 58. Vgl. auch Giloy-Hirtz, S. 139: »Es ist das Anliegen des Sängers, sich bei vermutlich Gleichgesinnten rückzuversichern, der Wunsch, sich in dieser Gemeinschaft aufgehoben zu fühlen. Die suggerierte Existenz dieser *vriunde* verweist zudem auf die Verallgemeinerbarkeit der individuellen Leiderfahrung.«

Konkurrenzkämpfe um ein Bauernmädchen verursacht. Der Rat der Freunde soll somit »weniger dem normgerechten, als dem erfolgversprechenden Minnewerben gelten«.[53] So fragt der Sänger etwa, wie er sich gegen seine übermächtigen Rivalen durchsetzen (WL 6,II) oder einer Dörperin Herr werden könne, die stärker ist als er selbst (WL 8,II). Vor diesem Hintergrund ist auch der Sängerappell aus SL 20 zu lesen: Der Sänger beansprucht die Freunde, um in seinem Interesse gegen die *nider* vorzugehen. Da das Anliegen des Sängers jedoch gegen jede höfische Norm verstößt, er sich sogar auf das Niveau der Dörper herablässt, können auch dessen Freunde nicht als Repräsentanten solcher Normen bestehen. Der Rezipient, dem im hohen Minnesang eine Identifikation mit den *vriunden* möglich war, muss sich hier von diesen distanzieren wie vom Sänger selbst: »Das tatsächliche Publikum kann sich mit den Freunden nur identifizieren, wenn es beim unhöfischen Verhalten des Ichs mitspielt, sich also selbst norminadäquat verhält. Will es nicht mitspielen, gerät es in die Rolle des sich selbst entfremdeten Publikums, dessen geglaubte und dargestellte Realität dissoziiert sind und somit zum Problem werden.«[54] Zu den bekannten fiktionsimmanenten, dörperlichen Adressaten des Natureingangs gesellt sich hier also eine zweite interne Publikumsrolle, die zuvor allenfalls greifbar war im Personalpronomen *ir* (z.B. SL 17,VII). Aus diesem *ir*, den Rezipienten also des ganzen Liedes, werden hier nun die *vrivnt*, d.h. die »Deixis des ›ihr‹ wird mehrdeutig, denn einmal sind das höfische Publikum, einmal die *vriunde*, einmal irgendwelche *dörper* angesprochen«.[55] Das Publikum der Aufführungssituation entwickelt so eine Skepsis gegenüber dieser changierenden Angesprochenenrol-

---

[53] J.-D. Müller (1986), S. 435.

[54] Titzmann, S. 505. Martini (S. 59) will in Neidharts Publikum eine »derbe, ritterliche Gesellschaft« sehen und hält eine Identifikation mit den Freunden daher für durchaus intendiert: »Solche oft wiederholten Anreden wollen die Hörer an den Erlebnisraum des Dichters fesseln, sie zum Miterleben, zum Mitleid auffordern, die Erregung durch pathetisches Wiederholen und Häufen steigern. [...] Die Anrede an die *vriunde* als Beistand und Ratgeber schuf die vertraute Bindung, eine Art Gemeinschaft.« Dem Standpunkt Martinis schließt sich auch Jürgen Schneider (Studien zur Thematik und Struktur der Lieder Neidharts. Göppingen 1976 [GAG 196/197], S. 225) an: »Die stereotypen ›vriunde‹-Anredefloskeln wollen die Hörer in den Erlebnisraum des Sängers integrieren, für seine Sache interessieren, an seinen Standpunkt fesseln [...].« Martini und Schneider verkennen jedoch in ihrer Argumentation, dass dem höfischen Publikum – denn nur von einem solchen können Neidharts Lieder verstanden werden – eine Identifizierung mit dem Sänger und dessen Freunden eben nicht möglich ist. Dass der Anruf an die Freunde ganz und gar unhöfischer Natur ist, verkennt auch Seemüller, der die *vriunde* zu Neidharts »höfischem Publikum« erklärt (S. 6) und dabei Beifall von Wiessner (Kommentar, S. 49) erhält.

[55] J.-D. Müller (1996), S. 57.

le, da ein gemeinsamer Wertehorizont nicht a priori gegeben ist: Wenn sich der Sänger als Liebhaber eines Bauernmädchens zum Verräter der höfischen Ideale stilisiert, ist dem Rezipienten eine Identifikation nicht nur mit diesem, sondern auch mit den als *vrivnt* Apostrophierten verwehrt. Dadurch geschieht auf der Adressatenebene das, was sich zuvor auf der Ebene der Sprecherrollen zeigte: Indem dem Rezipienten die Divergenz von internem und externem Kommunikationssystem vor Augen tritt, kommt die Fiktionalität der Aufführungssituation klar zum Vorschein.[56]

SL 20 erweist sich somit als hochreflexiver Text, der einen literarisch verständigen, mit dem System des hohen Minnesangs eng vertrauten Rezipienten voraussetzt. Mit den *vrivnden* nimmt der Sänger einen weiteren komplexen Baustein in sein dekonstruktives Spiel auf, das immer um denselben Kern kreist: Höfische und dörperliche Welt werden in stets neuer Variation gegeneinander ausgespielt. Der Rezipient von SL 20 wird konfrontiert mit sich überlagernden Registern und Rezeptionsebenen, so dass immer mehr zum Problem wird, was im hohen Minnesang selbstverständlich war: Die Identifikation mit dem Sänger.

Der Natureingang von **SL 26** setzt sich deutlich von den bisher untersuchten Liedern der Gruppe R ab, da die beiden Strophen in konträrer Beziehung zueinander stehen. In der Eingangsstrophe agiert der Sänger noch in seiner gewohnten Rolle als *vreude*-Verkünder: Auf engstem Raum fallen hier alle typischen Natureingangselemente in ihrer generellsten Ausprägung: Naturmotive (belaubter Wald, Vogelsang) in vergleichender Referenz auf den Winter, der Zentralbegriff der *vreude* (I,7: *vro singent aber di vogel*) und ein abschließender Sängerappell, in dem dieser knapp den futurischen Tanzhintergrund zeichnet und sich selbst in die sommerliche Hochstimmung einbezieht: *sam tv wir den reyen!* (I,8). Der Sänger ist in seiner Rede offensichtlich um Vollständigkeit bemüht, ohne die einzelnen Motive zu variieren oder originell auszuführen.

Zu Beginn der zweiten Strophe konstatiert der Sänger abermals die Hochstimmung aller (II,1f.), hier jedoch, um sich selbst im Folgenden davon abzusetzen. Die Wahrnehmung der sommerlichen Natur (II,3: *blvmen in dem lohe*) vermag bei ihm keine *vreude* hervorzurufen: *ich mach leider niht geiehen, / daz mir min* tovgen[57] *senediv sorge swinde: / div ist min ingesinde* (II,6–8). Anders als in

---

[56] So auch J.-D. MÜLLER (1996), S. 56f.: »[Neidhart] spielt mit der Labilität der im Minnesang vorausgesetzten Situationen und Rollen und pointiert damit die Differenz zwischen externer und interner Sprechsituation.«

[57] Korrigiert, aber schwer lesbar in R. Beabsichtigte Änderung in *tovgen* scheint wahrscheinlich (so auch WIESSNER gegen HAUPT).

den SLL 13 und 20 artikuliert der Sänger bereits im Natureingang, nicht in der Vordergrundszene, seine persönliche Betroffenheit. Während er in den bisher untersuchten Natureingängen stets als erfolgreicher und beliebter Verkünder von *vreude* auftritt, inszeniert er sich hier in einer neuen Rolle, nämlich in der des Klagenden. Ein bisher konstantes Merkmal des Typus wird somit variiert: Entsprach die emotionale Verfasstheit des Sängers stets der Jahreszeit – *vreude* im Sommer, *leit* im Winter –, kann er hier an der sommerlichen Hochstimmung nicht partizipieren. Durch seinen Klagegestus distanziert er sich sogar explizit von der ganzen *wærld* (II,1). Seine Trauer steht damit aber nicht nur in Opposition zur *vreude* der anderen, sondern schmälert diese auch rückwirkend, speist sie sich doch immer sowohl aus dem jahreszeitlichen Hochgefühl als auch aus der *vreude*-Botschaft des Sängers. Das von diesem vorgetragene *vreude*-Programm der Eingangsstrophe wird somit im Nachhinein in Frage gestellt, scheint vielmehr aus der Erinnerung zitiert zu sein. Dadurch erfüllt er zunächst die Gattungserwartung des noch ahnungslosen Rezipienten, dem scheinbar eine *vreude* versprochen wird, die dem Sänger selbst versagt bleibt. Was auf den ersten Blick selbstloser Verzicht scheint, entpuppt sich als bewusst eingesetzte, äußerst effektive Strategie: Indem die Erwartungshaltung des Zuhörers zunächst aufgebaut wird, tritt der anschließend stattfindende Bruch umso deutlicher hervor. Der Sänger selbst rückt nun unweigerlich in den Mittelpunkt des Interesses.

Analog zur deutlichen Differenzierung der Sängerrede schließt sich auch das folgende Gespielinnengespräch auf eine andere Weise an: Die Mädchen beziehen sich hier erstmals nicht explizit auf die vorausgehende Rede, ja scheinen diese gar nicht zu kennen. Die Interrelation vollzieht sich hier »auf einer Bedeutungs- und nicht auf der Spielszeneneinheit«,[58] wobei das gemeinsame Moment in der Klage besteht: Gleich zu Beginn setzt sich die erste Sprecherin – wie zuvor der Sänger – von der jahreszeitlichen *vreude*-Stimmung ab: *trovren, leit vnd vngemach / hat mir verderbet leip vnd al min sinne: / do ist niht vrevden inne* (III,6–8). Ebenfalls in ausgesucht höfischer Ausdrucksweise beklagt auch die zweite Sprecherin[59] ihr Leid (IV,1), das sie im Folgenden näher spezifiziert: *mir*

---

[58] H. Becker (1978), S. 277.

[59] Die Sprechereinteilung der vierstrophigen Mädchenrede wird kontrovers diskutiert. Haupt bzw. Wiessner/Sappler sowie Günther Schweikle (Neidhart: *Nû ist vil gar zergangen* [Hpt. 29,27]. Zur Geschichte eines Sommerliedes. In: Günther Jungbluth [Hg.]: Interpretationen mittelhochdeutscher Lyrik. Bad Homburg u. a. 1969, S. 247–267) ordnen die ersten beiden und die letzte Strophe des Dialogs einer Sprecherin zu (Schema AABA), was jedoch nicht überzeugt: Zum einen macht die einleitende inquit-Formel (*Zwo gespil ir mære* [*mær* R] */ begvnden sagen, / hertzen senediv swære / besvnder chlagen*) deutlich, dass *beide* Sprecherinnen von Kummer bedrückt sind. Bei einer Zuweisung

*ist ein man / vremde, der hat mir getan / da von mir langiv senediv sorge meret / vnt min hertze seret* (IV,5–8). Die Klage des Mädchens über die Abwesenheit des Geliebten wird durch die Wiederaufnahme des Ausdrucks *senediv sorge* (II,7) in direkten Bezug zur Klage des Sängers gesetzt, so dass eine Identität von Sänger und Geliebtem suggeriert wird. Dessen Abwesenheit erscheint somit als Grund des beiderseitigen Kummers und erklärt die ausbleibende Verzahnung von Sänger- und Mädchenrede: Das in der Eingangsstrophe zitierte *vreude*-Programm kann seine intendierten Rezipienten aufgrund der Absenz des Sängers gar nicht mehr erreichen. Der Natureingang ist nicht szenenimmanent, richtet sich ausschließlich an das Publikum des Liedganzen.

Die erste Sprecherin[60] versucht im Folgenden, den Kummer des Mädchens durch verständigen Rat zu lindern, denn sie hat ja ebenfalls zuvor ihr *trovren, leit vnd vngemach* konstatiert. Sie vermutet Liebeskummer als Ursache des Leides auch der Freundin. Diesen müsse sie unbedingt vor anderen geheim halten (V,6f.). Ihre Annahme bestätigt sich im Folgenden, wenn ihr das Mädchen vertrauensvoll verrät: *Dv horst etteswenne / [...] / einen ritter nennen / von Riwental / oder sinen sanch* (VI,1–5). Das Mädchen bestätigt somit die zuvor in IV bereits suggerierte Identität von fernem Geliebten und Sänger. Die bereitwillige Preisgabe des Namens verstößt wieder gegen das Gebot der *tougen minne* und erinnert an SL 14, in dem zwei Mädchen in ihrem Bemühen um höfisches Benehmen scheitern. Durch diesen Zusammenhang, ja überhaupt vor der Folie der übrigen Gespielinnendialoge, wird dem Rezipienten die dörperliche Identität der Sprecherinnen aus SL 26 nahegelegt. Zwar werden sie hier nie explizit als solche bezeichnet und halten ihre höfische Rede bis zum Schluss durch, doch ihr offenes Bekenntnis zum Reuentaler spricht für sich selbst. Die Andeutungen der ersten Sprecherin in V,3–6 geben zudem zu der Vermutung Anlass, dass die Absenz des Reuentalers auch Anlass ihres Leides ist, doch sie hält dessen Namen noch geheim. Als Zielpunkt beider Sprecherinnen erscheint die Beziehung

der Strophen III und IV an *ein* Mädchen würde die Wiederholung von *Leid vnd vngemv̂te* (IV,1) völlig redundant (so auch H. Becker [1978], S. 273f., und Wiessner, Kommentar, S. 66). In der folgenden Interpretation gehen Sprecher- und Strophenwechsel analog (Schema ABAB), eine Einteilung, die auch Becker nachdrücklich befürwortet. Anders als Becker erscheint mir jedoch auch der Anordnungsversuch Wiessners (1955) (ABBA; vgl. auch Wiessner, Kommentar, S. 66) durchaus denkbar und soll daher ebenfalls einbezogen werden.

[60] Nach der Strophenanordnung von Wiessner (ABBA) führt die zweite Sprecherin hier ihre Rede fort, was eine Bedeutungsverschiebung bewirkt: Das Mädchen möchte wissen, wodurch das *trovren, leit und vngemach* der Freundin hervorgerufen wurde; falls es sich beim Kummer der Freundin ebenfalls um Liebeskummer handle, bietet sie ihre Hilfe und Erfahrung an.

zum Sänger jedoch nicht mehr als Minneverhältnis, sondern vielmehr als rein sexuelles Begehren.[61]

Abschließend kommt nun noch einmal der Sänger selbst zu Wort: Sein Klagegestus entspricht dem seiner Eingangsrede, wobei er den Grund seiner Sorge nun spezifiziert: *Vnt han ich indert hæim, / wo schol daz sin?* (VII,1f.). Wie das Mädchen den fernen Mann Gott anempfohlen hat (VI,7f.), so wendet sich der Sänger nun selbst an ihn: *got vuege mir* ein[62] *hovs mit obedache / bi dem Lengebache!* (VII,7f.). Die Klage des Sängers über seine Heimatlosigkeit und seine Bitte um eine Bleibe in Österreich kann kaum ohne die Kenntnis der Winterlieder gelesen werden. Hier nämlich werden seine Vertreibung aus Reuental und seine Suche nach einem neuen Wirkungsort ausführlich thematisiert:

> *wa von sol man hine vur min geplætz erchennen?*
> *hie enphor do chande man iz wol bi Riwental.*
> *da von solt man mich noch von allem rehte nennen:*
> *aigen vnde lehen sint mir da gemezzen smal.*
> *chint, ir heizzet iv den singen, der sin nv gewaltich si!*
> *ich bin sin verstozzen ane schvlde: mine vrivnt,*
> *nv lazzet mich des namen vri!* (WL 24, VII)

WL 24 steht ganz im Zeichen der Erfolglosigkeit des Sängers: Seine Vertreibung aus der Heimat steht in engem Zusammenhang mit der Ungnade der *vrowe* (II) und der Übermacht der Dörper (III–VI). Die Schlussstrophe (R IX, W/S X) deutet zudem bereits an, was sich in den folgenden ›österreichischen‹ Liedern (WLL 25–36) bewahrheitet: Trotz der freundlichen Aufnahme durch den *edeln vursten* (R XIII, W/S IX,4), Friedrich den Streitbaren, wird der Sänger auch in seinem neuen Aktionsraum durch die Dörper bedrängt. Tatsächlich gewinnen diese in den ›österreichischen‹ Liedern die Überhand, während die Lieder des Sängers die *vrouwe* nicht mehr zu erreichen vermögen. Der Verlust des Riuwental-Signums kennzeichnet so den Beginn einer allumfassenden Auslöschung des Sprecher-Ichs als Liebender und Sänger, das somit nicht nur sein Lehen, sondern auch seine Identität verloren hat.

Hier kann nur kurz angedeutet werden, was Stoff für eine eigene Untersuchung wäre. Der Wechsel des Sängers von Bayern nach Österreich scheint tatsächlich eine werkbestimmende Wende zu markieren: So lässt sich in den

---

[61] Was sich hier nur andeutet, bildet die Pointe der Stropheneinteilung ABBA: Die Referenzen auf den fernen *man* und den *ritter* sind auf beide Sprecherinnen aufgeteilt, so dass der Grund für das Leid beider Mädchen eindeutig durch die Abwesenheit des Ritters motiviert ist.

[62] Fehlt R, *ein* H/W mit c.

WLL 25–36, die nach Ausweis von Orts- und Personennamen der österreichischen Zeit zuzuweisen sind, eine schrittweise Auslöschung der Sängerexistenz beobachten. Dieser hat keine Chance mehr, bei der Frau Gehör zu finden, da die Übermacht der Dörper unüberwindlich scheint (z. B. WL 25,V; WL 26,IV). Diese sind ihm nun nicht mehr nur körperlich überlegen, sondern machen ihm sogar seine Sängerrolle streitig (z. B. WL 27,III,7f.: *mir hat ein dőrper widerseit / vmbe anders niht wan vmbe den minen vppechlichen sanch*). Weder als Sänger noch als Tänzer oder Liebender hat das Ich eine Chance, die Dörper dringen ungehindert in den ihm angestammten Funktionsraum ein: So verwüstet ein Konkurrent seinen *anger*, flicht dort Rosenkränze und singt seine *wine liedel*, um schließlich an der Hand der vom Sänger selbst begehrten *vrowe* zu tanzen (WL 34,VI). Und auch der Abzug der Dörper, der in einigen Liedern angedeutet wird (WL 29,IV [W/S V]; WL 30,V [W/S VII]), erleichtert die Situation des Sängers nicht, sondern droht vielmehr, seine Existenz endgültig zu vernichten: Die Abwesenheit der Dörper markiert das Abbrechen auch der Klagelieder des Sängers. Paradoxerweise verhindert so die Anwesenheit der Dörper seinen Erfolg bei der Frau, ihre Abwesenheit aber seinen Erfolg beim Publikum.[63]

In den Sommerliedern hingegen wird der Niedergang des Sängers nicht zum Thema: Lediglich in SL 26 spricht der Reuentaler als Unbehauster außerhalb seines Aktionsraums,[64] und hier wird keinesfalls das Bild eines Erfolglosen gezeichnet. Spricht der Sänger wie in den Winterliedern als Klagender, so dient das Lied doch der positiven Selbstinszenierung seiner Person: Obwohl der Natureingang nicht mehr vor seinem dörperlichen Publikum zum Vortrag kommt, ist der Reuentaler immer noch Thema der Dialogszene und behält somit seine Identität. Die Mädchen beklagen nicht nur die Abwesenheit des Ritters, sondern vor allem die des Sängers, dessen Fernsein einhergeht mit einem Verlust von *vreude*. Dieses Programm kann in der Eingangsstrophe nur noch als Erinnerung zitiert werden, während der Gemütszustand aller Sprecher durch *senediv sorge* gekennzeichnet ist. Da aber diese leidvolle Stimmung bedingt ist eben durch die Abwesenheit des Reuentalers, wird dessen Bedeutung als erfolgreicher Sänger und Garant von *vreude* ex negativo bestätigt. SL 26 erinnert in diesem Punkt an das Verfahren der SLL 11 und 12, in denen ebenfalls die negativen Folgen der Abwesenheit des Sängers – das Ausbleiben von *vreude*-spendendem Singen – angedeutet werden.

Durch die höfische Stilisierung der Sprecherinnen – identifizierende inquit-Formeln bleiben aus, die Freundinnen werden nicht als *megede* bezeichnet –

---

[63] Vgl. dazu auch die Ausführungen zu SL 27.

[64] Auch in den SL 11 und 12 ist der Sänger abwesend, jedoch nur temporär.

setzt der Sänger seine Abwesenheit mit dem Verlust höfischer *vreude* gleich: Als Klagender inszeniert er sich damit als Repräsentant des hohen Minnesangs, dessen Kunst der *vreude* der Gesellschaft dient. Diese Ausblendung des Dörpermilieus wird aber dann zum Scheitern gebracht, wenn der vermeintlich höfische Sänger in der Mädchenrede als der Reuentaler erscheint. Vor der Folie des bekannten Typus, besonders der Gespielinnengespräche,[65] offenbaren sich dem Rezipienten die wahre Identität und Intention der jeweiligen Sprecher: die Scheinhaftigkeit des zwielichtigen Sängers und die Naivität der Mädchen, welche die höfischen Begriffe *vreude* und *leit* überhaupt nicht verstehen können. Da aber der Sänger die Fremdrede der Mädchen in sein eigenes Lied integriert, zeichnet er letztlich selbst verantwortlich für diese Ambivalenz: Sowohl seine positive Selbstinszenierung als auch deren Demontage sind von ihm intendiert. So baut er auch in diesem Lied auf neue Weise ein Spannungsverhältnis auf, indem er über die Referenz auf den Reuentaler seine Rolle als höfischer Sänger überblendet mit der des im Dorf sein Unwesen treibenden Verführers. In seiner Beurteilung dieses Sängers ist der Rezipient somit erneut auf sich selbst gestellt, da eine Identifikation, wie sie die Eingangsstrophe nahelegt, doch wieder verwehrt wird. Schließlich muss er ihm aber doch Respekt zollen für ein höchst komplexes Lied, in dem er seine Niederlage als Vertriebener und Heimatloser als Beweis anführt für seine Unentbehrlichkeit als Garant von *vreude*. Das Publikum wird also wieder zur sorgsamen Trennung der Rezeptionsebenen angehalten: Distanzierung vom fiktionsimmanenten Sänger, der als Sänger und Liebhaber von den Dörperinnen vermisst wird; Bewunderung für den Sänger(autor), der das Lied zum Vortrag bringt.

Die Schlussstrophe aber bedeutet vor diesem Hintergrund eine weitere Finesse, da das Spiel mit den Rezeptionsebenen auf die Spitze getrieben wird. Mit Lengenbach nennt der Sänger einen Ort, den sein Publikum der realen Lebenswelt und damit der externen Rezeptionsebene zuordnen kann.[66] Das Publikum, das doch gelernt hat, interne und externe Rezeptionsebene mit Bedacht zu unterscheiden, gerät hier neuerlich in Schwierigkeiten, da sich die beiden plötzlich

[65] Besonders auffällig ist die Nähe zu SL 14, das in Strophenbau und der abschließenden Riuwental-Pointe deutliche Parallelen zeigt.

[66] Besonders die Forschung des 19. Jahrhunderts sah hierin einen Beweis für ihre biographistische Lesart, da Neidhart sich mit der Bitte um ein neues Lehen wiederholt an Herzog Friedrich wende. Eine Interpretation, die Riuwental und die Orte des Tullner Felds lediglich als Lebensstationen des Dichters Neidhart liest, bleibt einerseits spekulativ und verkennt andererseits die Vielschichtigkeit der Lieder, denn alle Ortsangaben sind zunächst als *fiktionsimmanente* Handlungsräume des Rollen-Ichs zu lesen. Dass der Autor den realen Bezug dieser Orte für seine Lieder nutzen kann, steht auf einem anderen Blatt.

überlagern: Die Rolle des vertriebenen, heimatlosen Sängers ist für das Publikum ebenso auf den Reuentaler wie auch auf den tatsächlich vor ihm stehenden Sänger übertragbar, so dass die Vertreibung nicht nur fiktionsimmanent, sondern auch realiter relevant zu sein scheint als indirekte Bitte des Autors um eine neue Bleibe. Diese wäre dann äußerst geschickt versteckt in einem Lied, in dem die interne Kommunikationsebene darstellt, was der externen droht: Freudlosigkeit aufgrund der Abwesenheit des Sängers. Das Lied ließe sich so deuten als implizite Eigenwerbung, indem der externe Sänger durch seine interne Reuentaler-Rolle vorführt, dass er für *vreude* sorgen kann – nicht als Reuentaler in der Welt der Dörper, sondern als Produzent von Sommerliedern in einem potentiellen neuen Wirkungskreis. Gleichzeitig aber lässt sich Lengenbach wie Reuental auch auf interner Ebene verorten, so dass sich zwischen Fiktionsimmanenz und Realität ein Spannungsverhältnis aufbaut: Die Schlussstrophe lässt sich weder eindeutig als tatsächliche Bitte des Dichters noch als ausschließlich fiktive Aussage des Reuentalers lesen.[67] Hinter der Fiktion des Reuentalers konturiert sich damit durch die geschickte Verquickung der Rezeptionsebenen der Schatten des realen Autors.

## 2. Der erfolglose Sänger

### 2.1 Zwischen *vreude* und *leit*: SL 9 (R 9)

Die Sprecherzuteilung des vierstrophigen Natureingangs von SL 9 wurde in der Forschung kontrovers diskutiert,[68] lässt sich doch der Beginn der Rede der ersten Sprecherin, einer *alten*, nicht genau fixieren. Dass dies kein Defizit sein muss, sondern vielmehr die Interrelation von Sänger- und Figurenrede unterstreicht, zeigte sich bereits bei anderen Sommerliedern. Die ersten beiden Strophen lassen sich derweil noch recht eindeutig dem Sänger zuschreiben: Als expliziter Ich-Sprecher empfängt er euphorisch den Sommer, dessen Einzug die Verdrängung des Winters und damit die Heilung der von diesem zugefügten

[67] Aus dieser Ambivalenz lässt sich auch die konträre Diskussion um den Passus deuten. Während SCHWEIKLE (1969) die Strophe als Hinweis auf »Neidharts persönliches Erleben« (S. 402) deutet, wenden sich H. BECKER (1978, S. 276) und JOLDERSMA (S. 204) dagegen: »But the conclusion that this last stanza characterizes the poet, rather than the narrator [...], completely disregards the inherent fictionality of the song [...].« Keinem der Interpreten ist hier zu widersprechen, doch leuchten beide Richtungen jeweils nur eine Seite aus. Die Doppelbödigkeit der Strophe, die gerade darauf ausgelegt ist, sich einer eindeutigen Zuordnung zu einer Rezeptionsebene zu entziehen, wird von beiden nicht erkannt.

[68] Vgl. WIESSNER, Kommentar, S. 18.

Herzensqualen (I,3–6) und das Ende von *trovren* (II,5) bedeutet. Im abschließenden Appell *ivngen, svlt ivch aber zden vrovden strichen!* (II,6), der durch das Kleidungsmotiv auch auf den sommerlichen Tanz verweist, agiert der Sänger in seiner typischen Rolle als *vreude*-Verkünder.

In den Strophen III und IV werden die bisher bekannten Natureingänge durch die Anlagerung neuer Motive variiert. Der personifizierte Wald bietet seine üppigen, *vreude*-spendenden Waren, vor allem den Gesang der Vögel, als ›Medizin‹ gegen winterliches *trovren* (II,5) feil. Durch die abschließende inquit-Formel der vierten Strophe wird die Bemerkung *ir svzzen chlanch / ich zeminem teile / wil dingen, daz er mine wnden heile* (IV,3–5) einer liebestollen Alten zugeordnet. Ob ihre Rede erst hier[69] oder bereits mit der dritten Strophe einsetzt,[70] der Alten also die gesamte Krämerszene gehört, ist wohl wieder nicht eindeutig zu bestimmen. Die von WIESSNER/SAPPLER getroffene Entscheidung, die Alte ab der dritten Strophe sprechen zu lassen, verfängt aber insofern, als der Beginn der ungewöhnlichen Krämermetaphorik durchaus auch einen neuen Sprechereinsatz rechtfertigt. Zudem lassen sich paradigmatische Bezüge zwischen den Strophen I/II und III/IV feststellen, die sich als Referenzen der Alten auf die Eingangsstrophen deuten lassen, so etwa die Aussage *ich hœr sagen, / vrovd bernde same, / der si da veil* [...] (III,3f.) als Reaktion auf II,6 (*ivngen, svlt ivch aber zden vrovden strichen*) oder die geäußerte Hoffnung *ich zeminem teile / wil dingen, daz er mine wnden heile* (IV,4f.) als Wiederaufnahme von I,3–5 (*swaz hertz wnt / was den winder langen, / die sin geheilet*).

Die inkongruente Reaktion einer Alten auf den *vreude*-Appell des Natureingangs kennen wir aus SL 17. Ihr Lustverlangen (IV,6: *gæile*) und innere Aufruhr (V,1f.: *Der was* [...] / *allez ir gemv̊t erwagt*) gehen in SL 9 nicht nur aus ihrer Rede hervor, sondern werden in einem kurzen Erzählerkommentar betont und dem Wirken der allegorisierten *minne* zugeschrieben. Dies erkennt auch ihre Gesprächspartnerin, *ein stolziv magt* (V,3), die die Minne als *chvneginne* (V,4) apostrophiert und nach einem Mittel gegen deren sinnesraubende Kraft fragt.

Die folgende Strophe (VI), in der die Sprecherin in höfisierender Manier ihre Verwundung durch Amors Liebespfeil beschreibt,[71] wird bei HAUPT/WIESSNER/

---

[69] So bei HAUPT.

[70] WIESSNER (Kommentar, S. 18) befürwortet sogar eine Zuordnung aller Natureingangsstrophen an die Alte, was jedoch aufgrund der in R etablierten Sängerrolle fraglich erscheint.

[71] In der Rede des Mädchens klingen Verse Ovids an, bei dem es sich jedoch um Pfeile aus Gold und Blei handelt: *aeque sagittifera prompsit duo tela pharetra diversorum operum: fugat hoc, facit illud amorem. quod facit, auratum est et cuspide fulget acuta; quod fugat, obtusum est et habet sub harundine plumbum* (I,468–471).

SAPPLER wieder der Alten zugeschrieben. Der unvermittelte Übergang zwischen den Strophen führte schon früh zu Diskussionen um die Sprecherzuteilung, wobei die Interpretationen von SL 9 mehrheitlich der HAUPT/WIESSNERschen Anordnung folgen. Tatsächlich lässt sich aus der für eine Alte völlig unpassenden, literarisierenden Ausdrucksweise eine zusätzliche ironische Brechung der Figur, aber auch der Liebesallegorie selbst ablesen, eine Brechung, die ja durchaus typuskennzeichnend ist. Einleuchtender erscheint jedoch eine weitere, in der Forschung meist vernachlässigte Möglichkeit: Die *maget*, die ja schon in der vorhergehenden Strophe durch ihre Aussage *wie mangen dv berovbest siner sinne* (V,5) ihre eigene Betroffenheit signalisiert, fährt in ihrer Rede fort und stellt dar, wie sie selbst zum Opfer der mächtigen Minne wurde.[72] Auf einen fragenden Einwurf der Alten, der eigentlich auf die Ursache des Erlebten zielt, schildert sie die Folgen ihrer Minneergriffenheit: *si twinget, daz man swindet vnder lachen, / sælten slaffen, dick in trovren wachen* (VII,5f.). Die Gefühlslage des Mädchens ist der der Alten somit gerade entgegengesetzt – *not* und *trovren* bestimmen ihre Befindlichkeit, ihre Verwundung durch Amors Pfeil gleicht einer todbringenden Verletzung, deren Folgen körperlich spürbar sind. Diese Aussagen passen nun tatsächlich kaum zur Beschreibung der triebhaften, in Aufruhr versetzten Alten, deren Wunden schon durch den Vogelsang heilbar zu sein scheinen.

In der Schlussstrophe kommt nochmals der Sänger selbst zu Wort. In der Rolle des zunächst neutralen Erzählers stellt er fest, dass das Streben beider Sprecherinnen der *vreude* gelte (VIII,1ff.: *Wol verstv̊nt div ivnge, / daz der alten ir gedanch / nah vrovden ranch*), um dann aber im Folgenden sein persönliches Leid zu artikulieren: Auch ihn verlange es nach *vreude*, ein Wunsch, der ihm aufgrund einer *sendiv sorge* (VIII,5) und Erfolglosigkeit bei der *herzen lieb* (VIII,6) jedoch verwehrt sei. Der Sänger tritt damit in der Rolle des klagenden Liebenden auf, eine Rolle, in der er bereits im Natureingang von SL 26 agierte. Im Gegensatz zu diesem Lied erfährt der Rezipient hier nichts über mögliche Ursachen seiner Erfolglosigkeit. Indem aber die Konstatierung seiner *sendiv sorge* deutlich auf die Rede des Mädchens referiert (VI,3: *sender not*), wird ein Zusammenhang der beiderseitigen Trauer nahegelegt. Beide würden gerne dem unbekümmerten *vreude*-Streben der Alten folgen, werden aber durch ihr beklagtes Ungelingen im Liebesglück davon abgehalten.

In SL 9 werden also zwei verschiedene Minnekonzepte gleichzeitig aufgerufen und negiert. Die Minne wird als *vreude*- und *leit*-spendende Kraft darge-

[72] Schon BENECKE schlug diese Rollenverteilung vor (vgl. WIESSNER, Kommentar, S. 18f.), die jedoch nur wenig Beachtung fand. Auch BRÜNDL setzt sich in seiner Interpretation von der WIESSNERschen Reihenfolge ab.

stellt, wobei beide Seiten durch eine Figur repräsentiert sind. Auf der Seite der wiederauflebenden *vreude* steht aber ausgerechnet eine alte Greisin, die in ihrem erotischen Begehren komisch wirken muss. Die zu erwartende Aufwertung der Seite des *leits* findet jedoch nicht statt, da die frühminnesängerisch anmutende Schilderung der Liebesqualen nicht etwa der höfischen *vrouwe*, sondern einer *maget* und damit einer Dörperin in den Mund gelegt ist. Die Aussagen beider Sprecherinnen stehen dabei in Zusammenhang mit der Rede des Sprechers, der in völlig verschiedenen Rollen auftritt: als *vreude*-verkündender Natureingangssprecher, auf den sich die unbekümmerte Rede der sinnlichen Alten bezieht, und als unglücklich Liebender, der die *sendiv sorge* der *maget* teilt.

In der Schlussstrophe werden alle drei Figuren zusammengeführt, indem der Sprecher konstatiert, dass sowohl er als auch die *maget* sich dem Wunsch der Alten nach *vreude* anschlössen, durch ihre Liebesqualen aber daran gehindert würden. Indem der Sänger sich der höfischen Begriffe *herzeliebe* und *sendiv sorge* bedient, impliziert er die moralische Überlegenheit seiner Liebeskonzeption über die der Alten.[73] Der so angedeutete Gegensatz von naturhaft sinnlicher *vreude* und höfischem *leit* wird indes dadurch geradezu ad absurdum geführt, dass der Sänger selbst das eine Konzept im Natureingang verkündet, sich aber am Liedende davon abzusetzen scheint.[74] So gelingt es ihm, den konträren Einstellungen *beider* Sprecherinnen gerecht zu werden – der *vreude*- und der *leit*-orientierten.

Die Einordnung des untersuchten Liedes in die Reihe der Sommerlieder der Gruppe R ist schwierig, da neben den genannten Gemeinsamkeiten auch die Unterschiede deutlich zutage treten. So ist das Ausbleiben des Riuwental-Signums ebenso ungewöhnlich wie die vom Sänger besetzte Rolle des Klagenden, die er am Liedende einnimmt. Ist diese Rolle für die Sommerlieder ungewöhnlich, so ist sie dem Rezipienten aus den Winterliedern bekannt, und tatsächlich finden sich in einigen Winterliedern deutliche Parallelen zu SL 9. In WL 13 apostrophiert der Sänger die Minne ebenfalls als *chvneginne* (VII,8) und beklagt: *Minne, dine snůre, / di twingent daz hertze min* (VII,1f.). In WL 23 sind die Parallelen noch deutlicher: *si hat zwischen herzen lieb schaden vil getan. / svs*

[73] Vgl. auch Gaier, S. 57: »[Der Sänger] kann also nicht wie die Alte nach *vröuden* streben, da für ihn die Gewinnung von *herzenliebe* eine notwendige Voraussetzung der Freude ist. Deutlich wird hier die anonyme Triebleidenschaft der Alten von der höfischen Minne des Ritters abgesetzt [...].«

[74] Anders Händl (S. 88), die die Identität von Natureingangssprecher und Ich-Rolle des Liebenden in diesem Lied negiert, obwohl sie eine solche für andere Sommerlieder veranschlagt. Händl interpretiert die Schlussstrophe als »Gag« des Sängers, der sich durch seinen Wunsch derselben Lächerlichkeit preisgebe wie die Alte.

*getaner not / chan div minne wnder machen / [...] / si wndet mangen, daz im bezzer wære ein samfter tot* (IX,8–13). Die scheinbar höfische Klage des Sängers entpuppt sich jedoch als Klage über die Übermacht der rivalisierenden Dörper. Eine solche Diskrepanz manifestiert sich auch im Minnediskurs von SL 9 durch die Inkongruenz von höfisch-allegorisierender Redeweise und dörperlicher Sprecherin. Zudem überlagert sich das höfische Gegensatzpaar von *vreude* und *leit* mit dem naturhaft-sinnlichen *vreude*-Konzept der Eingangsstrophen, wobei offenbleibt, welche Position der Sänger selbst einnimmt.

## 2.2 Der Einbruch der Welt der Winterlieder: SL 22 (R 52)

SL 22 nimmt unter den Sommerliedern der Gruppe R eine besondere Stellung ein: Nicht nur durch das Fehlen eines Dörperdialogs, sondern vor allem auch durch die unverkennbare Nähe zu den Winterliedern stellt der Text eine deutliche Typusvariation dar. Das rege Forschungsinteresse beruht vor allem auf dem in den Winterliedern oft erwähnten, jedoch in den Sommerliedern (R) einzig hier breiter ausgeführten Motiv des Spiegelraubs:[75] Das Entreißen von Vriderruns Spiegel durch den Dörper Engelmar scheint an keiner Stelle so greifbar wie in SL 22, wenngleich der Raub auch in diesem Lied als bereits abgeschlossen dargestellt wird. Obwohl sich zahlreiche Arbeiten eingehend mit dem Motiv beschäftigt haben,[76] liegt bis heute keine konsensgestützte Interpretation vor, ein

[75] Der Spiegelraub wird in den Sommerliedern in R sonst einzig in SL 27 kurz anzitiert.

[76] Während die frühere Forschung versuchte, den Spiegelraub als für den Dichter biographisch relevantes Ereignis zu deuten, steht in jüngerer Zeit der symbolische Gehalt des Motivs im Vordergrund (Vgl. dazu die Forschungsberichte bei WIESSNER, Kommentar, S. 55f.; SIMON [1968], S. 195f.; HEINZ-DIETER KIVERNAGEL: Die *Werltsüeze*-Lieder Neidharts. Köln 1970, S. 133–137; GERT KAISER: Narzißmotiv und Spiegelraub. Eine Skizze zu Heinrich von Morungen und Neidhart von Reuental. In: KATHRYN SMITS u. a. (Hgg.): Interpretation und Edition deutscher Texte des Mittelalters. Fs. John Asher. Berlin 1981, S. 71–81. Wieder in: BRUNNER [1986], S. 320–333). Weitere Literatur: FREDERICK GOLDIN: Friderun's Mirror and the Exclusion of the Knight in Neidhart von Reuental. Monatshefte 54 (1962), S. 354–359; HANS-DIETER MÜCK: »Ein politisches Eroticon«. Zur Funktion des ›Spiegelraubs‹ in Neidharts Liedern der Handschrift c (Mgf 779). In: ULRICH MÜLLER (Hg): »Minne ist ein swaerez spiel«. Neue Untersuchungen zum Minnesang und zur Geschichte der Liebenden im Mittelalter. Göppingen 1986 (GAG 440), S. 169–207; EDITH WENZEL: The never-ending Neidhart-Story: Vriderun and her mirror. In: JEFFERIS (1999), S. 41–58; JAN-DIRK MÜLLER: Kleine Katastrophen. Zum Verhältnis von Fehltritt und Sanktion in der höfischen Literatur des deutschen Mittelalters. In: PETER VON MOOS (Hg.): Der Fehltritt. Vergehen und Versehen in der Vormoderne. Köln u. a. 2001, S. 317–342. Vgl. auch DE BOOR (1953), GAIER, LIENERT, BIRKHAN u. a.

Befund, der wohl im Untersuchungsgegenstand selbst begründet ist: Die Rätselhaftigkeit und Ambivalenz des Ereignisses scheint wie so vieles andere in Neidharts Liedern intendiert, eine einsinnige Lenkung des Rezipienten durch eine eindeutige Schilderung des Raubs bleibt entsprechend bewusst aus. Die folgende Interpretation versteht sich deshalb nicht als Lösungsversuch – ein solcher ist wohl gar nicht möglich –, sondern will SL 22 in den Kontext der zuvor untersuchten Sommerlieder der Gruppe R stellen und den Spiegelraub dabei vornehmlich in seinen Konsequenzen für die literarische Welt der Sommerlieder deuten.

Der mehr als drei Strophen umfassende Natureingang fällt auf durch seine erschöpfende und variationsreiche Behandlung aller typischen Eingangselemente, neben denen sich jedoch auch einzelne ungewöhnliche Motive finden, die die Sonderstellung des Liedes bereits andeuten. Der Sänger nimmt die Beschreibung des sommerlichen Naturbildes in aller Ausführlichkeit und mit einem Großteil der bekannten Motive vor: Die Linde steht in neuem Laub (I,1f.), die Wiese erscheint in leuchtender Blütenpracht, die Heide ist mit Rosen geschmückt (II,3–5), aus dem Wald erklingt Vogelsang (III,1f.). Der eingangs geschilderte Gesang der Nachtigallen ist hingegen ungewöhnlich charakterisiert: *si singent wol zebrise / vrômde svzze wise / dône vil* (I,4–6). Der *vrômde*, seltsame Gesang suggeriert die Ausnahmestellung des Liedes, was möglicherweise durch eine entsprechende Vertonung verstärkt worden sein könnte.[77] In der dritten Strophe tritt der Sänger selbst in seiner Rolle als *vreude*-Verkünder in den Vordergrund, wobei er sich direkt an sein dörperliches Publikum wendet: *stoltze maget, ir svlt ein niwes teichen. / vrevt ivch lieber mære! / maniges hertzen swære / wil zergan* (III,3–6). Über die Aufforderung, sich schmuck zu kleiden, ruft der Sänger im Folgenden implizit zum Tanz auf dem *anger* auf. Dabei setzt er sich selbst – wie in SL 15 – in die Rolle des ›höfischen‹ Lehrers: *tvt, als ich ivch lere, / strichet iwer chleider an!* (III,7f.).

Eine nicht nur im Rahmen des Natureingangs ungewöhnliche Rolle nimmt der Sänger in der zweiten Strophe ein, an deren Ende er nach einer Beschreibung der Rosen einen präteritalen Rückblick anbringt: *der sant ich Vriderovnen / einen chrantz* (II,7f.). Einzig in SL 15 findet sich ein vergleichbarer Fall, dort jedoch zitiert der Sänger den Kranzwunsch einer Dörperin, während er hier sein eigenes Bemühen um ein bestimmtes, namentlich genanntes Mädchen erwähnt – Vriderun. Eine solche, aus der Ich-Perspektive referierte Aktion des Sängers findet sich an keiner anderen Stelle der Sommerlieder – die Mädchen scheinen ihm sonst vielmehr von alleine zuzufliegen. Das Motiv des Kranzes deutet derweil

[77] So auch H. BECKER (1978), S. 307.

an, dass sein Interesse sexueller Natur ist – auch hier liegt somit kein höfischer *dienest* von Seiten des Sängers vor, sondern vielmehr eine erotische Einladung.

Ebenfalls auffällig ist die besondere Betonung des Zentralbegriffs der *vreude*, der gleich zweimal fällt. Ihre Allgegenwärtigkeit wird dadurch hervorgehoben, dass sie sowohl das Verhalten der Tiere (I,7) als auch das der Menschen (III,4) kennzeichnet. Kontrastparallel dazu erhält auch der vergleichende Rückblick auf den Winter, Zeit der *swære* (III,5), besonderen Nachdruck: *Si sprechent, daz der winder / hiw*er[78] *si gelenget* (II,1f.). Die Betonung der jahreszeitlichen Gegensätze und der ungewöhnlichen Länge des Winters suggeriert hier bereits, was auf literarischer Ebene – im Verhältnis von Sommer- und Winterlied – im weiteren Verlauf des Liedes durchgespielt wird.

Der Natureingang bricht mitten in der vierten Strophe unvermittelt mit dem Aufruf zum Tanz ab. Es folgt nun aber eben nicht die Wiedergabe eines Dörperdialogs, sondern die präteritale Schilderung des Tanzes selbst. Und dieser ist nicht mehr bloß futurischer Hintergrund, sondern Gegenstand des Liedes. Wie sonst die Gesprächsszene steht auch die Schilderung des Tanzes in deutlichem Bezug zum Natureingang, nämlich über die Figur Vriderun, die in Aufmachung und Verhalten der Aufforderung des Sängers nachzukommen scheint: *Vriderovn als ein toche / spranch in ir reidem roche / bi der schar* (IV,4–6). In ihrem weiteren Verlauf nimmt die vierte Strophe jedoch eine überraschende Wendung: Nicht der Sänger, sondern ein dörperlicher Rivale wird erwähnt, nämlich Engelmar, der Vriderun heimlich beim Tanz beobachtet (IV,7f.). Somit erscheint ein männlicher Konkurrent in der Welt der Sommerlieder,[79] wobei seine Absichten durch sein verdächtiges Verhalten bereits zu diesem Zeitpunkt fragwürdig erscheinen.

Der Sänger fährt in der folgenden Strophe mit der Beschreibung der Tanzszene fort: *Do sich aller liebs / gelich begvnde zweien, / do sold ich gesvngen habn den reyen, / wan daz ich der stvnde / niht bescheiden chvnde / gegen der zit, / so div svmer wnne / manigem hertzen vrevde git* (V). In unmittelbarem Anschluss an die erste Erwähnung Engelmars muss der Sänger sein eigenes Versagen eingestehen. Das im Natureingang proklamierte *vreude*-Programm vermag er beim sommerlichen Tanz nämlich nicht einzulösen, da er dort gar nicht als Sänger auftreten kann: *ich mvz ein hovs besorgen, / daz mich sanges wendet manigen morgen* (VI,2f.). Materielle Not erscheint in den sogenannten ›bayeri-

[78] *hiw* R.

[79] In den SLL 23 und 25 war zwar jeweils ein Dörper Thema des Streitdialoges zwischen Mutter und Tochter; Letztere stellte aber gerade die Überlegenheit des Reuentalers gegenüber dem dörperlichen Rivalen heraus.

schen‹ Winterliedern mehrfach als Ursache für die Existenzgefährdung des Sängers: Die armseligen Verhältnisse auf dem Gut Reuental werden dort in direkten Zusammenhang mit der Erfolglosigkeit des Sängers als *vreude*-Bringer und Liebender gesetzt,[80] so dass er seinen »ideellen Anspruch« aufgrund einer »›realen‹ Dürftigkeit«[81] nicht einlösen kann. Dies wird ihm von seinem Publikum zum Vorwurf gemacht, das seine Lieder einfordert: *Nv heizzen si mich singen* (VI,1). Indem sowohl die Klage des Sängers über seine materielle Situation als auch die Aufforderung des Publikums im Gegensatz zur präteritalen Tanzszene im Präsens stehen, erscheinen Not und Versagen des Sängers nicht mehr nur als einmaliges, abgeschlossenes Ereignis, sondern als andauernder Zustand.

Die Bitte oder Forderung eines nicht näher bestimmten Publikums, den Gesang wieder aufzunehmen, ist ein häufiges Motiv der Winterlieder.[82] Eine weitere Parallele kommt in der absoluten Ratlosigkeit des Sängers zum Ausdruck. Mit der Frage *wi sol ich gebarn?* (VI,4) äußert sich nicht mehr das erfolgreiche Ich des Natureingangs, das anderen sein *lere* anbietet; vielmehr wird das versagende Ich der Winterlieder laut, das in seiner Hilflosigkeit seinerseits Rat sucht. Das gegenwärtige Unglück des Sängers steht jedoch nicht nur in Zusammenhang mit seiner materiellen Not, sondern wird ebenso auf die Figur Engelmars bezogen, wenn gleich im Anschluss an seinen Hilferuf zurückgeblendet wird auf das Auftreten des Dörpers beim vergangenen Tanz: *mir ist an Engelmaren / vngemach, / daz er Vriderovnen / ir spigel von der siten brach* (VI,5–8).

Das hier angesprochene Entreißen von Vrideruns Spiegel ist wohl das bekannteste und am häufigsten gedeutete Motiv aus Neidharts Liedern. Seine Rätselhaftigkeit und interpretatorische Offenheit resultieren nicht zuletzt aus der vielgestaltigen speculum-Tradition,[83] auf die Neidhart wohl ganz bewusst zurückgreift. Als Requisit aus der höfischen Welt – in dieser Annahme besteht weitgehende Einigkeit – ist er symbolisch in vielfacher Hinsicht besetzt. In der

---

[80] Vgl. dazu v.a. WL 3,VI [W/S VII]; WL 5,VI.

[81] Titzmann, S. 493.

[82] Z.B. WL 25,IV [W/S V],3ff.; WL 30,V [W/S VII]. Die Identität dieser Bittenden lässt sich nicht eindeutig bestimmen. Wie bei der Analyse von SL 20 dargestellt, spielt der Sänger mit dem Spannungsverhältnis von interner und externer Rezeptionssituation, d. h. eine Identifikation des höfischen Publikums mit dieser internen Publikumsrolle ist nur bedingt möglich. So bleibt auch die Identität der in SL 22 nur mit *si* bezeichneten Rezipienten ambivalent: In erster Linie betrifft das Versagen des Sängers die Teilnehmer des Tanzes, denen er nicht mehr aufspielt. Hinter diesen scheint jedoch auch das Publikum des Liedganzen auf, dem die Lieder ebenfalls der gesellschaftlichen Unterhaltung dienen.

[83] Vgl. dazu Herbert Grabes: Speculum, Mirror und Looking-Glass. Kontinuität und Originalität der Spiegelmetapher in den Buchtiteln des Mittelalters und der englischen Literatur des 13. bis 17. Jahrhunderts. Tübingen 1973.

höfischen Minnelyrik wird die Spiegelmetapher instrumentalisiert für eine Diskussion des idealen Minneverhältnisses – man denke nur an Heinrichs von Morungen Narziss-Lied. Der Raub des Spiegels durch Engelmar erscheint dadurch als »Akt gewaltsamer sexueller Bemächtigung«[84] Vrideruns, was den Verlust persönlicher *vreude* des Sängers zur Folge hat: Der Raub bezeichnet den Beginn der Erfahrung von *leit*,[85] wie sie in den Winterliedern vorherrscht. Das zum Trauma potenzierte Unglück des Sängers ist jedoch nicht nur »Inbegriff alles persönlichen Leides«, sondern wird in den Winterliedern gesteigert zur Ursache »alles Leides der Welt«:[86]

> *nv ist in allen landen niht wan trovren vnde chlagen,*
> *sit daz der ungevuege dorper Engelmar*
> *der vil lieben Viderovn ir spiegil nam.*
> *do begvnde trovren vrevd ŏz al den landen iagn,*
> *da si gar verswant.* (WL 34,V,3–7)

Eine solche Dramatisierung des Spiegelraubs zum Niedergang der Welt[87] wirft die Frage auf, ob die »apokalyptischen Ausmaße«[88] des Ereignisses nicht in einem Missverhältnis zu seiner »scheinbare[n] Geringfügigkeit«[89] stehen. Wie ein einmaliger und individueller Fehltritt zum »Zeichen einer aus den Fugen gegangenen Welt«[90] werden kann, sucht J.-D. MÜLLER im Rahmen einer bis ins Sozialgeschichtliche ausgreifenden Interpretation zu erhellen: In einer Gesellschaft, die wie die höfische von der Bedeutung und Respektierung minimaler Unterschiede lebt, können folglich auch schon minimale Regelverletzungen als Bedrohung des Ganzen empfunden werden. In diesem Sinne stünde der dör-

---

[84] J.-D. MÜLLER, Kleine Katastrophen (2001), S. 334.

[85] Vgl. WL 32,III [W/S V],5–12. Häufig führte dieser Zusammenhang zu der Behauptung, die Entstehung von SL 22 müsse generisch vor der der Winterlieder liegen. Vgl. entsprechend die Formulierungen bei RUH, S. 260 (»Vorklang der Winterlieder«), oder JANSSEN, S. 174 (»Vorschau [...] auf die Position [...] in den Winterliedern«). Gerade bei diesem Lied zeigt sich jedoch, dass solche Thesen näherer Betrachtung nicht standhalten: Die zahlreichen Verweise auf die Winterlieder setzen ja gerade voraus, dass ein solcher Typus bereits im Bewusstsein der Hörer verankert ist. Die zahlreichen epischen Verweise in Neidharts Liedern verleiteten überhaupt immer wieder zu ähnlichen Versuchen, eine Produktions- bzw. Vortragschronologie zu erstellen, die jedoch immer spekulativ sein muss und dem Verständnis der Lieder nicht dienlich ist (in diesem Sinne auch LIENERT und TITZMANN, S. 510).

[86] HANS NAUMANN: Friederuns Spiegel. ZfdA 69 (1932), S. 297–299, hier S. 299.

[87] Vgl.auch WL 23,V.

[88] J.-D. MÜLLER, Kleine Katastrophen (2001), S. 338.

[89] Ebd., S. 340.

[90] Ebd.

perliche Fehltritt symbolisch für eine die höfische Welt insgesamt bedrohende Katastrophe.[91]

Wenig, wenn nicht gar keine Beachtung fanden die letzten vier der in R überlieferten Strophen, die als ›unechter‹ Zusatz Nachdichtern zugeschrieben wurden. Davon, dass der Spiegelraub dort »in voller Breite«[92] erzählt würde, kann jedoch keine Rede sein, wird der Gewaltakt doch auch hier nur andeutend-verhüllend umschrieben. Im Vordergrund steht vielmehr wieder die Person Engelmars, dessen Maßlosigkeit (VII,3)[93] und Gewaltbereitschaft (VIII,6–8) der Sänger nachhaltig betont. Dabei lassen sich wieder deutliche Parallelen zu den Dörperbeschreibungen der Winterlieder erkennen, in denen diese in ihrer *üppekeit* und Rohheit dargestellt werden. Auch ihr massives Auftreten in Gruppen deutet sich bereits an: *er ist ein torscher beier. /* er[94] *vnd der ivnge maier / tvnt ir leit* (VII,4–6). Die Bedrohung durch Engelmar trifft jedoch nicht nur Vriderun, sondern vor allem den Sänger selbst, läuft dieser doch Gefahr, endgültig *vertriben* (VIII,2) zu werden: Ausführlich beschreibt er, dass nun der Rivale die Rolle des Anführers beim sommerlichen Reien übernommen habe: *er ist ein gæmzinch vnder ivngen wiben, / er ist ein ridewanzel, / in dem gev veiertanzel* (VIII,3–5). Sein Auftreten beim Tanz bringt jedoch keine *vreude*, sondern baut auf *gewalt* (VIII,6–8). Der Diebstahl von Vriderurs Puppenwiege (IX,2) ist in seiner Symbolik ebenfalls schwer deutbar, aber in Relation zum traumatischen Schock des Spiegelraubs scheint er doch von geringerer Bedeutung: *daz hiet wir verchlagt, nie wan den spiegil, /* [...] */ den sin hant / ir nam gewaltichliche. / da von all min vrevde swant* (XI,3–8). Der Sänger beschreibt ausführlich die Schönheit und Kostbarkeit des Spiegels (IX,4f. und X) und betont nochmals nachdrücklich das Ausmaß des Ereignisses: *nie geschach so leide mir* (X,8).

[91] Problematisch bleibt bei einer solchen Deutung die Rolle des Reuentalers: So ist es eigentlich nicht an ihm, der ja von Vriderun auch nichts anderes will als Engelmar, den Verfall höfischer Werte zu beklagen. Diese Ambivalenz erscheint mir als wesentliches Problem einer eindeutigen Interpretation von SL 22 und erklärt die Divergenz einiger Deutungsansätze des Spiegelraubs. Ganz anders nähert sich denn auch GOLDIN dem Problem, wenn er den Spiegelraub umgekehrt als »confirmation of the social order« deutet: Hier steht der negative Einfluss des Reuentalers im Vordergrund, dem Engelmar durch den Spiegelraub entgegenwirkt. Engelmar gewinne so »control of Friderun's true image and simultaneously refutes the false flattery with which Neidhart had obliterated her quality and made the other members of her class repugnant to her« (S. 359).

[92] LIENERT, S. 12.

[93] Die Strophen R VII–X entsprechen der WIESSNER/SAPPLERschen Zählung VI a, b, d, e.

[94] Fehlt R, *er* H/W nach c.

Stellen wir also SL 22 in den typologischen Kontext der Sommerlieder, so präsentiert es sich als seltsame Mischform, als hybrider Text, der Elemente beider neidhartscher Typen aufnimmt, jedoch nicht um sie zu harmonisieren, sondern um sie gegeneinander auszuspielen: Der Sänger agiert im breit angelegten Natureingang im Wesentlichen in der vertrauten Rolle des *vreude*-Verkünders, ja sogar des ›höfischen‹ Lehrers. Vor dem Erwartungshorizont der Sommerlieder zeichnet sich bereits das Bild eines erfolgreichen Liebhabers, dessen Werbungsaktion gegenüber Vriderun von Erfolg gekrönt wird. All diese Punkte werden jedoch im Folgenden nicht eingelöst, da mit dem Spiegelraub ein völlig neues Motiv eingegeben wird, das das dekonstruktive Spiel in eine ganz andere Richtung lenkt, als dies in den bisher untersuchten Sommerliedern der Fall war: Der Sänger versagt vor seinem Publikum und vor Vriderun, wodurch der Gewaltakt Engelmars ermöglicht oder gar ausgelöst wird. Der Spiegelraub versinnbildlicht somit das Eindringen des Dörpers in die – für den Reuentaler – bisher heile Welt der Sommerlieder.[95] War in diesen stets der Sänger zentraler und erfolgreicher Akteur, so hat er hier dem Dörper nichts entgegenzusetzen, kann weder als Geliebter noch als Beschützer Vrideruns agieren. Das rohe Verhalten Engelmars gegenüber dem Mädchen steht dabei in kontrastivem Verhältnis zur Werbung des Sängers aus dem Natureingang: Sein Kranzgeschenk – zwar erotisch konnotiert, aber doch Zeichen der Werbung – läuft ins Leere, während sich Engelmar gewaltsam durchsetzt.[96] Das Versagen des Sängers ist damit gekoppelt an das des Liebhabers. Als Erfolgloser und Ratsuchender agiert er in einer Rolle, die er sonst nur in den Winterliedern einnimmt. Und nicht nur inhaltlich, sondern auch formal fährt SL 22 nach Art der Winterlieder fort, wird doch der den erfolgreichen Reuentaler präsentierende Dörperdialog abgelöst durch die Klage des Sängers selbst. Schließlich

---

[95] Dadurch unterscheidet sich das Spiegelraubmotiv in R wesentlich von seiner Verwendung in den untersuchten Sommerliedern der Gruppen B und C, in denen der Übergriff Engelmars eine ganz konkrete inhaltliche Bedeutung hat: In C 206–209 steht der Raub für die Gefährlichkeit der Männer, in B 69–77 für die Gewaltbereitschaft der Dörper. In beiden Fällen ist der Raub von der Problematik des Singens entkoppelt: In C tritt der Sänger gar nicht in Erscheinung; in B ist er durch die Bezeichnung des Protagonisten als *Nithart* zwar angelegt, doch seine Funktion als Gesellschaftskünstler wird überhaupt nicht thematisiert.

[96] Es ist also der erfolgreiche Gewaltakt des Dörpers, der den Sänger trifft, nicht etwa die Reaktion Vrideruns, über deren Verhalten der Text keine Rückschlüsse erlaubt, da sie hier wie auch bei allen anderen Anspielungen auf den Spiegelraub als passives Opfer erscheint. Vgl. aber Gaier, S. 32: »Der Vorfall ist für den Sänger aus dem Grunde so ungemein wichtig, weil hier zum ersten Mal ein Mädchen nicht mehr zu ihm hält.« Vriderun habe sich nicht für den Sänger eingesetzt, »indem sie etwa Engelmar den Spiegel wieder abnahm [...]«. Auch Fritsch, S. 42, bemüht sich, das Verhalten Vrideruns zu deuten: Das Mädchen scheine die Bedeutung des Kranzes als »Liebeszeichen [...] nicht begriffen zu haben«.

wird auch auf stilistischer Ebene nach Art der Winterlieder verfahren, sind doch die Strophen IV–X durchzogen von Kohärenzbrüchen, die durch wiederholte Tempuswechsel bewirkt werden; die temporale und kausale Verbindung der im Präteritum geschilderten Vorfälle ist nicht vollständig nachvollziehbar.

Die Sängerrollen der Strophen I–IV und V–X stehen damit in völligem Gegensatz zueinander, sind sie doch bestimmt durch Erfolg bzw. Misserfolg, durch die Präsenz bzw. Absenz von *vreude*. Die beiden Teile stehen jedoch nicht beziehungslos nebeneinander, sondern referieren wiederholt aufeinander: Im Natureingang geschieht dies durch den Hinweis auf den besonders langen Winter, den *vremden* Gesang der Vögel und durch die präteritale Rückblende zur Vriderun-Handlung, die zudem das stilistische Prinzip des folgenden Teils vorwegnimmt. Zwar spielt dieser genau vor der sommerlichen Szenerie des Natureingangs, aber im Nachhinein wird deutlich, dass die Stimmung des Sängers zum Zeitpunkt des Liedvortrags nicht der des Natureingangs entspricht. Dieser offenbart sich somit retrospektiv als literarischer Kunstgriff: Vor dem Erwartungshorizont der Sommerlieder ist der Einbruch der Dörper in die Domäne des Sängers ein völlig überraschendes Ereignis. Der Sommerliedtypus wird also im Liedverlauf nicht einfach negiert, sondern fungiert als Folie, vor der die Wirkung der folgenden Strophen überhaupt erst erzielt werden kann.

## 3. Sommerlied oder Zeitklage? Die Verfügbarkeit des Typus

Als sogenannte Zeitklagen nehmen die SLL 27, 28 und 29 eine besondere Stellung in R ein, was zweierlei Auswirkungen auf die Beschäftigung mit diesen Liedern hatte: Zum einen stand vornehmlich die politische Stoßrichtung der Lieder im Vordergrund, da sie explizit zeitpolitisches Geschehen kommentieren.[97] Zum anderen wurden sie eben aufgrund ihrer besonderen Stellung meist dann aus Untersuchungen ausgeschlossen, wenn es darum ging, die Sommerlieder als Typus zu beschreiben.[98] Im Folgenden sollen daher weniger biographi-

[97] Vgl. dazu die Arbeiten von Bennewitz-Behr (1987), Helmut Birkhan (Zur Datierung, Deutung und Gliederung einiger Lieder Neidharts von Reuental. Wien 1971 [Sitzungsber. d. österr. Akad. d. Wiss. phil.-hist. Kl. 273,1]), Ulrich Müller (Untersuchungen zur politischen Lyrik des deutschen Mittelalters. Göppingen 1974 [GAG 55/56]) und Bleck.

[98] So Ruh, der die SLL 27–29 als Sonderfälle »außerhalb des Systems« ausscheidet (S. 254). Hervorgehoben werden muss in diesem Zusammenhang die überzeugende Interpretation von H. Becker (1978), der SL 28 als Variation des Gespielinnendialogs untersucht. Da die Fassungen der Hs. c, die Beckers Arbeit zugrunde liegt, und R im Wesentlichen übereinstimmen, kann ich im Folgenden auf Beckers treffende Beobachtungen zurückgreifen.

sche oder zeitpolitische als vielmehr poetologische Fragen im Vordergrund stehen, denn wie sich bereits bei der Untersuchung der SLL 11 und 12 gezeigt hat, können Gattungsinterferenzen besonders interessante Rückschlüsse auf die Etablierung des Typus selbst zulassen. Deshalb soll die Frage nach der Art der Verknüpfung von Zeitklage und Sommerlied und deren Zweck im Vordergrund der folgenden Textanalyse stehen.

### 3.1 Minne- und Zeitklage in SL 28 (R 10)

Bereits im Natureingang von SL 28 wird mit der Erwartungshaltung des Rezipienten gespielt. Der Sänger verkündet zunächst, dass der Jahreszeitenwechsel ein Ende von *swær* (I,2) und den Beginn von *vrovde* (I,1) bedeute, um sich selbst aber aufgrund der eigenen Befindlichkeit von dieser Aussage auszunehmen: *nah der ich min hertze tavgen swanch / vnd ir minen lip ze dienst twanch, / owe daz mir da niht gelinget!* (I,4–6). Der Sänger tritt hier in der winterliedtypischen Rolle des erfolglos Dienenden auf. Während seine persönliche Disposition dort jedoch mit der Jahreszeit korreliert, steht sein durch den winterliedtypischen *owe*-Ausruf verstärkter Klagegestus in deutlichem Kontrast zur allgemein proklamierten Sommerfreude.[99] Ein solcher Kontrast ließ sich auch in SL 26 beobachten, in dem die Klage des Sängers jedoch nicht dem erfolglosen Liebesdienst, sondern der Vertreibung aus der Heimat galt. Die Rolle des klagenden Liebenden nimmt der Sänger in den Sommerliedern nur in SL 9 ein, hier jedoch am Liedende.

Auf diese ungewöhnliche Eingangsstrophe folgt ein Gespielinnendialog, der das vom Sänger angeschnittene Minnethema fortführt.[100] Die vom Sänger auf-

---

[99] So auch H. Becker (1978), S. 281f.: »In SL 28 liegt [...] ein Minneliedeingang reinster Ausprägung vor, der auf Klage über den erfolglosen Dienst gestimmt ist. Dieses Thema ist bei Neidhart bekanntlich den Liedern mit Winterliedeingang vorenthalten; in der Mischung von Elementen, die verschiedenen Typen zugehören, zeigt sich schon in der ersten Strophe die Sonderstellung dieses Tones.«

[100] Die in R überlieferte Strophenfolge bringt ab R III deutliche Schwierigkeiten mit sich, da sich kein sinnvoll lesbarer Dialogverlauf ergibt. Ein weiteres Problem werfen die drei Schlussstrophen auf, da es sich um ungekennzeichnete Nachtragsstrophen von zwei verschiedenen Händen handelt. Das Problem der Überlieferungslage hat H. Becker (1978, S. 280ff.) ausführlich dargestellt, dem ich mich in der Strophenfolge anschließen möchte: Zunächst soll Wiessner/Sappler gefolgt werden, die mit einer Umstellung auskommen (R I, II, IV, V, III). Bei den Nachtragsstrophen, bei denen »wir es wohl mit frei verfügbaren, je nach Situation eingebauten oder weggelassenen ›Wahlstrophen‹ spruchartigen Charakters zu tun haben« (S. 281), halte ich mich an die Reihenfolge der Hs. c (c 46), die die drei Strophen ebenfalls als Schlussstrophen überliefert. Die Strophenzählung im laufenden Text folgt der Übersicht halber Wiessner/Sappler, wobei deren Reihenfolge hinsichtlich einer Strophe umgestellt wird: I, II, III, IV, V, VII, VI, VIII.

gestellte Opposition von *vrovde* und Trauer ist in diesem Dialog auf die beiden Sprecherinnen verteilt. Die eine führt den in den Versen 1–3 vom Sänger nur anzitierten Natureingang fort, wodurch ein »Szenen- u. Redenwechsel«[101] deutlich wird, denn die Stimmung der Sprecherin steht in Kontrast zu der des Sängers. Obwohl sie die Einkehr von *vrovde* verkündet, bleiben ihre Aussagen doch seltsam gedämpft: Die typischen Naturmotive sind wenig ausgeschmückt und durch die anaphorische Wendung *Chomen ist* [...], *chomen ist* [...] / *Chomen sint* [...] (II,1f.) beinahe lieblos aneinandergereiht. Ihr Frühlingspreis kann somit ebenso wenig überzeugen wie die Eingangsverse des Sängers. Und so wie dieser die verkündete *vreude* sofort widerruft, negiert auch die zweite Sprecherin die sommerliche Hochstimmung, indem sie ihre Freundin zum Schweigen auffordert. Sie zeichnet nun das Bild einer moralisch verkümmerten Gesellschaft, deren Niedergang im Hinblick auf die Absichten der Männer keinen Anlass zu *vreude* geben könne: [...] *die man sint niht in eren, / daz si tovgen vnser minne geren; / ich wil von in valscher minne enberen: / die site wellent sich vercheren* (III,3–6). Wie der Sänger verbindet die Sprecherin den Mangel an *vreude* mit Minneleid: Der vom Sänger beklagten Erfolglosigkeit des eigenen Dienstes stellt sie einen Mangel an ehrlich Dienenden gegenüber. Diese Parallele wird durch paradigmatische Verknüpfungen zwischen den Strophen verstärkt, denn der Sänger beschreibt sein eigenes Minneverhalten genau mit dem Attribut, das das Mädchen den Männern abspricht: Es geht hier um die *tovgen* (I,4 und III,4) Minne.

Die erste Sprecherin schränkt die Klage der Freundin ein, indem sie betont, neben *bősen* (IV,3) gebe es auch solche Männer, *die mit triwen dienen wiben vnde mayden* (IV,2). Mit dieser Differenzierung kommt das Mädchen der von Walther geforderten werterkennenden Unterscheidung zwischen den Männern nach:

*Ich sage iu, waz uns den gemeinen schaden tuot:*
*diu wîp gelîchent uns ein teil ze sêre,*
*daz wir in alsô liep sîn übel alse guot.*
*seht, daz gelîchen nimet uns vröide und êre.*
*Schieden uns diu wîp als ê,*
*daz och si sich liezen scheiden,*
*daz gefrumt uns iemer mê,*
*mannen unde wîben beiden.*
*waz stêt übel, waz stêt wol,*
*ob man uns niht scheiden sol?*

[101] H. Becker (1978), S. 282.

*edeliu wîp, gedenket,*
*daz och die man waz kunnen:*
*gelîchens iuch, ir sît gekrenket.* (48,25–37)

Neben der *triwe* stellt die Sprecherin eine weitere Forderung an würdige Männer: Sie dürfen nicht *an herze holt* (IV,4) sein, wodurch auch Walthers Konzept der *herzeliebe* anklingt. Dabei fällt auf, dass der Sänger sich bei der Beschreibung des eigenen Minneverhaltens in der Eingangsstrophe genau die von den Sprecherinnen geforderten Attribute des *tovgen* Dienstes und der Beteiligung des Herzens zuschreibt: »Die Kritik der Dialogstrophen fällt also auf ihn nicht zurück, ja sie haben geradezu die Funktion, die Vorbildlichkeit seines Werbens von ›objektiver Seite‹ zu bestätigen [...].«[102]

Inhalt und Personenkonstellation dieses Gespielinnengesprächs erinnern an SL 14, in dem ebenfalls die eine Sprecherin resignierend den Mangel an *vreude* und *ere* beklagt und durch die Absenz *staete* dienender Männer erklärt. Auch hier widerspricht die Freundin und erläutert differenzierend, dass es durchaus noch Männer gebe, die *gvten weiben* (SL 14,V,5) dienten. Die Abfolge von Klage über den Mangel geeigneter Minnepartner und Widerspruch der Freundin in SL 28 ist also eine deutliche Parallele zu SL 14. Dadurch werden auch Erwartungen im Hinblick auf den Ausgang dieses Liedes aufgebaut: Als Beispiel für einen geeigneten Minnepartner – wir erinnern uns – nennt das Mädchen in SL 14 nämlich ausgerechnet den Reuentaler, der sie *tavgenlicher sinne* (SL 14,VI,6) liebe. Durch diese Aussage disqualifiziert sich das Mädchen ebenso wie ihren Liebhaber, den Reuentaler, der ja gerade das Gegenteil des mit *triuwe* und *staete* dienenden Mannes verkörpert. Die Minnediskussion wird dadurch sinnentleert, der Wunsch nach *vreude* erscheint als Wunsch nach körperlicher Erfüllung.

Eine solche erwartbare Pointierung auf den Reuentaler bleibt in SL 28 jedoch ebenso aus wie eine Enttarnung der Sprecherinnen. Das Dörpermilieu wird vielmehr völlig ausgeblendet, Hinweise auf den Tanz, sonst konstitutiver futurischer Hintergrund der Lieder, fehlen; die Aussagen von Sänger und Sprecherinnen sind als objektive Minnediskussion lesbar.[103] Im Fortschreiten des Liedes baut sich dennoch ein Spannungsverhältnis auf: Vor dem Hintergrund ›typischer‹ Sommerlieder erfährt diese Minnediskussion eine ambivalente Färbung, da der Rezipient auf einen Durchbruch des Dörpermilieus oder eine Identifizierung der von der zweiten Sprecherin angeführten *lieben* Männer mit dem Reuentaler wartet. Das Lied nimmt jedoch einen völlig anderen Ausgang, denn der Gespielinnendialog bricht hier ab und der Sänger erhält wieder das Wort,

---

[102] Ebd., S. 284.

[103] So auch H. Becker (1978), S. 283.

um in seiner Klage fortzufahren.[104] Dabei unterstützt er nicht die erste, sondern die zweite Sprecherin, denn er spricht den Männern, deren Verhalten sich im Gegensatz zu früher (V,4: *hie bevor*) gewandelt habe, die Fähigkeit höfischen Minnedienstes ab und betont die Verschlechterung der gesellschaftlichen Zustände im Laufe der letzten 30 Jahre (VII,1) – eines Menschenalters. Der *werden minne* (VI,5), die der *herzen liebe* (VI,2) gilt – wieder ein Walthersches Konzept –, stellt er die *valsche minne* gegenüber, die im Gegensatz zu früher die Vorherrschaft errungen habe (VI,4). Das richtige Minneverhalten wird so wieder der Vergangenheit zugeschrieben, wodurch der Sänger resignierend eine Lösung negiert: *nimen sol mih fvrbaz* vragen[105] (VI,6). Aus der desolaten gesellschaftlichen Lage leitet er auch seine eigene Klage ab, die gleichzeitig zur Altersklage wird: *daz leben mir beginnet swaren* (VII,6).[106]

In der Schlussstrophe (VIII) wird endgültig deutlich, dass die Inszenierung des Sängers als Reuentaler aufgehoben ist. Als weiteren Grund seiner Klage führt der Sänger politische Gefahren an: Mit dem Hinweis auf den zerstörerischen Einfall von Deutschen und Böhmen referiert er auf die Achtvollstreckung des Kaisers im Sommer 1236, die die Lage im Land weiter verschlechterte.[107] Durch die Aufforderung, die Männer sollten vor den Frauen die Kriegskleidung ablegen, verbindet er politische und gesellschaftliche Kritik. Seine individuelle Klage und Lebensmüdigkeit (VII,6: *daz leben mir beginnet swaren*) erscheinen dadurch schließlich nicht mehr nur als die des erfolglos Liebenden, sondern auch des Gesellschaftskritikers und damit des Sängers, denn der politische und gesellschaftliche Niedergang des Landes machen ihm nicht nur das Minnen, sondern auch das Singen unmöglich.[108] Lediglich ein Ende des Krieges und eine

---

[104] Vgl. GILOY-HIRTZ (S. 189), die auch die Schlussstrophen den Mädchen zuordnet, was, wie sich zeigen wird, nicht verfängt.

[105] *vrogen* R.

[106] In WL 23, in dem in den Schlussstrophen ebenfalls eine Minne- und Gesellschaftskritik erfolgt, finden sich deutliche programmatische Parallelen. Auch hier wird das Walthersche Ideal der gegenseitigen, wertsteigernden *herzeliebe* vor dem Hintergrund einer laudatio temporis acti diskutiert. Zur Interpretation von WL 23 vgl. CHRISTELROSE RISCHER: Zum Verhältnis von literarischer und sozialer Rolle in den Liedern Neidharts. In: CHRISTOPH CORMEAU (Hg.): Deutsche Literatur im Mittelalter. Kontakte und Perspektiven. Hugo Kuhn zum Gedenken. Stuttgart 1979, S. 184–210.

[107] Zur historischen Einordnung der Strophe vgl. BENNEWITZ-BEHR (1987), die überzeugend darstellt, dass SL 28 aufgrund der sehr allgemein geäußerten Zeitkritik nicht als Beweis einer Stoßrichtung des Liedes für oder gegen Herzog Friedrich herangezogen werden kann (vgl. S. 194–197).

[108] So auch BENNEWITZ-BEHR [1987], S. 197: »›daz leben‹, d. i. letztlich die Existenz als Sänger, als Sprachrohr der Gesellschaft, wird unter diesen Umständen immer schwieriger [...].«

moralische Besserung der Männer könnten diesen Zustand beenden: *da von wold ich singen vnde sagen, / vnd belib der vride noch stæte* (VIII,5f.).

In SL 28 haben wir somit eine Zeit- und Gesellschaftsklage, die ihre besondere Wirkung der Verknüpfung mit der dem Rezipienten vertrauten Form des Gespielinnendialogs verdankt. Die Inszenierung des Sängers als Reuentaler nämlich wird vom Publikum zu Beginn zwar erwartet, im Lied jedoch nicht eingelöst. Der Sänger tritt stattdessen in einer anderen Rolle auf, wird »zum Träger einer auf Klage gestimmten ›objektivierten‹ Zeit- und Minnekritik«[109] und unterläuft somit die Erwartungshaltung des Rezipienten. Das Lied präsentiert sich damit als seltsame Mischform, als Hybride von Sommerlied und Zeitklage, denn beide Gattungen werden geschickt gegeneinander ausgespielt: Zwar wird ein defizitäres Minneverhalten beklagt, wie es auch in den übrigen Sommerliedern anhand der fiktionsimmanenten Dörperfiguren und dem zweifelhaften Reuentaler durchgespielt wird. Dort aber ist die Kritik am Minneverhalten der liedinternen Figuren abhängig von der Einsicht des Rezipienten, der sich von den Aussagen eines höchst fragwürdigen Sängers distanzieren muss. In SL 28 hingegen ist die Reuentaler-Identität des Sängers völlig ausgeblendet: Er trägt seine Minne- und Gesellschaftskritik ungebrochen vor, wodurch die Ich-Rolle identifikatorisches Potential erlangt. Der Sänger teilt den Erfahrungshorizont seines höfischen Publikums und stellt sich so mit diesem auf eine Ebene. Dies wird besonders deutlich in der Schlussstrophe, wenn er auf die schwierigen Umstände seines Singens selbst anspielt. Hier operiert er mit einer weiteren Rolle, nämlich mit der des höfischen Dichters, wodurch die Autorrolle selbst in das komplexe Rollenspiel aufgenommen wird. Die Erwartungshaltung des Publikums wird somit im Liedverlauf ständig neu und auf raffinierte Weise unterlaufen, so dass ihm die Zeitkritik vor der Folie des sonst völlig anders funktionalisierten Typus besonders eindringlich vor Augen tritt. Die Spannung, die sich aus der Verknüpfung von Sommerlied und Zeitklage ergibt, wird somit im Verlaufe des Liedes nicht abgebaut, sondern trägt gerade zu seiner besonderen Wirkung bei.

### 3.2 Exkurs: Zur Stellung von SL 30 (R 37)

Wie schwierig sich SL 30 in die Reihe der Sommerlieder der Gruppe R einordnen lässt, zeigt sich bereits am Umgang Haupts mit diesem Lied: Obwohl er ein vehementer Verfechter der Echtheit der Hs. R war, schied er SL 30 als ›unecht‹ aus. Ein Blick auf das Lied macht schnell deutlich, worin seine wesentlichen Un-

[109] H. Becker (1978), S. 285.

terschiede liegen: Es handelt sich um eine Minneklage, die sich um das Thema des erfolglosen Dienstes dreht. Was das Lied vornehmlich von den neidhartschen Typen des Sommer- und des Winterliedes trennt, ist das völlige Fehlen der Dörperthematik. Dennoch ist das Lied nicht nur in R, sondern noch in vier weiteren Textzeugen[110] unter Neidharts Namen überliefert. Da es zudem mit einem sommerlichen Natureingang einsetzt, kann SL 30 nicht ungesehen aus der Untersuchung ausgeschlossen werden, sondern soll im Folgenden auf seine Stellung in der Gruppe R befragt werden.

Der Grund für die nominelle Zuordnung zu den Sommerliedern liegt in einem nur vier Zeilen umfassenden Natureingang, in dem der Sänger den Mai und den Gesang der Vögel willkommen heißt. Die etablierten Merkmale des den Typus Sommerlied konstituierenden Natureingangs werden hierbei nicht eingelöst: Der Sänger erwähnt die beiden Motive, ohne wirklich ein Bild der neu erwachten, blühenden Natur zu entwerfen – eine räumliche Vorstellung der sommerlichen Szenerie entsteht nicht. Zudem tritt er nicht in der Rolle des die Jugend zu *vreude* aufrufenden Sängers auf – ein futurischer Hintergrund ›Tanz‹ wird nicht gezeichnet. Der Begriff der *vreude* fällt zwar, jedoch in einer völlig anderen Funktion: Die kurze Jahreszeitenansage dient als symbolische Kontrastfolie für die Stimmung des Sängers, der sich explizit von der Sommerfreude distanziert (I,5f.: *ich pin an den vrovden min / mit der wærlde chranch*). Diese Aussage leitet eine ausgedehnte Minneklage ein, die sich über das ganze Lied erstreckt. Somit fällt auch die Gesprächsszene aus, ebenso wie jedweder Hinweis auf ein dörperliches Milieu bzw. dörperliche Rivalen, die das Unglück des Sängers zu verschulden hätten.

SL 30 erscheint dadurch als konventionelles Minnelied mit einer für den hohen Minnesang typischen Minnekonstellation: Der Sänger beklagt die Erfolglosigkeit seines jahrelangen, durch *staete* und *triuwe* gekennzeichneten Minnedienstes und Minnesanges bei der Frau (I,11–15). Deren Unnahbarkeit stürzt ihn in einen inneren Konflikt: Einerseits macht er die Frau verantwortlich für den von ihm empfundenen Schmerz, da dieser mit seinem Dienst bei ihr einsetzte (III,1ff.), und deutet sogar Zweifel an einer solchen Frau an, die Treue unbelohnt lässt (II,13ff.). Andererseits aber lässt er sich trotz der scheinbaren Aussichtslosigkeit seiner Situation seinen *wan* (II,1) auf ein Zeichen der Geliebten nicht nehmen und preist unbeirrt deren *chevsche* (III,5) und *hobescheit* (III,6). Formuliert wird hier das typisch hochminnesängerische Paradoxon, wie es etwa bei Reinmar erscheint: Der Mann fordert (letztlich körperlichen) Lohn für seinen Minnedienst, weiß aber gleichzeitig, dass die Frau ihm diesen nicht gewähren kann, ohne eben ihrer

[110] Es handelt sich um die Handschriften c, s, Ma und G.

*chevsche* und *hobescheit*, ihrer moralischen *wirdekeit* verlustig zu gehen.[111] Die einzige Lösung für den Sänger liegt in der Positivierung des empfundenen Leides, d. h. in der Wandlung des empfundenen *leits* am Schmerz in *vreude* über den ihm und der Gesellschaft förderlichen Dienst.[112] Und in diese Richtung zielt auch die Schlussstrophe von SL 30: Der Sänger wendet sich in der Rolle des weisen Ratgebers an die Jugend, jedoch nicht, um sie vor dem zuvor noch beklagten, erfolglosen Minnedienst zu warnen, sondern um ihr diesen als einzig gewinnbringenden Lebensinhalt anzuempfehlen: Der Dienst an *gvten wiben* (IV,9) sei der Weg zu ewigem Glück: *sælich si sin lip, / der daz lop behalte! der ist an missewende; / aller sælden sælich vns an sin ende.* (IV,11–14).

Obwohl sich SL 30 formal und inhaltlich deutlich vom Typus Sommerlied absetzt, fallen an einigen Stellen Formulierungen auf, die sich wörtlich auf einzelne Sommerlieder, vornehmlich die SLL 13, 19 und 20, zu beziehen scheinen.[113] Es handelt sich hierbei jedoch keineswegs um inhaltliche Parallelen, da der Sänger in den Sommerliedern die Rolle des erfolgreichen, nicht die des klagenden Liebenden, innehat. Einzig in SL 13, in dem der Sänger bedauert, das Mädchen wegen der *meisterinne* nicht nach Riuwental bringen zu können, ist sein Erfolg getrübt. Sein *wan* [...] *nach liebe* (SL 13,VI,1f.) ist dennoch nicht gleichzusetzen mit dem vom Sänger in SL 30 geäußerten *wan* auf Lohn durch die Frau: Das Bild des lange, aber erfolglos Dienenden ist nicht applizierbar auf die Reuentaler-Rolle, wie sie in den Sommerliedern ausgeprägt ist.[114] Inhaltliche Parallelen zu SL 30 finden sich vielmehr in den Winterliedern: Auch hier geht der Natureingang fast regelhaft über in die Klage über die Erfolglosigkeit des schon lange währenden Dienstes. Diese Parallelen werden gestützt durch zahlreiche, teils

[111] Vgl. Reinmar Lied XIV,IV (MFMT 165,37).

[112] Vgl. Reinmar Lied XII,V (MFMT 163,5).

[113] So in SL 13,VI,1–3: *Lieben wan / hat min lip nach liebe; / daz ist wol gitan* (Vgl. auch eine weitere Strophe zu SL 13 in c [c 62,III,1f.]: *Vngemach / manger schœnen linden / von im geschah*); SL 20,I,4ff.: *daz si* [Wald und Heide] *chvnden in div lant / sine chunft den vrŏten / vnd al den hohgemvten.* Schließlich das Motiv des Augenflirts in SL 19 (II,4–7: *ivnge magde solten / [...] / an die man* mit [fehlt R] *einem ovgen tzwieren*).

[114] Vgl. aber Hans Becker: *Meie dîn liehter schîn.* Überlegungen zu Funktion und Geschichte des Minnelieds HW XI,1ff. in den Neidhart-Liedern der Riedegger Handschrift. In: Johannes Janota u. a. (Hgg.): Festschrift Walter Haug und Burghart Wachinger. Tübingen 1992, Bd. 2., S. 725–742, hier, S. 731: »In *Meie dîn* zitiert der Sänger in der Rolle des Alternden, der sich im erfolglosen Dienst bewährt hat, diese Haltung aber als Glückserfahrung der Jugend empfiehlt, zwei Sommerlieder Neidharts, die eben diese Lehre schon im Rollenspiel des Reuentalers propagiert haben – hier allerdings mit dem Echo der gegenseitigen Zuneigung.« Beckers Aussage ist höchst widersprüchlich, da die gegenseitige Zuneigung in den Sommerliedern letztlich auf Liebeserfüllung hinausläuft. Die »Lehre« des Reuentalers ist somit nicht die »Glückserfahrung« des erfolglosen Dienstes.

wörtliche motivisch-begriffliche Entsprechungen: Der Preis der *wolgetanen* (II,2)[115], deren *chevsche* (III,5)[116] hervorgehoben wird und der der Sänger mit *holdem herzen* (I,9)[117] zugetan ist; der jahrelang andauernde Dienst (II,7ff.; III,1ff.)[118] und Gesang (I,15)[119], der dem Sänger nicht *vervan* will (II,4)[120], da er *an lon* (II,13)[121] bleibt und ihm *vngemach* (III,1)[122] bereitet; und schließlich der unbeirrbare *wan* (II,1)[123], die Situation könne sich doch noch zum Guten wenden. Neben diesen motivischen und begrifflichen Parallelen finden sich zudem zahlreiche Reimresponsionen.[124]

Die deutlichen Parallelen zu den Winterliedern fielen offensichtlich auch dem Schreiber der Handschrift R auf, denn das Lied steht inmitten einer langen Winterliedreihe. Auch Bennewitz-Behr plädiert dafür, das Lied »als Sonderfall des Winterliedtypus«[125] aufzufassen, dem es auch dem Strophenbau nach angehöre. Bennewitz-Behr verweist auf eine Reihe untypischer Winterlieder (WLL 4, 7, 8) und stellt SL 30 zu diesen ›Ausnahmen‹. Wenn eine solche Zuordnung sinnvoller erscheint als eine zu den Sommerliedern, so bleibt doch zu bedenken, dass kein anderes Winterlied völlig auf die Dörperthematik verzichtet. Die Überführung der gleichbleibenden Minneklage in eine Klage über die übermächtigen Dörper ist konstitutiv für den Winterliedtypus. Diese Überleitung bildet nicht nur einen komischen Kontrast, sie wirkt auch zurück auf die Minneklage selbst: Die *vrouwe* wird plötzlich zur Dörperin, und die Erfolglosigkeit des Sängers liegt weniger in der Unnahbarkeit oder *kiusche* der Frau begründet als in der Tatsache, dass die dörperlichen Rivalen bei dieser mehr Erfolg haben.[126] Indem dieses Ablaufschema in SL 30 nicht eingelöst wird, erhält die Minneklage eine deutlich ernstere, weil ungebrochene Prägung. Als konventionelle Minneklage lässt sich das Lied somit auch den Winterliedern nicht eindeutig zuordnen. Wie soll man den Text also verorten? Die Forschung hält sich in dieser schwierigen

---

[115] Z. B. WL 14,III,11; WL 16,I,8.

[116] Z. B. WL 22,VIII,8.

[117] Z. B. WL 12,III,1; WL 17,II,9.

[118] Z. B. WL 19,II,7ff.; WL 22,I [W/S II],7f.; WL 32,II,2; WL 28,I,9f.; WL 31,II,8.

[119] Z. B. WL 11,II,1; WL 17,I,5–11; WL 22,I [W/S II],4; WL 23,I,13; WL 24,II,3; WL 32,I,8–12.

[120] Z. B. WL 13,II,1; WL 23,I,13; WL 24,II,3; WL 32,I,10.

[121] Z. B. WL 13,III,7; WL 19,II,11; WL 22,I [W/S II],11.

[122] Z.B: WL 19,II,6; WL 27,III,1.

[123] Z. B. WL 12,I,10; WL 13,II,2; WL 23,I,7; WL 31,II,10.

[124] Vgl. z. B. WL 19,V,7f.: (*verzag / chlag*); auffällig auch die c-Fassung: *lieber wan / den ich han* [...].

[125] Bennewitz-Behr (1987), S. 129.

[126] Vgl. z. B. WL 12,III; WL 13,II; WL 17,IIf. u. v. m.

Frage auffallend zurück. Einen eigenständigen Beitrag zur Stellung des Liedes hat bisher nur HANS BECKER[127] versucht, der im Folgenden näher diskutiert werden soll.

BECKER betont die Notwendigkeit, sich im Rahmen einer Beschäftigung mit Neidhart ernsthaft mit SL 30 auseinanderzusetzen, da es aufgrund der eindeutigen Überlieferungssituation und der zahlreichen begrifflichen Parallelen »von Neidhartischem nicht so weit weg« sei.[128] SL 30 interpretiert BECKER als Eröffnungslied der Winterliedgruppe R 37–R 47, da es in »deutlichem Anspielungszusammenhang zu anderen R-Liedern«[129] stehe, was er an den WLL 32 und 19 vorführt. Während die von BECKER angeführten inhaltlichen, stets Motive der Minneklage betreffenden Parallelen sowie die Reimresponsionen tatsächlich offensichtlich sind, so bleibt doch die Frage nach der fehlenden Dörperthematik: Warum sollte ein so ungewöhnliches Lied als Eröffnungslied gewählt werden?

BECKER stellt anschließend die für uns so interessante Frage nach der Rolle von SL 30 »im Gattungssystem der R-Lieder«[130], wobei er zu einem überraschenden Ergebnis kommt: Die Produktion des ungewöhnlichen Liedes interpretiert er nämlich als Reaktion des Autors auf eine zunehmende Unzufriedenheit seines Publikums, das seiner Klagelieder überdrüssig sei. Dies belegt er mit einer Strophe aus WL 30:

> *Swenne ich an ein trovren wende minen mv̂t,*
> *so chvmt einer vnde sprichet: ›gvte, nv singet ette waz!*
> *lat vns mit iv singen, tvt vns vrovde* helfe schin[131]*!*
> *swaz man nv gesinget, daz ist niht zegvt.*
> *mine vrivnde sprechent, ir svnget weilen verre baz.*
> *siv nimt immer wnder, wa di dœrper*[132] *chomen sin,*
> *di da waren hie bevor*
> *v̂f tvlnære velde.‹* (WL 30,V [W/S VII],1–8)

BECKER interpretiert diese Strophe als Forderung nach einem auf *vreude* gestimmten Lied, das notwendig ein Lied mit Sommereingang sein müsse. BECKERS Schlussfolgerung leuchtet jedoch nicht ein: Zunächst einmal isoliert er die Strophe aus ihrem Kontext; sie steht nicht in einem beliebigen Lied, sondern in einem der *werltsüeze*-Lieder, in dem die winterliedtypische Klage in außer-

[127] Vgl. oben Anm. 114.
[128] H. BECKER (1992), S. 727.
[129] Ebd., S. 735.
[130] Ebd.
[131] *schin helfe* R.
[132] *dœper* R.

gewöhnlichem Maße gesteigert wird zur Anklage der (Frau) Welt. Die Forderung des Publikums scheint dadurch vielmehr abzuzielen auf eine Wiederaufnahme der typischen Winterliedproduktion, wie es auch die folgende Schilderung des Dörpers Limizun nahelegt.[133] Die Winterlieder thematisieren zwar das *leit* des Sängers, können aber dem Publikum durch ihre oft auf Komik zielenden Kontraste und Normbrüche ebenso *vreude* bringen wie die Sommerlieder.

Auch in WL 29 will BECKER einen Hinweis auf eine Forderung des Publikums nach einer anderen Liedgattung sehen, wenn der Sänger fragt: *we, wer singet vns den svmer niwiv liet?* (WL 29,III [W/S IV],4). Aus dem in C (und c) überlieferten Wortlaut *ein nv̂wes minneliet* (C 128,4) zieht BECKER weitreichende Schlüsse: »Was leicht übersehen wird, ist aber, daß das traditionelle Minnelied mit dem *vröide*-signalisierenden Sommereingang gefordert wird, und das ist in den Gattungsmustern der R-Lieder ja gerade ausgespart. Die Sageweise des traditionellen Minnesangs wird bekanntlich dem Wintereingang zugeordnet. Die Hofgesellschaft verlangt gerade das Zurücknehmen dieser Zuordnungen und damit auch der Klage.«[134] BECKERS These ist fragwürdig, da er die Formulierung *nv̂wes minneliet* überinterpretiert und zudem den genannten Textbeleg aus dem Kontext des Liedes isoliert. WL 29 diskutiert die Bedeutung des Sängers am Wiener Hof in einem Ausmaß, das deutlich über die Frage nach einer bestimmten Liedgattung hinausgeht.[135]

BECKER bemüht noch einige weitere Textstellen, so etwa die nur in C bzw. c überlieferte Bittstrophe zu WL 28, in der er die Ankündigung eines »auf Preis abgestellte[n] Lied[es] mit Sommereingang« sieht, das »von besonderer formaler Kunst gekennzeichnet ist«.[136] Als Beweis für die Stimmigkeit seiner Thesen zitiert BECKER schließlich SL 30 selbst: Den Schlussvers *div liet ich der wærld zeiner bezzervnge sende*[137] übersetzt er mit: »Diese Strophen sende ich der Welt als Ausgleich, als Entschädigung (für die üblichen *klageliet*)«.[138] BECKERS Schlussfolgerung lautet deshalb: »Mindestens einmal hat also der Dichter die von ihm selbst etablierten Gattungsgrenzen übersprungen, um in einem artistisch virtuosen Minnelied die Klage durch Freudenstimmung und Preis zu ersetzen.«[139] BECKER versäumt es jedoch zu erklären, wie sich denn diese »Freudenstimmung« in SL 30 manifestiert: Der vierzeilige Natureingang ruft keine *vreude* hervor,

133 Zur entsprechenden Stelle von WL 30 vgl. auch die Ausführungen zu SL 29.

134 H. BECKER (1992), S. 738.

135 Auf WL 29 wird im Kontext der Analyse von SL 27 ausführlich eingegangen.

136 H. BECKER (1992), S. 740.

137 *send* R.

138 H. BECKER (1992), S. 741.

139 Ebd.

sondern verstärkt die Klage, die das Lied bestimmt. Wie soll gerade ein solcher Text als »Entschädigung« für *klageliet* dienen?

Da gattungspoetologische Überlegungen bei der Verortung von SL 30 nicht gewinnbringend zu sein scheinen, soll im Folgenden versucht werden, das Lied über eine nähere Beleuchtung der inhaltlichen Botschaft einzuordnen. SL 30 diskutiert die Bedeutung des Minnedienstes für den Mann. Dabei beklagt der Sänger zwar die Hartherzigkeit der Frau und den ausbleibenden Lohn, jedoch nur, um sie gleich darauf wieder in ihrer *hobescheit* zu preisen. Diesen lebenslangen, erfolglosen Dienst an *gvten wiben* empfiehlt er schließlich der Jugend an: *minnet werdiv wip, / fvrht scham: wibes nam, / der wirt dir nimmer gram. / ist er gvten wiben zam, / ist sin zvng an schelten lam, / so ist er aller tvgende stam* (IV,6–11). Solch *staeter* Dienst stimme *hohgemv̊t* (IV,1) und sei der wahre Weg zur *saelde*, zum Lebensglück.

Im Rahmen einer solchen moralischen Unterweisung lässt sich der Schlussvers *div liet ich der wærld zeiner bezzervnge sende* ganz wörtlich auffassen: Der Ratschlag des Sängers soll den Zustand der Gesellschaft verbessern. Damit aber wird suggeriert, dass die Gesellschaft eines solchen Rates bedarf, da die moralischen Zustände defizitär sind. Hier nun zeigen sich deutliche Parallelen zum oben untersuchten SL 28: Dort nämlich setzt sich der Sänger schon in der Eingangsstrophe von der allgemeinen *vreude*-Stimmung ab, da er wie in SL 30 die Erfolglosigkeit seines Dienstes beklagt. Im folgenden Gespielinnengespräch sowie in den abschließenden Sängerstrophen wird nun expliziert, dass der Sänger am schlechten Vorbild solcher Männer zu leiden habe, die die *werde minne* durch *valsche minne* ersetzt haben. Vor dem Hintergrund einer laudatio temporis acti zeichnet er das Bild einer verkommenen Welt, die der in SL 30 angesprochenen *bezzervnge* tatsächlich bedarf.

Ähnlich wie SL 28, in dem die allgemeine Zeitklage vor der Folie eines Gespielinnengesprächs vorgenommen wird, operiert WL 23.[140] Das neunstrophige Lied setzt ganz nach der Art typischer Winterlieder ein: Auf einen winterlichen Natureingang folgt die Klage über die Unnahbarkeit der Frau, die jahrelangen Dienst ungelohnt lässt.[141] Als Grund für diese Erfolglosigkeit erscheinen in den

---

[140] Auch BENNEWITZ-BEHR (1987) verweist auf das ähnliche Verfahren von SL 30 und WL 23, in denen der Autor »sein Publikum entgegen allen Erwartungen mit Minnedidaxe« konfrontiert (S. 131).

[141] Die teils wörtlichen Entsprechungen von WL 23 zu SL 30 sind auffällig. Vgl. z. B. I,6f: *der ich vil gedienet han / vf genadelosen wan* (SL 30,II,1: *Lieben wan, den ich han*); I,13: *mich wndert, daz min dienst vnd min singen niht vervaht* (SL 30,I,15: *nv han ich baidiv vmbe svst gedinet vnd gesvngen*; II,4: *vnd enchan noch niht vervan*); das Altersmotiv (WL 23,VI,7), der Begriff der *saelde* (WL 23,IV,8) usw.

beiden folgenden Strophen drei Dörper, die sich nachhaltig um die Gunst der Frau bemühen. In den nächsten drei Strophen aber tritt im Vergleich zu anderen Winterliedern, in denen die Dörperthematik bis zum Liedende dominiert, eine Verschiebung ein, denn die Klage über die Dörper weitet sich aus zu einer Klage über die Gesellschaft: Auf einmal nämlich ist Engelmar schuld an der Misere des Sängers, da er durch den geheimnisvollen Spiegelraub nicht nur das Leid des Sängers, sondern den Niedergang der Welt verschuldet. Die letzten drei Strophen schließlich abstrahieren völlig von der Situation des Sängers und stellen die Frage nach der richtigen Minnepraxis. Wie in SL 28 werden die Männer beschuldigt, den Frauen in der Minne nicht gerecht zu werden, da sie weder *chevsche* (VII,8) seien noch sich um wahre *herzenliep* (VII,10) bemühten. Und wie in SL 30 rät der Sänger den Männern dazu, ihr Glück im Dienst an *gvten wiben* (VII,13) zu suchen:

> *Reiner wibe minne tiwert hoher manne mv̊t.* / [...] /
> *wol im, der gein wiben siner stæte hvten chan!*
> *valschlosiv minne wære beidenthalben gv̊t.*
> *wol dem herzen, daz si treit!*
> *dem wirt siner arebeit*
> *wol gelonet. disiv mære merchet, gvter man!* (WL 23, VIII,1–8)

Hinsichtlich der Stellung von SL 30 können somit abschließend folgende, vorsichtig formulierte Aussagen getroffen werden: In einigen späteren Sommer- und Winterliedern wird eine Kritik an den gesellschaftlichen Zuständen laut, die die sonst dominierende Dörperthematik zurücktreten lässt. Beklagt wird eine zunehmend sich verschlechternde Minnepraxis, in der die Männer sich nicht mehr ehrlich um würdige Frauen bemühten und daher nicht mehr den wahren Weg zum Glück finden könnten.[142] Der Sprecher tritt in diesen Strophen auf in der Autor-Rolle des alternden Sängers, wodurch seine Klage im Vergleich zu den Dörperstrophen an Glaubwürdigkeit gewinnt. SL 30 ist thematisch in die Reihe dieser Lieder zu stellen, wobei sich aber die Verfahrensweise völlig anders darstellt: Die Kritik wird durchgehend in konventioneller Form, nämlich der einer Minneklage mit abschließender Minnedidaxe, vorgetragen. Während diese in SL 28 und WL 23 als Teil der Lieder noch in die typische Sommer- bzw. Winterliedordnung eingebunden war – sei es formal im Gespielinnengespräch oder inhaltlich in der Dörperthematik – ist sie nun zum eigenständigen Text ausgeweitet. Es ist ein Text, der die Gedankengänge der entsprechenden Sommer- bzw. Winterlieder fortführt, ohne sich formal deren Gattungseinteilung unterzuordnen.

---

[142] Ganz anders erscheint die Gesellschaftskritik in den späten *werltsüeze*-Liedern, in denen dem Dienst an der Frau (Welt) eine eindeutige Absage erteilt wird.

Die Parallelen zu den genannten Sommer- und Winterliedern in R sind dabei so deutlich, dass ein Ausschluss nicht zu rechtfertigen ist. In der neuen Ausgabe WIESSNER/SAPPLERS suggeriert der kleinere Schriftgrad immer noch eine gewisse Fragwürdigkeit der ›Echtheit‹ des Liedes. Hinsichtlich der Editionslage ist zudem zu überlegen, inwieweit eine Bezeichnung als Sommerlied überhaupt sinnvoll ist. So bemerkt auch SAPPLER, das Lied »könnte mit guten Gründen auch unter den Winterliedern stehen«.[143] Wie oben entwickelt, erscheint es trotz der fehlenden Dörperthematik tatsächlich sinnvoll, SL 30 zu den Winterliedern zu stellen: Während es mit diesen zumindest den Klagegestus teilt, weist es keines der Merkmale des Typus Sommerlied auf.

### 3.3 Das Ende des Singens? SL 27 (R 8) und SL 29 (R 55)

Dass es sich bei **SL 27** um eine Typusvariation handelt, geht bereits aus der Eingangsstrophe hervor: Die Erwartungshaltung, die beim Rezipienten mit dem Verkünden der Ankunft des Mais aufgebaut wird, zerschlägt sich bereits im zweiten Vers: *des chvmft en vrevt sich leider weder phaffe noch der laye* (I,2). Die Negation der Sommerfreude im Rahmen des Natureingangs ist an sich kein Novum: Wir erinnern uns an vergleichbare Stellen der SLL 11, 26 und 28, in denen der Sprecher sich nicht mit der allgemeinen Sommerfreude identifiziert. Anders als dort wird die Verneinung von *vreude* hier jedoch nicht mit der Person des Sprechers selbst in Verbindung gebracht, sondern mit den desolaten Zuständen in Österreich, die in der zweiten Strophe thematisiert werden: *Læit*[144] *mit iamer wont in osterlande* (II,1), *svnde* und *schande* (II,5) prägen den Zustand des Landes. Über eine Datierung des Liedes auf die Jahre 1235/36 herrscht heute weitgehende Einigkeit, ebenso wie über eine prinzipielle Stoßrichtung gegen Friedrich den Streitbaren und für den Kaiser.[145] Der Frage einer präziseren Zu-

---

[143] Einleitung, S. XXII.

[144] Fehlende Initiale R.

[145] Zur Forschungssituation vgl. die ausführliche Interpretation bei BENNEWITZ-BEHR (1987), die in ihrem Fazit zu Recht betont, dass es sich dabei um keine dezidierte Kritik an der Person des Herzogs handelt: »Die Strophen I–II und VIII implizieren zwar eine indirekte Anklage gegen den- oder diejenigen, die für diese Situation die politische Verantwortung tragen, und gelten damit sicherlich auch dem Herzog; es ist jedoch nicht auszuschließen, daß diese Vorwürfe neben dem Babenberger die gesamte Oberschicht von Adel und Klerus treffen sollten [...]« (S. 190). Die Stoßrichtung für den Kaiser, die von U. MÜLLER (1974, S. 78) in Frage gestellt wird, verteidigt BENNEWITZ-BEHR glaubhaft. Dabei kann sie sich auch auf das von seiner politischen Aussage her umstrittene WL 36 beziehen: Hier zeigt die Autorin, dass die R-Fassung des Liedes eindeutig für das Kommen des Kaisers argumentiert und nur die Fassung der Hs. c gegen den Kaiser und für

ordnung bestimmter zeitpolitischer Ereignisse innerhalb der Jahre 1235/36, wie sie bisweilen versucht wurde,[146] soll derweil nicht nachgegangen werden, denn Ziel des Liedes scheint »[n]icht eine Situationsanalyse, eine Diagnose der Krisenerscheinungen«, sondern »die Assoziation der totalen Anarchie der öffentlichen Verhältnisse«[147] zu sein. Die gewählten Begriffe *læit*, *iamer*, *chvmber* oder *schande* bewegen sich im Rahmen einer allgemeinen Zeitklage, deren genaue Hintergründe das zeitgenössische Publikum sicher erkannt haben dürfte.[148]

Zwischen zweiter und dritter Strophe findet sich ein deutlicher Bruch: Das Thema der aussichtslosen Lage Österreichs wird nicht weiter verfolgt. Stattdessen haben wir einen dreistrophigen Aufruf des Sängers zur *vreude* hinsichtlich der Hoffnung (III,1: [...] *nv vrevt ivch des gedingen*), Gott könne die Lage bessern. Im weiteren Verlauf erscheint als Auslöser der *vreude* wieder die *schoniv svmerzit* (III,3), die jedoch nicht, wie in anderen Sommerliedern, anhand verschiedener Motive der wieder erblühenden Natur geschildert wird. Die Sommerfreude wird vielmehr an nur einem einzigen Motiv exemplifiziert, nämlich dem Gesang von *voglin* (III,5), *nahtigal* (IV,2), *mærlin* und *zeisel* (V,1). Diese insistierende Nennung verweist auf die Sangeskunst des Sängers selbst, der nun in seiner vertrauten Rolle die Jugend auffordert, am Reien teilzunehmen. Anders als gewohnt werden die *chint* hier jedoch namentlich angesprochen: *v̊f, Hiltrat, Levkart, Jevtel, Berchtel, Gvndrat, Geppe, Gysel!* (V,2). Diese im Hinblick auf die bisher untersuchten Texte ungewöhnliche Aufzählung erhellt sich aus dem folgenden Vers. Die Nennung der einzelnen Teilnehmer am Tanz ist der Rahmen für die Nennung jener einen, deren Teilnahme ausschlaggebend ist: *Vromvt*

---

Herzog Friedrich. Bennewitz-Behr kommt in ihrer Analyse der politisch ausgerichteten Lieder der Hs. R insgesamt zu dem Ergebnis, dass die Rolle von Kaiser Friedrich II. als »Garant der Wiederherstellung des ›alten‹ Rechts« (S. 294) dargestellt und »Kritik an den Zuständen in Österreich und damit auch am Verhalten des Herzogs« (S. 293) geübt werde.

[146] So legte sich Wiessner (Die Preislieder Neidharts und des Tannhäusers auf Herzog Friedrich II. von Babenberg. ZfdA 73 [1936], S. 117–130, hier S. 123. Wieder in: Brunner [1986], S. 77–93) mit dem Hinweis auf die »wirtschaftliche und politische Lage Österreichs« auf das Frühjahr 1236 fest. Eine noch genauere Zuordnung findet sich bei Birkhan (1971): »Die *schande*, von der der Dichter [...] spricht, ist der schmählich erkaufte Frieden mit Ungarn, die Sünde liegt in der Hybris des Herzogs« (S. 56f.).

[147] Giloy-Hirtz, S. 168.

[148] So auch Bennewitz-Behr (1987), S. 186f.: »[D]ie massive Reihung formelhafter Fügungen erfüllt zugleich die Aufgabe, das Ausmaß des Leids quasi assoziativ zu verdeutlichen [...]. Ihre Auffüllung mit konkreten historischen Inhalten, wie sie von H. Birkhan vorgeschlagen worden ist [...], wird durch die Unverbindlichkeit der literarisch-rechtssprachlichen Prägungen weder begünstigt noch ausgeschlossen; sie bildet eine Variante der unterschiedlichen Besetzungsmöglichkeiten, die dem Rezipienten anheimgestellt bleiben.«

(V,4). Die Partizipation dieser allegorischen Gestalt ist die Gewähr des Bestehens von *vreude*. Durch das Öffnen der futurischen Tanzszene ins Allegorische wird aber verwiesen auf die Bedeutung der *vreude* nicht nur für die Tanzsituation, sondern auch für die Zustände in Österreich selbst.

Die Vision von *vreude* beim sommerlichen, gemeinschaftlichen Tanz geht in den Strophen VI und VII über in eine präteritale Schilderung des Tanzes selbst. Im Moment des Tempuswechsels verliert nun aber die Vision einer solchen *vreude* – und als solche muss sie im Hinblick auf die Eingangsstrophen erkannt werden – ihren utopischen Charakter. Die Tanzszene wird dargestellt als tatsächliche Reaktion der Jugend auf die tröstenden Worte des Sängers: *Do si den vil lieben trost vernamen, / da brahten si ir geleite* (VI,1f.). Die Strophen beschreiben das ausgelassene Verhalten der Tänzer, die im sommerlichen Reien zu dem kommen, was der Sänger versprochen hat: *hertz wrden vrevden vol* (VI,4). Nur eines mutet den Rezipienten in dieser glücklichen Szenerie seltsam an: Die Teilnahme Vromuts am Tanz wird nicht erwähnt.

Die Schilderung des Reiens endet abrupt und der Zuhörer wird in der letzten Strophe wieder mit der Realität konfrontiert. Der Satz *Vromv̊t ist vz Osterrich entrvnnen* (VIII,1) entlarvt die Strophen III–VII in aller Schärfe als Fiktion. Die letzte Strophe nun führt dem Rezipienten die Tragweite des Verlusts Vromuts vor Augen, indem er in einem Atemzug mit dem Verlust von Vrideruns Spiegel genannt wird (VIII,2), der neben SL 22 einzig in diesem Sommerlied (in R) erwähnt wird. Wie bereits deutlich wurde, ist der Raub des Spiegels durch Engelmar Inbegriff für das persönliche Leid des Sängers, das er später zur Klage an der Welt steigert: *nv ist in allen landen niht wan trovren vnde chlagen, / sit daz der vngevuege dorper Engelmar / der vil lieben Viderovn ir spiegil nam. / do begvnde trovren vrevd v̊z al den landen iagn, / da si gar verswant* (WL 34,V,3–7). Diese Verbindung der Klage über den Verlust von *vreude* – hier in der Gestalt der personifizierten Vromut – und den Spiegelraub, wie sie in den Winterliedern wiederholt zu finden ist, findet sich also auch in SL 27. Die Bedeutung Vromuts für die Zustände im Land wird nun aber dadurch ins scheinbar Unermessliche gesteigert, dass der Spiegelraub, der doch immer wieder als entscheidender Auslöser des Niedergangs persönlicher und allgemeiner Werte genannt wird, plötzlich abgewertet wird: *den spigel solte wir verchlagen, / Vromvt v̊f den handen tragen, / vnd di es vns wider gewnnen* (VIII,3–5).[149] Der Verlust Vro-

---

[149] Eine solche Verwendung des Spiegelraubmotivs stützt die Prämisse der Analyse von SL 22: Das Verweismotiv hat keine festgelegte inhaltliche Bedeutung, ist vielmehr eine der für Neidhart typischen »inhaltliche[n] Leerstellen« (LIENERT, S. 12) und kann gerade dadurch als »Hauptanknüpfungspunkt für neue Motive« fungieren (ebd., S. 13).

muts wiegt schwerer, und umso mehr Ehre gebührt ihr im Falle einer Rückführung nach Österreich. Das Lied endet so mit der Hoffnung, die beklagten Zustände könnten sich in der Zukunft doch noch ändern.

Die Bedeutung, die der Figur der Vromut hier zugemessen wird, macht den Blick auf ein Winterlied nötig: WL 29, das einzige weitere Lied in R, das Vromut nennt.[150] Die beiden entscheidenden Strophen folgen auf einen typischen winterlichen Natureingang, in dem die Absenz von *vreude* beklagt wird. Dieser Verlust wird im Folgenden wie in SL 27 allegorisiert, wenn der Sänger fortfährt: *Vromvt vert in trovren nv von lande hinze lande, / ob si iemen vinde, der in gantzen vrovden si* (II,1f.). Als Ort, der diesen Anforderungen entspricht, wird der Hof Herzog Friedrichs genannt, weshalb WL 29 in der Forschung oft als »Preislied«[151] auf den Herzog bezeichnet wurde. Dass eine solche Interpretation zu kurz greift, zeigt jedoch die folgende Strophe. Zunächst wird bestätigt, dass Vromut tatsächlich gerne am Hofe Friedrichs verweilen möchte – wenn der Herzog das wünscht. Auf diese scheinbar gute Nachricht folgt jedoch ein deutlicher Bruch: *we, wer singet vns den svmer niwiv liet? / daz tvt min her Trostelin / vnd min hoveherre; / der gehelfe scholt ich sin: / nv ist der wille verre* (III,4–8)[152]. Die Referenz auf Vromut steht somit vornehmlich in Zusammenhang mit der Rolle des Sängers am Wiener Hof. Die Tatsache, dass durch seine Weigerung oder vielleicht sogar Abwesenheit auch der Vortrag der neuen *liet* im Sommer ausbleibt, impliziert eine Auswirkung auf Vromuts Anwesenheit, denn womit sollten sie und ihre *gespilen* sich dann *die zit vertreiben* (III,3)? Die enge Verknüpfung von Vromut und den Liedern des Sängers suggeriert, dass für ein glückliches Verweilen Vromuts am Hofe das Bleiben des Sängers unabdingbar ist. Doch durch die Weigerung des Sängers, den Rivalen Trostelin[153] und den *hoveherre* selbst durch seine Lieder zu unterstützen, ist unklar, inwieweit der Zustand der *vreude* am Hofe des Herzogs überhaupt noch gewährleistet ist und ob Vromut unter diesen Bedingungen bleiben kann.

Den engen Zusammenhang von SL 27 und WL 29 bestätigt neben der Rolle Vromuts auch die Tatsache, dass in WL 29 mit Engelmar[154] jener Dörper auf-

---

[150] Für eine ausführliche Analyse sei verwiesen auf HEDDA RAGOTZKY (Zur Bedeutung von Minnesang als Institution am Hof. Neidharts Winterlied 29. In: KAISER/MÜLLER [1986], S. 471–489) und BENNEWITZ-BEHR (1987), S. 214–223.

[151] WIESSNER (1936).

[152] Die Strophen R III–VII entsprechen den Strophen IV–VIII bei WIESSNER/SAPPLER.

[153] I. e. Meinhard Tröstel von Zierberg. Vgl. dazu genauer GILOY-HIRTZ, S. 171f.

[154] WIESSNER/SAPPLER folgen hier mit *seht an Hildemâren* der Lesung der Hss. c (c 113,VII,8: *hilldemaren*) bzw. C (C 119,8: *hillemare*), was bisweilen zu interpretatori-

taucht, den der Sänger für den in SL 27 genannten Spiegelraub und damit für den Beginn allen Leides verantwortlich macht. Nachdem er zunächst darauf verweist, dass die Dörper aus dem Tullner Feld verschwunden seien,[155] macht er plötzlich auf einen von ihnen aufmerksam: *Seht an Engelmaren!* (IV,8). Ausführlich schildert er dessen anmaßendes Gebaren (V–VI) und sein Eindringen am Hofe (VII). In WL 29 vermischen sich also mit der Nennung des Sängerrivalen Trostelin sowie des Herzogs und mit dem Hinweis auf das neuerliche Erscheinen Engelmars biographische und fiktionsimmanente Elemente, die aber auf dieselbe Aussage abzielen: Die Vertreibung des Sängers von dem ihm angestammten Platz. Gleichzeitig aber geschieht noch etwas anderes: Der Abzug der Dörper vom Tullner Feld bedeutet für den Sänger zwar die »Aufhebung der Bedrohung« (IV,4: *ez ist wol nah minem willen, sint si da vertriben*), doch auch »das Ende von Neidharts Singen«[156], war die Beschreibung ihres Treibens doch gleichsam Markenzeichen seiner Lieder. Seine Sängerexistenz scheint sukzessive – räumlich und inhaltlich – ausgelöscht zu werden. So kann der anschließende Bericht über Engelmar in zweierlei Hinsicht gedeutet werden: Als Erkenntnis, dass die Bedrohung nach wie vor eben nicht aufgehoben ist, paradoxerweise aber gleichzeitig als verzweifeltes Bemühen, das Lied nicht abreißen zu lassen. Die Dörperstrophen erscheinen dann als Kostprobe der Kunst des Sängers, dessen Unentbehrlichkeit – nun natürlich nicht in der fiktionsimmanenten Welt der Lieder, sondern am Hofe – der Rezipient erkennen soll.[157]

---

schen Ungenauigkeiten führte. So beruft sich etwa Ragotzky in ihrer Untersuchung von WL 29 explizit auf »die in der Riedegger Handschrift (R) überlieferte Textgestalt« (S. 475), folgt dann aber ohne Überprüfung der Handschrift dem Text Wiessner/Sapplers und spricht vom »neue[n] Typ des Super-*dörpers*, wie ihn Hildemar verkörpert« (S. 483 Anm. 20).

[155] Giloy-Hirtz (S. 170) vermutet dahinter eine Anspielung auf den Einzug zum Heeresdienst.

[156] Giloy-Hirtz, S. 148. Vgl. auch WL 30,V [W/S VII],4ff: *swaz man nv gesinget, daz ist niht zegvt. / mine vrivnde sprechent, ir svnget weilen verre baz. / siv nimt immer wnder, wa die dœrper* [*dœper* R] *chomen sin, / die da waren hie bevor / v̊f tulnære velde.*

[157] Zu einem ähnlichen Ergebnis kommt auch Ragotzky, die in WL 29 eine Äußerung Neidharts »über den Sinn und Wert seiner spezifischen Form des Singens für den Wiener Hof« (S. 485) sieht. Ragotzky verweist darauf, dass die Rollen des *dörper*-Sanges an die Hofgesellschaft delegiert würden: Der Sänger werde durch seinen *hoveherren* Friedrich ersetzt, Riuwental durch den Wiener Hof, der durch die *unvuoge* Hildemars bedroht sei. Der Ausweg aus dieser Bedrohung liege in der Erfahrung »festlich repräsentativer Selbsterfahrung und Selbstbestätigung im Medium Neidhartschen Singens« (S. 484). Ragotzkys insgesamt einleuchtende Interpretation zielt jedoch vornehmlich ab auf eine Selbstdarstellung Neidharts als Gewährsmann für gesellschaftliche *vreude* und berücksichtigt nicht deutlich genug die Darstellung der Bedrohung der Sängerexistenz selbst, die in seiner Weigerung zu singen, der Nennung des Sängerrivalen und der Nennung Engelmars greifbar wird.

Aufgrund der genannten Parallelen kommt man nicht umhin, diese Beobachtungen mit SL 27 in Beziehung zu setzen. So ist es reizvoll, die Flucht Vromuts in SL 27 nicht nur mit den allgemein-zeitpolitischen Umständen in Zusammenhang zu bringen, sondern auch mit den Bedingungen am Wiener Hof selbst, die den Zustand der *vreude* nicht erlauben. Wie in WL 29 werden dabei die Grenzen des eigenen Singens aufgezeigt: Stellt dort die Abwesenheit der Dörper die Gattung Winterlied in Frage, so macht hier der Mangel an *vreude* die Produktion eines ›normalen‹ Sommerliedes unmöglich: Solange Vromut Österreich fern ist, können keine neuen Sommerlieder gesungen werden. Wie in WL 29 werden die Rezipienten aber durch das eingeschaltete ›Lied im Lied‹ (III–VII) an die Kunst der neidhartschen Sommerlieder erinnert, mit der Tanzszene wird der eigene Typus zitiert.[158] Damit erhebt der Sänger seinen Gesang zum ›Rezept‹ gegen *lǽit* und *iamer*, dies jedoch nur unter der Voraussetzung der Rückkehr Vromuts, d. h. einer Verbesserung der Zustände im Land und/oder am Wiener Hof. Wie in WL 29 gelingt ihm diese Aussage durch eine raffinierte Verzahnung politischer bzw. gesellschaftlicher Aspekte mit der fiktionsimmanenten Dörperwelt.[159]

Die Intensität der Zeitklage fällt also in diesem Lied dadurch stärker aus, dass eben nicht die Folie des Typus Winterlied nutzbar gemacht wird, sondern die des Typus Sommerlied, wird doch die Erwartungshaltung der Rezipienten, die die *vreude*-Thematik der Sommerlieder vor Augen haben, in deutlich höherem Maße durchbrochen. Durch die Integration eines Liedes im Lied präsentiert sich SL 27 als seltsame Mischung aus Zeitklage und Sommerlied und bringt somit zusammen, was eigentlich nicht zusammengehören kann. Das gewohnte *vreude*-Konzept wird in den Kernstrophen in aller Breite aufgebaut, in den Rahmenstrophen jedoch negiert. Doch selbst innerhalb der Kern- bzw. Rahmenstrophen herrscht keine völlige Klarheit: Der Schilderung der desolaten Lage des Landes wird die Hoffnung auf die Rückkehr Vromuts entgegengesetzt, die wiederum in

---

[158] Die für das Verständnis des Liedes wesentliche Interrelation von Rahmenstrophen und eingeschobener Tanzszene wird von BIRKHAN in seiner Interpretation von SL 27 verkannt: »Stimmungsmäßig besteht [...] zwischen den freudigen Strophen III–VII und [...] den Strophen I, II, VIII [...] ein beträchtlicher Unterschied. Daß dieser schon ursprünglich in diesem Lied vorhanden war, scheint mir zweifelhaft.« Da BIRKHAN die Intentionalität des Widerspruches nicht erkennt, versucht er ihn durch das Vorhandensein von »zwei Schichten verschiedenen Alters« zu erklären (S. 59).

[159] Die deutlichen thematischen Parallelen lassen darauf schließen, dass die Bekanntheit beider Lieder beim Publikum vorauszusetzen ist. Der Vortrag des einen Liedes erweckt Assoziationen des anderen. Hier zeigt sich, dass der Sänger nicht nur mit Variationen innerhalb des Typus Sommerlied arbeitet, sondern auch die Interrelation von Winter- und Sommerliedern nutzbar macht.

der visionären Schilderung ausgelassener *vreude* gar nicht anwesend ist. Das Lied oszilliert somit zwischen den Polen *leit* und *vreude*, ohne sich eindeutig in eine Richtung zu bewegen. Versinnbildlicht wird diese Spannung durch die Gestalt der Vromut, deren An- bzw. Abwesenheit beide Zustände eintreten lassen kann. Dieses Spannungsverhältnis aber bewirkt eine Transposition des ganzen Liedes auf eine metapoetische Ebene, da der Autor den einen Pol, nämlich den der *vreude*, besetzt durch einen symbolischen Ausschnitt aus der eigenen Sommerliedproduktion. Dadurch bringt er die *leit*-besetzte Gattung der Zeitklage in eine spannungsvolle Beziehung zum selbstgeschaffenen Sommerliedtypus, wodurch er eben nicht nur politisch Stellung bezieht, sondern auch poetologisch: Indem er gleichzeitig auf die positive Wirkung seines Singens, aber auch auf dessen Gefährdung verweist, dokumentiert er auf eindringliche Weise die Bedeutung seiner Kunst für den Zustand der höfischen Gesellschaft.

Bereits ein Blick auf die Überlieferungssituation macht die Exzeptionalität von **SL 29**, das wohl schon früh als »unneidhartisch« empfunden wurde, deutlich. Im Gegensatz zu allen anderen bisher untersuchten Sommerliedern, auch den Zeitklagen, ist dieses Lied einzig in der Hs. R überliefert.[160] Das Lied verbindet nur wenig mit den zuvor untersuchten Sommerliedern, da es die typischen Kennzeichen der Gattung zu missachten scheint: Zum einen setzt es nicht mit einem Natureingang ein, ja es zitiert ihn zu Beginn nicht einmal, wie SL 27; zum anderen wird die Welt der Dörper und des sommerlichen Tanzes völlig ausgeblendet. Wohl gerade aufgrund dieser Sachlage erfreute sich das Lied schon früh eines regen Forschungsinteresses und wurde als »abschiedswort«[161], als »Schwanensang«[162] Neidharts bezeichnet. Die ausführlichste Auseinandersetzung mit SL 29 nahm KARL BERTAU in seinem Aufsatz »Stil und Klage beim späten Neidhart«[163] vor, der Grundlage des folgenden Versuches sein soll, SL 29 innerhalb einer Typologie der Sommerlieder zu verorten.

Wie schon SL 27 lässt sich auch SL 29 nicht ohne einen Blick auch auf die späten Winterlieder interpretieren. Schon BERTAU verwies auf den engen Zusammenhang von SL 29 und WL 30, dessen Verlauf hier deshalb kurz skizziert werden soll.[164] WL 30 gehört mit den WLL 28 und 34 zu den sogenannten Alters-

[160] Alle in R überlieferten Sommerlieder sind mindestens auch in der Hs. c bezeugt. Lediglich SL 9, auf dessen Sonderstellung bereits verwiesen wurde, ist ebenfalls nicht in c überliefert, dafür mit einer Strophe in A.

[161] LILIENCRON, S. 110.

[162] BIELSCHOWSKY, S. 97.

[163] DU 19 (1967), Heft 2, S. 76–97.

[164] Für eine detaillierte Interpretation sei verwiesen auf die Ausführungen BERTAUS.

oder auch *werltsüeze*-Liedern, in denen die *vrouwe* als Allegorie der ›Frau Welt‹ erscheint. In diesen Liedern verbindet sich die Klage über das zunehmende Alter, den Zustand der Welt – oft gekoppelt an eine laudatio temporis acti und die Undankbarkeit der teils wild beschimpften *vrouwe* – mit dem Entschluss zur Dienstabsage und zur Hinwendung zu Gott.[165] In WL 30 bringt der Sänger seinen Kummer nicht nur über das Ende des Sommers zum Ausdruck, sondern auch über eine *gemeiniv chlag* (I,7). Es geht also um eine Klage nicht nur des Sängers, sondern »aller anderen insgemein«[166], deren Natur er auf Drängen der Freunde näher expliziert: Nicht die Aufdringlichkeit der Dörper, nicht die Unerbittlichkeit der Frau nennt er hier, sondern die Sündhaftigkeit der Welt und sein hohes Alter, die es ihm unmöglich machen, weiter *vrovden phlegen, / div von hertzen gienge* (II,7f.). Mit der Wendung *vrovden phlegen* bezieht sich der Sänger auf die Bedingungen seiner Kunst, denn er stellt hier die Frage: »Wie kann Minnesang existieren wollen, wenn es so mit der Welt steht?«[167] Der Sänger erkennt, dass der lange Dienst bei der als ehrlos bezeichneten *vrowe* für ihn nur *vngewin* war (IV,6),[168] und er zieht die Konsequenz, nicht mehr ihr zu dienen (IV,4: *ichn wil niht langer*[169] *iwer senger sin*), sondern Gott, von dem mehr Lohn zu erwarten sei (IV,9f.). Dieser Entschluss betrifft nun aber eine weitere Personengruppe, die Einspruch erhebt:

> *Swenne ich an ein trovren wende minen mv̊t,*
> *so chumt einer vnde sprichet: ›gvte, nv singet ette waz!*
> *lat vns mit iv singen, tvt vns vrovde* helfe schin[170]*!*
> *swaz man nv gesinget, daz ist niht zegvt.*
> *mine vrivnde sprechent, ir svnget weilen verre baz.*
> *siv nimt immer wnder, wa di dœrper*[171] *chomen sin,*
> *di da waren hie bevor*
> *v̊f tvlnære velde.‹* (V,1–8)

Als Vertreter der Gesellschaft fordert *einer* (V,2) den Sänger auf, seiner Funktion als Freudebringer nachzukommen.[172] Dabei beklagt er die mangelnde Eig-

[165] Zu den *werltsüeze*-Liedern vgl. Schweikle (1990), S. 86f., und Kivernagel.

[166] Bertau (1967), S. 78.

[167] Ebd., S. 80.

[168] Die Strophen R IV–VII entsprechen den Strophen V, VII, VIII, IX der Zählung bei Wiessner/Sappler.

[169] *langen* R.

[170] *schin helfe* R.

[171] *dœper* R.

[172] Dieser Bittsteller ist jedoch nicht »einem erdichteten Dörperpublikum« (Bertau, S. 82) zuzurechnen, sondern einem höfischen Publikum; so wie hier die Grenzen zwi-

nung der Lieder, die der Sänger zur Zeit vorträgt – reine Klagelieder[173] –, und fordert eine Rückkehr zur früheren Liedproduktion, in deren Mittelpunkt das Treiben der Dörper stand. Der Sänger scheint nun dieser Forderung sogleich nachzukommen, denn noch in der fünften Strophe setzt er an: *ez vert noch einer mit spor, / des vppecheit ich melde* (V,9f.),[174] doch »die Bereitwilligkeit, mit der er darauf eingeht, ist wie Verachtung«:[175] Zunächst beschreibt er das Aussehen von *Lymizovn* und seinem Freund *Holerswan*, auf die er jedoch nicht näher eingeht zugunsten scheinbar beliebig herbeizitierter anderer Dörper: *oder iene, die ze Wienne weilen chŏften platen* (VI,6). Die Beschreibung ihrer Kleidung, der obligatorische Verweis auf Engelmars Spiegelraub, ein Blick zurück auf das ungehörige Verhalten der Dörper im letzten Sommer – fast schon mechanisch reiht er wohlbekannte Versatzstücke seiner Dörperstrophen aneinander, um schließlich unvermittelt abzubrechen. Damit aber bewahrheitet er, was sich bereits in der Eingangsstrophe andeutete, denn das Lied bleibt *unverendet* (I,10): »[...] Stil und Klage sind ihm nicht mehr vereinbar. Ausdruck seiner Klage wird die Unzulänglichkeit des Stils, die Unendbarkeit des Gedichts.«[176]

Die Notwendigkeit einer Verortung von SL 29 im Kontext von WL 30 ergibt sich bereits aus der ersten Strophe, in der die Gesellschaft ebenfalls die Wiederaufnahme des Gesanges einfordert: *Dvrch des landes ere / mv̊z ich brechen / min versprechen / vnd dvrch vrivnde lere, / di nv wellent niht enberen, / ich en mvz ir bet geweren / vnd singen aber mere.* Als vornehmliches Motiv erscheint hier neben der Bitte der Freunde der Zustand Österreichs, denn *trovren* (II,6) und

schen interner Sängerrolle und vortragendem Sänger-Dichter verschmelzen, ist auch eine Unterscheidung zwischen interner und externer Publikumsrolle kaum mehr auszumachen. Sicher ist jedoch, dass sich der Sänger hier nicht an ein fiktions*immanentes* Publikum wendet, denn er reflektiert die Möglichkeiten und Grenzen seiner Kunst.

[173] Vgl. dazu auch WL 34, in dem der Sänger ebenfalls auf den Sprachgestus seines Singens referiert: *Swaz ich nv gesinge, / daz sint chlageliet: / da en vrevt sich lvtzel leider iemen von. / e do sang ich, daz gv̊ten livten wol gezam* (IV,1–3). Die Forderung der anderen an den Sänger, für *vreude* zu sorgen, klingt auch in WL 25 an: *swenne ir alle sprechet: ›sinch! / vngemv̊te von mir swinch!‹* (IV [W/S V],3f.). Als Grund für das Scheitern des Sängers als Freudebringer finden sich in WL 25 jedoch mit dem Treiben der Dörper externe Faktoren, nicht die innere Befindlichkeit des Sängers.

[174] In diesem Zusammenhang sei nochmals auf das im Kontext von SL 27 hinzugezogene WL 29 verwiesen, in dem ebenfalls die Stellung des Sängers zur Debatte stand. Auch hier wird ein Zusammenhang von Dörperthematik und Qualität des Singens suggeriert, indem der Sänger, anstatt sich über das postulierte Verschwinden der Dörper zu freuen, beinahe krampfhaft neue Possen von eben diesen berichtet.

[175] Bertau, S. 82.

[176] Ebd., S. 84.

ein *vngelingen*[177] [...] *an vrevden* (II,4f.) bestimmen das Bild, wodurch es dem Sänger nicht möglich ist, das anzustimmen, was die *ivngen / gerne svngen* (II, 2f.). Die dadurch doch eigentlich rhetorische Frage *wer chan div not geringen?* (II,7) versucht er dennoch zu beantworten, indem er als Abhilfe eine *libiv mære* (III,1) verkündet, die aus einem dreistrophigen Frühlingspreis besteht. Hier findet der Rezipient jedoch kaum etwas von dem, was ihm aus den sommerlichen Natureingängen anderer Lieder so vertraut ist. Stattdessen wird das Bild einer beinahe »animistisch-dämonischen Natur«[178] gezeichnet – die einzelnen Motive sind dem Zuhörer ebenso fremd wie die manierierte Sprache.[179] Der Frühlingspreis bleibt dadurch nur »Anspielung auf den üblichen Natureingangstopos der Sommerlieder«.[180]

Während WL 30 unvermittelt abbricht, wird dieses Abbrechen in SL 29 explizit thematisiert: *Hie mit si gesvngen / den zehvlden, / di von schvlden / wol nah vrevden rvngen*[181] */ und ovch tvgende waren wert* (VI,1–5). Damit definiert der Sänger selbst den Zweck, den seine Dichtung zu erfüllen hat – die Evokation von *vreude* bei der Jugend. Der höfische Wert der *vreude* erscheint als Voraussetzung dafür, dass die *ere* im Land aufrechterhalten werden kann: *swa di ivgent niht vrevde gert, / da ist ere*[182] *v̊z phad gedrvngen* (VI,6f.). Die Kunst des Sängers und die Situation des Landes werden dadurch wieder direkt aufeinander bezogen. Ein Blick auf die Art des *vreude*-versprechenden Gesanges des Dichters lässt jedoch Zweifel aufkommen, ob dieser Gesang die ihm angestammte Funktion tatsächlich noch erfüllen kann: Die Mittelstrophen spielen zwar auf den vertrauten *vreude*-Typus an, lösen ihn jedoch nicht mehr ein, verzichten sie doch gerade auf jenen Begriff, der in R das Kernstück des Typus Sommerlied bildet: den der *vreude*. Die Frage des Sängers *wer chan div not geringen?* (II,7) entpuppt sich dadurch tatsächlich als rhetorische Frage, denn niemand, auch nicht der Sänger selbst, kann die *ere* des Landes wiederherstellen, was ihn die einzig mögliche Konsequenz ergreifen lässt: das Verstummen.

SL 29 zeigt somit zum einen deutliche Parallelen zum zuvor untersuchten SL 27: Beide Lieder weisen eine Rahmenstruktur auf, in der zitathaft ein ›Lied im Lied‹ eingebettet ist. In beiden Fällen äußert sich der Sänger in den Rahmenstrophen

---

177 *ivngelingen* R.

178 Bertau, S. 96.

179 Eine detaillierte Analyse der einzelnen Motive würde nur das wiederholen, was Bertau ausführlich dargelegt hat. Vgl. daher Bertau, S. 95f.

180 Ebd., S. 95.

181 *ringen* R.

182 *er* R, *Êre* H/W.

zu der desolaten Situation, in der sich das Land befindet und die den völligen Mangel an gesellschaftlicher *vreude* verantwortet. In SL 27 beschwören die Mittelstrophen die Welt des sommerlichen Tanzes der Dörper herauf – es sind konfliktfreie Strophen, die einen deutlichen Kontrast zur tatsächlichen Situation darstellen und die am Ende in ihrem Gehalt negiert werden, jedoch nicht ohne dass die Hoffnung auf eine Besserung der Lage geäußert wird. Indem der Mittelteil durch die Natureingangsstrophen und die Tanzthematik auf den Sommerliedtypus verweist, aber auch durch die Nennung der poetologisch besetzten Figur der Vromut nimmt das Lied implizit Stellung zur Bedeutung neidhartschen Singens für die Verfassung der höfischen Gesellschaft. Dabei treten, wie oben dargelegt, die Opposition von *vreude* und *leit* sowie die Gattungen Sommerlied und Zeitklage in ein unaufgelöstes Spannungsverhältnis zueinander. SL 29 operiert nun ähnlich, geht aber in seiner Konsequenz deutlich darüber hinaus: Die Rahmenstrophen thematisieren explizit die Bedeutung des Singens als Mittel gegen *trovren*[183] und wenden sich ausdrücklich an die, die nach *vreude* streben. Während SL 27 aber gerade damit endet, dass es die Hoffnung auf die Wiederaufnahme ›normalen‹ Singens – nämlich im Falle der Rückkehr Vromuts – äußert, zieht der Sänger in SL 29 einen Schlussstrich. Diese negative Ausrichtung manifestiert sich besonders in den Mittelstrophen: Hier findet sich nur noch eine Anspielung auf den sommerlichen Natureingang, andere Elemente des Typus – Tanz und dörperliches Personal – sind völlig ausgespart. So verwundert es auch nicht, dass gerade in den Strophen, die der Sänger zitiert, um gegen die Not anzukämpfen, eben jener Begriff fehlt, der doch in der Gruppe R integrativer Bestandteil der Sommerlieder ist und auch in den Mittelstrophen von SL 27 herbeizitiert wird: die *vreude*. Damit wird die Opposition von *vreude* und *leit*, die in SL 27 dekonstruiert wird, in SL 29 zugunsten des Pols *leit* aufgelöst. Der Sänger zieht also die im Hinblick auf den Zustand der Welt einzig mögliche Konsequenz: Einen Abbruch des Liedes und eines Singens, das seine eigenste Funktion, die Evokation von gesellschaftlicher *vreude*, nicht mehr gewährleisten kann.

---

[183] Es sei kurz darauf verwiesen, dass die Zuordnung von impliziter und expliziter Thematisierung der Bedeutung des Singens auch auf die beiden Winterlieder zutrifft, die bei der Interpretation der SLL 27 und 29 herangezogen wurden. So wird der Zusammenhang von erfolgreicher Liedproduktion und Dörperthematik in WL 29 nur suggeriert: Der Sänger lässt auf die Feststellung des Verschwindens der Dörper unvermittelt mehrere Dörperstrophen folgen, was sich aufgrund einer Interpretation der übrigen Strophen als seine Erkenntnis deuten lässt, dass die Anwesenheit der Dörper im Lied Voraussetzung eines erfolgreichen Vortrages ist. In WL 30 wird diese Verbindung explizit festgestellt, da der Sänger den Wunsch der Zuhörer zitiert, er möge doch bitte wieder zu seiner ursprünglichen Dörperthematik zurückkehren.

## 4. Zusammenfassung

Die Untersuchung der Gruppe R umfasst insgesamt 13 Sommerlieder. In formaler Hinsicht schließt sich die Gruppe R weitgehend den Liedern des Überlieferungskerns an, da 12 Lieder unstollig gebaut sind. Ob es sich bei SL 26 um eine tatsächliche Ausnahme handelt oder wie im Falle von SL 14 um eine reine Textkanzone, muss offenbleiben.

Auch hinsichtlich des Natureingangs überwiegen die Gemeinsamkeiten. Der Motivschatz der Eingangsstrophen weicht kaum von dem des Überlieferungskerns ab. Neben dem Vogelsang sind Wald, Blumen und die Heide am häufigsten genannt. Seltener ist die Linde erwähnt, ebenso wie die erotisch konnotierten Motive Tau und Kranz. In fast allen Liedern wird die Beschreibung der Jahreszeit kontrastiv zum vergangenen Winter vorgenommen, so dass auch bei dieser Gruppe eine Opposition von *vreude* und *leit* aufgebaut wird.

Die Rolle des Sängers beschränkt sich nicht auf die Beschreibung des sommerlichen Naturbildes, sondern er ist vornehmlich Verkünder von *vreude*. Die Gruppe stimmt also mit dem Überlieferungskern auch hinsichtlich des volkssprachlichen Prätextes in seiner Koppelung von Natureingang und *vreude*-Appell überein. Die Rolle des *vreude*-Verkünders wird jedoch in den einzelnen Liedern in variierender Breite ausgeführt: In den kurzen Natureingängen der SLL 10 und 25 wird nur zitathaft zur *vreude* aufgerufen, ohne dass der Sänger seine Appelle, etwa hinsichtlich des gemeinsamen Tanzes, spezifiziert. In zahlreichen Liedern hingegen wendet sich der Sänger mit vielfältigen Appellen an die *megede*, die er zum Empfang des Sommers, zum festlichen Einkleiden oder zum Tanz auffordert (SLL 9, 13, 16, 19, 26). Der Sänger erscheint dabei als Mitglied der Gemeinschaft, da er sich in die ausgelassene *vreude*-Stimmung einbezieht. Auch in den SLL 15 und 20 steht die *vreude* im Mittelpunkt der Eingangsstrophen, doch die Sängerrolle erhält hier eine besondere Prägung, da er sich in auffallender Weise als Vertreter des Höfischen stilisiert: Als Lehrer moralischer Unterweisung (SL 15) oder als Herold des Einzugs des Sommers (SL 20).

Sänger- und Mädchenrede sind in fast allen Texten eng miteinander verzahnt. In einigen Liedern (z. B. SLL 9, 16) geht dies so weit, dass beide Redeteile ineinander verschmelzen, da sich das Ende der Sängerrede nicht eindeutig bestimmen lässt: Die weibliche Sprecherin stimmt in den Frühlingspreis ein. In anderen Liedern ist der Beginn der Mädchenrede deutlich durch inquit-Formeln gekennzeichnet. Auch in diesen Fällen wird die enge Verbindung offenbar, wenn die Mädchen explizit auf die Aussagen und Appelle des Sängers Bezug nehmen. Dies kann durch die zustimmende oder verneinende Reaktion auf einzelne Appelle (SLL 13, 15, 19, 20) sowie die teils wörtliche Wiederaufnahme bestimmter

Motive oder Ausdrücke geschehen (SLL 15, 19, 25). Am augenscheinlichsten wird diese enge Verbindung, wenn die Rede des Mädchens die des Sängers unbedingt voraussetzt, indem es die Begriffe nicht nur wiederholt, sondern durch Pronomina ersetzt (z. B. SL 20).

Die Sängerrede erscheint durch diese Interrelation szenenimmanent, zumal ja wiederholt *megede* in der Angesprochenenrolle fungieren. Wie im Überlieferungskern ist der Natureingang somit auch in der Gruppe R zunächst Movens der anschließenden Dialogszene: Die Mädchen kommen in ihrem Streben nach *vreude* den Aufforderungen des Sängers nach. Als fiktionsimmanenter Sänger in der Reuentaler-Rolle ist er Teil der dörperlichen Sommerfreude. Diese Temporal- und Lokaldeixis steht jedoch offensichtlich in diskrepanter Relation zur Aufführungssituation: Hier nämlich fungiert der Natureingang nicht als Hinweis auf die reale Jahreszeit, sondern als Gattungssignal, intendiert nicht für *megede*, sondern für das höfische Publikum.[184]

Wie im Überlieferungskern sind somit die Verschränkung von Jahreszeitenpreis und *vreude*-Appell in der Sängerrolle, die Interrelation von Sänger- und Mädchenrede sowie die komplexe Rezeptionssituation wesentliche Kennzeichen des Natureingangs. Hinsichtlich des Raumentwurfs ist jedoch eine Verschiebung zu konstatieren, die im Zusammenhang steht mit den Appellen des Sängers. Schon die variierende Länge der Natureingänge (zwischen einer und vier Strophen) macht deutlich, dass die Rolle des Sängers als *vreude*-Verkünder unterschiedlich ausgeprägt ist. Es fällt auf, dass die explizite Aufforderung an die *megede* zu tanzen in nur zwei Liedern erfolgt (SLL 19, 26). In den meisten Liedern wird dies ausgeglichen, indem die übrigen Sängerappelle den fehlenden Tanzappell implizieren (etwa durch den Hinweis auf die Linde, den Ort des Tanzes, oder durch die Aufforderung, sich schön zu kleiden und den Sommer zu empfangen) oder indem der Tanz in der Mädchenrede als Zielpunkt des Liedes offenbart wird (SLL 10, 16, 20, 25). Dennoch verbleiben einige Lieder, in denen die Tanzthematik sowohl im Natureingang als auch in der Gesprächsszene ausgeblendet ist (SLL 9, 13, 15). Diese Variation ist jeweils verschieden begründet, hat aber eine gemeinsame Konsequenz: Der Raumentwurf der Gruppe R ist nicht mehr einheitlich. Der Dörperdialog bleibt Vordergrundszene, der Tanz ist futurischer Hintergrund der meisten, aber nicht mehr – wie im Überlieferungskern – aller Lieder.[185]

---

[184] Indem der Sänger in der Rolle des fiktionsimmanenten Reuentalers den Dorfmädchen zum Tanz singt, wird deutlich, dass er eben nicht nur »Freudenbringer in alter Minnesangfunktion« (Ruh, S. 262) ist.

[185] Hierzu lässt sich auch die Beobachtung in Bezug setzen, dass das Motiv der Linde im Vergleich zum Überlieferungskern an Bedeutung verliert, erscheint die Linde doch stets als Ort des Tanzes (vgl. auch die Überlegungen zum Raumentwurf der Gruppe B, S. 117f.).

Das auf die Sängerrede bezogene Streben der Mädchen nach *vreude* führt auch in den Gesprächsszenen der Gruppe R zu unterschiedlich gelagerten Konflikten, die sich in bisweilen heftigen Streitgesprächen entladen. Der konfliktfreie volkssprachliche Kontext, wie er mit dem Natureingang aufgerufen wird, wird dadurch wie schon bei den Liedern des Überlieferungskerns unterlaufen. Die Personenkonstellation weicht in den meisten Liedern kaum von denen aus *RC/RB ab: Die Mütter versuchen die Töchter vom Tanz mit dem Reuentaler abzuhalten (SLL 16, 19) und wollen ihnen einen dörperlichen Partner aufzwingen (SL 25). Die Mädchen versichern sich gegenseitig der vielseitigen Qualitäten des Ritters (SL 10) und treten dabei in ein offensichtliches Konkurrenzverhältnis zueinander (SL 20). Die oft entzweienden Diskussionen sind so stets um den Ritter zentriert, der den Müttern als bedrohlicher Verführer, den Töchtern hingegen als verheißungsvolles Liebesziel erscheint, um dessentwillen sie bereit sind, sich von ihrem eigenen verachteten Milieu loszusagen.

Die oben konstatierten Verschiebungen hinsichtlich des Raumentwurfs haben sodann Auswirkungen auf die Gesprächsszenen derjenigen Lieder, in denen die im Überlieferungskern konstitutive Frage nach der Teilnahme am Tanz unter der Linde nicht mehr Auslöser des Konflikts ist. Dies ist der Fall bei den Sommerliedern 15 und 26, die ohne den futurischen Hintergrund ›Tanz‹ arbeiten. Bei näherer Betrachtung dieser Lieder stellt sich jedoch heraus, dass der Typus durch die jeweiligen inhaltlichen Differenzierungen nicht in Frage gestellt, sondern in besonderer Weise bestätigt wird: So unterstreicht SL 15 das negative Bild, das der Rezipient vom Reuentaler gewonnen hat, indem seine sexuellen Absichten nicht mehr nur durch erotisch konnotierte Motive und die Tanzmetapher suggeriert, sondern durch den eindeutigen Bericht des Mädchens über seine Begegnung mit dem zungenfertigen Ritter bestätigt werden. Während sich der Rezipient sonst über eine Ausdifferenzierung von Einzelperspektiven und intertextuellen Querverbindungen sein eigenes Bild macht, berichtet hier also ausgerechnet die Figur ungeschönt von den Machenschaften des Ritters, die doch bisher dessen größte Fürsprecherin war. In SL 26 bleibt der Tanz notwendig aus, da der Reuentaler abwesend ist. Indem hier sein Fernsein die maßlose Klage der Mädchen hervorruft, bestätigt sich ex negativo die Zielrichtung des *vreude*-Verlangens auf den Ritter.

Die Konflikte der jeweiligen Gesprächsszenen sind somit zwar unterschiedlich gelagert, jedoch in allen Fällen auf einen gemeinsamen Auslöser zurückzuführen: das Agieren des Ritters in der Welt der Dörper. Indem er höfische Wertbegriffe in diese Welt transponiert, gerät das dörperliche Selbstverständnis aus den Fugen: Die Mädchen halten sich für angemessene Partner eines höfischen Standesvertreters und wollen aus dem eigenen Milieu ausbrechen. Die dadurch aufgerufene Opposition höfisch-dörperlich wird jedoch geschwächt, indem der Pol des Höfischen abgewertet wird, da er eben durch den Reuentaler besetzt ist. Aus verschiedenen Perspektiven erhellt sich dessen Zwielichtigkeit: In der Rede der Mütter erscheint er als gefährlicher Verführer, und auch die Aussagen der Mädchen sprechen für sich, da der Rezipient hinter ihren geheimnisvoll-verhüllenden Aussagen die wahren Absichten des Ritters und die eigentliche Natur seiner gepriesenen Qualitäten erkennt.

Während nun aber der Pol ›höfisch‹ abgewertet wird, wird die Seite des Dörperlichen keineswegs aufgewertet: Triebhaftigkeit ist das hervorstechende Charakteristikum der Mädchen, die durch ihr Verhalten nicht nur gegen höfische, sondern auch gegen die Normen des eigenen Milieus verstoßen. Da der Rezipient sich mit dem zwielichtigen Reuentaler nicht identifizieren kann, diskreditieren sich die Mädchen gerade durch ihr stolzes Bekenntnis zu ihm. Die Diskrepanz, die sich aus Anspruch und Verhalten des Sängers ergibt, erkennen sie dabei nicht, machen es diesem vielmehr nach, indem sie ihre sexuelle Lust mit Begriffen der höfischen Minnekonzeption betiteln. Doch durch ihr keinesfalls höfisches, sondern triebhaftes Verhalten wird deutlich, dass sie überhaupt nicht qualifiziert sind, soziale Normen zu beurteilen.

Diese Dekonstruktion der Opposition ›höfisch – dörperlich‹ wird besonders evident am Zentralbegriff der untersuchten Lieder, der *vreude*. Der Sänger verkündet ein naturhaft-sinnliches *vreude*-Programm, dem die Mädchen bereitwillig nachkommen. Dieses erscheint jedoch nicht ungebrochen, sondern wird überlagert von einer anderen *vreude*-Konzeption, nämlich der des hohen Minnesangs. Indem der Reuentaler sich selbst als höfischer Lehrer und Ratgeber stilisiert und in seinem Frühlingspreis wiederholt elementare höfische Wertbegriffe nennt, ruft er dieses Programm gesellschaftlich-höfischer *vreude* auf, ohne es einzulösen: Er verwendet sein Wissen vielmehr für eine Verfolgung ganz spezifischer Eigeninteressen. Der Sänger spielt die Pole der gesellschaftlich-höfischen und der naturhaft-sinnlichen *vreude* geschickt gegeneinander aus, indem er unter dem Deckmantel der einen die andere verkündet. So wird schon im Natureingang nicht immer klar, welches *vreude*-Konzept er gerade vertritt, wenn er einmal Anstand und Moral einfordert, dann aber wieder zu unbeschwerter *vreude* aufruft.

Das Spiel verschiedener Stimmen und Perspektiven ist somit untrennbar mit der höchst ambivalenten Figur des Reuentalers verbunden. Er ist es, der die beiden Pole der Opposition nach Belieben gegeneinander ausspielt. Dies gelingt ihm nicht zuletzt dadurch, dass er sowohl als Liedsubjekt agiert – als *vreude*-Verkünder im Natureingang – als auch als Liedobjekt Thema der Gesprächsszenen ist. Die beiden Bilder, die so vom Sänger entstehen, sind bei Weitem nicht deckungsgleich: Der Sänger, der sich als sittlicher Ratgeber präsentiert, erscheint in den Gesprächsszenen als unmoralischer Frauenheld. Mit dieser Doppelbödigkeit arbeitet die Gruppe R in noch weit größerem Ausmaß als der Überlieferungskern, da der Reuentaler nicht nur im Natureingang als Ich-Sprecher erscheint, sondern in einigen Liedern auch im weiteren Verlauf als Liedsubjekt zu Wort kommt. In den SLL 13, 20 und 26 agiert er in der Rolle des Liebenden, der Aussagen zu seiner eigenen Situation trifft. Im Hinblick auf seine höfische Stilisierung im Natureingang stünde zu erwarten, dass er die Möglichkeit nutzt, sich als höfisch Minnender darzustellen und damit den Rezipienten für sich einzunehmen. Gerade dies ist nun aber nicht der Fall, denn anstatt dem Publikum ein Identifikationsangebot zu machen, diskreditiert sich der Sänger selbst: Er bringt unverwunden sein rein sinnliches Interesse an den Mädchen zum Ausdruck (SL 13) und stellt sich mit seinen dörperlichen Konkurrenten auf eine Ebene, denen er doch eigentlich überlegen sein sollte (SL 20). Ein Hinweis auf seine Abhängigkeit von der auf Riuwental sitzenden *meisterinne* in SL 13 sowie die Klage über die Vertreibung aus der Heimat (SL 26) sind ebenfalls nicht darauf angelegt, ihn als souveränen Sänger zu beschreiben. Die hier zitierten, Hilflosigkeit suggerierenden Motive (Klagegestus; Rivalen; Heimatlosigkeit) erinnern an die Winterlieder, in denen die Existenz des Sängers von Erfolglosigkeit geprägt ist. So verwundert es auch nicht, dass er sich gerade in einem dieser Lieder (SL 20) hilfesuchend an seine Freunde wendet. Von dieser internen Publikumsrolle, die im hohen Minnesang identifikatorischen Charakter hat, muss sich der höfische Rezipient damit ebenso distanzieren wie vom Sänger-Ich selbst.

Dem höfischen Rezipienten wird so gerade durch die sonst identifikationsfördernde Ich-Rolle eine Identifikation mit dem Sänger verwehrt. Eine eindeutige Positionsbestimmung des Rezipienten wird weiterhin dadurch erschwert, dass er sich dem Sänger zwar moralisch, nicht aber intellektuell überlegen fühlen kann: Der Ritter agiert unhöfisch, kann aber dennoch nicht mit den Dörpern auf eine Ebene gestellt werden, da er das Wissen des Publikums um den höfischen Wertehorizont teilt. Sein Erfolg beruht gerade darauf, dass er dieses Wissen aus der einen Welt in die andere transferiert. So kommt er mit minimaler Anstrengung zu seinem Ziel, da er die Dörperinnen beliebig beeinflussen und lenken kann. Die Raffinesse des Sängers zeigt sich jedoch nicht nur an seiner mühelosen Beherrschung der Dörperwelt, sondern auch an der Kunstfertigkeit und Komplexität seines Gesanges. Stets erscheint er als souveräner Mittelpunkt der Lieder, obwohl – oder gerade weil – er seine eigene Integrität kontinuierlich zu untergraben scheint. Sein geschicktes Spiel mit verschiedenen Rollen, Perspektiven und Rezeptionsebenen macht deutlich, dass er mit den Regeln des höfischen

Minnesangs sehr vertraut ist. Er ruft sie bewusst auf, um sie gleichzeitig zu unterlaufen und verletzen. Das Publikum gerät dadurch in eine Zwickmühle: Will es seine eigene höfische Identität behaupten, muss es sich von dem moralisch fragwürdigen Sänger distanzieren. Gleichzeitig aber kommt es nicht umhin, das souveräne Spiel, welches der Sänger mit dem höfischen Wertesystem treibt, intellektuell anzuerkennen und ästhetisch zu genießen.

In diesem Schwanken zwischen moralischer Verachtung und ästhetischer Faszination wird das Publikum letztlich aber zurückgeworfen auf die Rezeptionsbedingungen der Lieder selbst. Gerade dadurch, dass es schon beim Natureingang zu einer Trennung von interner und externer Kommunikationsebene genötigt wird, ist sein Bewusstsein für die spezifischen Rezeptionsbedingungen von Minnesang geschärft. So wird ihm nahegelegt, die moralischen Vergehen des Reuentalers nicht dem vortragenden Sänger, sondern einem fiktionsimmanenten Rollen-Ich zuzuschreiben. Das komplexe perspektivische Spiel um diese Figur hingegen wird es dem externen Sänger bzw. dem Autor selbst anrechnen. Dass eine solche Trennung der beiden Kommunikationsebenen einen Ausweg aus dem Zwiespalt des Publikums bedeuten kann, beweist der Sängermonolog SL 22. So wie in den übrigen Liedern der evozierte *vreude*-Typus nicht schlicht destruiert, sondern in spannungsvolle Einheit mit einem anderen gebracht wird, wird hier mit einer anderen Opposition verfahren. Der Reuentaler geht vor der Folie des Typus Sommerlied seiner Souveränität verlustig und übernimmt die Rollenattribute, die ihm in den Winterliedern zugeschrieben werden: die des erfolglosen, klagenden Sängers und Liebenden. Der Abbau des *vreude*-Typus ist somit Moment des Aufbaus des entgegengesetzten: Die Opposition von Sommer- und Winterlied wird dekonstruiert. Das Lied erscheint als hybrider Text, der keinem der beiden neidhartschen Typen eindeutig zugewiesen werden kann. Das Versagen des Sängers ist aber beschränkt auf seine fiktionsimmanente Rolle als Reuentaler, der sich den Dörpern geschlagen geben muss. Das Lied selbst, in dem dieses Versagen besungen wird, erscheint als hochreflexiver Text, der den Sänger auf der Ebene der Aufführungssituation als erfolgreich auszeichnet, wodurch der Rezipient wiederum gezwungen wird zu einer Unterscheidung von internem und externem Sänger.[186]

Diese dem Publikum suggerierte Lösung ist jedoch keineswegs ein endgültiger Ausweg aus seinem inneren Zwiespalt, denn es ist dem Rezipienten wieder-

[186] Vgl. auch LIENERT, S. 15: »Aus der Diskrepanz zwischen dem kläglich scheiternden Sänger, über den das *rûnen* der Dörper triumphiert [...], und dem souverän mit seinem Publikum spielenden, erfolgreichen Dichter Neidhart entsteht wiederum Komik – und damit erneut ein Erfolg seiner Kunst.«

holt nicht möglich, eine solche klare Trennung der Ebenen durchzuhalten. In einigen Liedern ist die interne von der externen Sprecherrolle nur schwer zu unterscheiden, nämlich dann, wenn der Sänger biographische Anspielungen auf seine eigene Situation als (höfischer) Künstler macht oder sich zu zeitpolitischen Fragen äußert, wie dies in den Zeitklagen der Fall ist. Der Autor scheint hier seine Rollenidentität abzulegen und ›unverfälscht‹ zu sprechen, zumal Referenzen auf die fiktionsimmanente Reuentaler-Figur völlig ausbleiben. Tatsächlich aber darf man auch in diesen Liedern das Ich nicht unbesehen mit dem Autor gleichsetzen. Der Sänger schlüpft hier vielmehr in die Autor-Rolle des alternden Sängers. Dadurch werden interne und externe Sängerrolle einander wesentlich angenähert, so dass sie zu verschmelzen scheinen. Indem sich der Sänger über die spezifischen Bedingungen seiner Kunst äußert, wird die Aussage der Lieder auf eine metapoetische Ebene transponiert, und über diese wird nun auch der Autor selbst indirekt greifbar. Der Rezipient ist dadurch wieder gezwungen, seine Position zum Sänger-Ich neu zu definieren: Muss er sich vom Scharlatan in der Reuentaler-Rolle distanzieren, kann er sich mit dem höfischen Sänger, der der Aufführungssituation anzugehören scheint, identifizieren. Dadurch aber wird die Sängerfigur als solche ambivalent, da vor dem Hintergrund des Typus Sommerlied nicht endgültig entschieden werden kann, welcher Ebene er letztlich zuzurechnen ist: »[I]ndem die Sänger-*persona* einmal auf der einen, einmal auf der anderen Realitätsebene agiert [...], ist es nicht mehr möglich [...] die Ich-Aussagen der Sprecherrolle bruchlos auf eine und dieselbe Figur zu beziehen. Als Subjekt des Liedes bildet sich ein fiktionales Ich heraus, das weder der Vortragssituation noch der Situation, von der gesprochen wird, eindeutig zugewiesen werden kann.«[187]

Die Zeitklagen fallen jedoch nicht nur durch eine andere Pointierung der Ich-Rolle aus dem Rahmen, sondern auch durch eine poetologisch neue Verfahrensweise: Der etablierte Typus ›Sommerlied‹ wird nutzbar gemacht für eine politische und poetologische Positionsbestimmung. Damit leisten diese Texte nicht mehr nur eine Differenzierung, es handelt sich vielmehr um eine Variation des Typus selbst. Wie es bei den späten Winterliedern der Fall ist, so erscheinen die SLL 28, 27 und 29 als zeitliche Exponenten auch der Sommerlieder. Ihre Wir-

---

[187] J.-D. Müller (1996), S. 60. In noch deutlicherem Ausmaß trifft diese Aussage auf die Winterlieder zu, da hier die Vermischung von scheinbar auf die externe Sprecherrolle bezogenen Aussagen mit solchen zur biographischen Situation des Sängers ›von Reuental‹ noch ausgeprägter ist. Hinzu kommt das Verwirrspiel mit dem Autornamen in den Trutzstrophen, so dass eine klare Trennung von interner Riuwental-Rolle und externem Sänger Neidhart nicht immer eindeutig durchführbar ist. Vgl. dazu J.-D. Müller (1996), S. 58–60.

kung ist insofern noch eindringlicher, als der Kontrast zwischen Erwartungshaltung und tatsächlichem Inhalt der Lieder stärker ist als bei den entsprechenden Winterliedern: Der Sänger ändert dort nur das Thema der Lieder – die Dörperthematik tritt z. T. völlig zurück zugunsten der Welt- und Altersklage –, jedoch nicht den Gestus der Klage. Die Sommerlieder hingegen stehen in ihrer Inszenierung von *vreude* für jenen gesellschaftlichen Wert, den die Zeitklage gerade negiert. Der Typus Sommerlied wird somit instrumentalisiert für eine kontrastive Intensivierung der Klage über verlorene gesellschaftliche Werte. Diese allgemeine Zeitklage verknüpft der Sänger mit der Frage nach seiner Stellung als Künstler, indem er sich über die Möglichkeiten und Grenzen seines Gesanges in ihrer Bedeutung für die Gesellschaft äußert. Er betont seine Funktion als Vermittler von *vreude*, indem er immer wieder den *vreude*-evozierenden Sommerliedtypus zitiert. Damit aber prallen die heterogenen Gattungen Sommerlied und Zeitklage aufeinander, wodurch die beiden Pole der Opposition von *vreude* und *leit* in ein unaufgelöstes Spannungsverhältnis treten: Die Sommerfreude wird von der Zeitklage negiert und umgekehrt. Lediglich in SL 29 deutet sich eine Auflösung dieses Wechselspiels an, da hier der Pol *leit* stärker gewichtet ist: Der Sänger kann seine Funktion als Vermittler von *vreude* nicht mehr überzeugend einlösen, was in letzter Konsequenz den Abbruch der Sommerliedproduktion erzwingt.

Die Dekonstruktion erweist sich somit als übergeordnetes Strukturmerkmal aller Lieder der Gruppe R: Die Oppositionen gesellschaftlich-höfische *vreude*/ naturhaft-sinnliche *vreude*, Sommerlied/Winterlied bzw. *vreude*/*leit* werden im Verlauf der Lieder zugleich aufgebaut und spielerisch negiert. Zwischen den Polen baut sich eine spannungsvolle Beziehung auf, die jedoch nicht aufgelöst wird, sondern als dissonante Einheit das verbindende Merkmal aller Lieder darstellt. Über den Texten entsteht somit das Bild eines literarisch hochversierten Autors, der durch ein extensiv durchgeführtes und höchst kompliziertes Spiel mit der Sängerrolle die Rezeptionsbedingungen von Minnesang und die Fiktionalität der Texte vor Augen führt.

Ein Vergleich mit den Liedern des Überlieferungskerns bringt damit für die Gruppe R völlig andere Ergebnisse als für die Gruppen B und C. Bei diesen beiden Gruppen ergaben sich im Vergleich zu *RB/RC wesentliche Unterschiede. Bei R hingegen werden die Merkmale des Überlieferungskerns nicht nur bestätigt, sondern variierend erweitert. Dabei bildet die schon im Überlieferungskern im Vergleich zu den B- und C-Fassungen deutlicher ausgeprägte Bedeutung der Sängerrolle den Grundstein für die noch höhere Komplexität der Gruppe R. Die Handschrift R vereint also mit der Gruppe R und dem Kern *RC/RB zwei homogene Schichten und bietet damit im Gegensatz zu den

Handschriften B und C ein einheitliches Autorbild. So überrascht die hohe Wertschätzung HAUPTS für R nicht. Man muss HAUPTS Textgespür Tribut zollen, auch wenn man sich seiner Folgerung, R zum ›echten‹ Neidhart auszurufen, nicht einfach anschließen darf. Trotz ihrer ästhetischen Brillanz ist eine Identifizierung von R mit ›Neidhart‹ gefährlich, da es sich auch bei einem solchen Überlieferungszeugen um ein Rezeptionsergebnis handelt, bei dem ein Schreiber planvoll und selektiv eingegriffen haben kann. Im letzten Kapitel soll daher diskutiert werden, inwiefern die Untersuchungsergebnisse Aussagen über eine mögliche Neidhart-Identität zulassen.

# VI. AUSBLICK

Die Analyse der Sommerlieder des Überlieferungskerns *RC/RB und der Gruppen B, C und R hat bestätigt, dass Zweifel an der Möglichkeit eines völlig unbekümmerten Umgangs mit dem ›Autor‹ Neidhart und seinem ›Werk‹ mehr als berechtigt sind. Sicherlich ist es der einfachere Weg, der in ihrem Titel »Die Lieder Neidharts« Eindeutigkeit evozierenden Ausgabe WIESSNERS zu folgen und die dort versammelten Texte als Œuvre des historischen Dichters zu interpretieren. Dass aber ein solches Vorgehen der Überlieferungslage nicht nur nicht gerecht wird, sondern sie wesentlich verfälscht, hat eine Auswertung der einzelnen Gruppen ergeben: Die verschiedenen Überlieferungsstufen zeigen deutlich divergierende Autorbilder.

Eine Analyse des Überlieferungskerns führte zur Vorstellung eines souverän mit literarischen Prätexten operierenden Autors, der in seinen Liedern ein raffiniertes dekonstruktives Spiel mit der Opposition von höfischer und naturhaft-sinnlicher *vreude* treibt, das er in immer neuen Variationen wiederholt und vertieft. Im Mittelpunkt dieses Spiels steht der fiktionsimmanente Sänger, der Reuentaler, der die genannte Opposition gleichzeitig aufbaut und unterläuft.

Die Untersuchung der Gruppen B und C erbrachte ein völlig anderes Ergebnis: Die hohen Ansprüche, die die Lieder des Überlieferungskerns an ihr Publikum stellen, werden hier nicht eingeholt. Beiden Gruppen ist gemeinsam, dass sie sich nur noch auf einen Pol der im Überlieferungskern wertebestimmenden Opposition konzentrieren, nämlich den der naturhaft-sinnlichen *vreude*. Daraus erklärt sich, dass der Reuentaler in C nur Randfigur und in B überhaupt nicht präsent ist. Die Komplexität der Lieder des Überlieferungskerns wird somit nicht erreicht: In beiden Gruppen treffen wir auf eine Ansammlung heterogener Liedtypen, die thematisch nur locker verknüpft sind und die heiterderbes Sommertreiben in Monolog-, Dialog- und Erzählliedern darstellen. Dabei verwenden B und C durchaus Motive, die aus dem Überlieferungskern bekannt sind. Werden sie dort jedoch funktional zum Aufbau des einen Pols der bestimmenden Opposition eingesetzt, so verselbstständigen sie sich in B und C und treten aus diesem systemhaften Zusammenhang isoliert auf.

Eine abschließende Analyse der Gruppe R zeigte, dass die Merkmale des Überlieferungskerns eingelöst und gleichzeitig überschritten werden. Auch hier konturiert sich das Bild eines poetologisch hochversierten Autors, der verschiedene volkssprachliche Kontexte zur Schaffung eines eigenen unverwechselbaren Typus instrumentalisiert. Wie in *RC/RB stiftet auch hier ein dekonstruktives Spiel zwischen den Polen der Opposition höfisch-gesellschaftliche und naturhaft-sinnliche *vreude* einen systemhaften Zusammenhang über den Liedern. Im Vergleich zum Überlieferungskern wird dieses Spiel sogar noch mannigfaltiger variiert: Einzelne Parameter der Lieder – Natureingang, Vordergrundszene, Sängerrolle etc. – erfahren überraschende Umbesetzungen, die den typuskonstituierenden Zusammenhang jedoch nicht auflösen, sondern erweitern und vertiefen. Am deutlichsten ist hiervon die Sängerrolle betroffen: Seine Glaubwürdigkeit und damit das Verhältnis des Publikums zur internen und externen Rezeptionsebene treten in zahlreichen Texten in den Vordergrund. Die Verunsicherung und gleichzeitig die Forderung des Publikums erreichen dort ihren Höhepunkt, wo die ambivalente Sängerfigur des Reuentalers ausgeblendet wird, nämlich in den Zeitklagen. Der Autor bindet hier eine weitere Rolle in sein komplexes Spiel ein, nämlich eben die des Autors, der ›unverfälscht‹ zu sprechen scheint. Wenn der Sprecher auch hier nicht unbesehen mit dem Dichter in eins gesetzt werden darf, so wird die Aussage der Texte doch auf eine metapoetische Ebene transponiert, auf der der reale Autor zumindest indirekt greifbar wird: Er bezieht Stellung zu seiner eigenen Dichtung, deren Bedeutung für die höfische Gesellschaft nachdrücklich betont wird.

Diese äußerst verschiedenen Autorbilder erzwingen eine Abkehr von einem unkritischen Umgang mit ›Neidhart‹ und ›seinen Liedern‹. Eine Flucht in das andere Extrem – die von der *New Philology* postulierte Gleichwertigkeit der Varianz – ist jedoch nicht angezeigt. Denn immerhin bieten uns die Ergebnisse der Analyse des Überlieferungskerns das Bild des Autors Neidhart auf der ältesten erreichbaren Überlieferungsstufe und führen uns damit näher an den historischen Neidhart als B und C. Dies bedeutet natürlich nicht, dass alles als ›unecht‹ auszugrenzen ist, was nicht von den Variationsmöglichkeiten innerhalb des Überlieferungskerns erfasst wird. Ausfälle, Vereinseitigungen, schwach strukturierte Weiterungen oder semantische Forcierungen bestimmter Motive, wie sie in den Gruppen B und C zu beobachten sind, zeigen vielmehr, dass auch ganz andere rezipientenseitige Interessen mit den Namen ›Neidhart‹ verbunden waren, so dass auch solche Strophen für die Sammler als ›echt‹ galten. Es muss ja auch keineswegs angenommen werden, dass Neidhart sich dem im Überlieferungskern etablierten System immer streng unterworfen und nie andere Lieder vorgetragen hat. Schließlich ist auch der Überlieferungskern in diesem Sinne Rezeptionsstufe ohne direkten Zugriff auf Neidhart selbst, so dass das sich dort abzeichnende Autorbild zunächst nur als Näherungswert an den historischen

Autor verstanden werden darf. Es ist gewonnen aus rekurrenten Parametern der Überlieferung und unterscheidet sich insofern deutlich von dem, was wir im modernen Sinne unter subjektzentrierter Autorschaft verstehen. Hieraus folgt natürlich auch, dass sich die Autorbilder gegebenenfalls noch schärfer konturieren ließen durch die Einbeziehung weiterer Parameter in die Textanalyse, insbesondere auf lexikalischer und rhetorischer Ebene. Da aber die Argumentation ohnehin schon sehr textnah gehalten wurde, ließ sie solche Analysen, deren Reichweite nur schwer abschätzbar ist, nicht zu. Dennoch dürften entsprechende Vertiefungen zukünftigen Arbeiten als verlockend erscheinen.

Ist damit aber das letzte Wort zur Frage nach dem historischen Autor gesprochen oder findet sich doch eine Möglichkeit, die Ebene der Rezeption vorsichtig zu überschreiten? Erfolgversprechend erscheint hierbei ein genauerer Blick auf das Verhältnis von Varianz und identitätsstiftender Invarianz. Eine erste Ansatzmöglichkeit bietet ein wesentlicher formaler Aspekt der Lieder, nämlich ihr metrisch-musikalischer Bau. Die Sommerlieder des Überlieferungskerns sind unstollig gebaut. Dieser Töne-Typus der Sommerlieder ist ebenso wenig als Rezeptionsergebnis zu werten wie der Ton einzelner Sommerlieder, also der gleichartige metrisch-musikalische Bau aller Strophen einer Serie. Diese invarianten formalen Charakteristika gehen jeder Rezeption der Lieder voraus und führen demnach zu einer ersten Ebene, auf der eine historische Autoridentität greifbar wird. Um diese Identität jedoch noch deutlicher definieren zu können, muss versucht werden, dieser formal zu konstatierenden Invarianz eine zweite und komplexere inhaltliche beizuordnen. Diese ist jedoch schwieriger zu bestimmen, da bei der Untersuchung der Lieder des Überlieferungskerns ein Vergleich der Fassungen von R und C bzw. R und B an zahlreichen Stellen Varianz erbrachte. Auf der Ebene der Wortlaute und Wortfolgen lassen sich keine Zuweisungen der einen Variante an den historischen Autor Neidhart treffen, während die andere Variante als ›unecht‹ abgetan werden könnte. Auch inhaltliche Aspekte, die als durchgehendes Merkmal der Fassungen einer Handschrift erscheinen – wie etwa die besondere Ausprägung der Sängerrolle in R – lassen sich nicht unbesehen dem historischen Neidhart zuschlagen. Neben diesen Varianten hat die Analyse der Lieder jedoch auch ein invariantes Merkmal aufgedeckt, das sich als zentrales Strukturprinzip aller Texte des Überlieferungskerns erwies, nämlich das dekonstruktive Spiel mit der Opposition von gesellschaftlich-höfischer und naturhaft-sinnlicher *vreude*. Diese Dekonstruktion erscheint, wie im Einzelnen gezeigt, als rekurrentes Merkmal aller Texte der Lieder der ältesten Überlieferungsstufe und lässt sich somit als eruierbare poetologische Substanz der Lieder und damit als identischer Kern des historischen Autors bestimmen.

Wenn es aber um eine so weitreichende Hypothese hinsichtlich der Identität des historischen Autors geht, ist dann nicht doch die Beschränkung auf die Sommerlieder ein kritisierbares Defizit? Ich habe diesen Einwand bereits in der Einführung mit methodologischen Argumenten zu entkräften versucht und komme jetzt von den gewonnenen Ergebnissen her noch einmal darauf zurück. Ein abschließender, vorsichtiger und natürlich nur exemplarischer Blick auf die Winterlieder soll zeigen, dass diese die Identität, die sich von Neidhart als Sommerliedautor abzeichnet, stützen.

Der Winterliedtypus ist reich an Variationen, was eine Textauswahl, die ein gewisses Maß an Repräsentativität beanspruchen darf, wesentlich erschwert. Es erscheint mir wenig sinnvoll, für eine exemplarische Analyse komplexere Lieder, wie sie etwa die späten Winterlieder darstellen, heranzuziehen. Die Wahl fiel daher auf die Winterlieder 13 und 26, und dies aus zweierlei Gründen: Die Lieder sind überliefert in R (WL 13) bzw. R und C (WL 26) und entstammen damit den beiden Gruppen, in denen die oben definierte Neidhart-Identität ausgeprägt ist. Zum anderen handelt es sich bei beiden Texten um »typisch« gebaute Lieder mit dem Ablaufschema Natureingang – Minneklage – Dörperthematik. Versucht werden soll in der folgenden kurzen Interpretation, wie bei den Sommerliedern wesentliche Strukturmerkmale auch der Winterlieder exemplarisch darzustellen. Voraussetzen kann ich dabei die bereits oben (Kap. I,3) kontrastiv zum Sommerlied vorgestellte Typenbestimmung.

**WL 13 (R 3)** beginnt mit einem nur knapp anzitierten Natureingang, in dem der Sänger die Klage über das Ende des Sommers gleichschaltet mit der Klage über seine glücklose Liebe: *Wie vberwinde ich beide, / min liep vnt die svmerzit?* Wie in den Sommerliedern fungiert der Natureingang auch hier als Gattungssignal, doch der literarische Kontext, auf den er referiert, ist ein anderer, nämlich der des hohen Minnesangs: Die freudlose Zeit des Winters (I,7) dient weniger als Raumentwurf denn als Folie für die Stimmung des Sängers. So wie der Beginn des Winters das Ende von *vrovde* und den Beginn von Trauer einläutet, so bedeutet auch die stete Hinwendung des Sängers an die *wolgetane* (I,3) nichts als *riwe ane vrovde* (I,5). Das alles beherrschende *leit* (I,4) verursacht den Wunsch des Sängers, es den Vögeln nachzutun und auch das eigene Singen einzustellen (I,8f.). Die Verknüpfung der beiden hochminnesängerischen Topoi des durch ungelohnten Dienst erlittenen Leids dominiert auch die folgende Strophe: Der Sänger betont die lange Dauer seines Dienstes und seiner *triwe* (II,5f.) ebenso wie seine verzweifelte Ungewissheit, ob sein *lieber wan* (II,2) Erfüllung finden wird.

Am Ende der zweiten Strophe kommt es jedoch zu einem plötzlichen Bruch, wenn der Sänger von seinem Dienst sagt: *also phlege ichs immer gerne, moht ich des geniezzen, / so daz mich die dörper mines lones iht verstiezzen* (II,7f.). Das zuvor noch eindeutig höfisch konnotierte *leit* des Sängers wird – wie die *vreude* in den Sommerliedern – plötzlich ambivalent:[1] Nicht die gesellschaftlich bedingte Zurückhaltung der *vrowe* erscheint als seine Ursache, sondern Konkurrenz durch die Dörper. Gleich drei von ihnen, Engelwan, Uoze und Ruoze, werden in der nächsten Strophe als Widersacher identifiziert, die einen möglichen Lohn von Seiten der *wolgetanen* (I,3) zu verhindern wissen. Diese wird nun als hochminnesängerische *vrowe* (III,8) mit der Bitte angerufen: *lone miner iar: lazze in leit an mir geschehen!* (III,9). Der im hohen Minnesang eindeutige Begriff *leit* erscheint hier wieder in einem neuen Kontext: Durch eine (sexuelle) Belohnung des Sängers soll Rache an den Rivalen genommen werden, deren *leit* sich sicher nicht in stillem Trauern, sondern in Wut, Neid und Aggression entladen wird. Das *leit* verliert hier völlig seine im hohen Minnesang durchaus positive Komponente des Leidens *für* die Frau und *für* sich selbst, das schließlich im Singen seinen künstlerischen Ausdruck findet und zur Evokation gesellschaftlicher *vreude* instrumentalisiert werden kann.

In der vierten Strophe bekräftigt der Sänger abermals die Güte der *vrowe* und seine Hoffnung auf Lohn (IV,1–3). Sei seine Sorge durch die Dörper im Sommer unbegründet, so bekümmere ihn jetzt die Konkurrenz durch Engelwan, der sich beim Tanz durch eitles Gebaren hervortue und höfische Attribute usurpiere. Wenn der Sänger ihn einen Dummkopf nennt, ihn mit einer aufgeblasenen Taube vergleicht (V) und wünscht, jemand möge ihm die Lockenpracht mit einem Schwert ordentlich durcheinanderbringen (IV), legt er seinen bis dahin sorgsam aufrechterhaltenen höfischen Sprachduktus ab, um ihn in der sechsten Strophe unversehens wieder aufzunehmen. Erneut referiert er auf sein *leit* (VI,2), das durch *sorgen* und *chvmber* (VI,3) in der Liebe höfisch konnotiert scheint. Tatsächlich aber bezieht sich der Sänger nun auf den dritten Rivalen, Ruoze, der mit der *wolgetanen* tanzt, ein Anblick, der den Sänger zum Ausruf *minne, la mich vri! mich twingent sere diniv bant!* (VI,9) verleitet. Dieses hochminnesängerische Zitat steht in scharfem Kontrast zu dem, was beklagt wird, nämlich der Einlassung der Dörperin mit einem Dörper auf Kosten des Sängers. Den pathetischen Sprachgestus hält der Sänger nun auch in der letzten Strophe durch, ohne den dörperlichen Kontext, den der Rezipient inzwischen voraussetzt, nochmals zu erwähnen. Die Diskrepanz zwi-

[1] Ich greife damit einen Hinweis auf, mit dem bereits WORSTBROCK (2001) seine Überlegungen zum Prätext der neidhartschen Lieder schließt (S. 88).

schen dem gewählten Register und dem, was der Sänger damit besingt, könnte nicht schärfer sein:

> *Minne, dine snûre,*
> *di twingent daz herze min.*
> [...]
> *vrowe minne, din gewalt ist wider mich zestrenge.*
> *chvneginne, diner vngenaden niht verhenge,*
> *daz si mich verderbe! ia si ist vber mich ein her.* (VII)

Auch die Eingangsstrophe von **WL 26 (R 4)**[2] beklagt den Verlust des Sommers, an den für den Sänger *dreier hande layde* (I,3)[3] gekoppelt sind: Der Beginn des Winters, sein erfolgloser Dienst und die (körperliche) Abwesenheit der Frau. Wie unwahrscheinlich eine Erhörung durch die *gvote* ist, macht die zweite Strophe deutlich: Die Frau ignoriert die *senelichen chlageliedel* (II,1 [WS IV]) des Sängers, ist ihm nicht zugetan, sondern *veint* (II,5). Anstelle einer abermaligen Beteuerung seines treuen Dienstes kommt es wie bereits in WL 13 zu einem Bruch: Zwei Dörper, diesmal Madelwig und Werenbolt, erscheinen als Nutznießer, deren Erfolg der Sänger befürchtet: *got in beiden ir gelvche wende!* (II,8). Auffällig ist der Hinweis, von eben diesen beiden im vergangenen Sommer bereits *gewaltes vil* (II,9) erlitten zu haben – während er doch in WL 13 noch positiv auf den letzten Sommer zurückblicken konnte. Aus der Perspektive von WL 26 erscheint der Sänger damit sogar im Sommer als Erfolgloser, was vor dem Hintergrund der Sommerlieder überrascht.[4]

In der folgenden Strophe wendet sich der Sänger ausführlich Madelwig zu: *Ich han vngemach von Madelwige: / siner vngenaden leid* ich[5] *mere danne vil* (III,1f. [W/S V]). Das *leit* des Sängers erscheint nun nicht mehr verursacht durch das Verhalten der Frau, sondern durch das des Dörpers, der aber im Natureingang bei der Schilderung der *dreier hande layde* des Sängers noch nicht genannt wurde. Die Bosheit des vorlauten Dörpers wird über eine Referenz auf den Spiegelraub mit Engelmar verglichen. Nach der Beteuerung, sich für Madelwigs Verhalten zu schämen und es den Leuten lieber verschweigen zu wollen, widmet der Sänger die beiden folgenden Strophen prompt eben diesem Dörper, dessen

---

[2] Wie bei den Sommerliedern folge ich der R-Fassung, gehe aber auf wesentliche Unterschiede zu C ein. Die Strophenfolge der C-Fassung (C 182–188) entspricht R I, IV, II, V, VII, VI, III.

[3] Der *leit*-Begriff ist in C sogar noch deutlicher betont: *mich betwingent drier hande leide, / daz vor allem leide me so sere nie betwanc* (C 182,3f.).

[4] WL 26 ist dabei keine Ausnahme. Vgl. z. B. WL 17, in dem der Sänger im Sommer Opfer der Aggressionen der Dörper wird.

[5] Schwer leserlich R, *ich* H/W mit Ccd.

Hauptvergehen gleich vornan gestellt wird: *Hiwer, do div chint ir vrovden phlagen, / do spranch er den reyen an ir wizzen hant* (IV,1f. [W/S VI]). Wieder wird auf den vorhergehenden Sommer referiert, in dem Madelwig bereits Gewinner im Kampf um die Gunst der Frau war. Das Verhalten des Sängers ist dabei keines aktiver Konkurrenz: Die Frage an die Freunde, wer der Rivale überhaupt sei, die verzweifelte Suche nach dem, der ihn aus Sankt Leonhart hergebracht habe (IV,9: *owe, wer braht in ie von Sande Lienharden her?*), die Übertragung der Wut auf ebendiesen und seine Hoffnung, dass der Dörper bald wieder abziehen möge – all dies unterstreicht deutlich die Ohnmacht des Sängers und die Übermacht des Dörpers. So wundert es auch nicht, dass das Lied resignativ endet: Die beiden Schlussstrophen nehmen den höfischen Preis der Frau (v.a. VI,1–4 [W/S II]) wieder auf, um letztlich doch den Sieg der Dörper – hier nun plötzlich in der Gestalt von Adelfrid – zu konstatieren:

> *ich gesvng ir niwen sanch*
> *gegen der wandelvnge.*
> *da mit dien ich ir den svmer vnd den winder lanch,*
> *e mich Adelfrid hin dan gedrunge.*
> *nu sitz ich v̊f dem schamel vnd er oben v̊f der banch.* (VII [W/S III],5–9)[6]

Welches Fazit ergibt sich aus diesem raschen Durchgang? Wie in den Sommerliedern die Opposition von höfisch-gesellschaftlicher und naturhaft-sinnlicher *vreude* dekonstruiert wird, so wird in den Winterliedern mit dem *leit*-Begriff verfahren: Aufgerufen scheint zunächst das aus dem hohen Minnesang bekannte Konzept des Leidens des Sängers an der Unnahbarkeit der Frau, die sich dem Sänger nicht zuletzt aufgrund internalisierter gesellschaftlicher Restriktionen versagen muss. Dieses Leid erscheint dann aber plötzlich verursacht oder wird sogar übertroffen[7] durch die Konkurrenz der Dörper, deren Annäherung an die Frau gar nicht höfischer Art ist und denen der Sänger ohnmächtig gegenübersteht. Der *leit*-Begriff wird dadurch ambivalent, dass der Rezipient nicht immer eindeutig entscheiden kann, welche Konnotation der Sänger aufruft, zumal dessen Ausdrucksweise von häufigen Registerwechseln geprägt ist. Somit baut sich zwischen den Polen der Opposition höfisch – dörperlich wie bei den Sommerliedern ein Spannungsverhältnis auf, das im Verlauf der Lieder eben nicht aufgelöst, sondern immer komplexer wird.

---

[6] In C siegt Madelwig (C 186,8: *nv hat mich Madelwig her dan gedrvngen*), dessen Vergleich mit Engelmar die Schlusspointe der Fassung bildet (C 188,7ff.).

[7] Vgl. z.B. auch WL 27 (R 6), III,1–4: *Zv dem vngemache, / den ich von ir leide, / so twinget mich ein ander leit, / daz vor allem leide mich so sere ie betwanch* oder VI,3f.: *ez hat ein getelinch / hiwer an mir erwechet, swaz mir leides ie geschah.*

Das in den Sommerliedern etablierte Strukturprinzip der Dekonstruktion lässt sich also auch für diesen Typus nutzbar machen. Auch hier wird ein dem Publikum vertrauter Prätext – in diesem Falle ausschließlich der des hohen Minnesangs – aufgerufen, der schließlich nicht eingelöst wird, sondern als Folie für die Erschaffung des eigenen, neuen Typus ›Winterlied‹ dient. Mit der Ambivalenz des *leit*-Begriffs erschöpft sich das zugrunde liegende Strukturprinzip jedoch keinesfalls, sondern es wird auf verschiedenen Textebenen und in verschiedenen Variationen durchgespielt. Raffinierter noch als bei den Sommerliedern wird in dieses Spiel die Ebene der Aufführung einbezogen. So hat JAN-DIRK MÜLLER[8] dieses Spiel speziell am Tempusgebrauch festgemacht: Das Präsens kann zugleich für minnesängerische Präsenz-Suggestion in Anspruch genommen werden wie für fiktionsimmanente unhöfische Werbungssituationen, die dann freilich auch unvermittelt wieder ins Präteritum kippen können. Ein konsistentes deiktisches System mit eindeutig identifizierbarem Hier und Jetzt wird damit unterlaufen, so dass die Dekonstruktion der Semantik über den *leit*-Begriff bereits auf dieser Ebene angelegt ist: »Im diskursiv oft nur schwer nachvollziehbaren Wechsel von Präsens und Präteritum kann Neidhart die Präsenzsuggestion des Minnesangs zugleich aufrufen und unterlaufen. Der *performative* Charakter des Minnesangs ist in Neidharts Liedern dekonstruiert.«[9] Wie bei den Sommerliedern stehen also auch bei den Winterliedern Ambivalenzen, Spannungen und Inkongruenzen im Vordergrund, so dass die Fiktionalität des Vorgetragenen herausgestellt und der kritische Blick des Rezipienten nicht nur für die eigene Gattung, sondern auch für die verwendeten Prätexte geschärft wird.

Die obigen Ausführungen zu den Winterliedern sind nur rudimentär und müssen sich auf Andeutungen beschränken. Es sollte jedoch deutlich geworden sein, dass die anhand der Sommerlieder eruierte poetologische Substanz des Überlieferungskerns *RC/RB bei den Winterliedern durchaus ihr Gegenstück findet. Damit sind dem Interpreten Möglichkeiten an die Hand gegeben, die Identität des historischen Autors nachzuzeichnen: Neidhart erscheint als intellektueller Künstler, der im literarischen Spektrum seiner Zeit äußerst versiert ist und sich mit den verschiedenen literarischen Strömungen und Gattungen auseinandersetzt. Diese werden von ihm dabei nicht nur variierend wiederholt und

---

[8] JAN-DIRK MÜLLER: Präsens und Präsenz. Einige Beobachtungen zum Tempusgebrauch bei Neidhart. In: ANDREAS KABLITZ u. a. (Hgg.): Zeit und Text. Philosophische, kulturanthropologische, literarhistorische und linguistische Beiträge. München 2003, S. 192–207.

[9] Ebd., S. 206.

erweitert, sondern in einem höchst anspruchsvollen, immer neu variierten dekonstruktiven Spiel auf der Ebene der Texte selbst und der ihrer Vermittlung transformiert zu zwei völlig neuen, unverkennbaren Typen, Sommer- und Winterlied. Indem sie in der Auseinandersetzung mit geläufigen Gattungen entstehen, werden diese zitierten Genres ebenso wie die neuen Typen selbst in ihrer Fiktionalität vorgeführt und damit problematisiert. Dabei passt es ins Bild, dass Sommer- und Winterlieder in ihrer Konzentration auf den *vreude*- bzw. *leit*-Begriff nicht einlösen, was sie versprechen: Die im Natureingang der Sommerlieder versprochene *vreude* bewahrheitet sich im Liedverlauf auf der Textebene nicht; das vom Sänger beklagte *leit* in den Winterliedern bewirkt aufgrund seiner Transposition in den dörperlichen Bereich Komik. Und so wie innerhalb der beiden Liedtypen nichts zueinander passt und alles in einem immer neu etablierten Spannungsverhältnis steht, so scheinen auch die beiden Typen selbst nicht miteinander vereinbar zu sein: Setzt man einen gleichzeitigen Vortrag von Sommer- und Winterlied voraus, so inszeniert sich der Sänger einmal als erfolgreicher und einmal als erfolgloser, ja er hebt sogar in den Winterliedern die Vorstellung des zumindest im Sommer Erfolgreichen teilweise auf, wodurch die Fiktionalität des Vorgetragenen abermals in den Vordergrund gerückt wird. Dem Publikum ist damit die Identifikation mit dem internen Sänger endgültig verwehrt, während die Raffinesse des vortragenden externen Sängers, der sich als unverwechselbarer Meister seiner eigenen Typen präsentiert, ihren Höhepunkt erreicht.

# VII. ANHANG

## Konkordanz der Neidhart-Überlieferung der Handschriften R, C und B

Die in R überlieferten Lieder sind verzeichnet mit Zählung in ihrer Reihenfolge und mit Blattangabe. Die Lieder von C sind nach der Zählung ihrer Strophen bei PFAFF verzeichnet, die Strophen von B nach PFEIFFER/FELLNER.

| WIESSNER/ SAPPLER | Handschrift R | | Handschrift C | Handschrift B |
|---|---|---|---|---|
| SL 1 | | | Str. 210–212 | |
| 2 | | | 222–226 | |
| 3 | | | 237–239 | |
| 4 | | | 245–247.247$^{a}$.248 | |
| 5 | | | 258–260 | |
| 6 | | | 260$^{a}$.261–265 | |
| 7 | | | 266–271 | |
| 8 | | | 280–284 | |
| 9 | Nr. 9 | Bl. 50$^{v}$ | | |
| 10 | Nr. 11 | Bl. 50$^{v}$ | | |
| 11 | Nr. 12 | Bl. 50$^{v}$–51$^{r}$ | 26–33 | |
| 12 | Nr. 19 | Bl. 52$^{v}$ | 217–221 | |
| 13 | Nr. 49 (I) | Bl. 60$^{v}$ | | |
| | Nr. 14 (II–VII) | Bl. 51$^{r}$–51$^{v}$ | | |
| 14 | Nr. 15 | Bl. 51$^{v}$ | 146–150 | |
| 15 | Nr. 22 | Bl. 53$^{v}$ | | |
| 16 | Nr. 23 | Bl. 53$^{v}$–54$^{r}$ | | |
| 17 | Nr. 50 | Bl. 60$^{v}$ | | Str. 35–41 |
| 18 | Nr. 56 | Bl. 61$^{v}$–62$^{r}$ | 276–279 | |
| 19 | Nr. 25 | Bl. 54$^{r}$–54$^{v}$ | | |
| 20 | Nr. 48 | Bl. 60$^{r}$–60$^{v}$ | | |
| 21 | Nr. 51 | Bl. 60$^{v}$–61$^{r}$ | 109–116 | |
| 22 | Nr. 52 | Bl. 61$^{r}$ | | |
| 23 | Nr. 53 | Bl. 61$^{r}$–61$^{v}$ | 100–108 | |
| 24 | Nr. 57 | Bl. 62$^{r}$ | 173–181 | |
| 25 | Nr. 58 | Bl. 62$^{r}$ | | |
| 26 | Nr. 54 | Bl. 61$^{v}$ | | |
| 27 | Nr. 8 | Bl. 50$^{r}$–50$^{v}$ | | |
| 28 | Nr. 10 | Bl. 50$^{v}$ | | |
| 29 | Nr. 55 | Bl. 61$^{v}$ | | |
| 30 | Nr. 37 | Bl. 57$^{v}$ | | |

| Wiessner/ Sappler | Hand- schrift R | | Hand- schrift C | Hand- schrift B |
|---|---|---|---|---|
| WL 1 | Nr. 35 | Bl. $57^{r}$ | | |
| 2 | Nr. 36 | Bl. $57^{r}$–$57^{v}$ | Str. 132–138 | |
| 3 | Nr. 27 | Bl. $54^{v}$–$55^{r}$ | 139–145 | |
| 4 | Nr. 33 | Bl. $56^{v}$ | 172 | |
| 5 | Nr. 34 | Bl. $56^{v}$–$57^{r}$ | 18 (Her Göli) | |
| 6 | Nr. 42 | Bl. $59^{r}$–$59^{v}$ | | |
| 7 | Nr. 30 | Bl. $55^{v}$–$56^{r}$ | 249–254 | |
| 8 | Nr. 31 | Bl. $56^{r}$ | | |
| 9 | Nr. 17 (I–VI) | Bl. $52^{r}$ | | |
| | Nr. 43 (I.VII) | Bl. $59^{r}$–$59^{v}$ | | |
| 10 | Nr. 16 | Bl. $51^{v}$–$52^{r}$ | | |
| 11 | Nr. 28 | Bl. $55^{r}$–$55^{v}$ | | |
| 12 | Nr. 45 | Bl. $59^{v}$ | | |
| 13 | Nr. 3 | Bl. $48^{v}$–$49^{r}$ | | |
| 14 | Nr. 7 | Bl. $49^{v}$–$50^{r}$ | | Str. 1–11 |
| 15 | | | 240–244 | |
| 16 | Nr. 26 | Bl. $54^{v}$ | | |
| 17 | Nr. 32 | Bl. $56^{r}$–$56^{v}$ | 94–99 | |
| 18 | Nr. 29 | Bl. $55^{v}$ | | |
| 19 | Nr. 39 | Bl. $58^{r}$–$58^{v}$ | | |
| 20 | Nr. 47 | Bl. $60^{r}$ | | |
| 21 | | | 4 (Rubin v. Rüdeger) | |
| 22 | Nr. 5 | Bl. $49^{r}$–$49^{v}$ | | 23–29 |
| 23 | Nr. 24 | Bl. $54^{r}$ | | 12–22 |
| 24 | Nr. 2 | Bl. $48^{v}$ | | |
| 25 | Nr. 1 | Bl. $48^{r}$–$48^{v}$ | (Goldast) | |
| 26 | Nr. 4 | Bl. $49^{r}$ | 182–188 | |
| 27 | Nr. 6 | Bl. $49^{v}$ | | |
| 28 | Nr. 13 | Bl. $51^{r}$ | 11–19 | |
| 29 | Nr. 18 | Bl. $52^{r}$–$52^{v}$ | 117–131 | |
| 30 | Nr. 20 | Bl. $52^{v}$–$53^{r}$ | | |
| 31 | Nr. 21 | Bl. $53^{r}$–$53^{v}$ | (Goldast) | |
| 32 | Nr. 38 | Bl. $57^{v}$–$58^{r}$ | | |
| 33 | Nr. 41 | Bl. $59^{r}$ | | |
| 34 | Nr. 40 | Bl. $58^{v}$–$59^{r}$ | | |
| 35 | Nr. 44 | Bl. $59^{v}$ | 1–10 | |
| 36 | Nr. 46 | Bl. $59^{v}$–$60^{r}$ | (Goldast) | |
| 37 | | | 192–194 | |

# VIII. BIBLIOGRAPHIE

## 1. Texte

Carmina Burana. Hg. von BENEDIKT KONRAD VOLLMANN. Frankfurt a. M. 1987 (Bibliothek des Mittelalters 13).

Deutsche Liederdichter des 13. Jahrhunderts. Hg. von CARL VON KRAUS. Tübingen 1952.

Die große Heidelberger Liederhandschrift (Codex Manesse). In getreuem Textabdruck. Hg. von FRIDRICH PFAFF. Heidelberg 1909. 2. verbesserte u. ergänzte Auflage hg. von HELLMUT SALOWSKY. Heidelberg 1984.

Heinrich von Freiberg: Tristan. Hg. von DANIELLE BUSCHINGER. Göppingen 1982 (GAG 270).

Des Minnesangs Frühling. Unter Benutzung der Ausgaben von KARL LACHMANN und MORIZ HAUPT, FRIEDRICH VOGT und CARL VON KRAUS bearbeitet von HUGO MOSER und HELMUT TERVOOREN. 38., erneut revidierte Auflage. Stuttgart 1988.

Neidhart von Reuenthal. Hg. von MORIZ HAUPT. Leipzig 1858.

Neidharts Lieder. Hg. von MORIZ HAUPT. 2. Auflage. Neu bearbeitet von EDMUND WIESSNER. Leipzig 1923.

Die Lieder Neidharts. Hg. von EDMUND WIESSNER. Tübingen 1955 (ATB 44). 2. und 3. Auflage revidiert von HANNS FISCHER. Tübingen ²1963/³1968. 4. und 5. Auflage revidiert von PAUL SAPPLER. Mit einem Melodieanhang von HELMUT LOMNITZER. Tübingen ⁴1984/⁵1999.

Die Lieder Neidharts. Auf der Grundlage der Handschrift R hg. von MORIZ HAUPT und EDMUND WIESSNER [1858 und 1923]. Unveränderter Nachdruck mit einem Nachwort von ULRICH MÜLLER, INGRID BENNEWITZ-BEHR und FRANZ VIKTOR SPECHTLER. Stuttgart 1986.

Die Lieder Neidharts. Der Textbestand der Pergament-Handschriften und die Melodien. Text und Übertragung, Einführung und Worterklärungen, Konkordanz. Hg. von SIEGFRIED BEYSCHLAG. Edition der Melodien von HORST BRUNNER. Darmstadt 1975.

Abbildungen zur Neidhart-Überlieferung I: Die Berliner Neidhart-Handschrift R und die Pergamentfragmente Cb, K, O und M. Hg. von GERD FRITZ. Göppingen 1973 (Litterae 11).

Die Berliner Neidhart-Handschrift c (mgf 779). Transkription der Texte und Melodien von INGRID BENNEWITZ-BEHR unter Mitwirkung von ULRICH MÜLLER. Göppingen 1981 (GAG 356).

Walther von der Vogelweide. Leich, Lieder, Sangsprüche. 14., völlig neubearbeitete Auflage der Ausgabe KARL LACHMANNS. Mit Beiträgen von THOMAS BEIN und HORST BRUNNER. Hg. von CHRISTOPH CORMEAU. Berlin/New York 1996.

Die Weingartner Liederhandschrift. Hg. von FRANZ PFEIFFER und FERDINAND FELLNER. Stuttgart 1843 (Nachdruck Hildesheim 1966).

Die Weingartner Liederhandschrift. Transkription bearbeitet von OTFRID EHRISMANN. Stuttgart 1969.

## 2. Forschungsliteratur

Adam, Wolfgang: Die ›wandelunge‹. Studien zum Jahreszeitentopos in der mittelhochdeutschen Literatur. Heidelberg 1979 (Beihefte zum Euphorion 15).

Alewyn, Richard: Naturalismus bei Neidhart von Reuental. ZfdPh 56 (1931), S. 37–69. Wieder in: Brunner (1986), S. 37–76.

Bächtold-Stäubli, Hanns (Hg.): Handwörterbuch des deutschen Aberglaubens. Berlin/Leipzig 1927ff., 10 Bde.

Bärmann, Michael: Herr Göli: Neidhart-Rezeption in Basel. Berlin 1995 (Quellen und Forschungen zur Literatur- und Kulturgeschichte 4/238).

Becker, Hans: Die Neidharte. Studien zur Überlieferung, Binnentypisierung und Geschichte der Neidharte der Berliner Handschrift germ. fol. 779 (c). Göppingen 1978 (GAG 255).

– *Meie dîn liehter schîn.* Überlegungen zu Funktion und Geschichte des Minnelieds HW XI,1ff. in den Neidhart-Liedern der Riedegger Handschrift. In: Johannes Janota u. a. (Hgg.): Festschrift Walter Haug und Burghart Wachinger. Tübingen 1992, Bd. 2, S. 725–742.

Becker, Peter Jörg: Handschriften und Frühdrucke mittelhochdeutscher Epen. Eneide, Tristrant, Tristan, Erec, Iwein, Parzival, Willehalm, Jüngerer Titurel, Nibelungenlied und ihre Reproduktion und Rezeption im späteren Mittelalter und in der frühen Neuzeit. Wiesbaden 1977.

Bein, Thomas: Zum ›Autor‹ im mittelalterlichen Literaturbetrieb und im Diskurs der germanistischen Mediävistik. In: Fotis Jannidis u. a. (Hgg.): Rückkehr des Autors. Zur Erneuerung eines umstrittenen Begriffs. Tübingen 1999, S. 303–320.

Bennewitz-Behr, Ingrid/Ulrich Müller: Grundsätzliches zur Überlieferung, Interpretation und Edition von Neidhart-Liedern. ZfdPh 104 (1985) [Sonderheft: Überlieferungs-, Editions- und Interpretationsfragen zur mittelhochdeutschen Lyrik], S. 52–79.

Bennewitz-Behr, Ingrid: Original und Rezeption. Funktions- und überlieferungsgeschichtliche Studien zur Neidhart-Sammlung R. Göppingen 1987 (GAG 437).

Bennewitz, Ingrid: »Wie ihre Mütter?« Zur männlichen Inszenierung des weiblichen Streitgesprächs in Neidharts Sommerliedern. In: Angela Bader u. a. (Hgg.): Sprachspiel und Lachkultur. Beiträge zur Literatur- und Sprachgeschichte. Rolf Bräuer zum 60. Geburtstag. Stuttgart 1994 (Stuttgarter Arbeiten zur Germanistik 300), S. 178–193.

– Alte ›Neue‹ Philologie? Zur Tradition eines Diskurses. ZfdPh 116 (1997) [Sonderheft: Philologie als Textwissenschaft. Alte und neue Horizonte], S. 46–61.

Bertau, Karl: Stil und Klage beim späten Neidhart. DU 19 (1967), H. 2, S. 76–97.

– Neidharts »Bayrische Lieder« und Wolframs »Willehalm«. ZfdA 100 (1971), S. 296–324. Wieder in: Brunner (1986), S. 157–195.

Bielschowsky, Albert: Geschichte der Deutschen Dorfpoesie im 13. Jahrhundert. I. Leben und Dichten Neidharts v. Reuenthal. Untersuchungen. Berlin 1891 (Acta Germanica II,2).

Birkhan, Helmut: Zur Datierung, Deutung und Gliederung einiger Lieder Neidharts von Reuental. Wien 1971 (Sitzungsber. d. österr. Akad. d. Wiss. phil.-hist. Kl. 273,1).

Bleck, Reinhard: Neidharts Kreuzzugs-, Bitt- und politische Lieder als Grundlage für seine Biographie. Göppingen 1998 (GAG 661).

Bockmann, Jörn: Translatio Neidhardi. Untersuchungen zur Konstitution der Figurenidentität in der Neidhart-Tradition. Frankfurt a. M. 2001.

Böhmer, Maria: Untersuchungen zur mittelhochdeutschen Kreuzzugslyrik. Rom 1968.
De Boor, Helmut/Newald, Richard (Hgg.): Geschichte der deutschen Literatur von den Anfängen bis zur Gegenwart. Bd. 2: Helmut de Boor: Die höfische Literatur. Vorbereitung, Blüte, Ausklang. München ³1953.
Boueke, Dietrich: Materialien zur Neidhart-Überlieferung. München 1967 (MTU 16).
Brinkmann, Hennig: Geschichte der lateinischen Liebesdichtung im Mittelalter. Halle 1925.
Bründl, Peter: Minne und Recht bei Neidhart. Interpretationen zur Neidhartüberlieferung. München 1972.
Brunner, Horst (Hg.): Neidhart. Darmstadt 1986 (WdF 556).
Bumke, Joachim: Autor und Werk. Beobachtungen und Überlegungen zur höfischen Epik (ausgehend von der Donaueschinger Parzivalhandschrift Gd.). ZfdPh 116 (1997) [Sonderheft: Philologie als Textwissenschaft. Alte und neue Horizonte], S. 87–114.
Cerquiglini, Bernard: Éloge de la variante. Histoire critique de la philologie. Paris 1989.
Conrady, Karl Otto: Neidhart von Reuental: *Ez meiet hiuwer aber als ê ...* In: Benno von Wiese (Hg.): Die deutsche Lyrik. Form und Geschichte. Düsseldorf 1956, Bd. 1, S. 90–98.
Culler, Jonathan: On Deconstruction. Theory and Criticism after Structuralism. London 1983.
Ebenbauer, Alfred u. a. (Hgg.): Österreichische Literatur zur Zeit der Babenberger. Vorträge der Lilienfelder Tagung 1976. Wien 1977 (Wiener Arbeiten zur germanischen Altertumskunde und Philologie 10).
Fritsch, Bruno: Die erotischen Motive in den Liedern Neidharts. Göppingen 1976 (GAG 189).
Gaier, Ulrich: Satire. Studien zu Neidhart, Wittenwiler, Brant und zur satirischen Schreibart. Tübingen 1967.
Giloy-Hirtz, Petra: Deformation des Minnesangs. Wandel literarischer Kommunikation und gesellschaftlicher Funktionsverlust in Neidharts Liedern. Heidelberg 1982 (Beihefte zum Euphorion 19).
Goheen, Jutta: Natur- und Menschenbild in der Lyrik Neidharts. PBB (Tüb.) 94 (1972), S. 348–378.
Goldin, Frederick: Friderun's Mirror and the Exclusion of the Knight in Neidhart von Reuental. Monatshefte 54 (1962), S. 354–359.
Grabes, Herbert: Speculum, Mirror und Looking-Glass. Kontinuität und Originalität der Spiegelmetapher in den Buchtiteln des Mittelalters und der englischen Literatur des 13.–17. Jahrhunderts. Tübingen 1973.
Grubmüller, Klaus: Ich als Rolle. ›Subjektivität‹ als höfische Kategorie im Minnesang. In: Kaiser/Müller (1986), S. 387–408.
Günther, Johannes: Die Minneparodie bei Neidhart. Jena 1931.
Händl, Claudia: Rollen und pragmatische Einbindung. Analysen zur Wandlung des Minnesangs nach Walther von der Vogelweide. Göppingen 1987 (GAG 467).
Hahn, Gerhard: Walther von der Vogelweide: *Nemt, frowe, disen kranz.* In: Günther Jungbluth (Hg.): Interpretationen mittelhochdeutscher Lyrik. Bad Homburg u. a. 1969, S. 205–223.
Haubrichs, Wolfgang: *Reiner muot* und *kiusche site*. Argumentationsmuster und situative Differenzen in der staufischen Kreuzzugslyrik zwischen 1188/89 und 1227/28.

In: RÜDIGER KROHN u. a. (Hgg.): Stauferzeit. Geschichte, Literatur, Kunst. Stuttgart 1978, S. 295–324.

HAUSMANN, ALBRECHT: Reinmar der Alte als Autor. Untersuchungen zur Überlieferung und zur programmatischen Identität. Tübingen/Basel 1999 (Bibliotheca Germanica 40).

HEINEN, HUBERT: Was Goeli a Pseudo-Neidhart? In: JEFFERIS (1999), S. 59–77.

HEINZLE, JOACHIM u. a. (Hgg.): Neue Wege der Mittelalter-Philologie. Landshuter Kolloquium 1996. Berlin 1998 (Wolfram-Studien, Bd. 15).

HERRMANN, PETRA: Karnevaleske Strukturen in der Neidhart-Tradition. Göppingen 1984 (GAG 406).

HOFMANN, WINFRIED: Die Minnefeinde in der deutschen Liebesdichtung des 12. und 13. Jahrhunderts. Eine begriffsgeschichtliche und sozialliterarische Untersuchung. Coburg 1974.

HOLZNAGEL, FRANZ-JOSEF: Wege in die Schriftlichkeit. Untersuchungen und Materialien zur Überlieferung der mittelhochdeutschen Lyrik. Tübingen/Basel 1995 (Bibliotheca Germanica 32).

JANSSEN, HILDEGARD: Das sogenannte »genre objectif«. Zum Problem mittelalterlicher literarischer Gattungen, dargestellt an den Sommerliedern Neidharts. Göppingen 1980 (GAG 281).

JEFFERIS, SIBYLLE (Hg.): New Texts, Methodologies, and Interpretations in Medieval German Literature. Göppingen 1999 (GAG 670).

JOLDERSMA, HERMINA: The Eavesdropping Male: ›Gespielinnengesprächslieder‹ from Neidhart to the present. Euphorion 78 (1984), S. 199–218.

KAISER, GERT: Narzißmotiv und Spiegelraub. Eine Skizze zu Heinrich von Morungen und Neidhart von Reuental. In: KATHRYN SMITS u. a. (Hgg.): Interpretation und Edition deutscher Texte des Mittelalters. Fs. John Asher. Berlin 1981, S. 71–81. Wieder in: BRUNNER (1986), S. 320–333.

KAISER, GERT/JAN-DIRK MÜLLER (Hgg.): Höfische Literatur, Hofgesellschaft, höfische Lebensformen um 1200. Düsseldorf 1986 (Studia humaniora 6).

KIVERNAGEL, HEINZ-DIETER: Die *Werltsüeze*-Lieder Neidharts. Köln 1970.

KLEIN, DOROTHEA: Der Sänger in der Fremde. Interpretation, literarhistorischer Stellenwert und Textfassungen von Neidharts Sommerlied 11. ZfdA 129 (2000), S. 1–30.

KOLLER, ERWIN: Mutter-Tochter-Dialoge in *cantigas de amigo* und bei Neidhart. In: THOMAS CRAMER (Hg.): Frauenlieder – Cantigas de amigo. Stuttgart/Leipzig 2000, S. 103–122.

KROHN, RÜDIGER (Hg.): *Dâ hoeret ouch geloube zuo.* Überlieferungs- und Echtheitsfragen zum Minnesang. Beiträge zum Festcolloquium für Günther Schweikle anläßlich seines 65. Geburtstages. Stuttgart/Leipzig 1995.

KÜHNEL, JÜRGEN: Aus Neidharts Zettelkasten. Zur Überlieferung und Textgeschichte des Neidhartschen Sommerliedes 23. In: KROHN (1995), S. 103–173.

LENDLE, DIETER: Typus und Variation. Untersuchungen zu den Liedern Neidharts von Reuental. Freiburg 1972.

LIENERT, ELISABETH: Spiegelraub und rote Stiefel. Selbstzitate in Neidharts Liedern. ZfdA 118 (1989), S. 1–16.

LILIENCRON, ROCHUS VON: Über Neidharts höfische Dorfpoesie. ZfdA 6 (1848), S. 69–117.

MAROLD, KARL: Über die poetische Verwertung der Natur und ihrer Erscheinungen in den Vagantenliedern und im deutschen Minnesang. ZfdPh 23 (1891), S. 1–26.

MARTINI, FRITZ: Das Bauerntum im deutschen Schrifttum von den Anfängen bis zum 16. Jahrhundert. Halle 1944.
MEYER, RICHARD M.: Die Reihenfolge der Lieder Neidharts von Reuenthal. Berlin 1883.
MIKLAUTSCH, LYDIA: Mutter-Tochter-Gespräche. Konstituierung von Rollen in Gottfrieds *Tristan* und Veldekes *Eineide* und deren Verweigerung bei Neidhart. In: HELMUT BRALL u. a. (Hgg.): Personenbeziehungen in der mittelalterlichen Literatur. Düsseldorf 1994, S. 89–107.
MOHR FERDINAND: Das unhöfische Element in der mittelhochdeutschen Lyrik von Walther an. Tübingen 1913.
MOHR, WOLFGANG: Tanhusers Kreuzlied. DVjs 34 (1960), S. 338–355.
MOLL, WILLEM HENDRIK: Über den Einfluß der lateinischen Vagantendichtung auf die Lyrik Walters von der Vogelweide und die seiner Epigonen im 13. Jahrhundert. Amsterdam 1925.
MÜCK, HANS-DIETER: »Ein politisches Eroticon«. Zur Funktion des ›Spiegelraubs‹ in Neidharts Liedern der Handschrift c (Mgf 779). In: ULRICH MÜLLER (Hg): »Minne ist ein swaerez spiel«. Neue Untersuchungen zum Minnesang und zur Geschichte der Liebenden im Mittelalter. Göppingen 1986 (GAG 440), S. 169–207.
MÜLLER, JAN-DIRK: Strukturen gegenhöfischer Welt: Höfisches und nicht-höfisches Sprechen bei Neidhart. In: KAISER/MÜLLER (1986), S. 409–453.
– Jahreszeitenrhythmus als Kunstprinzip. In: PETER DILG u. a. (Hgg.): Rhythmus und Saisonalität. Kongreßakten des 5. Symposions des Mediävistenverbandes in Göttingen 1993. Sigmaringen 1995, S. 29–47.
– Ritual, Sprecherfiktion und Erzählung. Literarisierungstendenzen im späteren Minnesang. In: MICHAEL SCHILLING/PETER STROHSCHNEIDER (Hgg.): Wechselspiele. Kommunikationsformen und Gattungsinterferenzen mittelhochdeutscher Lyrik. Heidelberg 1996 (Germanisch-romanische Monatsschrift, Beiheft 13), S. 43–76.
– Männliche Stimme – weibliche Stimme in Neidharts Sommerliedern. In: ANNEGRET HEITMANN u. a. (Hgg.): Bi-Textualität. Inszenierungen des Paares. Berlin 2001, S. 334–345.
– Kleine Katastrophen. Zum Verhältnis von Fehltritt und Sanktion in der höfischen Literatur des deutschen Mittelalters. In: PETER VON MOOS (Hg.): Der Fehltritt. Vergehen und Versehen in der Vormoderne. Köln u. a. 2001, S. 317–342.
– Präsens und Präsenz. Einige Beobachtungen zum Tempusgebrauch bei Neidhart. In: ANDREAS KABLITZ u. a. (Hgg.): Zeit und Text. Philosophische, kulturanthropologische, literarhistorische und linguistische Beiträge. München 2003, S. 192–207.
MÜLLER, ULRICH: Tendenzen und Formen. Versuch über mittelhochdeutsche Kreuzzugsdichtung. In: FRANZ HUNDSNURSCHER/ULRICH MÜLLER (Hgg.): *Getempert und gemischet*. Fs. W. Mohr. Göppingen 1972 (GAG 65), S. 251–280.
– Untersuchungen zur politischen Lyrik des deutschen Mittelalters. Göppingen 1974 (GAG 55/56).
– Überlegungen zu einer neuen Neidhart-Ausgabe. In: EBENBAUER (1977), S. 136–151.
– Die Kreuzfahrten der Neidharte: Neue Überlegungen zur Textüberlieferung und Textexegese. In: HELMUT BIRKHAN (Hg.): Neidhart von Reuental. Aspekte einer Neubewertung. Wien 1983 (Philologica Germanica 5), S. 92–128.
– Neidhart – Das Salzburger Editionsprojekt. Einführung, Grundsätzliches, Textproben. Poetica 32 (1990), S. 43–67.
– Neidhart-Forschung 1981–1988. Sammelrezension, 2. Teil. PBB (Tüb.) 113 (1991), S. 483–495.

– Der Autor – Produkt und Problem der Überlieferung. Wunsch- und Angstträume eines Mediävisten anläßlich des mittelalterlichen Liedermachers Neidhart. In: FELIX PHILIPP INGOLD/WERNER WUNDERLICH (Hgg.): Der Autor im Dialog. Beiträge zu Autorität und Autorschaft. St. Gallen 1995, S. 33–53.

NAUMANN, HANS: Frideruns Spiegel. ZfdA 69 (1932), S. 297–299.

ORTMANN, CHRISTA/HEDDA RAGOTZKY/CHRISTELROSE RISCHER: Literarisches Handeln als Medium kultureller Selbstdeutung am Beispiel von Neidharts Liedern. IASL 1 (1976), S. 1–29.

OSTERDELL, JOHANNE: Inhaltliche und stilistische Übereinstimmungen der Lieder Neidharts von Reuental mit den Vagantenliedern der »Carmina Burana«. Köln 1928.

PADEN, WILLIAM D. (Hg.): The future of the Middle Ages. Medieval literature in the 1990s. Gainesville u. a. 1994.

PFEIFFER, FRANZ: Zwei ungedruckte Minnelieder. Germania 12 (1867), S. 49–55.

RAGOTZKY, HEDDA: Zur Bedeutung von Minnesang als Institution am Hof. Neidharts Winterlied 29. In: KAISER/MÜLLER (1986), S. 471–489.

RIEGER, DIETMAR: ›New Philology‹? Einige kritische Bemerkungen aus der Sicht eines Literaturwissenschaftlers. In: MARTIN-DIETRICH GLESSGEN/FRANZ LEBSANFT (Hgg.): Alte und neue Philologie. Tübingen 1997 (Beihefte zu Editio 8), S. 97–109.

RISCHER, CHRISTELROSE: Zum Verhältnis von literarischer und sozialer Rolle in den Liedern Neidharts. In: CHRISTOPH CORMEAU (Hg.): Deutsche Literatur im Mittelalter. Kontakte und Perspektiven. Hugo Kuhn zum Gedenken. Stuttgart 1979, S. 184–210.

RUH, KURT: Neidharts Lieder. Eine Beschreibung des Typus. In: WERNER BESCH u. a. (Hgg.): Studien zur deutschen Literatur und Sprache des Mittelalters. Fs. Hugo Moser. Berlin 1974, S. 151–168. Wieder in: BRUNNER (1986), S. 251–273.

SCHMOLKE, HERMANN: Leben und dichten Neidharts von Reuenthal. Programm des Gymnasiums zu Potsdam (1875), S. 1–31.

SCHNEIDER, JÜRGEN: Studien zur Thematik und Struktur der Lieder Neidharts. Göppingen 1976 (GAG 196/197).

SCHNEIDER, KARIN: Gotische Schriften in deutscher Sprache. Bd. 1: Vom späten 12. Jahrhundert bis um 1300. Wiesbaden 1987.

SCHÖNBACH, ANTON: Die Anfänge des deutschen Minnesanges. Eine Studie. Graz 1898.

SCHÜRMANN, FERDINAND: Die Entwicklung der parodistischen Richtung bei Neidhart von Reuenthal (Beilage des Programms der Oberrealschule Düren). Düren 1898.

SCHULZE, URSULA: Zur Frage des Realitätsbezuges bei Neidhart. In: EBENBAUER (1977), S. 197–217. Wieder in: BRUNNER (1986), S. 274–294.

– Neidhart-Forschung von 1976–1987. Sammelrezension. PBB (Tüb.) 113 (1991), S. 124–153.

SCHWEIKLE, GÜNTHER: Neidhart: *Nû ist vil gar zergangen* (Hpt. 29, 27). Zur Geschichte eines Sommerliedes. In: GÜNTHER JUNGBLUTH (Hg.): Interpretationen mittelhochdeutscher Lyrik. Bad Homburg u. a. 1969, S. 247–267.

– Pseudo-Neidharte? ZfdPh 100 (1981), S. 86–104. Wieder in: BRUNNER (1986), S. 334–354.

– Neidhart. Stuttgart 1990 (Slg. Metzler 253).

– Minnesang. Stuttgart 1995 (Slg. Metzler 244).

SEEMÜLLER, JOSEPH: Zur Poesie Neidharts. In: Untersuchungen und Quellen zur germanischen und romanischen Philologie. Fs. Johann von Kelle. Prag 1908 (Prager deutsche Studien 8), Bd. 1, S. 325–338. Wieder in: BRUNNER (1986), S. 1–11.

SIMON, ECKEHARD: Neidhart von Reuental. Geschichte der Forschung und Bibliographie. The Hague/Paris 1968 (Harvard Germanic Studies 4).
– Neidhart von Reuental. Boston 1975.
– Neidharte and Neidhartianer. Notes on the History of a Song Corpus. PBB (Tüb.) 94 (1972), S. 153–197. Wieder (deutsch, mit Ergänzungen und Nachträgen) in: BRUNNER (1986), S. 196–250.
SPECHTLER, FRANZ VIKTOR: Die Stilisierung der Distanz. Zur Rolle des Boten im Minnesang bis Walther und bei Ulrich von Liechtenstein. In: GERLINDE WEISS/KLAUS ZELEWITZ (Hgg.): Peripherie und Zentrum. Studien zur österreichischen Literatur. Fs. Adalbert Schmidt. Salzburg u. a. 1971, S. 285–310.
STACKMANN, KARL: Die Edition – Königsweg der Philologie? In: ROLF BERGMANN/KURT GÄRTNER (Hgg.): Methoden und Probleme der Edition mittelalterlicher deutscher Texte. Tübingen 1993 (Beihefte zu Editio 4), S. 1–18.
– Neue Philologie? In: JOACHIM HEINZLE (Hg.): Modernes Mittelalter. Neue Bilder einer populären Epoche. Frankfurt a. M./Leipzig 1994, S. 398–427.
– Varianz der Worte, der Form und des Sinnes. ZfdPh 116 (Sonderheft 1997), S. 131–149.
TERVOOREN, HELMUT: Das Spiel mit der höfischen Liebe. Minneparodien im 13.–15. Jahrhundert. ZfdPh 104 (1985) [Sonderheft: Überlieferungs-, Editions- und Interpretationsfragen zur mittelhochdeutschen Lyrik], S. 135–157.
– Die Frage nach dem Autor. Authentizitätsprobleme in Mittelhochdeutscher Lyrik. In: KROHN (1995), S. 195–204.
TITZMANN, MICHAEL: Die Umstrukturierung des Minnesang-Sprachsystems zum ›offenen‹ System bei Neidhart. DVjs 45 (1971), S. 481–514.
VOETZ, LOTHAR: Zur Rekonstruktion des Inhalts der verlorenen Blätter im Neidhart-Corpus des Codex Manesse. In: JENS HAUSTEIN u. a. (Hgg.): Septuaginta quinque. Fs. Heinz Mettke. Heidelberg 2000, S. 381–408.
WACHINGER, BURGHART: Die sogenannten Trutzstrophen zu den Liedern Neidharts. In: OTMAR WERNER/BERND NAUMANN (Hgg.): Formen mittelalterlicher Literatur. Fs. Siegfried Beyschlag. Göppingen 1970 (GAG 25), S. 99–108. Wieder in: BRUNNER (1986), S. 143–156.
– Deutsche und lateinische Liebeslieder. Zu den deutschen Strophen der Carmina Burana. In: HANS FROMM (Hg.): Der deutsche Minnesang. Aufsätze zu seiner Erforschung. Darmstadt 1985 (WdF 608), Bd. 2, S. 275–308.
– Autorschaft und Überlieferung. In: WALTER HAUG/BURGHART WACHINGER (Hgg.): Autorentypen. Tübingen 1991 (Fortuna Vitrea 6), S. 1–28.
WALLMANN, KATHARINA: Minnebedingtes Schweigen in Minnesang, Lied und Minnerede des 12. bis 16. Jahrhunderts. Frankfurt a. M. u. a. 1985.
WENTZLAFF-EGGEBERT, FRIEDRICH-WILHELM: Kreuzzugsdichtung des Mittelalters. Studien zu ihrer Geschichte und dichterischen Wirklichkeit. Berlin 1960.
WENZEL, EDITH: Zur Textkritik und Überlieferungsgeschichte einiger Sommerlieder Neidharts. Göppingen 1973 (GAG 110).
– The never-ending Neidhart-Story: Vriderun and her mirror. In: JEFFERIS (1999), S. 41–58.
WENZEL, EDITH/WENZEL, HORST: Die Handschriften und der Autor – Neidharte oder Neidhart? In: JOHANNES SPICKER u. a. (Hgg.): Edition und Interpretation. Neue Forschungsparadigmen zur mittelhochdeutschen Lyrik. Fs. Helmut Tervooren. Stuttgart 2000, S. 87–102.

WENZEL, HORST: Typus und Individualität. Zur literarischen Selbstdeutung Walthers von der Vogelweide. IASL 8 (1983), S. 1–34.
WERBOW, STANLEY N.: Whose sleeve is it anyway? Neidhart SL 8. In: FRANCIS G. GENTRY (Hg.): Semper idem et novus. Fs. Frank Banta. Göppingen 1988 (GAG 481), S. 359–370.
WIESSNER, EDMUND: Kritische Beiträge zur Textgestalt der Lieder Neidharts. ZfdA 61 (1924), S. 141–177.
– Die Preislieder Neidharts und des Tannhäusers auf Herzog Friedrich II. von Babenberg. ZfdA 73 (1936), S. 117–130. Wieder in: BRUNNER (1986), S. 77–93.
– Kommentar zu Neidharts Liedern. Leipzig 1954.
– Vollständiges Wörterbuch zu Neidharts Liedern. Leipzig 1954
WILMANNS, WILHELM: Über Neidharts Reihen. ZfdA 29 (1885), S. 64–85.
WISNIEWSKI, ROSWITHA: Kreuzzugsdichtung. Idealität in der Wirklichkeit. Darmstadt 1984 (Impulse der Forschung 44).
WORSTBROCK, FRANZ JOSEF: Der Überlieferungsrang der Budapester Minnesang-Fragmente. Zur Historizität mittelalterlicher Textvarianz. In: HEINZLE (1998), S. 114–142.
– Verdeckte Schichten und Typen im deutschen Minnesang um 1210–1230. In: HEDDA RAGOTZKY u. a. (Hgg.): Fragen der Liedinterpretation. Stuttgart 2001, S. 75–90.
VON WULFFEN, BARBARA: Der Natureingang in Minnesang und frühem Volkslied. München 1963.

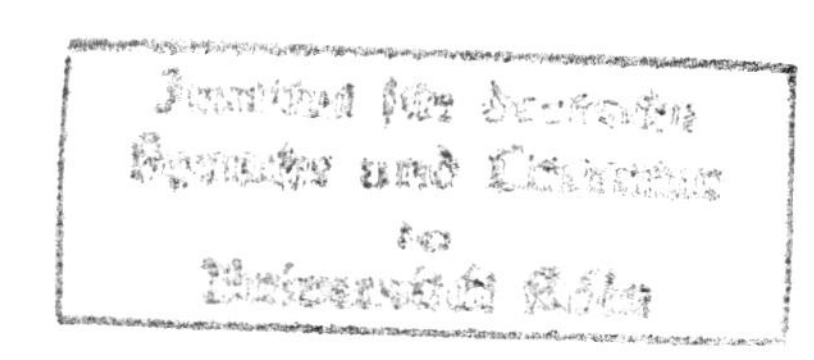

# REGISTER
# DER UNTERSUCHTEN SOMMER- UND WINTERLIEDER

## 1. Sommerlieder



Die von Haupt/Wiessner nicht aufgenommenen Sommerlieder in B und C:

## 2. Winterlieder